国語科
クリティカル・リーディングの研究

澤口 哲弥 *SAWAGUCHI, Tetsuya*

渓水社

目　次

序章　研究の動機・目的・方法
1．研究の動機 …………………………………………………… 3
2．研究の目的 …………………………………………………… 5
3．研究の方法 …………………………………………………… 5
  3.1．理論構築の方法と指導理論の措定 ……………………… 5
  3.2．各章の概要 ………………………………………………… 6
    3.2.1．目的①のための方法（第1章） ……………………… 6
    3.2.2．目的②のための方法（第2章） ……………………… 7
    3.2.3．目的③のための方法（第3章） ……………………… 8
    3.2.4．目的④のための方法（第4章、第5章、第6章） …… 8
    3.2.5．目的⑤のための方法（第7章） ……………………… 9

第1章　国語科における「クリティカルな読み」の理論と実践
1．はじめに ……………………………………………………… 11
2．問題の所在 …………………………………………………… 11
3．先行研究の検討 ……………………………………………… 12
  3.1．言語論理教育 ……………………………………………… 13
  3.2．評価読み …………………………………………………… 18
  3.3．メディア・リテラシー教育 ……………………………… 21
  3.4．PISA型「読解力」における熟考・評価 ……………… 29
  3.5．批判的思考 ………………………………………………… 33
4．五つの指導の系列のまとめ ………………………………… 36
5．国語科における「クリティカルな読み」の指導理論の分布マトリクス ………………………………………………………… 38
6．第1章のまとめ ……………………………………………… 39

第 2 章　C.Wallace の Critical Reading 理論

1．Critical の概念 …………………………………………………… 41
2．なぜ Wallace なのか …………………………………………… 43
3．Wallace の目標論 ……………………………………………… 46
　3.1．社会的・文化的コンテクストに着目した読みを目指す ………… 46
　3.2．批判的言語意識を育む ………………………………………… 53
　3.3．批判的教育学の理念を Critical Reading に活かす ……………… 65
　3.4．複眼的な視点から読むことを目指す ………………………… 75
4．Wallace の教材論：コミュニティ・テクストの活用 ……………… 78
5．Wallace の授業論 ……………………………………………… 86
　5.1．ハリデーの理論をふまえた授業方略 …………………………… 87
　5.2．ハーバーマスの理論をふまえた授業方略 ……………………… 103
　5.3．シラバスとタスク方略 ………………………………………… 111
　　5.3.1．シラバス ……………………………………………… 111
　　5.3.2．タスク方略 …………………………………………… 114
　　5.3.3．授業者の役割 ………………………………………… 129
6．インタビュー調査による理論の整理 …………………………… 131
　6.1．Wallace の文献整理で明らかになったこと ……………………… 132
　6.2．インタビューの目的 …………………………………………… 132
　6.3．インタビューの概要 …………………………………………… 134
　6.4．文献とインタビューから見た Wallace の Critical Reading 理論
　　　………………………………………………………………… 135
　　6.4.1．Critical Reading の研究動機と経緯、背景理論 …………… 135
　　6.4.2．Critical Reading と文字テクストの関係性 ……………… 140
　　6.4.3．Critical Reading と他の指導理論との関係性 …………… 143
　　6.4.4．Critical Reading とタスクとの関連性 …………………… 147
　6.5．成果と課題、及び示唆 ………………………………………… 150
7．Wallace の理論と国語科教育 …………………………………… 151
8．第 2 章のまとめ ………………………………………………… 153

第 3 章　国語科 CR の指導理論

1. はじめに …………………………………………………………… 155
2. 国語科 CR の目標論 ……………………………………………… 156
   2.1. Wallace の「5 つの問い」のフレームワーク ……………… 157
   2.2. 新しい学習指導要領の方向性 ………………………………… 161
   2.3. PISA の「読解力」の概念 …………………………………… 164
   2.4. 国語科 CR の目標の措定 ……………………………………… 168
3. 国語科 CR のカリキュラム論 …………………………………… 168
   3.1. 国語科 CR の指導理論における読解プロセスとフレームワーク
       ………………………………………………………………………… 169
   3.2. 国語科 CR の指導における段階性 …………………………… 171
   3.3. 国語科 CR のカリキュラムの措定 …………………………… 181
       3.3.1. 国語科 CR の読解プロセス …………………………… 181
       3.3.2. 国語科 CR のフレームワーク ………………………… 185
4. 国語科 CR の教材論・授業論の方向性 ………………………… 191
   4.1. 国語科 CR の教材論の方向性 ………………………………… 191
   4.2. 国語科 CR の授業論の方向性 ………………………………… 194
5. 第 3 章のまとめ …………………………………………………… 199

第 4 章　国語科 CR の観点による教科書教材の検討（小学校）

1. はじめに …………………………………………………………… 201
2. 研究の方法 ………………………………………………………… 202
3. 東京書籍版「読み比べ」教材：教材の配列と目標の設定、及び学習指導要領との関係性 ………………………………………………… 202
4. 教材・手引きの検討の方法 ……………………………………… 205
5. 各教材と手引きの分析 …………………………………………… 205
   5.1.「ふろしきは、どんな　ぬの」（2 年・上） ………………… 205
   5.2.「『ほけんだより』を読みくらべよう」（3 年・上） ………… 206
   5.3.「広告と説明書を読みくらべよう」（4 年・上） …………… 207

5.4.「新聞記事を読み比べよう」（5年） ……………………… 209
　5.5.「新聞の投書を読み比べよう」（6年） ……………………… 210
6．分析のまとめ ……………………………………………………… 211
7．教材及び手引きの改編 …………………………………………… 213
　7.1.　改編の方向性 ………………………………………………… 213
　7.2.　改編教材、手引きの検証 …………………………………… 222
　7.3.　調査結果と考察 ……………………………………………… 223
　　7.3.1.　第5学年「新聞記事を読み比べよう」の調査と分析・考察
　　　　　 ……………………………………………………………… 223
　　　　7.3.1.1.　改編した手引き ………………………………… 223
　　　　7.3.1.2.　解答の傾向と分析 ……………………………… 225
　　　　7.3.1.3.　担当教諭のコメント …………………………… 230
　　　　7.3.1.4.　改編案修正の方向性 …………………………… 231
　　7.3.2.　調査結果から見えた全体的傾向 ……………………… 232
　7.4.　改編した教材・手引きの修正 ……………………………… 233
　　7.4.1.　改編した手引きの修正（第2学年） ………………… 233
　　7.4.2.　改編した手引きの修正（第3学年） ………………… 235
　　7.4.3.　改編した手引きの修正（第4学年） ………………… 236
　　7.4.4.　改編した手引きの修正（第5学年） ………………… 237
　　7.4.5.　改編した手引きの修正（第6学年） ………………… 239
8．第4章のまとめ …………………………………………………… 242

第5章　国語科CRの観点による教科書教材の検討（中学校）

1．はじめに …………………………………………………………… 245
2．中学校教材への連接 ……………………………………………… 245
3．教材・手引きの検討 ……………………………………………… 247
4．手引き改編の理論構成 …………………………………………… 249
5．教材・手引きの改編 ……………………………………………… 250
　5.1.　教材について ………………………………………………… 250

5.2. 手引きについて	251
5.3. 手引きにおける問題の所在	252
5.4. 手引きの提案	254

6. 他学年の手引き改編 …… 257

6.1. 「オオカミを見る目」と「『常識』は変化する」（第1学年）… 257
 6.1.1. 手引きについて …… 260
 6.1.2. 手引きにおける問題の所在 …… 260
 6.1.3. 手引きの提案 …… 262

6.2. 「鰹節 – 世界に誇る伝統食」と「白川郷 – 受け継がれる合掌造り」
（第2学年） …… 265
 6.2.1. 手引きについて …… 266
 6.2.2. 手引きにおける問題の所在 …… 267
 6.2.3. 手引きの提案 …… 270

7. 改編手引きの検証 …… 273

7.1. 調査の方法と分析 …… 275
7.2. 第1学年改編手引きの調査 – 中学生対象 …… 275
7.3. 授業者のコメント …… 281
7.4. 調査結果の考察 …… 282
7.5. 高等学校における調査 …… 283
 7.5.1. 学習者の選択した設問の傾向 …… 284
 7.5.2. 各設問における解答傾向 …… 284
 7.5.3. 解答傾向の考察 …… 287
 7.5.4. 授業者のコメント …… 288
7.6. 改編手引きの修正の方向性 – 第1学年教材 …… 289
7.7. 第3学年改編手引きの調査 – 高校生対象 …… 290
 7.7.1. 調査の方法 …… 290
 7.7.2. 調査の結果A（B高校） …… 291
 7.7.3. 調査の結果B（C高校） …… 293
 7.7.4. 解答傾向の考察 …… 294

	7.7.5. 授業者のコメント ……………………………………… 295
8.	改編手引きの修正 …………………………………………………… 297
	8.1. 第1学年教材 ………………………………………………… 297
	8.2. 第2学年教材 ………………………………………………… 300
	8.3. 第3学年教材 ………………………………………………… 302
9.	教材文改編への展望 ………………………………………………… 302
10.	第5章のまとめ ……………………………………………………… 304

第6章　国語科 CR の観点による教科書教材の検討（高等学校）

1.	はじめに ……………………………………………………………… 307
2.	高等学校における学習の手引きの活用度 ………………………… 307
3.	手引きの分析 ………………………………………………………… 312
	3.1. 「読み比べ」教材の継承 ……………………………………… 312
	3.2. 高等学校「国語総合」の概況 ………………………………… 313
	3.3. 手引きの分析 …………………………………………………… 314
	3.3.1. 分析の方法 ………………………………………………… 314
	3.3.2. 分析結果 …………………………………………………… 315
	3.4. 学習指導要領との関連性と今後の展望 ……………………… 325
4.	手引きの改編1 ……………………………………………………… 327
	4.1. 教材について …………………………………………………… 327
	4.1.1. 現行の手引きとその問題点 ……………………………… 328
	4.1.2. 手引きの改編案 …………………………………………… 329
5.	改編した手引きの検証 ……………………………………………… 332
	5.1. 各設問に対する反応 …………………………………………… 333
	5.2. 設問の考察と改善案 …………………………………………… 337
6.	手引きの改編2 ……………………………………………………… 338
	6.1. 教材について …………………………………………………… 339
	6.1.1. 現行の手引きとその問題点 ……………………………… 339

6.1.2. 手引きの改編案 …………………………………………… 341
　　　6.1.3. 改編した手引きの修正 ……………………………………… 343
　7. 第6章のまとめ ………………………………………………………… 349

第7章　新しい教育状況と国語科CRの可能性
　1. はじめに ………………………………………………………………… 351
　2. 新しい教育状況の検討 ………………………………………………… 352
　　2.1. 新学習指導要領に見られる理念 …………………………………… 352
　　2.2. 新学習指導要領をめぐる学力観 …………………………………… 354
　　2.3. 全国学力テストの成果と課題 ……………………………………… 354
　　　2.3.1. 全国学力テストB問題が及ぼした影響 ……………………… 354
　　　2.3.2. 全国学力テストB問題の分析 ………………………………… 356
　　　　2.3.2.1. 中学校第3学年の問題分析 ……………………………… 357
　　　　2.3.2.2. 小学校第6学年の問題分析 ……………………………… 362
　　　　2.3.2.3. 全国学力テストB問題の傾向と課題 …………………… 368
　　　2.3.3. 全国学力テストの改善の方向性と国語科CR ……………… 370
　　　　2.3.3.1. 実社会に関わりのある題材を用いた問題 ……………… 371
　　　　2.3.3.2. 文学的文章を用いた問題 ………………………………… 374
　　　　2.3.3.3. 古典的題材を用いた問題 ………………………………… 379
　　2.4. 大学入学共通テストに見られる新しい学力観 …………………… 382
　　　2.4.1. 記述式問題のモデル問題例の検討 …………………………… 383
　　　2.4.2. マークシート式問題のモデル問題例の検討 ………………… 390
　　　2.4.3. 大学入学共通テストのモデル問題例から見た国語科CRの
　　　　　　可能性 ……………………………………………………………… 397
　　2.5. 国語科に関わる新しい学力測定の動向 …………………………… 398
　　　2.5.1. 民間による新しいテスト開発 ………………………………… 398
　　　2.5.2. 民間による新しい問題集開発 ………………………………… 401
　3. 新しい教育状況における国語科CRの可能性 ………………………… 404
　4. 第7章のまとめ ………………………………………………………… 409

終章　研究の成果と課題・今後の展望

1．研究の成果 ……………………………………………………… 411
　1.1. 国語科教育における「クリティカルな読み」の先行研究の整理
　　　（目的①） ……………………………………………………… 411
　1.2. 内外の先行研究による国語科 CR の理論的な土台の構成（目的②）
　　　………………………………………………………………… 412
　1.3. 国語科 CR の指導理論の構築（目的③） …………………… 412
　1.4. 国語科 CR の指導理論の実践の場での検証（目的④） …… 413
　1.5. 新しい教育状況における国語科 CR の可能性と展望（目的⑤）
　　　………………………………………………………………… 415
2．研究の課題 ……………………………………………………… 416
3．今後の展望 ……………………………………………………… 417

参考引用文献 …………………………………………………… 419

資料　第2章　資料 – Wallace へのインタビュー記録 ………… 431

あとがき ………………………………………………………… 459
索引 ……………………………………………………………… 463

国語科クリティカル・リーディングの研究

序章　研究の動機・目的・方法

１．研究の動機

　実践の場で長らく筆者は、国語科における「読むこと」とは、テクストという窓を通して社会を読み解くことだと考えてきた。テクストの中に垣間見える時代性や思想を考え、テクストを読み手が意味づけていくことが読む愉しみではないかととらえたのである。そして、その愉しみをより深めていくために結果的にいろんな背景知識（Background knowledge）が必要なのだと考えた。

　しかし、身近な国語科教育の場は、経験的にこのような順序で進行するものではなかった。説明的文章であれば、新出語句の意味を覚え、段落構成を理解し、主張を理解し、ノートをきれいにまとめ、それで目的は達成される。学習者自身がそのテクストを自分の問題として取り込み、自分なりにそのテクストを意味づけ、授業者や学習者との間でことばのキャッチボールをすることは一般的な授業にはなかった。

　これらの様相は、まだ「言語活動」ということばも「PISA」ということばも人口に膾炙しない頃の話である。しかし、その後、学習指導要領の改訂（2008年〈平成20年〉）によって言語活動の充実が提起され、PISAの「読解力」の考え方が取り入れられてからは、このような状況に変化も現れた。クリティカル・リーディングという概念が日本の国語科教育に持ち込まれたのもちょうどその頃である。

　筆者はこのクリティカル・リーディングの概念に出会うことで、それまで漠然と感じてきた上記のような疑問を解決する方略を知り、実践を試み

ることが可能となった。また、実践的研究の過程で国語科教育が成果として残してきた「批判的な読み」などと称される読みの方略や、クリティカル・シンキングの理論と出会い、その知見を授業に取り入れることもできた。

　しかし、漠然とではあるが、自身が希求する国語科の学びに向かうには何かが足りないと感じていた。テクストを読むことが結果的に社会を深く読むことにつながっていないということ、また、そのことを目指す方略が、曖昧なまま存在していないということである。

　その頃から、ことばを学ぶという国語科としての社会的な学びの可能性を考えるようになった。そして、このテーマに挑むことが自身の中の研究の主たる目的となっていった。

　研究を進める中、それを後押しする社会現象も重なった。21世紀に入って世界を覆い始めたポピュリズムによる右傾化や排除の論理、また日本における若者の貧困の問題やブラック企業の実態など、ことばにいとも簡単に感化されていく大衆現象である。これらの現象は、筆者をして、社会に巣立つ学習者を前に「おちおちしていられない」という思いを抱かせしめた。

　折しも2016年は公職選挙法の改正によって選挙権年齢が18歳に引き下げられ、若者が政治に参加する機会が拡大することになった。ますます、目の前の学習者にテクストをクリティカルに読み解く資質を育むことが必要となってきたのである。

　このことの実現には、表層的なテクストの理解だけではなく、ことばの精査、推論からテクストを多角的に読み解き、眼前のテクストを意味づけていくことが重要だと考えた。従来の国語科教育における「クリティカルな読み」の方略に、社会的実践としての意味合いを加味していくことである。論理・論証を学ぶこと、クリティカル・シンキングの知見から読むこと、などの従来の読みの方略だけでは果たせない「何か」を考え、具体的な方策を模索する必要が生じたのである。

　このような経緯を経て本研究に至った筆者は、読むことを社会的実践と

するという目標から、題目を「国語科クリティカル・リーディングの研究」と定めた。

本研究はこの指導理論の構築を目指し、これからの国語科教育に対して、一石を投じようとするものである。

2．研究の目的

以上の課題を受け、本研究では次の五つの目的を設定する。

①国語科教育における「クリティカルな読み」の先行研究の成果と課題を明らかにすること。
②「①」を解決するための新しい理論を内外の先行研究に求め、読むことを社会的実践とするための理論的な土台を構成すること。
③「①」「②」をふまえ、国語科クリティカル・リーディングの指導理論をカリキュラムも含め構築すること。
④「③」の理論を実践の場で検証し、実効性をもった指導理論として調整を図ること。
⑤新しい教育状況の中で国語科クリティカル・リーディングの可能性を展望すること。

3．研究の方法

3.1．理論構築の方法と指導理論の措定

目的を果たすために、本研究では「2．」で示した①から⑤の順に論を構成する。

その際、予想される問題を想定し、次のことに留意しながら理論を構築することとする。

一つ目は、先行指導理論との融合を図ることである。国語科クリティカル・リーディング（以下、国語科 CR）はこれまでの国語科教育における指

導理論の上積みをねらっている。したがって、Wallace（第2章で詳述）のクリティカル・リテラシーの知見を背景とした理論を軸としながらも、これまでの先行指導理論と適切な接合を図る必要があると考える。

　二つ目は、なぜ Wallace の理論を求めたのか、また、海外の先行指導理論を日本の国語科教育に援用することが可能なのかという疑問に明確に答えていくことである。具体的には Wallace の Critical Reading 理論が汎用性のあるものであり、日本の教育状況に適用可能なものであることを説明していく必要がある。この疑問に回答することによって初めてその援用の道が開かれると考える。

　三つ目は、社会的実践は他教科の課題ではないのかという疑問に答えていくことである。ことばを扱う国語科ならではのクリティカル・リーディングであることを丁寧に論じていくことが、理論と国語科教育を有機的に結びつけていくことにつながると考える。

　四つ目は、新学習指導要領などの新しい教育状況だけでなく、現場の実態をふまえた指導理論を構築することである。学校教育への導入を前提とした研究としている以上、このことに留意した理論構築を推し進める必要があると考える。

　以上のことに留意し、国語科 CR が、国語科として今まで十分に着目しきれなかった社会的実践へ学びを拡張するものであり、学習者が社会のテクストを多角的に読み解き、そこに参画していく資質を獲得することを希求する指導理論であると措定する。

3.2. 各章の概要
3.2.1. 目的①のための方法（第1章）

　第1章では、国語科 CR の指導理論構築に向かうための礎を確かめるべく、国語科教育における「クリティカルな読み」の先行指導理論を調査し、その成果と課題を明らかにする。

　ここでの「クリティカルな読み」とは「批判読み」「批判的読み」「評価読み」「クリティカル・リーディング」など、戦後の国語科教育における

テクストをクリティカルに読む学習理論を包括した本研究における呼称である。本研究では、今日的な学習状況との関連性を考察する目的から OECD が PISA に着手した 1997 年を一つの転換点ととらえ、調査の範囲についてはその前後以降のものに的を絞る。

先行指導理論の考察に当たっては、指導理論を井上（2007）などの「言語論理教育」、森田（2011）などの「評価読み」、鈴木（1997）などの「メディア・リテラシー教育」、有元（2008）などの「PISA 型『読解力』における熟考・評価」、そして道田（2015）などの「批判的思考」の 5 類型に分け、それらの成果と課題を検証する。

また具体的な考察方法としては、読むことを社会的実践とする観点からの考察を踏まえ、「社会的」か「個人的」か、「言語」か「非言語」かの軸でマトリクスを作り、そこに各先行指導理論を布置することで、解決するべき課題を可視化する。

3.2.2. 目的②のための方法（第 2 章）

第 2 章では、第 1 章で示唆された国語科教育における「クリティカルな読み」の先行指導理論の課題の解決の道筋を示し、国語科 CR の指導理論構築のための理論となる先行指導理論を整理する。

具体的には、ロンドン大学において Critical Reading の研究を進めてきた Catherine Wallace（以下、Wallace）の指導理論に着目し、氏の英文による論文の調査を行い、最終的にその理論の国語科教育への援用の可能性を見出す。

Wallace に着目したのは、氏の理論がことばの分析を社会的な問題意識をもとに行うものであること、テクストの背景にある社会的要素を読もうとする理論であること、また多様な学習者の見方・考え方を読むことに活かすという対話による社会参画を目指す理論であることにあった。

具体的な方法としては、まず始めに Wallace の Critical Reading 理論に関する文献（Wallace1988,1992a,1992b,1999,2001,2003,2012 など）を調査し、その指導理論の枠組みを明らかにするとともに、カリキュラムなどの具体的

な指導理論について整理し、国語科教育への援用可能性を模索する。そしてそのことを補完し、文献では明らかにしにくい理論の内実や国語科教育への援用の可能性を探るために、直接 Wallace 本人にインタビュー調査を実施する。

　これらの総合的な Wallace 研究によって、国語科教育の先行指導理論を補い、国語科 CR の指導理論の理論的背景を形成することを目指す。

3.2.3. 目的③のための方法（第3章）

　第3章では、第2章で明らかになった Wallace の Critical Reading 理論とその国語科教育への援用可能性をもとに、2017年～2018年改訂の新学習指導要領等、新しい教育状況とそれらが国語科に与える影響をふまえながら、今後必要となる学びの要素を措定し、国語科 CR の指導理論を構築する。

　具体的な指導理論は、OECD のコンピテンシー、PISA、新学習指導要領等の方向性をふまえた読解プロセス、および Wallace が指導理論で示したクリティカル・リテラシーを軸とした読みのフレームワークを両輪に据えつつそれらを統合し、「国語科 CR の読解プロセスとフレームワーク」として概念化する。

　また、その概念を小学校から高等学校まで段階を踏んだ指導理論として示し、具体的なカリキュラムとして12年間を連続したものとして考える「6つのステージ」によるカリキュラムを構築する。

3.2.4. 目的④のための方法（第4章、第5章、第6章）

　第4章から第6章までは、第3章で構築した国語科 CR の指導理論を実践の場に適用させる第一歩として、既存の国語科の教科書教材を国語科 CR の観点から分析し、それらの教材や学習の手引きを改編する。そのことによって、現行の学習指導要領（2008年〈平成20年〉）のもとに作成された国語科教材の成果と課題を明らかにするとともに、国語科 CR の指導理論がどのようにそこに改良を加えていけるのかを考え、提案していく。

具体的には、小学校、中学校、高等学校のすべての校種の教科書を検討の対象とし、説明文、説明的文章、評論、社会的テクストとしてのマルチテクストに該当する教材、および学習の手引きを分析し、その改編を試みる。

　分析の観点は、国語科 CR の読解プロセス、および国語科 CR のフレームワークの二つの観点から行い、可能な限りデータとして可視化し、問題の在りかがわかりやすいように努める。

　分析と考察、また具体的に改編した教材は小学校、中学校、高等学校それぞれに学校現場での検証を依頼し、学習者や授業者が改編した教材をどのようにとらえているか、また現段階でどの程度それに対応しうるかを観察するとともに、その調査から見える課題や今後の可能性を拾い上げ、改編案を修正する。

　国語科 CR の指導理論に基づいた新しい教材づくりは以後の課題としつつ、まずは、これらの章において、既存の素材を使いながら、学習課題の改編でどこまで国語科 CR が実効性をもたらすことが可能なのかを探り、今後の教材づくりの礎とすることを目指す。

3.2.5. 目的⑤のための方法（第 7 章）

　第 7 章では、新学習指導要領が告示されるなどの新しい教育状況の中にあって、学力観がどのように変化しているのか、また今後どのような学力の育成が国語科教育に求められるのかを分析し、国語科 CR の指導理論がそこに寄与する可能性について考察する。

　新しい教育状況としては、新学習指導要領やその背景にあると考えられる OECD の学力観を視野に入れながら、分析の方略としてそれらの資質・能力を測るテストなどの動向に着目し、その実態を整理する。

　具体的には、2007 年度から実施されている全国学力テスト（B 問題）、また新学習指導要領の理念を具現化したと思われる 2017 年に公開された大学入学共通テストのモデル問題について国語科 CR の指導理論の観点から分析をし、その成果と課題を明らかにする。

次に、上記のような官製テストのほかに、新しい教育状況をめぐって開発されている民間のテストにも着目し、該当すると思われるテストを同様の方法で分析する。また、育成の観点から発刊される民間の問題集についても調査し、同様の方法で分析する。

　これらの分析から、新しい教育状況において求められようとしている資質・能力を実際のテスト問題から帰納的に推論し、国語科 CR が目指そうとしている読むことを社会的実践とする理論との関連性を考察する。

　加えて本章では、これらの分析、考察を再び授業実践の場に返し、国語科 CR が既存の国語科での学びを活かしながら、そこにどのように修正、追加をしていくことができるのかを考える。

　たとえば、新しい教育状況においては図や表を含めたマルチテクストを素材とする提案が見られるが、そのような形式の変更が図られなければ、新学習指導要領における国語科の理念は実現し得ないという前提については一考を要する。全国学力テストの B 問題で見られるようなポスターやチラシ、学級での話合いの記録などのテクスト、また大学入学共通テストのモデル問題で見られるような契約書や会話形式のテクストである。

　そのためにはテクスト、特に文字テクスト（文章）というこれまで国語科が中心的な素材としてきた形式を堅持しながらも、新しい学力観が求める教材観や授業観を達成しうることの可能性を論じ、検証しなければならないだろう。このことも国語科 CR の指導理論の構築が果たすべき役割であると考える。

　OECD の提起する学力観も含めて、教科横断や教科融合が今日的な潮流であるということは十分理解しつつ、ことばを読むことで学びを深めることの可能性をこの章では論じるとともに、新しい教育状況に中にあって、今後の国語科教育の教材、授業はどのようにあるべきなのかについて展望する。

第1章　国語科における「クリティカルな読み」の理論と実践

1．はじめに

　本章では、序章で述べた問題を受け、日本の国語科教育における「クリティカルな読み」を俯瞰し、その成果と課題を明らかにする。本研究が目指す国語科 CR の指導理論構築に向けての土台の確認と再構築に向けた問題の整理を図るものである。なお、ここでの「クリティカルな読み」とは、「批判的な読み」、「クリティカル・リーディング」、「評価読み」などを包括する意味で用いている。

2．問題の所在

　国語科における「クリティカルな読み」の指導は、学習者がテクストを主体的に読む方略として時代の状況に応じて実践され、発展してきた。たとえば、都教組荒川教育研究会（1963）の『批判読み』は、民主主義国家の成立と発展を企図した政治の時代を背景として、また有元（2008）による「クリティカル・リーディング」は、コンピテンシーの概念をベースとした PISA の「読解力」の理論を背景に提唱されてきた。ただ、これらの「クリティカルな読み」の指導理論と実践は、国語科の読みの指導の中で中心を占めることなく今日に至っている。
　社会構造の大きな変化に晒されている今日の状況からすれば、学習者のクリティカル・リテラシーを涵養し、社会参画を促す教育はこれまで以上に重要な位置を占めている。社会的テクストの活用や、社会的コンテクス

トまでを射程に入れた「クリティカルな読み」の指導は、国語科の引き受けるべき今日的な課題と言える。

　本章では、このような問題意識から、国語科における「クリティカルな読み」の指導の成果と課題について俯瞰し、それらの考察から新しい「クリティカルな読み」の指導理論の構築を構想する。

3．先行研究の検討

　ここでは、国語科における「クリティカルな読み」の範疇だと考えられる先行指導理論を整理し、課題を明らかにする。なお、本研究では、OECDがPISAに着手した1997年を、新たな「読解力」（Reading Literacy）の黎明期ととらえ、その前後以降に的を絞った考察をする。

　方法として、まず、国語科における「クリティカルな読み」の指導理論を【表1-2】のようにA～Eに類型化し、それぞれの成果と課題を考察する。次に、「社会的／個人的」「言語／非言語」の指標【表1-1】によるマトリクス【図1-1】を設定する。最後に類型化された国語科における「クリティカルな読み」の指導理論A～E【表1-2】を【図1-1】に布置し、全体を考察する。

【表1-1】マトリクスにおける4つの観点

社会的	「クリティカルな読み」による変容の主体、分析対象を社会に置く。社会のあり方を再定義、再構成
個人的	「クリティカルな読み」による変容の主体、分析対象を個人（筆者、読者）に置く。個人のあり方を再定義、再構成
言語	「クリティカルな読み」の分析・評価対象を言語テキストに置く。小説・詩・評論文などのテキスト
非言語	「クリティカルな読み」の分析・評価対象を非言語テキストに置く。映画・漫画・写真などのテキスト

第1章　国語科における「クリティカルな読み」の理論と実践

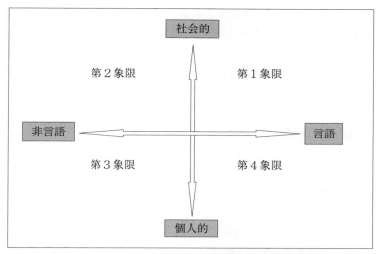

【図1−1】国語科における「クリティカルな読み」の類別用マトリクス

【表1−2】「クリティカルな読み」の指導の類型

A	テクストにおける論理的な構造を把握、分析し、一定のフレームからそれらの誤謬を指摘する批判的な読み
B	認識主体としてテクストに向き合い、筆者の表現の工夫を評価する読み
C	あらゆるメディアをメディア・テクストととらえて分析し、批判的、創造的にそれらを再構成していく読み
D	自らの知識や経験をテクストに照らし合わせて熟考・評価する読み
E	合理的・論理的、反省的・省察的、もしくは批判的・懐疑的にテクストに向き合い、慎重に吟味する読み

次に、A〜Eについてそれぞれ考察する。

3.1. 言語論理教育

A	テクストにおける論理的な構造を把握、分析し、一定のフレームからそれらの誤謬を指摘する批判的な読み

Aは、井上（2007）の「言語論理教育」、香西（1995）のレトリックや反論の技術論、また阿部（1996）、光野（2005）、舟橋（2009）、間瀬（2011）、福澤（2012）、難波（2014）などの論理・論証をめぐる考察、提案である。

　「言語論理教育」を提唱した井上は、「理由付けの誤用、悪用」を見破るための次のような「批判的な読みのチェックリスト」を示している。

　　a 語の用法は明確であるか
　　　1．重要な語は定義されているか
　　　2．用語の意味は一貫しているか
　　　3．早まった一般化をしていないか（その後の及ぶ範囲が限定されているか）
　　　4．比喩や類推は適切か
　　　5．語の感化的用法（色づけ）はないか
　　b 証拠となる資料・事例は十分に整っているか
　　　6．証拠となる資料や事例は十分か
　　　7．その事象を代表する典型例か
　　　8．隠された資料や証拠はないか
　　　9．反論の材料となるような、反対の立場からの資料や証拠は考えられないか
　　　10．不適切な資料や証拠はないか
　　c 論の進め方は正しいか
　　　11．根拠のない主張・結論はないか
　　　12．隠された仮定・前提（理由・原因・条件）はないか
　　　13．誤った（または悪用された）理由付けはないか

（井上, 2007, pp.93-94）

　井上の理論はコージブスキー（Korzybski）の一般意味論やアメリカの批判的思考の研究に拠るものであり、「地図は現地ではない」という概念、つまりことばによって編まれたテクストは事実ではなく脚色が必ずあると

第1章　国語科における「クリティカルな読み」の理論と実践

いう前提からの読みを目指すものである。したがって、論理の筋道を検証する学びにとどまらず、書き手のレトリックを見極める学びも含まれてくる。テクストは編まれたものであり嘘を内包するものという大前提に立ち、そのことを一人の読み手として見抜く力量を身につけるためのフレームの育成である。

　同じようにテクストの誤謬を検討する点では、香西（1995）が反論という行為の中で批判的なフレームを身につけることを提唱している。香西は、反論を「『主張』型反論」と「『論証』型反論」に類別し、後者を中心とした訓練が議論の教育には有効だとした。相手の主張そのものに反論するのではなく、相手の論証に反論するのである。香西は、たとえば意見文における「譬え」の適正さや「大前提」の適正さを突く具体例を示している。

　誤謬を指摘する批判的な読みとしては阿部（1996）の「吟味読み」や「『読み』の授業研究会」の実践研究があり、これらもこの類型に属すると言える。阿部（1996）の「吟味読み」は、文章の「論理」および「ことがら（事実・意味）」を吟味し、そのことに基づいて、もとのテクストをリライトするという提案である。

　論理・論証をめぐっては、たとえば舟橋（2009）が「情報科」での取り組みをまとめ、論理を分析し整理する読みの方略を提案した。光野（2005）は、トゥルミンモデルをベースにした発達段階に応じた論証構造の学習を提案し、テクストの論理構造の分析が批判的な読みにつながると論じた。また、福澤（2012）は、論証モデルからテクスト分析し、それを書くことに活かすクリティカル・リーディングを提唱した。これらの研究は、テクストの論理・論証に着目し、トゥルミンモデルなどそれらを読み解く枠組みからテクストを読む指導方略であると言える。一方、学習者の側の論理にも着目した研究として、間瀬（2011）がある。間瀬は、説明的文章の理解が学習者の仮説的推論（アブダクション）およびそれらを学習者間が協同して検討する中でより深まると論じ、その可能性を示した。

　これらの指導理論に共通するのは、論理というメカニズムがテクストを支配しているという前提から、そのメカニズムへの着目によって学習者の

テクストへの理解をより深くしていくことを目指していることである。
　ただ、難波（2014）のように、そもそも書き手に論証の意図があまりない「感化の論理」による評論文を「正す対象」とすることを疑問視する指摘もある。
　難波（2014）は論理の種類を類型化し、「形式論理学の論理」以外の論理を、【表1−3】のように「論証の論理」「説明の論理」「感化の論理」の三つの論理に整理した。

【表1−3】論理の種類の類型化

日常の論理の種類	出発点	送り手	受け手	文章の例
論証の論理	固有のトポス	専門家	専門家	学術論文
説明の論理	固有のトポス 共通のトポス	専門家	大衆	小中の説明文教材
感化の論理	共通のトポス 固有のトポス	大衆（多くの場合非専門家的な知識人）	大衆	中高の評論文教材

（難波, 2014をもとに澤口が作成）

　「説明の論理」「感化の論理」については次のように説明される。

　【説明の論理】
　　書き手がその主張がすでに立証されたりして正しいことを当然と考えており、なぜそれが起こるかについて述べたり、それが起こる原因や理由、そのことの意味づけをおこなおうとする論理。
　【感化の論理】
　　筆者の意見が書かれていて、かつ、その意見は広く真であると認められているわけではない、むしろ世の中の逆をいくような意見を持ち、そして、その意見を厳密に論証しようとはしていない論理。

　難波は、中高の評論文教材で見られる論理がこの「感化の論理」に該当

するとする。この説に従えば、中高生の読み手に評論文の「論証」を批判させる指導には、一定の限界があるということになる。たとえば、高等学校の定番教材である「水の東西」（山崎正和）や「ミロのヴィーナス」（清岡卓行）にある論理は「感化の論理」であり、そこに論理・論証の「正しさ」を求めることは無理が生じる。

　これらAに分類される指導理論の特徴としてもう一つ挙げられるのは、分析の対象がテクストそのものに限られることである。

　難波（2009）は、学習指導要領の「論理」は言語そのものではなく語用論的な志向を持つとして、井上の「言語はそのまま筆者の思考があらわれたものという思想がある」というとらえに疑問を呈した。論理は「関係性」であり、テクストとして関係性そのものだという認識である。また、トゥルミンモデルは「思考構造の一種であって、文章構造ではない」とし、固有のトポスを持つ領域でのみ通用する理論であって「日常言語に関わるモデルではない」と結論する。この論に従えば、読む対象がテクストそのものに限られるこれらの指導理論では、テクストの背後にあるコンテクストへの認識が生まれにくく、ことばを社会的にとらえる意識が学習者の中に立ち現れにくいということになる。

　以上の考察から、類型Aの指導理論の成果としては次のことが挙げられる。

・テクストの論理・論証の構造に着目する指導によって、学習者にことばに着目しテクストを冷静かつ分析的に読む視点を与えたこと。

一方、課題としては次のことが挙げられる。

・テクストのことばを筆者自身の思想ととらえ、またそれをある枠組みから一律に読み解いていく指導は、テクストと読み手との関係性や背景のコンテクストが反映されず、読むことが誤謬を指摘するなどの形式的な活動になりやすいこと。

3.2. 評価読み

| B | 認識主体としてテクストに向き合い、筆者の表現の工夫を評価する読み |

　Bは森田（2011）などに代表される筆者の表現の工夫を評価する読みの指導である。森田をめぐっては、その理論を批評した論考として上田（2010）、篠崎（2014）などがある。また、関連する理論としては、吉川（2017）などがある。

　森田（1989）は、これまでの説明的文章の読みが、叙述に即して「確認」することに留まっていたことに異議を唱え、筆者の表現の工夫を評価する「評価読み」を提唱した。これはテクストそのものを額面通りに読むのではなく、筆者の認識、言い換えれば思考の内部に潜り込んで読むことを企図した指導だと言える。

　森田は「執筆目的に照らして選ばれ、意味づけられた」ことを読みの対象とするべきだとしており（p.46）、森田（1988）ではこのことを「筆者像」を形成する活動だとする。また、この活動は読み手の「拒否反応」「創造反応」という主体的、積極的、生産的反応によって成立するという認識を示している（p.16）。「評価読み」には、学習者が主体となる批判的な読みを構築する意図があったと言えよう。

　ただ、篠崎（2014）は、この認識主体としての読み手を育てるという提案は、森田（1984）などで明示されたものの、近年（篠崎の定義する第Ⅲ期以降）は「確認読み」「評価読み」ともに論理を読むことにシフトしたと指摘する。篠崎はその原因を「『筆者』という表現では、「評価」の対象が筆者の人格そのものに向かう恐れ」があり、その回避の必要性から評価の対象を論理にしていったのではないかと推測する。森田の「評価読み」の初期のねらいである筆者の認識に迫る読みを実現するには、筆者という一個人（読み手という一個人も同様に）に焦点を当てることのみでは限界があるということである。

　このことを乗り越えるには、たとえば、筆者だけではなく筆者の背景にある社会的コンテクストを考慮し、包括的にテクストを読む「評価読み」

第1章　国語科における「クリティカルな読み」の理論と実践

の模索が必要になるのではないかと考える。「筆者がこのようなことを書かざるを得なかった時代とは何か」「どのような立場から筆者は書いたのか」「誰に向けて筆者は書いたのか」などにも焦点をあててテクストの目的効果分析をする「評価読み」である。

　一方、学習者を起点とした批判性について、森田は、読みの構成として次の【図1-2】のような概念を示している。

(森田, 2010, p.137)
【図1-2】学習者に批判的視点をもたらすプロセス

　この図は、題名読みによって読み手の関心・疑問を引き出し、通読・精読を経て総合的な評価をするという流れを示したものである。このことを森田は次のように説明する。

> 　題名読みは、教材のタイトルに触発されつつ、読者自らの世界を思い描く契機になる。これが、評価の原動力である。また通読段階での反応も教材の吟味・評価の初期段階、前提である。この段階はなお主観的に過ぎるかもしれない。しかし、主観的であることは構わない。なぜなら、この主観的な反応を、精密に検討する場として精読（確認読みを中心とする）の長い時間が控えているからである。このような過程を経て、吟味・評価の完成段階（まとめ読み）に至るのである。
>
> (森田, 2010, p.137)

　学習者の反応を起点として評価を生み出すという点で、初めから精読をする授業よりは、学習者の認識への働きかけは増幅されると考えられる。しかし、「まとめ読み」の段階での「批評文」（『雪国は今―』〈第4学年教材〉）を見る限り、ある正しさを基準に、どうすればもっとわかりやすい

かという書き方の提案が示されるだけである。これはPISA型「読解力」の三つの読む行為の側面でいえば、「形式の熟考・評価」にとどまるものであり、「内容の熟考・評価」には至っていない。上田（2010）は説明的文章を批判的に読むことの指導には「検証的批判」と「対論的批判」があるとするが、森田の近年の「評価読み」は後者の「対論的批判」の要素が希薄であるということができる。

　原因は次の二つに整理することができる。

　①学習者の価値観・視点がテクスト批判に反映されていない。
　②外部のテクストがテクスト批判に反映されていない。

　共通するのは、森田の「評価読み」が、外部のテクスト（読み手というテクストも含めて）を読むことに活かそうとしていない点である。このことについては、森田（1989）が、「特定の教材を無条件に絶対化することを避ける意味で評価できる」としながらも、「読み広げが中心になり、散漫な学習になりがちである」と否定的にとらえていることからもわかる（p.48）。

　森田の「評価読み」は、近年のPISA型「読解力」の「熟考・評価」と一定の共通性はあるものの、学習者の認識はあくまでテクストの形式評価を企図するものであり、テクストと読み手の価値と価値の対論、対話を求めるものではないと言える。また、テクストの読みを社会へと拡張する意図はなく、社会の構造を再構成していくことが期待されるものでもない。

　このような森田の「評価読み」の方略を継承している論考は今日でも見られるが、その一つに、吉川（2017）がある。吉川は、「批判的読み」を「筆者に立ち向かう、力強い読者（読み手）を育てる読み方」だとし、自律的な読み手の育成を提案する（p.17）。そして、その実現のための観点・能力として「文章（ことば、論理）に反応する」「筆者について考える」「自分の考え・論理をつくる」三つを挙げている。また、さまざまな読みの立場（「読者側」「筆者側」「文章側」）で批判的に読むことが重要だとし、

複眼的な読み方の有用性を説いている（pp.84-89）。

　ただ、ここでの理論・実践提案も、森田の指導理論と同じく、筆者やテクストの背景にある批判的な問題意識や社会的背景などを考えていこうというものではない。

　以上の考察から、類型Bの指導理論の成果としては次のことが挙げられる。
・読み手の主観的なとらえ方を尊重し、筆者を含めたテクストを、ことばや論理に着目しながら自律的に読もうとする学習者を育もうとしたこと。

　一方、課題としては次のことが挙げられる。
・読み手が筆者と対話していくことは求めるが、内容の価値をめぐる対話は求めていないこと。また、それが社会的なことがらに拡張していかないこと。

3.3. メディア・リテラシー教育

C	あらゆるメディアをメディア・テクストととらえて分析し、批判的、創造的にそれらを再構成していく読み

　Cは、メディア・リテラシー教育における「クリティカルな読み」の指導である。海外の先行指導理論には、マスターマン（2010）、バッキンガム（2006）、ホッブス（2015）などがある。国語科教育としては、鈴木（1997）、菅谷（2000）、井上・中村（2001）、松山（2005）、児童言語研究会・中学部会（2006）、中村（2010）、日本新聞協会（2013）、浜本・奥泉（2015）などがある。また、関連した論考として、上杉（2008）、小柳（2005）などがある。

　メディア・リテラシー教育の根本理念はテクストを批判的に読むことである。

　マスターマン（Masterman, 2010）は「メディアは象徴（あるいは記号）システムであり、能動的に読まれる必要がある。疑いの余地のないありのま

まの現実を映し出しているわけではない。メディアは単に『現実』を伝えたり反映したりするのではなく、それを構成しリプレゼンテーションするプロセスに積極的に関わっている」と述べる（p.28）。

関連して上杉（2008）は、カナダのオンタリオ州の英語科におけるプログラムを調査し、批判的な主体性の獲得のために最低限次のような八つの認識が求められるとしている。

これらは、マスターマンの、メディアが作り出す「現実」を読み解く方略と問題を共有するものである。

①メディアはすべて構成されたものである
②メディアは現実を構成する
③オーディエンスがメディアから意味を読み取る
④メディアは商業的意味を持つ
⑤メディアはイデオロギーや価値観をともなうメッセージを持つ
⑥メディアは社会的・政治的な意味を持つ
⑦メディアの様式と内容は密接に関連している
⑧メディアはそれぞれ独自の芸術様式を持っている　（上杉, 2008, p.110）

また、近年ではホッブス（Hobbs, 2015）が、メディアを次の【図1-3】のように位置づけ、これらのテクストの分析をするため【表1-4】のような「5つのクリティカルな問い」を提案している。

この「5つのクリティカルな問い」については、次章で述べる Wallaceの「5つの問い」と共通する要素も多くあり、社会的テクストを読み解く一つの基本形が具現化されていると考えることもできる。

第1章　国語科における「クリティカルな読み」の理論と実践

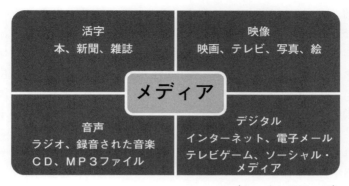

(ホッブス, 2015, p.17)
【図1-3】メディアの形式

【表1-4】5つのクリティカルな問い

中心となる概念	クリティカルな問い
作者とオーディエンス	1．作者は誰で、何が目的か。
メッセージと意味	2．注目を集め、維持するためにどんな創造的なテクニックが使われているか。
	3．このメッセージを異なる人々がどのように理解するか。
リプレゼンテーションと現実	4．どんなライフスタイル、価値観、視点が提示されているか。
	5．何が除外されているか。

(ホッブス, 2015, p.62)

　一方、中村（2010）は、イングランド、カナダオンタリオ州、西オーストラリアのメディア・リテラシー教育の方略をまとめ、カリキュラムのすべてにコンテクストの指導項目が含まれていると指摘している。中村は、このコンテクストの位置づけについて次のように説明する。

　「Bコンテクスト」ではメディア・テキストを「コンテクスト、目

的、オーディエンス」の観点から分析する方略を扱う。読解とは「オーディエンスがテキストから意味を作り出す」ことである。オーディエンスは「個人の経験、価値観、心情」や「文化的社会的コンテクスト」から影響を受け、意味を作り出す。また、テキストも同様に、制作者のコンテクストを反映している。このことを全ての言語活動の学習領域で指導する。　　　　　　　　　　（中村, 2010, p.47)

　これらから、欧米でのメディア・リテラシー教育は、メディア・テクストから学習者を保護し、エンパワーメントし、主体的に社会的テクストと関わり、それらをとらえ直す力を涵養することを目指す教育と位置づけることができる。また、明示されたメディア・テクストそのものを批判の対象をとらえて対峙するのではなく、送り手と受け手の双方の背景にあるコンテクストを考慮しながら、総合的にメディアを分析する姿勢があることがわかる。
　では、メディア・リテラシー教育は国語科においてどのように実践されてきたのか。
　海外の先進事例の紹介としては、鈴木（1997）、菅谷（2000）などがある。鈴木（1997）は、マスターマンの先行研究を軸としながら、テレビＣＭなどのメディアに対してクリティカルな視点で向き合うことの重要性を指摘した。また、菅谷（2000）は、メディア・リテラシー教育を「メディアを批判的に理解していく学習（p.ix）」だとし、アメリカやカナダの学校で行われている教育、主にテレビなどのマスメディアを教材とした事例を報告した。菅谷は同書で、メディア・リテラシーを「メディアが作る『現実』を批判的（クリティカル）に読み取るとともに、メディアを使って表現していく能力のこと（p.v）」だと定義づけている。
　国語科においては、井上・中村（2001）が国語科においてどのようなメディア・リテラシーを育むことができるかを提案し、小学校から高等学校までの実践を取り上げている。井上は同書で、日本の国語科のメディア・リテラシー教育には「批判」という側面の強調が足りないことを問題視す

るとともに、「国語科の観点からすれば、メッセージ（ことば）の意味内容そのものを問題にする意味論的観点に立った批判をもっと取り上げるべきである（pp.25-26）」と述べている。批判という視点を中心に置いたものとしては、たとえばほかに、児童言語研究会・中学部会（2006）がある。同研究会は「今ひどく偏ったマスメディアの正体をはっきりと見つめて、現実認識を確かにして、主権者としての確かな生き方を確立していく」ことがメディア・リテラシーの根底だとしている（p.11）。

　これらの流れを総括しつつ、国語科教育にメディア・リテラシー教育がもたらした成果を整理し、これからを展望した研究として浜本・奥泉（2015）がある。

　そのほか、松山（2005）はアニメなどの動画のなかにあるさまざまな要素を言語としてとらえ、その工夫を学び、また自身でも作成を試みるという学習プログラムを提案した。また、日本新聞協会（2013）は NIE の実践を紹介し、新聞を使った各教科の実践事例を紹介している。

　実践事例や理論を概観すると、国語科教育におけるメディア・リテラシー教育には、次のような学習の特徴を見ることができる。

　①制作側の工夫や技術に学び、その制作過程を学ぶ学習
　②自らメディアとなって制作をする活動的な学習
　③テクストの表現を取りだし、分析的に検討する学習

　ただ、マスターマンの理論、オンタリオ州でのメディア・リテラシー教育などと比較すると、次のような要素の欠落も見られる。

　a. 政治的、社会的な構造、背景へ踏み込んでいく学習がない。
　b. 送り手と受け手の背景や、またそれらを相互に意味づける学習がない。
　c. ディスコース分析によることばへの認識を高める学習がない。

　ここから見える課題は、社会の構造的問題への斬り込みの弱さ、文字テ

クストを対象とした実践の少なさである。

　鈴木（2001）は批判的自立性、つまり「生徒／学生に、将来出会うメディア・テクストに対し、クリティカルな判断ができる自信と自立性を獲得させること（p.50）」が求められるとしている。また、市民のエンパワーメントを可能にし、そこで身につけた力によって社会の民主主義の構造を強化することは、メディア・リテラシー教育の中心課題だとしている（p.202）。しかし、国語科におけるメディア・リテラシー教育は、このような理念に十分向き合っているとは言いがたい。

　この要因について、たとえば上杉（2008）は、マスターマンとバッキンガム（Buckingham）の対立関係とその国語科教育への引用経緯による影響があるのではないかと考察する。上杉は、マスメディアに対する批判的な分析を重視するマスターマンと、どちらかと言えば政治的な問題とメディア・リテラシー教育を関連づけず、オーディエンスの多様なメディア解釈に重きを置くバッキンガムとでは、立ち位置と目的が異なることを指摘する。また、オンタリオ州の教育を論文としてまとめた真の目的について、「社会的視点と批判の不在という問題を抱える日本のメディア教育に対する、より現実的な示唆を得ること」にあったとしている（p.13）。

　確かにバッキンガム（2006）の論考では、「第7章　批判的になる」において、メディア・テクストの隠れたイデオロギー的機能を明らかにすることなどを重視する反面、たとえば商業的なCMに対して子どもたちが批判的な分析をすることについては、「明らかに、批判的分析が中立的、もしくは客観的な手続きであると見ることはできない（p.141）」と批判している。また、「急速に変化する多文化社会では、社会的差異（階層、民族的背景、ジェンダー、年齢）が私たちのメディア経験を形づくる」ことに敏感である必要があるとしながらも、一方的な観点から「メディア・リテラシー教育を一定の政治的あるいは道徳的地位を受諾させる手段として使うことは、失敗する運命にある（p.150）」と述べている。

　メディアのなかのことばに着目したディスコース分析については、たとえば小柳（2005）が、フェアクラフ（Fairclough、本書では、引用文献で使用

される表記（フェアクロー）を除き、フェアクラフと表記する）らの社会歴史的コンテクストやことばの機能に着目したディスコース分析（Critical Discourse Analysis）を援用した学習者の談話分析をしている。さらに小柳（2012）は、学習者の学校外でのメディアとの接触を想定した教材・カリキュラム提案をしている。しかし、これらの知見が、国語科のメディア・リテラシー教育でメディア・テクストを読む手法として活用されている実践事例は見られない。

　奥泉（2010）は、同じく言語社会学的成果としてのハリデーの選択体系機能文法の知見を援用しながらテクストをクリティカルに読む提案をし、読むための新たなフレームを提案している。しかし、その対象は映像テクストであって文字テクストではない。奥泉（2012）は、そこからさらに踏み込んで、同じ理論的背景を援用しながら「書記テクスト」の学習を提案している。ただ、これも連続した長い文章を素材としたものではなく、どちらかと言えばマルチテクストを対象とした提案となっている。

　一方、メディア論の観点から分量のある文字テクストを読む提案もある。たとえば上松（2008）は、文学を読むことは「作者や作品の書かれた背景、作品にまつわる多くの情報についてのあらゆるコンテクストを総合的に理解し、自らの知識と照らし合わせ、現代社会に生きる力を育むことである（p.29）」とした。その上で、バッキンガムの概念を文学作品の読みに応用する次のような例を示した。

　　　　メディア・リテラシーの方法で文学作品を読み解く方法例
　　　　（バッキンガムの４つの概念を文学作品の読みに応用）

　（１）制作（Production）
　　　　A　作品が書かれたいきさつと出版背景（歴史的文脈）
　　　　B　教科書の単元・編集のされ方・掲載される際の構成
　　　　C　作品の属するジャンル
　　　　D　どのような読者を想定したのか（ターゲット化）

(2) 言語（Language）
    A　タイトル場面はどのような工夫がなされているのか
    B　挿絵はどのような工夫がなされているのか
    C　視聴覚的表現形式はどのようなものがあるか
    D　作品の語りの特徴はどのようなものか
    E　文章の中では、どのような表現技法を用いているか
(3) 表象（Representation）
    A　登場人物は各々どのような人物か
    B　登場人物の関係はどのようなものか
    C　作品の中で何が排除され、何が主に描かれているか
(4) オーディエンス（Audiences）
    A　学習者の作品に対する反応・感想・批評

（上松, 2008, p.33）

　教科書に掲載される作品をメディアととらえて、分析的に読む提案は、メディア・リテラシー教育の知見を読むことに応用する提案であると言える。ただ、このような提案は少数にとどまる。

　総体として、国語科におけるメディア・リテラシー教育の指導理論には、社会の構造的問題を追及し、既存のテクストを再構成していくという視座の欠落や、文字テクストを教材とした理論・実践が少ないという実態があることがわかった。

　以上の考察から、類型Cの指導理論の成果としては次のことが挙げられる。

・今日的な情報媒体としての映像を国語科の学習に持ち込み、国語科の扱う教材の幅をより実社会に広げていくことを実現したこと。

　一方、課題としては次のことが挙げられる。

・社会的テクストの構造的問題を考え、その再構成を目指すといった踏み込んだ指導理論の提案がないこと。また、ことばを扱う国語科として、その理念・要素を十分取り込みきれていないこと。

3.4. PISA型「読解力」における熟考・評価

| D | 自らの知識や経験をテクストに照らし合わせて熟考・評価する読み |

　Dは、PISA型「読解力」における三つの読む行為の側面（①「情報へのアクセス・取り出し」、②「テクストの統合・解釈」、③「テクストの熟考・評価」のうちの「③」に該当する読みのことである。先行指導理論には、文部科学省（2006）、中村（2008）、有元（2008）、田中ら（2007）、国立教育政策研究所（2013）、日本生涯学習総合研究所（2016）などがある。

　文部科学省（2006）は、PISAの「熟考・評価」を「テクストについて、内容、形式や表現、信頼性や客観性、引用や数値の正確性、論理的な思考の確かさなどを『理解・評価』したり、自分の知識や経験と関連付けて建設的に批判したりするような読み（クリティカル・リーディング）」とし、次のような「三つの重点目標」を定めた。

　【目標①】テキストを理解・評価しながら読む力を高める取組の充実
　【目標②】テキストに基づいて自分の考えを書く力を高める取組の充実
　【目標③】様々な文章や資料を読む機会や、自分の意見を述べたり書いたりする機会の充実

（文部科学省, 2006, P.99）

　一方、OECDが定義した「読解力」（Reading Literacy）の定義は次の通りである。

　　自らの目標を達成し、自らの知識と可能性を発達させ、効果的に社会に参加するために、書かれたテクストを理解し、利用し、熟考する能力。

（田中ら, 2007, p.10）

PISAはDeSeCoが策定したキー・コンピテンシーの概念が土台となっているが、この概念からは、立場やレベルに関わらず、すべての人が社会参画し、あらゆる場面で自らの能力を発揮するためのリテラシーの育成という具体的目標が見える。アカデミックな専門的教養や深い洞察力の育成ではなく、より多くの人が広く社会活動に参画して、個人にとっても社会にとっても有益な結果をもたらそうという目標である。

　両者の比較から気づくのは、文部科学省の目標に「自分の考えを書く」ことがことさら強調されていることである。しかし、国立教育政策研究所（2013）が公開した「読解力」にあたるテスト問題、「芝居は最高」「気球」「けちんぼうと黄金」を見る限り、すべての小問（12小問）中、「熟考・評価」に類別される問題はわずか2問（「情報へのアクセス・取り出し」が3問、「統合・解釈」が7問）であり、しかも、それらに「自分の意見を書く」問いはなく、既有知識を活かして判断をするだけである。

　日本生涯学習総合研究所（2016）は、PISAの読解リテラシーのテスト問題の割合について、2015年調査まで用いられていた設問群から算出したデータを公開している。それによると、「情報へのアクセス・取り出し」は約23％、「統合・解釈」は約51％、「熟考・評価」は約26％となっている（p.14）。このデータからも、「熟考・評価」の割合は高くはないことがわかる。

　このようなOECDの提案と日本の国語科教育での認識のズレは、例えば有元（2008）の提案にも具体的にあらわれている。

　有元は、自由記述問題の無解答率が高かったことを「授業中に意見を言わせないからPISAの得点が低い（p.44）」と分析し、「意見を述べさせる」ことをフィンランドやアメリカなどの欧米型教育に追いつくための重要な一要素と据えた。もちろん、そこには意見を理由づけることの必要性も併記されるが、このことが、「熟考・評価」は意見を述べることだ、という現場での誤解を生む原因を作ってしまったように思われる。

　この誤解による現象は、PISA型「読解力」の弱点を克服すると謳った有元（2010）において、いくつかの事例として紹介される。加えて有元

第 1 章　国語科における「クリティカルな読み」の理論と実践

(2010) は、現場での実践において三つの読む行為の側面が、「PISA ①、PISA ②、PISA ③」と区別され、形式的にそれらが授業されているとし、誤った PISA 型の実践になってしまっているという指摘をする。

クリティカル・リーディングを有元は次のように定義する。

> クリティカル・リーディングとは、①教材に書いてあることを正確に理解し、②書いてあることを手がかりにはっきりと書いていないことを推論して解釈し、③十分な理解と解釈に基づいて文章に書いてあることが本当に正しいことか、本当に価値のあることか冷静で客観的な分析に基づいた評価を行うことです。
>
> （有元 , 2010, p.17）

しかし、有元（2010）は同書において、「国際的な読解力」の向上に必要な読解の過程として、クリティカル・リーディングを「正確な理解と書いてあることを根拠とした解釈に基づいて、作品の文体や内容、登場人物の行動を評価したり批判したりする。また、自分だったらどう書くか、どう行動するかという自分の意見を表現する」と説明している（p.29）。つまり、クリティカル・リーディングが「熟考・評価」に限定された概念なのか、PISA 型「読解力」の三つの読む行為の側面全体に関わる概念なのかが曖昧で、かつ、既有知識の援用による総合的評価が中心なのか自分の意見の表明が中心なのかが定まっていない。

これらの原因として、Reading Literacy の訳を「読解力」としたことによる誤解と混乱、PISA 型「読解力」がなぜ必要かという根源的な認識不足による誤解と混乱などがあると考えられる。

このように、PISA の「読解力」（本研究では、OECD の概念によるものを「PISA の『読解力』」、文部科学省などの概念によるものを「PISA 型『読解力』」とし、区別して表記する）は、日本の社会的要請と十分な接点を持たず、定義が曖昧なまま国語科教育に「黒船」として立ち現れた。したがって、なにをどのように、そしてなぜクリティカルに読む必要があるのかという

ことが曖昧なまま、学校現場にその概念が導入されていたことになる。
　では今後、発展的に PISA 型「読解力」を推進するにはどのような要素が必要なのか。
　中村（2008）は、読解リテラシーの今後の方向性として、おおむね次のような提案をする。

> ①アメリカの批判的思考の知見のみに依ることなく、フレイレの哲学やクリティカル・リテラシーの知見へも射程を広げる。
> ②読解リテラシーにおいてテクストの背景にある社会的コンテクストまで射程に含めた方策を構築する。
> ③PISA の読解リテラシーは国や地域ごとの言語・文化の差異ができる限り捨象されているが、このようなアセスメントとしての仮想的な普遍性を唯一のものとして信奉せず、社会的・文化的視点をもった読みの研究を構築する。

（中村, 2008 をもとに澤口が作成）

　中村の提案は、PISA の「読解力」が多くの国で実施できるためにしつらえられたアセスメントであるという制約を超え、社会的コンテクストを射程に入れたより社会的な読みへと発展させようとするものである。特に①の視点は、読むことを社会的実践としていく意味で重要な指摘である。
　PISA 型「読解力」を概観すると、クリティカル・リーディングの定義が曖昧なことや、社会的・文化的要素に踏み込めていないアセスメントベースという縛りの中で読むことの限界などの問題があることが見えてくる。社会と国語科とをつなぐ好位置につけながら、その理論は社会を編み直す力にまではなり得ない弱さを内包していると言える。
　以上の考察から、類型 D の指導理論の成果としては次のことが挙げられる。

・OECD の提唱したコンピテンシーを基準とした新しい「読解力」の概念を国語科教育に援用し、テクストを熟考し評価する対象としたこと。

一方、課題としては次のことが挙げられる。
・「クリティカル・リーディング」の定義が曖昧であること。また、社会的・文化的な要素を「クリティカルな読み」に活かす指導理論となっていないこと。

3.5. 批判的思考

E	合理的・論理的、反省的・省察的、もしくは批判的・懐疑的にテクストに向き合い、慎重に吟味する読み

　Eは「批判的思考」（Critical Thinking）を背景理論とする読みである。先行指導理論には、平柳（2001）、岩崎（2002）、河野（2006）、道田（2015）、大河内（2004）、犬塚（2013）などがある。
　「批判的思考」（クリティカル・シンキング）の概念にはいくつかの定義がある。道田（2015）はこれらを「反省的・省察的」「批判的・懐疑的」「合理的・論理的」の3要素に類別し、次のような概念図を示した。

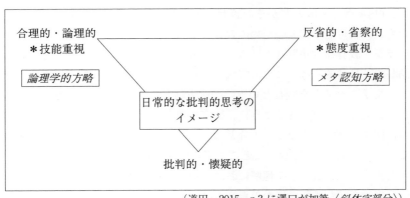

（道田，2015，p.3 に澤口が加筆〈*斜体字部分*〉）

【図1−4】批判的思考の3要素

これらの3要素については、次の【表1-5】のように整理できる。

【表1-5】批判的思考の概念

類別　提唱年	提唱者　中心概念
反省的・省察的 1910年	哲学者デューイ（Dewey, J.）／留保された判断（じっくり考えること）／反省的思考（reflective thinking）／個人の態度を重視
批判的・懐疑的 1981年	教育哲学者マクペック（McPeck, J.E.）／「反省的な懐疑をもってある活動に携わる態度と技能」＊ただし道田は「批判的」を中心概念とする提唱は近代知としてはほとんど見られないとする。
合理的・論理的 1985年	教育哲学者エニス（Ennis, R.H.）／「何を信じ何を行うかの行動の決定に焦点を当てた合理的で反省的な思考」（1987）

（道田, 2015をもとに澤口が作成）

　では、これらの知見を国語科の「クリティカルな読み」の指導はどのように取り入れているのか。

　道田（2013）は「批判的思考教育」についての論考をレビューしているが、PISA型「読解力」がその範囲に入るとしながらも、シチズンシップ教育、持続可能な開発のための教育、平和教育、看護教育、メディア・リテラシー教育などが取り上げられる一方で、文字テクストを読むという国語科の「批判的思考」による実践的取り組みについては、紹介がない。また、文字テクストを読むという「読解方略」については犬塚（2013）があるが、犬塚自身が述べるように、教育心理学の分野において読解方略の指導に関する研究は少なく、十分とは言えない。特に「批判的読み」を題する論考は、大河内（2004）などごく限られたものしかない。大河内は心理学的視点から、読み手の理解におけるモニタリングの側面、書き手の論理の妥当性を読む側面、ほかの考え方はないかを考え生産的に考える側面の三つの側面からの批判的な読みをとらえ、そのメカニズムを追究しようとした。

　ただ、【図1-4】にあてはめて考えれば、井上らによる「言語論理教

育」は、井上自身がアメリカにおけるクリティカル・シンキングの先行研究を取り入れていることからもわかるように、論理的に思考する技術を国語科教育に取り入れようとしたものとして位置づけられるし(【図1-4】「論理学的方略」)、河野(2006)による学習者の協同性、あるいは複数のテクストの活用などによって学習者のメタ認知のフレームを育成する方略は、これらの知見を応用して取り入れた実践理論と言える。また、読むことの指導ではないが、たとえばディベートは、平柳(2001)が提唱するような多値的な考え方に基づいた「合理的・論理的」かつ「反省的・省察的」なコミュニケーション力を育む可能性を持つものである。

　しかしながら、「批判的思考」をアプローチとすることの限界を指摘する向きもある。たとえば、岩崎(2002)は次のような指摘をする。

　①適切な判断を下すためには論理的な妥当性は必要条件ではあっても、十分ではない。
　②批判的思考において「重要なのは、誰の意見かではなく、それが良い意見かどうか」である。
　③非形式論理学における誤謬論あるいは認知的な罠を認識することは、我々が間違った推論を避けるには有効であるが、それだけでよい推論をできることになることを保証するわけではない。

(岩崎,2002をもとに澤口が作成)

　①は、難波(2014)が指摘するような、「感化の論理」によるテクストへの対話的関係を読み手が求める場合に発生する限界を示すものである。②は、テクストそのものを批判の対象とすることによる合理性の裏側にあるコンテクストへの視点の欠如を示すものである。また、③は、「批判的な思考」がテクストの誤謬を見抜く力を育むことはあっても、そのことによって新たなものを創造することにつながらないことを示すものである。
　これらの指摘に共通するのは、「批判的思考」は社会のあらゆるテクストを読み解く高次のリテラシーを育む可能性は持ちながら、既存のテクス

トの再構成には強く関わるものではないという立ち位置にあることである。したがって、これらの知見がより実際の生活で活かされるには、テクストの背景にあるコンテクスト、具体的には書き手や読み手の置かれた状況や背景の文化的要素、また時代性など、テクストの周囲にある要素や知識体系を取り入れ、その再構成を企図した「クリティカルな読み」の実践を組む必要がある。

　以上の考察から、類型Ｅの指導理論の成果としては次のことが挙げられる。
・心理学的知見から、テクストの妥当性の検討、読み手の理解の妥当性の検討などを行い、読むことを科学的にとらえ直そうとしたこと。
　一方、課題としては次のことが挙げられる。
・国語科としての分量のある文字テクストの読解方略への十分な指導理論が提案されていないこと。また、読むことを社会的なことに拡張していく視点が実践レベルで提案されていないこと。

４．五つの指導の系列のまとめ

　考察によって明らかになったＡ〜Ｅの指導の類型における成果と課題を【表１−６】に整理する。

第1章　国語科における「クリティカルな読み」の理論と実践

【表1-6】国語科における「クリティカルな読み」の指導における成果と課題

A	合理的にテクストの分析をするフレームを学ぶことは「クリティカルな読み」における技能を育成する。また社会的テクストの「うそ」を見抜く視点からの教育は、単なる論理・論証に留まらない社会的な側面を持つ。ただ、誤謬を探し追及するこのような読みの指導には、教材とテクストの目的性から見て一定の限界がある。
B	筆者の表現の工夫に着目し、筆者を想定しながら評価をする読みは、学習者を主体とした「クリティカルな読み」の方略ではあるが、書き手個人、読み手個人に着目した分析的読みの手法であり、テクスト外の社会的背景を読みに活かそうとする意図は弱い。結果的にテクストの工夫のみが分析対象となり、社会的な読みへの拡張が図られない。
C	「クリティカルな読み」を具現化する教育ではあるが、対象が映像、もしくは写真などを含むマルチテクストであることが多く、文字テクストを中心とした方略が示されていない。またNIEのような新聞を読む活動も含め、表現の工夫など、技術的な側面を学ぶ（あるいはそこから創作する）学習が多く、背景にある社会的な構造に目を向ける学習に至っていない。
D	既有知識を活用する「熟考・評価」は、テクスト外とのつながりを持ち込む「クリティカルな読み」として社会的ではある。しかし、アセスメントがベースの読みの指導のため、社会的コンテクストを活かす視点は希薄であり、結果、授業は形式的なPISA型となりがちである。
E	あらゆる領域のテクストをクリティカルに読むための思考法として幅広く活用できる概念ではある。ただ、研究の中心は「合理的・論理的」もしくは「省察的・反省的」な領域が多く、「批判的・懐疑的」な視座に立つものはあまりない。また、認識の変容を求める対象は個人であり、社会へ向かうことがない。読解に係る研究があまりなく、国語科教育との連携も十分ではない。

5．国語科における「クリティカルな読み」の指導理論の分布マトリクス

これらの考察をふまえ、A~E の類型のそれぞれの立ち位置を【図1-1】に布置し、国語科における「クリティカルな読み」の指導マトリクスとして整理する【図1-5】。

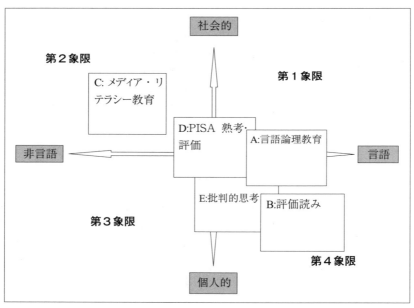

【図1-5】国語科における「クリティカルな読み」の指導理論の分布マトリクス（枠内の名称は代表的な理論、領域）

マトリクスからわかるのは、第1象限・第3象限に空白があることである。第3象限については、「非言語×個人的」という部分で、この領域は非言語コミュニケーションあるいは非連続型テクスト（図、映像など）と個人との関わりについて研究するものである。たとえば非言語コミュニケーションでは、相手の表情から心情を読み取るという特別支援教育にお

ける SST〈Social Skill Training〉などが該当すると考えられる。本論は言語を読むことに限定して考えるので、第3象限については検討しない。

一方、第1象限は、「言語×社会的」という領域であり、本論が対象とするべき部分である。問題の所在で述べたような社会と国語科教育をつなぐ必要性から見ると、このような空白は看過できない問題である。

第1象限に入るべき理論に期待することは、次のような課題の解決である。

①メディア・リテラシー教育におけるクリティカルな実践を文字テクストの読みの指導に活かしていくこと。
②読みの技術や思考・認識の変容を社会的な領域へ拡張していくこと。
③PISAの概念を日本の社会的コンテクストへ適応させていくこと。

これらの実現のためには、従来の日本における国語科の枠に留まらない新しい知見を導入する必要がある。その際の道標となるのは、クリティカル・リテラシーの概念や、ことばへのクリティカルな認識から社会を再定義し、再構成していくような理論であろう。

6．第1章のまとめ

本章では、国語科CRの理論を構築するうえで、その基礎となる「クリティカルな読み」の指導理論のこれまでの先行研究を概観し、どのような成果があり、またどのような克服すべき課題があるのかを考察した。

考察するにあたっては、先行研究を、ことばの論理を中心に扱う「言語論理教育」、筆者を読む「評価読み」、メディアを教材として扱う「メディア・リテラシー教育」、PISA型「読解力」における熟考・評価、認知心理学の批判的思考を背景理論とした「批判的思考」の五つの類型に分け、それらをマトリクスに布置した。

その結果、「言語×社会」という第1象限に研究の空白があることが示

唆された。第1象限は、文字テクストを扱いながら社会的文脈を踏まえてテクストを意味づける領域、つまり読むことを社会的実践とする領域だが、ここに空白があるということは「クリティカルな読み」の先行研究が社会的・文化的文脈から脱構築化されてきた指導であったことを意味する。そしてこのことは、国語科の学びが書き手や読み手の背景にあるコンテクストにあまり着目しないものであった可能性を示すものである。

　クリティカル・リーディングを、国語科として、また社会的・文化的文脈のなかでの行為として位置づけるのであれば、この空白の象限を補い膨らませていく必要がある。そのためには、日本の国語科だけではなく、海外の先行研究にも射程を広げ先行研究の事例を探索する必要があると考える。

第2章　C.Wallace の Critical Reading 理論

１．Critical の概念

　本章では、本研究における理論の基礎となる Wallace の理論と実践、およびその背景理論について考察する。
　詳述する前に Wallace の Critical Reading に関わって次の二つのことに触れておきたい。
　一つ目は Critical Reading と原語表記する理由についてである。
　今日、Critical を翻訳する場合は、たとえば楠見・道田（2015）のように「Critical＝批判的」と訳されることが一般的である。しかし、Critical の語意には「批評」の意味もあり「批判」が適訳かどうかは慎重に吟味する必要がある。三省堂『新明解国語辞典 第7版』によれば「批評」は「物事の良い点・悪い点などを取り上げて、そのものの価値を論じること。またそのもの。」とあり、「批判」は「物事のいい点については正当に評価・顕彰する一方、欠陥だととらえられる面についても徹底的に指摘すること。〔俗に単なる「揚げ足取り」の意にも用いられる〕」とある。両者の語意に共通性はあるものの、どちらかと言えば「批判」のほうが攻撃的な印象を持たれやすいというリスクを持つといえよう。たとえばそれは、文芸批評を文芸批判、政治批評を政治批判と言い換えるとそのニュアンスの違いが見えてくる。
　福澤（2012）は Critical の語源に触れ、必ずしも Critical な思考は他者への攻撃ではないと述べつつも、その影響を考慮してか「批判」という訳語は使わず、「クリティカル・リーディング」とそのままカタカナ表記をし

ている。また、有元（2008）も訳語は用いず同様に「クリティカル・リーディング」と表記している。ただ、カタカナ語にしただけではあるが両者のニュアンスは同じではない。Critical Reading の訳、およびその認識や定義はそれぞれの研究者がそれぞれに語っている段階で、いまだ定まっていないというのが実態である。したがって混乱を避けるため、Wallace の理論についてはすべて原語通り Critical Reading とそのまま英語表記をすることにする。

　二つ目は Reading の前に Critical が冠される理由についてである。

　そもそも Reading には「解釈、判断、見方」の語意がある。たとえば『フェイバリット英和辞典 第3版』の例文では「What is your *reading* of the political situation in that country? その国の政治情勢をどのように見ますか」とある。つまり Reading のことば自体はある種の洞察をともなうものであり、わざわざ Critical という語を付記する必然性はないのである。ではなぜ Wallace はわざわざ Critical を冠したのか。その内実が Wallace の初期の論考からある程度見て取れる。初期の著作 Wallace（1992a）は『Reading』という書名だが、Critical Reading は全編を覆う概念ではなくそのうちの第11章に特化されて配されている。この Critical Reading と名づけられた章の素材文、課題、理論の説明を分析すると、Wallace が従来の Reading にどのような要素を盛り込もうとしたかが推察できる。それは、のちに詳述するフェアクラフ（Fairclough）らによる批判的談話分析（Critical Discourse Analysis、以下、CDA）、批判的言語意識（Critical Language Awareness、以下、CLA）の研究やフレイレ（Freire）、ジルー（Groux）らの批判的教育学（Critical Pedagogy）の潮流を、読むことの教育へ取り入れる明確な意図である。つまり、これら、Critical を冠する社会的・文化的な新しい研究を、読むことの教育に拡張することが Wallace の Critical Reading であったと言える。

　小柳（2003）はこの「批判的」と訳される Critical にはその概念として「批判的思考」と「批判的教育学」の二つの領域があるとしている。前者は「個人それ自体に向けられている」のであり、後者は「個人間の制度的

なセッティングや関係」に焦点が当てられ「社会的な視点」が強調されるとする。そのくくりでとらえるならば Wallace の立ち位置は後者にあると言える。小柳は国語科教育における「批判読み」については「その場合の『批判』の意味は、文章の『論理的・分析的』な読み取り能力や態度を育成するという意味をあらわしている」とし、「批判的思考」をルートとしたものだと分類している。Wallace の Critical の概念は、今日、教育やビジネス、また看護学などの領域で取り上げられることがある「批判的思考」とは出自を異にすることを明記しておかなければならないだろう。

なお、以後の Wallace（2003）などの文献の日本語訳は断りがない限り、筆者が行っている。

2．なぜ Wallace なのか

Wallace はロンドン大学（University College London）で教鞭をとる教育学博士である。英語を第二言語として学ぶクラスでの理論・実践の論考を中心に読むことの教育を進め、特に Critical Reading を研究の中心テーマとしてきた。

Wallace の Critical Reading は論理的な誤謬の指摘、修正をしたり、認知心理学の知見からの読みの方略を分析・構築したりすることを目標とはせず、学習者の批判的言語意識を高め、自己の認識を広げ、より社会を冷徹に分析、評価できる自立した市民を育成することを目標とする。Wallaceの読みの指導は、テクストを超えて、より深く広い社会のコンテクストやイデオロギーを読む営みと言える。本研究において Wallace の読みの方略に注目する理由はここにある。

Wallace（2003）は批判的に言語と向き合う力を学習者に育み、「テクストや身近な現実に対してだけでなく、より広い社会と政治的不公平に対して活発な質問者となる（p.200）」ことを目指し、「読むことを社会的プロセスとしてとらえ（p.5）」ている。また、その理念の背景として、フレイレの被抑圧者に対する識字教育、フェアクラフのことばへの敏感な気づきの

視点、またハーバーマス（Habermas）のコミュニケーション理論などを持つ。社会と深く関わるこれらの批判的教育学やCLA、また対話によって真理を生み出すハーバーマスの哲学的知見を、読むことの教育に「翻訳」し取り入れた源流としてWallaceのCritical Readingは高く評価できる。

今日、欧米ではたとえばクリティカル・リーディングは教育の基幹として位置づけられている（たとえばSpear, 2013）。WallaceのCritical Readingがそれらと違うのは、留学生など、第二言語としての英語学習者のクラスを中心にその理論を構築してきたということである。

Wallaceは、第二言語学習者ゆえのディスアドバンテージを否定的に取らず、多様な視点を持つ学習者として積極的に利用する方略を見出し、そのことを英語圏での社会参画に活かしていく。

Wallace（2003）はこういったネイティブではない「疎外された読者」（marginalised readers）の視点を「立ち聞き読者（the reader as overhearer）（p.17）」とし、通常の読みを冷静に質す修正的な読者と位置づける。この視点は、異質な考えをすくい上げ、当たり前とみなされることや多数派の考えへの再考を促すといった批判的な問題解決の過程での援用が可能で、国語科における読みの指導への適用が期待できる。

ただ、注視するべきはWallaceの学習理論は、第二言語学習にとどまらず、そこで得た知見を第一言語学習者にも適用していることである。Wallace（1992b）は冒頭に、次のようなリード文を掲載する（p.60）。

> チェコ人で法律上禁止された作家のSdender Urbanakが、1977年に私にこう言いました。「あなた方西洋の人たちは、いつ嘘をつかれたり、騙されるかがわからず不安を抱えているようです。しかし、我々は動じません。あなた方と違って、我々は言外の意味を読み取る技を身につけているからです。」今のイギリスはこの「技」を早急に身につける必要があります。

この引用から、Wallaceが、チェコのような、政治に翻弄され、動乱の

第 2 章　C.Wallace の Critical Reading 理論

なかを生きる人びとにあった「言外の意味を読み取る」技能や態度が当時のイギリス社会にはなかったという認識を持っていたと言える。この認識は、イギリスの人びと（具体的には従来の白人社会）が「批判的」に社会のテクストを読むことができないという構造的問題を抱えていたということを窺わせる。

　また Wallace (2003) は、第二言語学習者にあるメタ言語の資質が第一言語学習者に希薄であることを指摘する。そして「第一言語学習者、第二言語学習者の区別なく、教室内と教室外で利用できる社会的または個人的アイデンティティを自覚することが重要」とし、「識字能力を批判的に理解すること」は、あらゆる言語学習者に求められる能力だと述べる(p.35)。

　Wallace がこの研究を始めた当時のイギリスでは、労働者として受け入れた移民の差別待遇を起因とする暴動が活発化していた。この背景について樋口 (2008) は「マイノリティの間での著しい貧困や失業、また一部の白人による暴力や嫌がらせが絶えない等の状況があり、有色人種の間に鬱積した不満がこれらの暴動を招いた」と分析している。要因として、マジョリティとして生きてきたイギリスの白人の自民族中心主義があると考えられる。

　これらのことから考察すると、マイノリティに目を向けようとしないマジョリティの「技」のなさをどう克服するのかが、Wallace の問題意識であり、研究の出発点であったといえる。その意味では、第二言語学習者に対する Critical Reading の実践は、その大目標に向けての礎石づくりであったと見ることができる。

　では、このことは日本とは無関係なのであろうか。それは否であろう。大きな移民問題や民族間の軋轢が取りざたされていないとはいえ、ある意味ではマジョリティが「当たり前」として大手を振る日本の社会ゆえに、共通した社会構造を持っているからである。

　これまで一般に日本社会は同質社会であると言われてきた。そのことが仮に正しい分析であるとするならば、本質的に、日本にかつてのイギリス

と同じような脆弱さが内在していることは十分考えられる。このことが世相をあるいは自らをクリティカルにとらえることの弱さにつながっているとすれば、Wallace のテクストを読む方略は、社会改革の有効な羅針盤となるはずである。

さらに加えるならば、同質社会と言われながらも現在の日本には「外国につながる児童、生徒」が数多く存在し、労働者などの海外からの流入が進行している。そのような状況にあって、異質な他者の理解、またそれらとの共生、人権の擁護の問題は今後ますます課題として焦点化することが予想される。畢竟、Wallace の読みの指導の研究は、異質な者同士による対話と納得を創り出すという深いコミュニケーションを構築するうえで参考になるものと考えられる。

そのほか、Wallace の理論を導入する理由としては、テクスト分析の理論体系がハリデー（Halliday）の選択体系機能文法（Systemic Functional Theory）に拠って明確に示されていることが挙げられる。日本語と文法が違うためにそのままの引用は難しいが、ことばの分析の視点として参考になる理論と言える。また、学習方略の提示が、基本方針（Principle）、目的（Purpose）、実践方法（Practice）と明確に示され、CDA の手法によるテクストおよび授業分析がなされており、理論と実践がつながった研究となっている。このことは現場への導入の際の参考としやすい。

なお、これまで筆者は、クリティカル・リーディングの授業方略を提案してきた（澤口, 2013a）が、これらは国語科教育を社会につなぐことを目標としてきたものである。このことと Wallace の理論に類似点が多いことも、導入の理由である。

3．Wallace の目標論

3.1. 社会的・文化的コンテクストに着目した読みを目指す

Critical Reading を教えることはどういうことなのか。

Wallace（2012）は次のような Scholes（1985）のことばを論考の冒頭に引

用する (p.261)。

> 巧みな操作が容易な時代においてこそ、学生たちに早急に必要となるのは、メディアがこぞって続ける攻撃に抵抗する批判的な力である。その際、最もしてはならないことは、文章に書かれていることを鵜呑みにし、無力な態度をとってしまうことだ。

その上で Wallace は、Critical Reading を学ぶには社会におけるディスコース (Discourse) に注目すべきだとする。ディスコースとは談話、話法などと訳されるが、文章として書かれたテクストや話しことばなど社会におけることばを使ったあらゆる事象のことを指す。たとえば街角のポスター、新聞、マンガ、映画、教科書、また、喫茶店での会話、インタビュー、夫婦げんかなどである。これらにはそれぞれ特有のディスコースがあり、これらはすべて分析の対象となる。このことを Wallace (2012) は「社会的な状況や現象、社会の制度的な基盤に関連づけられている価値などを類型化する言語の使い方」と定義し、これらは「教科書をはじめあらゆるテクストに日常的に入り込んでいる」とする (p.261)。

Wallace は、このようなディスコースに敏感になることがまず Critical Reading には必要だと説く。

たとえば Wallace (2012) は、世界的な英語教材である Headway の最新版 (Soars & Soars, 2009) が英国の社会のイメージを実にソフトに描き、厳しい現実を隠蔽していると指摘する。そして「このようなテクストのディスコースは貧乏人に対して金持ちが、老人に対して若者が、黒人に対して白人が、そして文化の圏外にいる人（外国人であることも多い）に対して圏内にいる人が優位性として作用する (p.262)」と分析をする。教科書という権威のなかにある言説を鵜呑みにせず、分析対象のディスコースとして対象化し、そこに批判を加えていくというテクストへの向かい方がここでは示される。

このような事例を挙げた上で Wallace は、これら世界的な事象や現象を

具現化したディスコース全般に焦点を当て「中心寄りのネイティブスピーカーに有利な読み方に対して異議を唱え（p.262）」る必要があるとし、そのことが Critical Reading の目的であると述べる。

　Wallace（2012）は、テクストは「社会的・文化的に加工されたもの（p.265）」であるととらえ、あるテクストがどのようなジャンルのものかはその社会にいる人間にとってはすぐに理解できるとする。たとえば次のようなテクストである。

　　あなたに助けがあれば、クリスマスの季節にテレビを相手に過ごすしかない孤独で寂しいお年寄りに、友情のしるしというプレゼントを贈ることができます。

　この事例は、その社会文化に所属している者なら「西洋キリスト教徒社会においてはクリスマスのような特定の時期に配達される手紙の洪水の一部（p.265）」であることはすぐわかると Wallace は言う。しかし、私たち日本に暮らす人びととはそれほど瞬時にこのテクストを読んで「手紙の洪水の一部」とは了解し得ないであろう。つまり、ジャンルは文化的背景によって異なり、テクストのとらえも読み手の所属する共同体によって変化するということである。

　このことを敷衍して考えるならば、当たり前として読んでいるテクストも他の社会文化に属する人びとからすれば、当たり前ではないかもしれないという認識を促すことが、Critical Reading の一つの目標ということになる。

　これらのことを踏まえ、Wallace（2012）はテクストの読み手には次の四つの役割があるとする（p.264）。

　①言語の解読者としての役割
　　そのページにある記号に意味をもたせる。
　②テクストへの参加者としての役割

第2章　C.Wallace の Critical Reading 理論

　　その世界に関する知識を使ってテクストに参加する。
　③テクストの使用者としての役割
　　テクストの使用を学校教育の範囲を超えた実践的な範囲へ拡張する。
　④テクストの分析者としての役割
　　テクストの意図や影響を分析する。

　この提示から Wallace の読むことの目的とはテクスト理解だけではなく、学習者の社会的なリソースを活用しテクストに新たな意味を持たせ、さらにそれを実社会に戻していくという社会的・文化的なプロセスに着目した行為であることがわかる。
　また、読み手は個人としてテクストを読んでいるのではなく、「共同体の一員」として読んでおり、そのことへの気づきと活用があるべきだとする。
　Wallace（2012）は「読み手の個人の中の自己同一性（Identity）は社会の自己同一性と結びついている」ものであるとし、次のように述べる（p.266）。

　　　人がものを読むときの立場は、イスラム教徒としてかもしれないし、緑の党の、または職業労働組合の一員としてかもしれず、またその分野の知識に関して熟練者の場合もあるし初心者の場合もある。性別や国家、社会的階級、宗教などに結びついている自己同一性に対するこだわりは、そもそも何を読むか選ぶことにおいても、そしてテクストをどのように処理するかということにおいても発揮される。

　また、自己同一性と併せて、私たちがテクストを読むときにはある種の性向（Disposition）に影響を受けるとして、次のようにも述べる（p.266）。

　　　男の子や女の子、または男性や女性はどのようなものを読むべきか、学校の教科書にふさわしいとみなされるものはどんなものか、文

化的に望ましい言語学上の行為はどんなものか、つまり、どんな場合に、何をどのように読むべきかといった刷り込みによって、読むことは社会的・文化的な影響を受けている。

　Wallace（2012）はこのことから、「広い語義において」と断りながらも「Critical Readingには、自己同一性と気質の組み合わせが利用される」とし、たとえば上記の慈善団体から届いたテクストを見たときに、「小切手帳やクレジットカードに手を伸ばすのではなく、そのテクストの直接の内容について、どうして自分に宛てて届いたのか、さらには、どのような社会的状況によって、見知らぬ人にそのような訴え方をする必要が生じたのかということを考察することができる」とする。つまり、「そのテクストが読んでほしい形ではなく『書き手の意図に反して読む』こと」であり、こうすることによってクリティカルな立場はどういったものかを考えるきっかけが生まれると述べる（p.267）。

　ただし、この一方で「持ち込んだ自己同一性や性向を、読みの過程で調整したり、時には大幅な変更ができるようにしたりしておくことが重要」とし、テクストと向き合っているときの何らかの立場を「変化するもの」としてとらえ、「テクストに対して移ろう位置づけ」として認識すべきであるとする（p.266）。このことは、読む行為は「読み手と書き手の両方による立ち位置の絶え間ない調整が関わってくる」ものであり、固定されたものではないということを示す。

　これらのことから考えて、WallaceのCritical Readingは読み手の持つ自己同一性や性向を「抹消」するのではなく、それらを読み手がメタ認知し、かつテクストの読みに積極的に活かしていく方略をとるものであることがわかる。言い換えれば、このことは書き手と読み手の対話関係に、書き手の背景にあるコンテクストと読み手の背景にあるコンテクストを取り込んで、個対個の読みだけではなく、社会対社会の読みにまで拡張していこうというねらいがあることを示す。また、このことを別の視点から見れば、書き手のコンテクストや読み手のコンテクストを持ち込むことなくし

第2章　C.Wallace の Critical Reading 理論

て Critical Reading は成立し得ないと言うことができる。

　これらの方略から、テクストの論理や誤謬をシステマチックに指摘し批判する、いわゆる認知心理学におけるクリティカル・シンキング（Critical Thinking）と Wallace の Critical Reading は根源的に目標の置き方が違うということが見えてくる。

　Wallace（2003）は、認知心理学の研究的知見について、「認知心理学の最近の読むことの概念化では、読みの指導における文章の役割はあまり注目されていない」とし、「ことばのレベルにおける文章の様式についてミクロ要素に注視しすぎる傾向がある」と述べ、「文章の変動性についての問題はあまり述べられていない」とその知見を批判的にとらえている（p.11）。また、それと比較して言語学者や応用言語学者は文章に注目しているとし、ハリデーの採用した社会的な記号論の観点を評価し、「文章は、交流を行う際のプロセスであり、意味を社会的に交換するものでもある」と述べる（p.11）。

　では、Wallace は Critical Reading を通して学習者をどのような読み手に育てようとしたのか。

　まず一つ目に目標とするのが著者を読む、ということである。Wallace（2003）は「著者の概念を推し量ることは識字の世界に足を踏み入れる学習者と特に Critical Reading にとって重要（p.9）」であるとし、「そのテクストは誰が書いたのか、どこから来たのか」を追求するべきであると述べる。Wallace 自身もこのことについては、「雑誌やニュースの記事などを読む場合は、著者の性別や人種などについて常に考えており、自身の勘が当たっているかどうかを記事の最初に戻って確認する（p.9）」と記している。

　ただ、実際には匿名性があるテクストが社会には数多く、特に公共のテクストにはその傾向が強く、著者を読むことを難しくしていると Wallace は指摘する。たとえば教科書に関わって Wallace（2003）は「学校の教科書のような公式に書かれた文章の持つ匿名性は、読み手に文章の根拠や資料になるものに対して疑問の余地を与えず、異議を申し立てることを事実

上不可能にする (p.9)」と分析している。また、文章として世に送り出されるものはあらゆる意味で「編集」を受けたものであって、「共同で作成された文章」であるという認識が必要だとする。このような状況を受け Wallace (2003) は「影響力を持つ公共向けの文章は、匿名ゆえにその責任を逃れ、目に見えない文章の作成者にとって集団的で複雑な力を強化するものであり、著者が誰であるかを明らかにすることは特に重要である (p.9)」としている。このことは、たとえば国語の教科書における特有のコードを見抜いたり、なぜその教材が選択されたのかを考えたりといった学習につなぐことが可能であろう。

　Wallace は印刷物のテクストつまり文字テクストを素材とすることにこだわるが、このことについて Critical Reading の目標との関連性から考察をしてみたい。

　Wallace (2003) はメディアにおける表現形式の変化を認めながらも、「身体を使ったコミュニケーション、あるいはビジュアル伝達システムは一時的な表現であって振り返ることがしにくい」とし、それと比して文字テクストはたとえば文法に立ち止まって振り返り分析することがしやすいと述べる。また Wallace (2003) はそれらを「安定したメディア」であると述べる (p.8)。なぜなら文字テクストは文法のさまざまな要素を反映させることができ、識字能力を高めるからである。

　その直接的な原因は、Wallace のテクスト分析がハリデーの選択機能文法に拠っているからであると考えられる。これについては授業論で詳述するが、その根源には先述のように　Wallace の Critical Reading が、文章を無視する傾向が強い認知心理学的なアプローチではなく、あくまで文章に注目した言語学者や応用言語学者の立場に立ったアプローチをとろうとした強い意図があったからだと考えられる。たとえば Wallace (2003) はハリデーの「文章は、交流を行う際のプロセスでもあり、意味を社会的に変換するものでもある」という概念を取り上げ、文章とは「作品でありプロセスである」という認識を示した (p.11)。

　Wallace (2003) はこのことについて、文芸作品における Iser (1978) の

第2章 C.Wallace の Critical Reading 理論

「文学作品の研究は、実際の文章だけでなく文章に対する反応も考慮すべき」という言説を取り上げる。また、そのことを認めた上で、「文章は、何らかの方法で読み手が再度作成するかもしれないという概念はほとんど知られていない」と指摘する (p.12)。このことは、読み手によってもとのテクストを再構成するということが、文芸作品を扱う一般的な授業では意識されてこなかったという現実を物語る。

しかし、テクストを再構成するということに意味を見いだしながらも、完全にテクストが読者の手にゆだねられるものではないと Wallace (2003) は次のように述べる (p.12)。

> 文章は意味を文章内に持ち、作家と意図とは別のもので (もちろん読み手の意図とも別のもの)、それは、様々なレベルでシグナルが出され、複雑な方法で本質的にまた形式的な特徴が組み合わさって選択されている。すなわち、文章は文章内とそれ自体に重要性を抱えている。

繰り返しになるが、Wallace が定める読み手の位置とは、個人ではなくその個人の社会的役割にある。社会的役割とは、言い換えれば、そのイベントの関係者としてなのか、部外者としてなのかなど様々な制約を受ける可能性や状況を意味する。

つまり、読み手はテクストを純然たる個人として読んでいるのではなく、その個人が所属する社会の立場で読んでいるということを主張するものである。Wallace (2003) はこのことについて、Widdowson の個人の読みを重視する学説ではなく、そのような個人の読みに重点を置かない Kress の学説を支持し、読み手の社会的役割を考慮した読みを目指すと明言している (p.15)。

3.2. 批判的言語意識を育む

Wallace の Critical Reading においては政治、メディアを素材とした理論・

実践が多く見られる。そのことは、ほかでもなくそれらのテクストが、生きることに大きな影響をもたらすからだと考えられる。

　白井（2013）は応用言語学の立場から、政治、メディアのことばには無意識の働きかけがあるとして、たとえば「メタファー思考」という認知方略が世論を作り上げることがあると述べる。また、「ニュースは作られる」ものだとして、3.11 以後の原発報道を取り上げ、次のように指摘する。

　　原発事故の後、「除染」ということばが、「放射性物質を取り除く」という意味で広く使われるようになりましたが、ご存じのように、これは実態とはある意味かけはなれています。なぜなら、放射性物質が取り除かれると言っても、それは他の場所に移されるだけで、なくなるわけではないからです。「移染（つまり汚染の移動）」という新しい言葉が提案されていますが、こちらのほうが、実態には合っています。

　　「除雪」「除草」「除湿」などが「除染」と同じ構造（動詞＋その目的語）を持った複合語です。これらはすべて、取り除かれた対象が、廃棄可能もしくは消滅するものなので、根本的に違うのですが、それらとのアナロジーで、同じだと無意識のうちに思ってしまう。放射性物質はなくなることはない、という事実を知識で知っていても、除染ということばを「繰り返し」使うことにより、除染をすれば問題が解決するかのような幻想を与えることになるわけです。

　　　　　　　　　　　　　　　　　　　　　（白井, 2013, pp.136-137）

　白井の指摘は、メディアのテクストには、中立・公正ではない「主観的、意図的」な恣意性が包含され、またそのように作られたニュースによって、ある事象が特定の範疇に当てはめられていくという事態も起こしうるということをあらわしている。

　この指摘と同じような、社会的テクストにおいて使われることばに対し敏感になるという「意識化」は、Wallace の目指す Critical Reading の重要

な土台として論じられる。

　たとえばWallace（1999）は、女性誌Marie Claireのテクストを複数調査して、どのようなジャンル（形式）がそこに埋め込まれているかを考察する授業を実施している。調査では、Marie Claireの記事には適正レベルのエキゾチシズムがあり、それらは決まって北欧州と北米から遠く離れた地の話題であることが認められたという。つまり、イギリスの社会から見たイギリスにとっての「他」を設定し、そこにエキゾチシズムを意図的に作り出すという雑誌の恣意的な編集がみられたということである（p.12）。

　では、ことばに対する認識を育てる原理をWallaceはどこに求めたのか。その一つとして挙げられるのが、CLAである。

　CLAは、CDAと言語意識（Language Awareness, 以下、LA）の知見を融合、発展させて構築されたものだとされる。

　CDAは、フォウラー（Fowler）らの批判的言語学（Critical Linguistics）を基礎としながら、ハリデーの選択体系機能文法の分析手法を取り入れて理論化された。CDAは言語に含まれているイデオロギーを読み取ることを目的とし、社会学的かつ言語学的な学問として認知されてきた。社会における権力性、イデオロギーを談話（ディスコース）から言語学的に分析し、差別、抑圧、格差などの不平等に対して抵抗し闘う学問である。

　このイデオロギーについて、フェアクラフ（フェアクロー，2008）は、「慣習に内在し、それによって人びとがことばによる相互作用を行い、そして人びとが一般的には意識的には気づいていない『常識的』想定」だと定義し、ことばとの関係性からさらに次のように述べる。

　　イデオロギーは言語と密接に結びついている。なぜならば、言語の使用は社会的行動の最もありふれた形であり、我々が「常識的」想定に最も依存する社会的行動の形であるからだ。しかし言語に対するその重要性にもかかわらず、「イデオロギー」という概念が言語学の中で、言語とパワーの論議に姿を現すことは殆どなかったのである。このこと自体が、言語学の限界の兆候なのである。

（フェアクラフ（フェアクロー, 2008), p.2)

　また、ヴォダック（2010）は「CDAはイデオロギーを、不平等な権力関係をつくり、それを維持する一つの重要な要素と見なす（p.22）」と述べ、CDAの目的はイデオロギーの解読による談話の「脱神話化」を図ることだとしている（p.23）。その上でCDAの研究は次のことを問うものであると整理する。

・知を構築するのは何か。
・談話は社会制度の中でどのようにして作られ、またどのようにして社会制度を作っているのか。
・イデオロギーは社会制度についてどのように機能しているのか。
・一定のコミュニティにおいて人びとはどのようにして権力を得て、それを維持するのか。　　　　　　　　　（ヴォダック, 2010, p.24）

　ただ、このように、社会のディスコースに着目し批判的に分析をするCDAではあるが、Wallace（1999）は無批判にそれを自らの教育に導入しているわけではない。「観念的な批評家である一人の解釈人の手」に拠るところがあり、「その確信の程度がほとんど主観的であることが避けられない」と、一部の思想的傾向をテクストに反映させてしまっている実態について異論を唱えている（p.3）。そして、その状況を改善するべく「CDAは専門家の手から離れ、教育上の設定と日常生活の両方で人びとに権限を与える可能性を持って、社会的グループが有利に携わることができる活動に変化する必要がある」と主張している（p.3）。

　Wallaceはこの「専門家の手から離」す改善策として、教室に集う学習者に専門家の役割を担わせる方略を提案している。教室の学習者がそれぞれに有する文化的コンテクストを活かして、相互の対話によって批評を試みる方法である。この学習者集団をWallaceは「解釈共同体」とした。これらの学習方略については、後の授業論で詳述する。

　一方、LAは、イギリスにおける英語教育の改革を企図して1970年代

第2章　C.Wallace の Critical Reading 理論

に Eric W. Hawkins らによって Language Awareness Movement（言語意識運動）として提唱され発展した研究である。福田（2007）は「言語意識とは、言語の性質と人間の生活での言語の役割に対する、個人の感受性と意識的な気づきである（p.103）」と定義している。

　また徳井（2005）は LA を「ことばの多様性や私たちの生活におけることばの役割を意識し、それに対する理解を深めること」だとし、「言語学習の役に立ち、効果的なコミュニケーション能力を高めたりするばかりでなく、言語的、民族的多様性に敏感かつ寛容になりひいては自分と異なる背景の人びとと人間関係を育むことができるようになることが目的（p.1）」だと述べる。

　ただ、徳井（2005）は「最近ではよりクリティカルなアプローチである CLA が注目されてくるようになった」と述べ、LA と CLA の違いを次のようにまとめている。

　　　LA ではことばの多様性や役割を意識化するが、なぜある言語、言語形式が使われているのか、社会構造がどのように作り出されているのかまでは問い直しをしていない。CLA とは、ことばを言語形式、コミュニケーションの手段、文化のあらわれとしてだけでなく、その背後にある価値観、社会構造をクリティカルに捉えるアプローチのことである。　　　　　　　　　　　　　　　　　　　　（徳井, 2005, p.1）

　Wallace はこれらの二つの CDA および LA の学問領域を参考としながら、そこから発したこの CLA を理論の中心に置いて Critical Reading を構築している。

　では、CLA とはどのような学問領域なのか。

　CLA の提唱者であるフェアクラフは、読むことを社会的実践としてとらえ、書き手は書き手個人としてだけでなく所属するコミュニティの一員としてテクストを書き、読み手も個人としてだけではなく所属するコミュ

ニティの一員としてテクストを読むものだとし、【図2-1】のような概念を示した。

　フェアクラフ（フェアクロー, 2008）は、テクストが生産されあるいは解釈されるにはそれらの社会的条件が関与し、ディスコースにはそれらを特定する要素があるとした。これらの社会的条件とは、そのディスコースが発生する直接的な社会的場面のレベルと、さらにそれらの奥にあって広い基盤を形成する社会制度のレベルや社会全体のレベルである（p.28）。言い換えれば前者は状況のコンテクストであり、後者は文化のコンテクストということができる。たとえば、授業中という環境が作り出す教室内のディスコースは状況のコンテクストであり、日本における年賀の挨拶などは文化のコンテクストということになろう。

　フェアクラフ（フェアクロー, 2008）はこのことをふまえて、「言語をディスコースとして、また社会的実践として観察する際には、我々はテクスト分析に専念するのでも、また生産と解釈の両プロセスの分析だけに専念するのでもなくて、テクスト、プロセス、社会的条件との間の関係、つまり、場面的コンテクストという直接的条件と、制度的、社会的構造というより遠く離れた条件の両方の関係の分析に専念する」べきであると述べている（p.28）。

　ここでいう社会的構造とは、資本主義が作り出す階級社会であったり、学校が作り出す教師と生徒による特定の関係性であったりと、その環境が有する特有の構造を指す。そしてフェアクラフ（フェアクロー, 2008）は「社会構造は、社会的実践を決定するのみならず社会的実践の産物」であって、「社会構造がディスコースを決定するだけでなく、ディスコースが逆に社会構造をも生産する」と述べている（p.42）。つまりこのことは、テクストを読むには社会構造を読む必要があり、社会構造を読むにはどのようなテクストが存在するのかを読む必要があるということである。

　では、政治やメディアのイデオロギーやその社会構造にあまり縁がない（と自認する）人びとにとって、CLAは関係しないのであろうか。

　フェアクラフ（フェアクロー, 2008）は「イデオロギーは力関係と本質的

第2章 C.Wallace の Critical Reading 理論

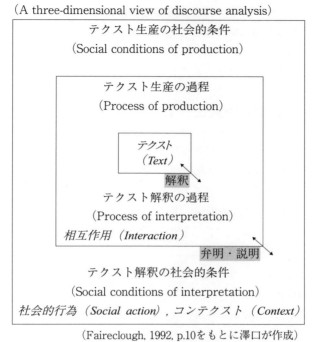

（Fairclough, 1992, p.10をもとに澤口が作成）
【図2-1】ディスコース分析のための3つの次元

に結びついている（p.101）」とするが、その身近な例として「常識」を取り上げている。フェアクラフはこの「常識」を「社会生活の中での『暗黙の哲学』としてのイデオロギー」ととらえ、そのようなイデオロギーは「その働きが最も目立たない時に最も効果を発揮する」とし、ときにパワーの不均衡を維持する役割を果たすと述べている。このように見れば、私たちの日常のディスコースの中には差別や抑圧などの現象を生む構造が隠れていると言える。既存の当たり前に疑問を投げるということには、こういった「常識」による力の再生産をいくらか緩和する役割があると言えるだろう。

このように考えると、国語科の読みの指導においてもテクストベースの

読みだけでは、テクストの背景にある社会構造もテクストが与えるかもしれない社会構造への影響も読むことはできないことになる。

Wallace（1992b）は、ディスコースについて、フェアクラフらのCLAの学説に準じ、次のようにまとめている（p.68）。

①ディスコースは社会構造によって決まる。
②ディスコースはそれを当たり前とみなすモデルリーダー（想定される読者）によっては特別なものとしては見られない。
③ディスコースは社会的なグループ間における力関係を示す。

たとえば③について Wallace（1992b）は「男性は主張し女性は躊躇し沈黙するという対比によってある種の型が典型づけられる」事例として次の

> **Before the night was through they would reveal 1 lot more to each other than just their watches.**
> Copacabana danced below as he came face to face with her Bewildering elegance.
> Her movements held him spellbound as the slipped her immaculately manicured fingers inside her leather handbag to emerge with a cigarette pack.
> It was the same American brand of Light100's he always carried. Her pack was empty "Have one of mine". Hesitating slightly, she took one and lit it herself.
> That's when he noticed her watch. Like his, it was a modem Roman face with a stitched leather strap.
> "We obviously share the same excellent taste in watches, too. What your favourite champagne?"
> She laughed and spoke at last. "Same as yours?"

第2章 C.Wallace の Critical Reading 理論

ような記事を掲載している（p.82）。

《日本語訳》

夜が明けるまでに、彼らは腕時計以外にたくさんのことを打ち明け合うだろう。

踊るコパカバーナを前に、男は人を惑わせる優美さを見た。

男は女の動きに魅了され、彼女が美しくマニキュアを施した指を革のハンドバッグに滑り込ませ、煙草の包みを取り出すのを見ていた。

それは彼がいつも持ち歩いているのと同じ、Light 100 だった。彼女の包みは空だった。「僕のを一本どうぞ」彼女はわずかにためらいながら一本取り、自分で火を点けた。

彼が彼女の腕時計に気づいたのはその時だった。彼のものと同様、それはローマ数字の文字盤に、スティッチのある革のストラップだった。「僕らは、腕時計も、素晴らしい趣味をしているようだ。あなたのお気に入りのシャンパンは？」

彼女は笑って、最後にこう言った。「あなたと同じかしら？」

Wallace（1992b）はこのようなテクストを例示しながら、「テクストが構成される成り立ち」について理解する必要性を説くとともに、イデオロギーを読むことによって、テクストの構成環境だけでなくその制作環境にも目が向けられるようになるとしている（p.66）。テクストのことばに着目し、その背景を読むことによって、そのテクストがどのような社会的状況から生まれたのかということが推論でき、その結果、社会的プロセスとしての読みが可能となるというのである。

このようなディスコース分析は、たとえばジェンダー問題を考える上での基礎的な視座ともなっている。

中村（2001）は、ことばとジェンダーとの関係性について、構築主義に基づきながら「ことばは社会を構築するもの」だと述べる。その前提に立って中村は、ディスコースと社会との関係には、①ディスコースによって「知識・イデオロギー・常識」が作り上げられる視点と、②ディスコー

スにおいて私たちがアイデンティティや人間関係を作り上げる、という二つの視点があると類別している（pp.90-91）。

　たとえば前者は、「人口」という概念が生まれ、その結果、国が人口をコントロールする必要が生じ、最終的にはその概念化されたことばが性に関する「普通」「異常」という倫理を生み出し、その枠のなかに人びとの行動や規範がはめ込まれていくような事態を指す。中村はこのように作り上げられたものを、フーコーの考え方に即しながら「その文化・時代の権力者に都合の良いディスコースによって表示される世界観」だとし、「支配的ディスコース（Dominant Discourse）」にあたるとする。また、このようなディスコースは事象を「カテゴリー化」し、「常識」を作り出し、そうやって作り出された「知識」が支配者・権力者をさらに正当化していくと分析する。後者は、そのようにして作られた社会的構造を私たちがディスコースとして再生産しているという私たち側の営みである。たとえば中村（2001）は、20年前の自身の出来事として、同性愛者に「あなたもレズビアンですか」と聞かれて「いいえ私は普通です」と答えてしまった出来事を紹介し、「普通の性」と「異常な性」をそのようなディスコースで「再生産」してしまったと述懐している（p.94）。

　鈴木（2006）は、社会言語学の立場から日本語教育において使用される7冊の教科書を分析した事例を紹介し、男女のことば（会話）にどのようなディスコースの特徴があるかを考察した。それによると「男性は教授や上司などの社会的地位が高い役割が多いのに対し、女性は主婦や秘書などの従属的な役割が多」く、また、女性特有として「わ」や「わよ」などの終助詞が多用されていると指摘している。しかし、鈴木は実際にはこの女性特有とされることば使いが今日では男性にも使われていることがあるとして、固定観念によって、テクストがいわば、「日本語に対するステレオタイプを助長」し、イデオロギーを再生産していると指摘している（p.86）。

　フェアクラフは、このような社会的実践と社会構造の関係性を次のような【図2-2】にしてまとめている。

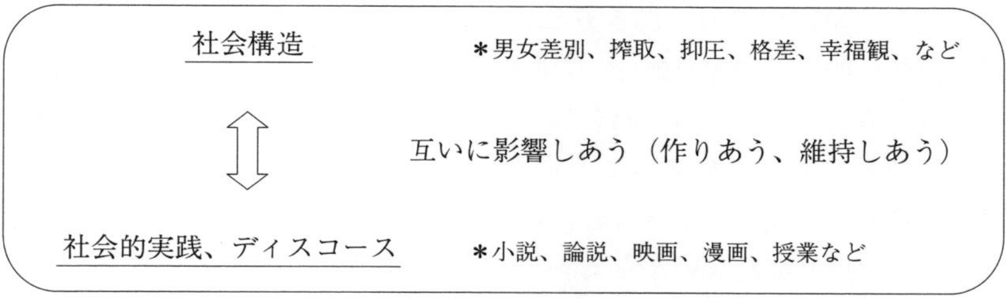

第 2 章　C.Wallace の Critical Reading 理論

```
┌─────────────────────────────────────────────────┐
│    社会構造       ＊男女差別、搾取、抑圧、格差、幸福観、など │
│                                                 │
│      ⇕         互いに影響しあう（作りあう、維持しあう）  │
│                                                 │
│  社会的実践、ディスコース  ＊小説、論説、映画、漫画、授業など │
└─────────────────────────────────────────────────┘
```

（Fairclough, 1989, p.38 をもとに澤口が作成）

【図 2-2】社会的実践と社会構造の関係性

　社会のディスコースに注目し、その分析をするという CLA はメディア・リテラシー教育、ジェンダー教育、また Wallace の Critical Reading のような読む教育など、領域を超えた学問へ適用できる基礎的な学問ということができる。

　次に、ことばの権力性と CLA の関連性についてもう少し見ておきたい。

　黒川（2014a）は、この CLA を「学習者が言葉の権力性と社会の権力関係に意識的になり、そこにある問題を読み解きながら、問題状況を変革するための学びを作り出すことを目的とする」ものだとする。また CLA は「ことばの読み書きを通して権力関係を問題化」する「批判的リテラシー」（Critical Literacy）の潮流を汲むものだと述べている（pp.23-25）。

　このリテラシーという概念について、たとえば小柳（2012）は、リテラシー（文字文化）の「普及」を目指したいわゆる「機能的リテラシー」という考え方は、ときに人びとの精神までもその体制に飲み込んでしまう危険性を持つことを指摘する（pp.49-92）。たとえば、国家による言語政策によって地域語としての方言が駆逐されたり、そのことによって思考まで中央集権化の影響を受ける事態になったりという現象である。機能的に働くリテラシーは「他」を排除する力を持ち、必ずしも利便性だけで評価ができない側面を持つ。

　Wallace（2001）はこの「批判的リテラシー（以下、クリティカル・リテラシー）」について、「力の存在を見極めることであり、つまりそれは実世界

や特定の文章内での力の働き方と読むこととつながる」とし、CDA が目指した社会的に不均衡な配分、力関係を是正するという趣旨を読むことに反映させることに一定の賛同をしている。しかし、その一方で教育の現場で力を駆使することをすべて否定することには懐疑的である。なぜならば、授業の中で授業者は学習者に対して何らかの力を駆使しなければ効果的な学習は成り立たないからである。詳細は授業論で述べるが、授業者に対する教育という視点で見れば、力を否定するのではなくコントロールする術を身につけるべきだと Wallace が考えていたことがわかる。

では、CLA をどのように教育実践に結びつけるのか。

たとえば黒川（2014b）は「まず学習者にとって隠された問題を可視化していくことが必要だ」とする（p.74）。このことはテクストの裏側にある言語イデオロギーや特有のコードを見抜いていく営みである。

CLA は言語的多様性をめぐっての問題や、ジェンダーの問題など、さまざまな社会的現象を批判的に読み取っていくときの有効な知見と言える。テクストの Critical Reading を通して学習者の社会への関心・参画、またその改革を促すことを目指した Wallace が、CLA にその理論をもとめた理由をこれらから読み取ることができる。

テクストそのものへの向き合い方として Wallace はどのような視点、目標を持っているのか。

Wallace（2012）は「クリティカル」には次の二つの見解があるとしている（p.267）。

①クリティカル・シンキングを基本とした、テクストの論理上の統一性や主張の信憑性を扱う読み方
②テクストを力の観点から考える読み方

Wallace はこの②に注目したうえで、「Critical Reading のもう一つの要素は"読み手を読む（read the reader）"ことができることだ（p.267）」とし、テクストが想定している主流の読者とそこから除外されている読者を考え

ることが Critical Reading にはできると述べる。テクストには暗黙の前提があり、その前提からある目的をもってある読者に向けて発信されているものである、というとらえ方である。

　たとえば、私たちが飛行機に乗ったときにポケットに備えつけられた雑誌があるが、あの雑誌がどのような状況、文化から語られ、どのような相手に何を目的として書かれたものかを考えることは、Wallace が提唱するCritical Reading の理論を取り入れた一つの学習になりうる。また、国語科教科書に収められている評論文、小説、詩などの様々なジャンルのテクストも、その背景を読むことで隠れたイデオロギーを見つけだすことは可能である。

　テクストにある「力（Power）」（権威性、恣意性、暗黙知など）を感じ取ることが Wallace の考える Critical Reading の軸であり、このことに長けることによって、社会参画、社会改革につなぐのが Wallace の目指す読むことの教育の姿である。

　Wallace（2003）は Critical Reading の目的として、「文章に組み込まれた観念的意味（ideological meanings）を学習者が理解すること（p.43）」を挙げる。なぜその言語が選択され、なぜテクストに用いられたのかという書き手の意図やその背景、また読み手への影響を分析できるようになることを目指す読みである。そのことを経て Wallace は、Critical Reading の目指すべき方向性は「英国やフランスやドイツなどの文化（またはそれらのいずれかと関わる文化）について学生に教えることではなく、国境間での文化的先入観と慣行、類似点と相違点に関する洞察力を育てること」だとする。そしてさらに、「さまざまな文化的視点を共有できる」ことを「最も価値のあること」だと位置づける（p.43）。多文化共生の社会を目指すことが Wallace のひとつの教育目標としてあることをこれらから確認することができる。

3.3. 批判的教育学の理念を Critical Reading に活かす

　Wallace が CLA と関連してもう一つ大きな背景理論とすることに、批判

的教育学（Critical Pedagogy）がある。Wallace が、読むことの指導にこの批判的教育学の理念をどのように活かそうとしたのか、その目標とそこに至る過程について概観する。

批判的教育学について、たとえば恩沢（2008）は『国際教育辞典（The International Encyclopedia of Education)』（1994）に拠って、そこには「変革する批評（Transformative Critique）」という概念があるとする。この概念とは次の三つである。

①知識を社会的に作られ、正当化され、分配されるものとみなし、それが行われる方法を明らかにする。
②知識を特定の価値観や関心を具現化したものとし、すべての知識の表現には権力と倫理という問題が包含されていることを明らかにする。
③知識の客観性という性質を否定し、教育者を知識と権力とのコントロールの関係に対峙させ、変革の行動を考慮する必要性を明らかにする。
(恩沢, 2008, p.7)

恩沢は、この「知識」をディスコースと読み替えれば「①」「②」については CLA の見解と同じだが、「③」については CLA では十分に述べられてはいないと分析する。

この「教育者を知識と権力とのコントロールの関係に対峙させ」る方略については、次節の授業論で述べる。

批判的教育学に関連して小柳（2003）は、批判的思考と批判的教育学の概念を比較検討しながら、批判的教育学には「ただ現状を分析的に理解して終わるのではなく、問題へ向けて批判の目を向けていく」特徴があり、その志向性をもとに、複雑に入り組む問題を解決しながら積極的に世界を変えていく意図があるとする。また、批判的教育学は「妨げられ抑圧されている思考を引き起こす制度、イデオロギー、関係に挑む」ものであり、「批判的教育学の『批判』には『隠蔽されている現状の認識』『社会改革

第 2 章　C.Wallace の Critical Reading 理論

的』な意味を含んでいる」とする（p.16）。つまり、のちに触れるフレイレやジルーの理論・実践のように、批判的教育学は批判的言語意識を獲得した者が次に目指すもの、あるいはなぜ批判的言語意識を持たなければならないのかという根源的な理由を私たちにつきつけ、行動を促すものであると言える。

　ここで、Wallace が背景理論として援用したフレイレの理論について述べる。

　フレイレ（Freire）の教育活動は、ブラジルの抑圧された人びとに識字教育を行うことを起点として始まった。その識字教育は体制に順応させるためのものではなく、生活の場から文字を獲得させるというものであった。ことばのなかにある権力性を読み解きながら人間を「人間化」することを目指していたのである。また、フレイレ（1979）は学校の在り方に対しても冷徹な批判のまなざしを向け、教師が教師の文脈から一方的に学習者にある知識を注入することを「銀行型教育（Banking Education）」として強く批判した。また、それに対置する形で「課題提起教育（Problem-posing Education）」を提案し推進した（pp.73-79）。

　フレイレのいう銀行型教育と課題提起教育の違いは何か。

　まずは銀行型教育についてフレイレの見解をまとめ、考察する。

　フレイレ（1979）は、学校の現場においては、「教師－生徒の関係が基本的に一方的に語りかけるという特徴をもって」おり、「語りかける主体（教師）と忍耐強く耳を傾ける客体（生徒）」の関係性の存在によって内容は「生気を失い、硬直してしまう」という認識を示した。このことは、生徒を「語りかけられる内容の機械的な暗記者」とし、「教師によって満たされるべき入れ物」に変えると述べる（p.66）。

　具体的には次のような特徴を持つとフレイレはまとめる。

①教師が教え、生徒は教えられる。
②教師がすべてを知り、生徒は何も知らない。
③教師が考え、生徒は考えられる対象である。

④教師が語り、生徒は耳を傾ける—おとなしく。
⑤教師がしつけ、生徒はしつけられる。
⑥教師が選択し、その選択を押しつけ、生徒はそれにしたがう。
⑦教師が行動し、生徒は教師の行動をとおして行動したという幻想を抱く。
⑧教師が教育内容を選択し、生徒は（相談されることもなく）それに適合する。
⑨教師は知識の権威をかれの職業上の権威と混同し、それによって生徒の自由を圧迫する立場に立つ。
⑩教師が学習過程の主体であり、一方生徒はたんなる客体に過ぎない。
　　　　　　　　　　　　　　　　　　　　（フレイレ、1979, p.68）

　フレイレが問題としたのは、ここに抑圧の構造があることである。学習者を起点とした学びではなく、しかも彼、彼女らが所属する国家や組織という大きな母体に対しての機能的リテラシーを身につけさせられ、従順な国民、組織人を生産し続けることである。そこには考える主体としての学習者を育てる理念はない。
　里見（2010）は、このことに関連して、今にも通じる痛烈な指摘があるとして、日本などの学校教育の現状を見据え次のように述べる。
　なお、里見は銀行型教育を「預金型教育」、課題提起教育を「問題化型教育」と訳している。

　　もっとも、それ以前というほかはない惨めな授業が日本中の、いや世界の学校で行われていることも事実で、フレイレのはなはだ痛烈な預金型教育の情景描写は、そうした圧倒的な事実を念頭において書かれたものなのでしょう。多くの教室では、先生の話すことをおとなしく聞き、黒板の文字をノートに写し、それを暗記するのが、すなわち学習ということになっています。そのようにして学んだ知識がどこで活かされるかというと、その活用の場はただひとつ、試験であって、

第 2 章　C.Wallace の Critical Reading 理論

　すべての学習はテストで測定される「学習効果」の数値の向上をめざしておこなわれています。めでたく試験に合格したら、学んだ知識はその瞬間に無用のものとなります。学ぶということは所詮そういうことなのだと教え込むこと、それが学校教育の「隠れたカリキュラム」なのです。　　　　　　　　　　　　　　　　　　（里見, 2010, p.110）

　また、里見（2010）はこのような学習に必死で適応している生徒がいる現状を見て、「そうした生徒たちのほうが、心の深い部分で倦怠を感じている」と分析し、また、適応できない生徒は生徒でさまざまな仕方で反抗し、騒ぎ立て、その対応に追われて結果的に多くの教師たちは悪戦苦闘しているのではないか、と述べている。さらに里見はミヒャエル・エンデの「致命的退屈症」を引用し、「『学力向上』のかけ声の下で、機械的な学習にさらに拍車がかかれば、学校は、そして日本社会は、さらに落ち着きのない場所になっていくでしょう」と、結んでいる（p.111）。

　フレイレの指摘した銀行型教育は、今日、協同的な学びやアクティブ・ラーニングなどによって改善の兆しがあるのかもしれないが、抑圧の構造から解放されること、また考える主体を育てる教育であること、といった理念には程遠く、フレイレの①〜⑩の指摘にノーと言える状況にはないのが実態であろう。

　これら学校という場における問題提起は全体の一部でしかない。フレイレの見据える問題はもっと広い社会構造的な問題にあった。里見（2010）は、このフレイレのいう銀行型教育にはマクロな意味で「文化侵略のパラダイム」が隠されているとし、次のように述べる。

　預金型・伝達型の「教育」は、たんに学校や成人教育の場でおこなわれているだけではありません。グローバル資本主義の下で再植民地された社会は、その総体が一種の学校なのです。「中心」で生産された文化商品が「周縁」に供給され、その商品としての文化を消費する中で受動化された人びとが、自前の富と価値を生み出す能力と意思を

剥奪されていく社会——そこにおける「与える者」と「与えられる者」の二項対立的な関係性は、「預金型」教育のマクロ化された散種といってよいでしょう。 （里見, 2010, p.117）

次に課題提起教育についての見解をまとめ、考察する。

フレイレ（1979）が提唱した課題提起教育とは、「現実世界のなかで、現実世界および他者とともにある人間が、相互に、主体的に問題あるいは課題を選び取り設定して、現実世界の変革と限りない人間化へ向かっていくための教育（p.80）」のことである。

その実現のためにはフレイレはまず、学校における教師と生徒の二分化を解消するべきであるとし、その実現のための概念として対話の重要性を説いた。

たとえば次のように述べる。

　　対話をとおして、生徒の教師、教師の生徒といった関係は存在しなくなり、新しい言葉（ターム）、すなわち、生徒であると同時に教師であるような生徒と、教師であると同時に生徒であるような教師 teacher-students with students-teachers が登場してくる。教師はもはやたんなる教える者ではなく、生徒と対話を交しあうなかで教えられる者にもなる。生徒もまた、教えられると同時に教えるのである。かれらは、すべて成長する過程にたいして共同で責任を負うようになる。
（フレイレ, 1979, p.81）

フレイレの提唱する対話は、批判的思考によってもたらされるものであり、常にそれらは社会を動かす原動力となるものでなければならない。フレイレはその批判的思考に触れて「批判的に考える者にとって重要なことは、人間をたえまなく人間化するために、現実をたえまなく変革することである（pp.103-104）」と述べる。そしてこの批判的思考の出発点は、ほかでもなく問題について発見し自問することであり、そこからテーマを生成

第 2 章　C.Wallace の Critical Reading 理論

させることなのである。フレイレが取り組んだ識字教育はこのような対話をもたらすための教育であった。

　以上の考察から、Wallace の読みの目標である読むことを社会的・文化的な実践とすることと、フレイレの批判精神、問題意識には共通したテーマがあることが浮かび上がってくる。それは、テクストに隠れている力を読み、構造的な背景を読み、それらのことばに対して批判的な言語意識を持ち、テクストやその背景を変革するという教育実践である。これらを表にしてみると次の【表2-1】のようになる。

【表2-1】フレイレによる「銀行型教育」と「課題提起教育」

	銀行型教育	課題提起教育
授業形態	講義（一方的）	対話（相互的）
問題設定	授業者が設定	学習者が設定
力関係	授業者が主、学習者が従（二分化する）	授業者、学習者に主従関係なし（二分化しない）
リテラシー	機能的リテラシー（体制に順応ための識字教育）	批判的リテラシー（体制を変革するための識字教育）
テクスト	体制側を起点としたもの	学習者側を起点としたもの

（フレイレ, 1979 をもとに澤口が作成）

　なお、フレイレの言うここでの課題提起教育とは、抑圧されている、あるいは想定外として体制から除外されている人びとがその問題に気付き自らの課題として認識、力を得るというエンパワメントとしての学習のことである。したがって今日、医学やビジネスなどさまざまな分野で取り組まれている課題解決型学習（PBL：Project-Based Learning）とは本質的に目的や方法が異なる。永田（2011）は学習者自身の学びが内的／外的抑圧の社会的背景をとらえる力になるという実践を報告し、フレイレの問題意識に通底する課題解決型の学習としての読みの教育を論じている。

　では、Wallace はフレイレの教育をどのようにとらえてきたのか。
　Wallace（2012）はフレイレについて、「ことばを読むことは世界を読む

ことだと教えた」研究者だとし、「グローバル化によって階層化と不平等が世界中に広まる時代においてフレイレの研究は共感を呼んでいる」と現代においてもその理念が高く評価されるという認識を示している。また、フレイレの言語学プロジェクトが、1996年にAction Aidによって発展を遂げ、地域住民の力を高めるフレイレ型の識字教育が英国、北アメリカで実践されていると紹介し、その社会的な貢献を評価している（p.268）。

Wallace（2003）は、フレイレの識字教育について次のように論じている（p.61）。

> フレイレ氏の研究は、多くの批判的志向のプロジェクトにとって主要な評価基準となっています。それは、領域によってさまざまに違った形で利用され、解釈されていますが、共有されていることは、識字能力、つまり自らの環境について批判的に、創造的に分析するツールを通して人びとの関心を呼んでいるという点です。そしてそれは、ニカラグアで読み書きを習ったばかりの大人であろうと、英国の東ロンドンとシェフィールド市の学校に通う子どもたちであろうと同じです。

Wallaceがフレイレの識字教育を評価するのは、個人のあり方を自問するのではなく、その個人が属する社会そのものを自問するためのツールとして、かつまたその国の体制に順応するのではなく、暮らしに応じたことばから自分たちにとってのことばを獲得するための識字教育であったからである。Wallace（2003）はそのような問題意識に立ち「もっと完全に人間らしくなるため」に「自身の世界をもっと批判的に知り、批判的にコントロールする」ことが重要だと述べる（p.61）。

抑圧者を解放するフレイレの概念として「意識化（Conscientization）」があるが、このことに関連する教材がWallaceの著作に少なくとも二度登場している。これらは、いずれもフレイレの理論を紹介する章で示される【資料2-1】。

第2章　C.Wallace の Critical Reading 理論

　登場するのは移民と思しき男性である。男性は職を得ようとオフィスを訪れる。しかし、対応した担当者は後で男に連絡を入れさせるというが、一向に連絡が来ない、というストーリーである。Wallace は自身のクラスでこのテクストを読み、「連絡がなぜ来ないか」を考えさせるとともに、似たような事例が社会にないか、知っているテクスト（新聞、雑誌）を探索させている。

　抑圧という問題で現在の日本を考えれば、ジェンダーの問題、ブラック企業など労働者の人権の問題、学ぶ者の権利の問題、また新自由主義に基づく経済政策に見られる搾取の問題などをあげることができる。これらの要素は、さまざまな雑誌から新聞の折り込み広告、また中立を標榜するメディアのニュースに至るまで、注意深く見れば見つけ出すことは可能である。これらは見えにくい形で私たちの生活を取り巻いている。「テクストを読むことは個人の環境を見つめることであり社会を読むことである」という Wallace の問題意識は、日本の社会状況にも通じるものであろう。

　Wallace（2003）は次のようにも述べている（p.2）。

　　現在では、教育上の文章も人気のある文章も、昔使用された差別用語を避けるためにより注意が払われているという人もいますが、私はそれに対しては異議があります。品のない、あからさまな性差別者や人種差別者による言葉は比較的稀になりましたが、新たな問題や社会グループについては、社会の支配的なメンバーを優遇し、その他のメンバーを不利にするようなやり方で、ディスコースは絶えず再編成されています。今日においてイスラム教に対する恐怖心を煽るディスコースはその例かもしれません。

【資料2−1】 教材1
Lesson 2 The Job Search　―電話が来ないのはなぜかを考える課題―

（Wallace, 1992a, p.105）

男「アメリカに行ったらいい仕事についてたくさん稼ぐんだ。」
男「この仕事に申し込んでみよう。」
女「ご用件は？」
男「ええ、この掲示にある仕事に応募したいのですが。」
女「この書類に記入してお座りになってください。」
男「ずいぶん時間がかかりそうですね。」
女「申し訳ありませんが、スミスさんは本日お目にかかれません。後程お電話します。」
男「なぜまだ電話がないのだろう。」

　ただ、このように抑圧される側の解放を言葉の教育や意識化によって実現することに意義を見出しながらも、Wallace（2003）は抑圧される側を抑圧されている人びとだと決めつけて教育をすることに対しては慎重であるべきだとする。なぜならばそのことが「教育における新たなアパルトヘイトを生み出す（p.73）」ことにつながるからだという。

また、批判的教育学における抑圧と被抑圧の認識は抑圧している側の方が圧倒的に弱く、それゆえ、むしろこうした教育はその社会で主流となっている人びとに対してこそ必要なものであると主張している。

加えて Wallace (2003) はジルーの論考をふまえながら、批判的教育学の理論を持ち込む際に気をつけたいこととして、「対立」ではなく「抵抗」の概念を重視するべきであると述べる。批判をさせることによる「対立」は、いたずらな二分化を引き起こしてしまうからである。一方の「抵抗」は長期的な思考を促し、合意形成に導く可能性をも持つと Wallace は述べる (p.73)。

したがって、読みの指導においては、相違に着目するだけではなく共通性を探し出していく課題に価値を置くことが肝要となる。たとえば、異なるテクストにおける共通性に着目したり、考え方が違うテクストを読んで何か共有できるところはないかを考えたりする授業は、この概念を具現化する一つの方略となるはずである。

3.4. 複眼的な視点から読むことを目指す

Wallace の Critical Reading は英語を母語としない学習者が「言語教養としての英語」を身につけることを目指している。これは、ただ英語が使えるということではなく、学習者の多様な文化的背景を活かした積極的なコミュニティへの参画を目的とするものである。Wallace (1992b) は第二言語の読者の利点として「単に、意図する読者ではないということから、テクストに対して新鮮で合理的な解釈をもたらすポジション」におり、その「部外者」としてのポジションをうまく利用することができるとしている (p.68)。

このような主体性 (identity) を保証する一方で、Wallace (2012) は学習者に対して「私たちは、読むものすべてに対して主体性や性質 (disposition) を持ち込んでいるが、それらは読みの過程において調整や、ときには大幅な変更ができるようにしておくことが重要 (p.265)」と述べ、柔軟に、あらゆる立場に立って読める読み手となることも目指してい

る。そしてこのことは、「第一言語学習者についても同様である」とWallace は念を押す。

　自分の立場を超越した柔軟な読みが目指すことの一つは異文化に対する理解である。柔軟な読みとは、多角的な読みのことであり、先述のCLAの概念やそれに基づいたWallaceの読みの指導目標からもその理念を読み取ることができる。これらの意識は、固定した読みをほどき、テクストに流動性を与えるものである。したがってWallace（2003）は批判的教育学に与しながらも、特定の立場からの自己弁護やアイデンティティ・ポリティックス（社会的不公正の犠牲になっている特定のアイデンティティの集団の利益を守るために行う政治的活動）には異議を唱える（p.60）。なぜならばそのことは、いたずらな二分化による対立を生むからである。Wallace が目指すのは「不当なものに対する普遍的な理解に基づき、他者が受ける抑圧に対して共感すること（p.75）」であり、抑圧する側、抑圧される側の立場を超えることである。

　このことに関わってWallace（2003）は次のような事例を示して説明をする。

　その事例とは、パレスチナの自爆犯に自分の娘を殺されてしまったイスラエル人の談話である。Wallace が注目したのは、このイスラエル人がパレスチナ人に憎しみを向けるのではなく「一方は、自由に振る舞える完全に献身的な陸軍を持っているが、他方は、それ以上失うものはないというほど、荒れて、傷つき、敗北している国」だとして、パレスチナの立場を擁護する発言をしたことである（p.60）。

　肉親を殺されるというかなり極端な事例ではあるが、心情的にきびしい状況を乗り越えて究極の理解を示したその事例を評価するWallaceに、事象を表層的に読むのではなく背景を深く読み、総合的な価値判断をさせたいとする教育理念が垣間見られる。WallaceのCritical Readingは、読み手がさまざまな立場、あらゆる方向からテクストをマクロにとらえる技能と態度を身につけることによって、争いを回避し、抑圧の構造などに見られる圧倒的非対称の社会を解消することに大きな目標を据えていたことが読

み取れる。

　このような視点から考察すれば、Wallace が、さまざまな文化的背景を持つ第二言語学習者が作り出す多種多彩な空間に、Critical Reading の実践を求めた意味が推察できる。複眼的思考を獲得する方略としてさまざまな文化的背景を持つ学習者個人の「眼」を導入し、それらを教室という解釈共同体としての集団で思考を耕し混ぜ合わせた後、再びそれを個人に戻すことで、最終的に個々の学習者が「複眼」を手に入れることを目指すという方略である。

　Wallace（1999）は、このことに関連して、どのような教室を作るのが理想的かを述べている。それは、「さまざまな社会的アイデンティティを持つ学生から構成される学生グループ（p.101）」である。Wallace がこう述べるのは、批判的教育学の観点を曲解して、抑圧を受けている（とされる）グループをある箱に詰め込みそこで徹底した抑圧への戦いを挑ませる教育をしていると、かえって学習者に被差別意識を助長してしまうからである。Wallace は、「自身が比較的低い社会的身分であることを認識している学生は、提供される教育が、高い身分の学生と異なり、それより劣っていると認識するかもしれないというリスクが常にある」とし、「ますます社会に無視されたと感じる可能性」が生じることを懸念している（p.101）。また、先に述べたように、このことが相違を強調する教育につながり、違う者同士で共通の接点を見つけ出していくという学習になってしまうことに警鐘を鳴らす。Wallace（1999）は、エンパワーメント（Empowerment）は短期的ではなく長期プロジェクトとして組まれるものであり、「事象に対する直接的な反応というより、長期的で広範囲にわたる苦闘のための準備と見なすことができる」とも述べる（p.103）。

　つまり、社会改革を企図した Wallace の読みの指導の根底には、「相違ではなく共通性を見出すこと（「Commonality not Difference」）と、反対ではなく抵抗をすること（「Not Opposition but Resistance」）があると言える。このことを基礎としながら Wallace は Critical Reading の中心目標として次の三つを据える（p.103）。

①他のものへの理解を深めることを考慮して、自身のアイデンティティ（自己同一性）や経験、状況からいくらかの距離をとることができること。
②個人的に経験したものを超えた不利と不公平の性質に対する理解ができること。
③意見の不一致と合意の位置づけを得るために、協議や議論の際に協力して取り組むことができ、そして最終的には、合理的に、首尾一貫して、見解をはっきり述べるためのツールを有することができること。

　これらの目標を多様な背景を持つ複数の学習者によって実現させていくことが、Wallace の Critical Reading であったということができる。

4．Wallace の教材論：コミュニティ・テクストの活用

　テクストに関して、Wallace の発想は柔軟である。学習者の持ち寄った雑誌を教材に使うなどして、学習者の興味や疑問を起点とした教材の開発に取り組んでいる。また、社会的テクストを多用するのもその特徴であり、イギリスをはじめとする西欧文化、また既存の権威性を絶対視しない視座から教材を選択している。

　Wallace の教材選択の原理は「コミュニティ・テクスト」を出発点とすることである。コミュニティ・テクスト（以下、CMT）とは、社会を分析するソースとして利用されるもので、Wallace (1999) は、「それには郵送された手紙、広告、広告掲示板から剥がし取ったポスター、政治マニフェスト、旅行冊子、新聞の素材など、さまざまな種類がある (p.107)」としている。Wallace はこのようなテクストの利点として、①「異文化比較の出発点となる」こと、②「現代の英国におけるより幅広い文化的およびイデオロギー的風土について、有益な情報源となる」ことの二点を挙げる。

第2章　C.Wallace の Critical Reading 理論

　そしてこの CMT は「日常的コミュニティのテクストに組み込まれて、絶えず強化される」という認識を示す (p.107)。

　Wallace は、CMT のなかにあるテクストを読むための基準を理解しておかなければ、「より広範囲な文学的読書および学術的読書において、テクスト相互間の手がかりを見落とす」と指摘する。また、「いかなるテクストも、他のテクストと照らして読まれる必要がある」と、比較して読むことの意義を唱える (p.107)。

　たとえば Wallace (1992b) は、さまざまな異なる位置から同じトピックを扱ったテクスト（言語、教育や、「ベトナムボートピープル」などの時事問題）を実践に取り入れている (p.70)。Wallace (1999) は、自身が選んだテクストには政治的権利に由来したものが多いことを半ば自省的に述べているが、そのことは十分自認した上で、さまざまなテクストのディスコースを分析し、抵抗を促進するという目標を考えた場合、そうなるのは当然のことでもあったと述べている。また、このような社会的な CMT が学校教育におけるネイティブスピーカーの読みの指導にほとんど使われていない実態を取り上げ、その活用を促進するべきだと苦言を呈している (p.108)。CMT、特に政治的な題材を扱うことにあまり積極的ではないかもしれない日本の国語科教育にとっても、Wallace の提案は意味を持つものであろう。

　CMT は、社会の反映そのものである。したがって、目標論でも触れたようにテクストの背景を読むことは重要である。

　Wallace はどのような教材であっても、筆者とそのテクストが生まれた背景（どこから来たのか）を意識するべきだとする。

　その理由として Wallace (2003) は次の二つのことを挙げる (p.10)。

① 「社会的議題は、筆者であろうと読者であろうと、すべてそれらにとっての位置づけがあり、その位置づけは、個々の意識下で循環し広範囲に広がった重要な談話（discourse）によって決定づけられる」ものであること。

79

②筆者には社会的な立場（Social authorship）があり、それは匿名のものであっても「複雑な方法で社会的に介入」を果たしている以上、読者は、どこから来たものかを明らかにしておく必要があること。

　Wallace は論文のなかでこのような CMT を中心とした読み教材の事例をいくつか挙げている。筆者が読んだなかでは、たとえば次のような教材が取り上げられている。これらは、Critical Reading のコースのなかで読みの段階に応じて教材化されている。

・コンパクトなヒーターの宣伝広告
　　＊「COLD WAR ENDS」と表題が書かれ、ゴルバチョフ（当時のソビエト連邦の大統領）が商品のヒーターを手にして両手を挙げてほほえんでいるテクスト。（Wallace, 1992a）
・雑誌「Marie Great」のビルマ（当時）の首長族の女性に関する記事
　　＊現ミャンマーの首長族（Kayan people）の女性が首に真鍮製のリングを填めていることに対する人文科学的見地からのレポート記事。（Wallace, 1992b）
・スポーツタイプのクルマの広告
　　＊プジョー 405Mi16 の広告。「Almost anyone can achieve power, the trick is staying control.」（ほとんど誰もが力を得ることができる。そのコツは自制を保つことだ）と表題が書かれ、背景でレーニン像が足下から折れて倒れている絵が描かれている。（Wallace, 2003）
・学生デモの記事の二紙比較
　　＊「ガーディアン」紙（2010 年 11 月 25 日版）と、「イヴニング・スタンダード」紙（2010 年 12 月 1 日版）の記事。前者の見出しは「学校を休校し、子どもらが街頭デモ」とあり、後者の見出しは「学生デモ隊がドアの破壊を試みるなかで、店員、生命の危険を感じる」とある。（Wallace, 2012）
・移民に関する日刊新聞メトロ紙の記事

第2章　C.Wallace の Critical Reading 理論

＊見出しは「我々一人ひとりに対して4ポンドの価値」。大規模移民への反対運動を行っている組織の見解と、英国産業連盟（CBI）の見解を併記した記事。（Wallce, 2012）

次に、このような教材の事例を実際にいくつか示す。
たとえば次のような例【資料2－2】がある（Wallace, 1992a, p.112）。

この教材は、16世紀にマゼランがアジアを航海して偉業を果たしたことを紹介した説明文である。

テクストを使って Wallace は「このテクストを読む典型的な学習者は誰で、そのためにテクストはどのように書かれているか」という課題を出す。これに対し、ある教室で東南アジアから来た留学生が「このテクストはヨーロッパからの視点で書かれている」という指摘をする。東南アジアから見れば「探検に行った」というよりは「訪ねられ、探索され、植民地化された」

【資料2－2】教材2　マゼランのアジア航海記

(Reading and Thinking in English 1979:53)

という受け身形で書かれるべき説明文だ、という反応である。Wallace はこの反応をもとに、たとえばテクストからは見えない（invisible）フィリピンの人びとの視点で、この説明文を書き直すとすればどうなるかといった活動を試みる。

イギリスのアカデミックな教育を受ける人びとにとっては、この文章は想定内の内容であろう。しかしWallaceは、そこに見えない想定外の読者を立ち上げ、その存在を揺るがすことをねらう。
　このような、複数の視点を立ち上げやすいテクスト選択はWallaceの学習方略の一つと言える。また、複眼的にとらえた場合にテクストの意味が変容するような歴史的なテクストも有効な教材となることをこのことは示唆している。
　社会的・文化的な背景を参考にしながら推論するという意味で、次の事例【資料２-３】も興味深い。先に挙げたヒーターの広告である（Wallace, 1992a, p.122）。

【資料２-３】　教材３　ヒーターの広告

第 2 章　C.Wallace の Critical Reading 理論

　このテクストに、「冷」戦の終結した意味とそれによってもたらされた「温」かさを絶妙に掛け合わせた作り手のレトリックがあることを読むことは、難しいことではないだろう。西側のメディアの報道を見聞きしてきた私たち日本人にとっても、背景知識があれば問題なくその意味を関連づけることはできる。

　Wallace はこの記事を Critical Reading の教材として示しているが、後に詳述する Kress の問いの方略を Wallace がアレンジした「４つの問い」（後にこれを「５つの問い」としている）を、この教材にもあてがっている。この問いは、若干の修正を経ながら Wallace が Critical Reading を実践する際に基本としてきた問いである。別の見方をすれば、このような問いが投げられるテクストこそ、Critical Reading に適した教材であるということになろう。

① Why is this topic being written about?
　＊（このテクストのトピックについて）なぜ書かれているのか。
② How is this topic being written about?
　＊（このテクストのトピックについて）どのように書かれているか。
③ What other way of writing about the topic are there?
　＊（このテクストのトピックについて）ほかにどのような書き方があるか。
④ Who is the text's model reader?
　＊このテクストの典型的な読者はどのような人か。
⑤ What is the topic?
　＊トピックは何か。

　これらの問いについて考えるには、テクスト内の情報だけでなく社会的な情報を取り込まないと難しいだろう。冷戦を終結させた立役者であるゴルバチョフがヒーターを手にしている意味や、両手を挙げているゴルバチョフの向こうにいる聴衆や、このテクストの意味を理解しうる人びととを考えることで、一つの CMT が Critical Reading のテクストとして意味を持

83

つようになる。

　Wallaceが担当したCritical Readingのクラスで用いたのは、このような社会的・文化的な生活に根ざしたテクストである。

　Wallace（2003）は、このようなテクストを使うことについて「日常のコミュニティに存在するテクストに興味を持ち、それが正式な研究対象として認められる」ことの重要性を説いている。また、そのテクストの分析方法として「いくつかの特定の言語的手段を用いて発展させること」が必要だとの考え方を示している（p.95）。Wallaceの言う「日常的なテクスト」とは、先に挙げたような「広告、新聞記事、リーフレットや申込用紙、教科書、雑誌」だが、Wallace（2003）は、自身のCritical Readingコースの募集チラシとして次のようなチラシを作成している（pp.94-95）。

【資料2－4】WallaceのCritical Readingのコース募集チラシ

クリティカル・リーディング科目
1993年10月より開始
特別科目
クリティカル・リーディング
1学期科目　午後3時から午後5時まで
ケンブリッジ英検1級合格者もしくはそれと同等の資格を持つ学生向け
＊英語で批判的に「読む」スキルを向上させたいですか？
＊イギリスでの生活で日々目にするテクストをもっと十分に理解したいですか？

本科目は以下のことを目的としています。
● 行間を読む、つまりテクストに隠されたメッセージを理解する。
● テクストの文化的な意味を理解する。
● テクストがどのように読み手の行動や考え方を特定の方法で操作しているかを知る。
● テクストがさまざまな読み手の為にさまざまな方法で書かれていることを理解する。
● どのようにテクストが、人によってそれぞれ異なった方法で読まれているかを観察する。

ここでは、日常生活の中で見いだされるさまざまな種類のテクストに広範囲に触れます。たとえば、

第2章　C.Wallace の Critical Reading 理論

- 広告
- 新聞記事
- リーフレットや申し込み用紙
- 教科書
- 雑誌

　Wallace（2003）がこのような CMT に価値を置く理由のひとつは、学習者が「ステレオタイプに挑戦するためのクリティカルな視点を取り入れる」には、より対話しやすいテクストのほうが望ましいと考えるからである。Wallace は、バフチン（Bakhtin）が対話的な視点から「さまざまな大衆的なテクストの中に含まれている文化的価値を問題視するように学生を促す」ことを推奨したことを挙げ、「大衆的なテクストに浸透しているディスコースが、どのように継続して文化的価値や態度、あるいは国家的特徴やアイデンティティの概念をときに複雑な形で再構築しているかを明らかにする」ことが肝要だと述べる（p.100）。言うまでもなく、ここでの対話とは先述のように Critical Reading の原則の中にある「Reading Against the Grain（書き手の意図に反して読む）」のことである。

　もう一つ、Wallace が教材論に関わって提案しているのが複数のテクストを活用した間テクスト性の重視である。詳述は授業論に譲るとして、ここではその概念についてまとめておきたい。

　Wallace（2003）はテクスト選択について「どのような特定のテクストも（学術的なテクストも含めて）他のテクストとの関連で読まれる必要があり、そうして初めて広範囲の社会的・文化的な意味を理解することが可能になる（p.105）」と述べる。また、煩雑で偏狭なメディア・テクストについてのわかりにくさやイライラは、それひとつで読もうとするのではなく、ほかのテクストと比較することによって間テクスト性を構築することで解消され（p.105）」るとしている。

　これらの一例として Wallace（2003）は有名な「赤ずきんちゃん」を例示する。Wallace は「同じジャンル、同じお話しでさえ、異なったディスコースで語られうる」とし、「お話を変化させる（Changing Stories）」土台

として有効に活用できると述べる（p.105）。「赤ずきんちゃん」の話に「組織的に多くの種類の言語選択を用いることでさまざまなイデオロギー的な効果を生み出す（p.105）」ことができるということである。たとえば日本においても「桃太郎」のお話は、筆者所有の絵本では鬼を悪、桃太郎を善と決定的に二値化して設定し、鬼退治する桃太郎を英雄化している。この本は1937年に齋藤 五百枝が書いた講談社版だが、その描かれ方に日本男児の理想像を絵本の中の桃太郎に仮託しようとする戦争前夜の時代性を感じるのは筆者だけではないだろう。一方、1965年に発刊された松居 直（著）、赤羽末吉（絵）の福音館書店版はそのような国家を背負うようなニュアンスは見られない。近年では「鬼と仲直りする」という、まさに'Changing Story'的な改変もなされているといい、このような間テクスト性によって時代のイデオロギーを読む社会的・文化的な読みは、Wallaceの取り上げた「赤ずきんちゃん」の事例の日本版ということができるかもしれない。

　Wallace（2003）はこのような原則はほかのジャンル、たとえばニュース報道でもあてはめることができると言い、「異なった出版物で、同じ事象が異なった言語表現によって書かれることで、どのようなことが生み出されているかを議論することができる（p.105）」としている。

　今日、日本においてもメディア・リテラシー、NIEなどが教育現場に取り入れられているが、単なる比較読みではなく、ことばに着目した間テクスト性からその背景を読むという点において、Wallaceのテクスト観はより、言語教育に特化したものであると言うことができよう。

5．Wallaceの授業論

　ここでは、CLA等の理論、また社会的・文化的な読みを目指すために選択したテクストをWallaceがどのように読みの指導として組み立てたのかをまとめ、考察する。なお、ここでの授業論は内容論、学習論を包括したものである。

第 2 章　C.Wallace の Critical Reading 理論

5.1. ハリデーの理論をふまえた授業方略

　CDA、またそこから派生した CLA は、もともと教育学から生まれた理論ではない。したがってそれらを読みの指導に導くには読むための方略の構築が必要となる。
　まず必要となる方略は、ことばをどのようなフレームでとらえ、どのように分析するかであろう。
　Wallace は、このようなことばへの批判的な意識、分析力を高めるツールとしてハリデー（Halliday）の選択体系機能文法（Systemic Functional Grammar）の理論を援用した。
　ハリデーの選択体系機能文法は、深遠な文法理論であり、英語における理論という点から国語科教育にそのまま適用できるものではないが、テクストの背景を読む方略としては、その手法を援用することが可能だと考える。
　Wallace が選択体系機能文法を援用するのは、テクストに付随するイデオロギーを読むためである。
　Wallace（2003）は Critical Reading は、「文章の論理について批判する能力を意味し、矛盾や不明瞭さについて指摘する」批判的思考（Critical Thinking）だけでは、読みの中間地点に到達したに過ぎないと述べ、「論理的例外を理解できるように助け、思考の独立性を持つように働きかけること」や「権力やイデオロギーについての課題をみつけることを促す」ことが重要だとした（p.27）。したがって、学習の方略としては、論理的な齟齬や表現上の瑕疵を指摘するだけでは学習の目的は完遂しない。また、そもそもそのことを主たる目的ともしていない。
　イデオロギーのとらえ方について Wallace（2003）は次のような四つの定義を示す（p.27）。

　　①特定の社会グループや階級の特性についての様々な考え
　　②体系的に歪んだコミュニケーション
　　③主要な政治的権力を正当化するのに役立つ見解

④主要な政治的権力を正当化しようとする間違った見解

　Wallaceが読みの指導で特に着目するのがこのうちの②である。
　フェアクラフは、言語の慣習や慣例は、人が気づいていない力関係が及んでいると主張したが、ここでの「歪み」とは意識的にせよ無意識的にせよ、このような力関係のことである。Wallaceはこの体系的に歪んだコミュニケーションのことを「権力によって体系的にゆがめられたコミュニケーション」だとし、そこでは「ことばが、それを取り巻く利権によって伝達形式がねじ曲げられている」と述べる（p.28）。したがって、この体系的なコミュニケーションの状況に異論を唱えることがWallaceのCritical Readingの具体的な学習となる。その学習は、あくまでことばに着目するものであって、社会科としての読みではない。ハリデーの選択体系機能文法の援用は、テクストのミクロな部分に着目することでマクロ構造をとらえるためであると言える。
　では、ハリデーの選択体系機能文法とは何か。
　言語学者のハリデーは、それまでの言語学が社会のなかの生きた言語をとらえず、形式主義（Formalism）に陥っていたことを批判的に発展させ、社会のなかでことばがどのように実際に機能しているかを調査する言語学を提唱した。そのことを経て完成されたのが選択体系機能文法という理論である。
　堀（2006）は、この選択体系機能文法について、形式主義に対置される機能主義（Functionalism）という立場に立って理論化されたものであるとし、「言語を多重的に見る、言い換えれば一つの発話あるいは文を一方向からだけではなく複数の方向から眺めて分析する方法」だと述べる（p.3）。その複数の方向というのが、後に述べる状況のコンテクストにおいての「活動領域（Field）」「役割関係（Tenor）」「伝達様式（Mode）」という、ジャンルと言語使用域に関わる三つの分析方法である。
　この、選択体系機能文法の「選択体系」とは、文字通り私たちが書きことばにせよ話しことばにせよ、そのことばをなぜ選択したのかという社会

第 2 章　C.Wallace の Critical Reading 理論

的な意味に注目するということである。

　たとえば私たちは、論文を書く際に「高校の授業においては先例がない」「高校の授業においては先例がないのである」「高校の授業においては先例がないようである」などと、文脈の状況によって、言い方を変えることがある。つまり、Aの言い方を選択すればA以外の言い方が捨象されるわけで、私たちはことばを使うときにそのテクストの背景にある文化的な暗黙の約束や、そのときの都合、状況で常にこのような取捨選択を行っている。状況のさらに背後にある「学会の論文」という「文化」を考慮すれば、「高校の授業で見たためしはない」といった表現はおそらく選択しないであろう。ハリデーはこのような、文化や状況に応じたことばの機能を体系化したのである。ハリデーはこのことを理論の中心に据えて「選択体系（Choice system）」と呼んだ。

　では、ここでの「状況」や「文化」とは何か。

　このことを考える前に、ハリデーのとらえるテクストの概念を確認しておく必要がある。

　ハリデー（1991）は、テクストを「機能的な言語」だとした。これは、「あるコンテクストにおいて何らかのはたらきをする言語」という意味であり、分析対象は「話されたものでも書かれたものでもよく、そのほかどのような表現メディアのものであってもよい」と述べる。さらにハリデーは、テクストの本質として重要なことは「テクストを作成しているときそれが語や文からできているように見えても、本当は意味からできている」ことを認識することだとした（p.16）。

　ここでの意味とは、表層的なことばの意味ではなく、その背景をも含んだ重層的、立体的な生きたことばの意味ということになろう。逆から考えれば意味のない言語も存在する可能性はあるということである。たとえば客がどのような人であってもマニュアル通りの全く同じことばでしか接客しない給仕のそのことばは果たして「意味」を持っているのかというとその可能性は低い、ということになる（マニュアル通りにしか話さないというディスコースもひとつのコード化されたテクストではあるが）。

このようにテクストとは、さまざまな背景をもとに編まれたものとして存在する。
　ハリデーは、この背景に当たるものをコンテクストと呼び、文化人類学者マリノフスキー（Malinowski）に倣って、それらを「状況のコンテクスト」「文化のコンテクスト」と区別した。
　龍城（2006）はこれらについて次のように説明をする。

　　文化のコンテクストは潜在的なコンテクストで物事の認識や社会関係、行動様式等から成ります。それは認識や行動を支配する価値観（Values）やイデオロギー（Ideology）、また、価値観の表れである制度や、社会的やりとりの類型であるジャンル（Genre）を含みます。
　　他方、状況のコンテクストは文化のコンテクストが個別に現れる実態で、それは活動領域（Field）、役割関係（Tenor）、伝達形式（Mode）という具体的な要素から成ります。この３要素によって具現化されることばのやりとりは言語使用域（Register）と呼ばれ、状況のコンテクストはこの言語使用域を含みます。　　　　　　（龍城, 2006, p.20）

　たとえば、教師と生徒の関係性が主従の関係性を持つ儒教的な文化を持つ国（「文化のコンテクスト」）では、学校の授業という場（「状況のコンテクスト」）ではそのような主従関係が明らかなことばのやりとり（「テクスト」）が展開しているはずである。もちろん、そうではない文化的な背景を持つ国では、授業の場で現れるテクストは違ってくる。
　龍城（2006）はこのことを【図２-３】のようにあらわしている。

第 2 章　C.Wallace の Critical Reading 理論

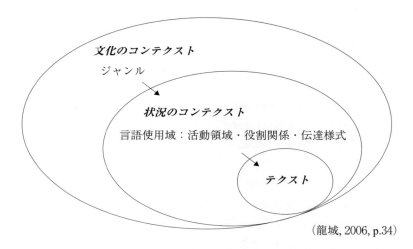

(龍城, 2006, p.34)

【図 2-3】文化のコンテクスト、状況のコンテクスト、テクストの具現関係

　図の矢印が影響する方向をあらわすとすれば、テクストは最終的に見える形で現れた現象ということになる。したがって、Wallace の社会的・文化的な読みはこの現れた現象（文章などの文字テクスト等）をとらえることから逆算的に状況のコンテクスト、文化のコンテクストを読み解いていくという授業方略をとるものであることがわかる。
　テクストに明示されていること、またはそこからやや踏み込んだ程度の解釈にとどまる「浅い読み」ではなく、テクストには明示されない、より深い背景や構造を読み解く「深い読み」を目指すことが Wallace の求めた Critical Reading であり、このことからすれば、ハリデーの理論を Wallace の授業方略の基軸とした意味が理解できる。
　次に、Wallace が実際のテクストの分析に活用した「状況のコンテクスト」における「活動領域」「役割関係」「伝達様式」について整理をする。
　この三つを包括する概念をハリデーは「言語使用域（Register）」と呼んだ。「言語使用域」とは、文化のコンテクストが実際の言語使用の場面で具体的にことばとして表現される状況のことを指す。

ハリデー（1991）は、「言語使用域」における三つの機能的側面を次のように定義する。

　【ハリデーの定義】
　《活動領域》（Field of Discourse）
　　・起こっている事柄や行われている社会的活動の本質を指す。
　《役割関係》（Tenor of Discourse）
　　・誰が参加しているのかや、関与者の地位とか役割。つまり関与者の間でどのような役割関係が演じられているかを指す。
　《伝達様式》（Mode of Discourse）
　　・言語がどのような役割を果たしているか。また関与者がその状況において言語にどのようなことを期待しているかを指す。テクストの記号上の組織、テクストが占めている地位、チャンネル（話されているか、書かれているか）を含むコンテクストにおいてテクストが果たしている機能、修辞上の伝達様式のこと。

（ハリデー, 1991, p.19）

　龍城（2006）はこれらを次のように簡単に再定義している。

　【龍城の定義】
　《活動領域》
　　・「何が起きているのか」、またそこでの「話題は何か」ということ。
　《役割関係》
　　・「話し手と聞き手の社会的および場面的な役割は何か」ということ。
　《伝達様式》
　　・「どんな方法で、どんな媒体を通して行われるか」ということ。

（龍城, 2006, p.31）

　また、Wallace（2012）は、この理論を援用するにあたり次のように定義

をしている（p.270）。

【Wallaceの定義】
《活動領域》
＊話されている内容
・主要な参加者は誰か。
・参加者はどのようなプロセスでテクストと結びついているか。
・隠れた参加者はいるか。
《役割関係》
＊受け手との間に築かれる関係
・読み手はどのような語りかけ方をされているか（読み手のアイデンティティはどのように想定されているか）。
・書き手の考え方や主題はどのようなことばによって読み手に語られているか。
《伝達様式》
＊テクストのまとめられ方
・まず何の情報があたえられているか。
・情報は適切か。
・時制の使い方の効果はなにか。

　これらの定義や説明を見ると、とらえ方の幅があることがわかる。その原因として、分析対象としてのディスコースに、親子の会話や店員と客とのやりとりのような話しことばと雑誌の掲載文や新聞記事のような書きことばとがあり、それらが混同して語られているからであると考えられる。ハリデーの説明は話しことばを対象としたものであり、比較的量のある文章を対象とした分析は見られない。
　本研究では学習者の話し合い活動における会話や、社会におけるある日ある場所での会話を分析することを目的とはしておらず、文字テクストの分析を目的としている。したがって実践的研究を進める上で狭義の定義が

必要と判断した。そこで対象を説明的文章というテクストに絞った次のような再定義を試みる。

【説明的文章を分析対象とした場合】
《活動領域》
・テクストの分野は何か。
・テクストの目的は何か。
・テクストが読まれる環境はどこか。
《役割関係》
・テクストはどのような立場から誰に向けて書かれているか。
・想定されていない読者はどのような人か。
《伝達様式》
・テクストにはどのような表現の特徴、戦略があるか。
・テクストにはどのような構造的関係性が示されているか。
・テクストに隠された「伝達」要素はないか。

　三つの側面については「なぜそういえるか」をテクストに基づいて考えるなどの具体的な学習上の展開を示す必要がある。これについては後に示したい。
　続けて、この「状況のコンテクスト」が現れる背景にある文化のコンテクストについて整理をする。
　「文化のコンテクスト」は、先に述べたようにテクストの根源にある要因である。
　龍城（2006）は先の定義に加えて、「文化のコンテクスト」は「人びとの活動を支配する様々な価値観を含んでいる」ものだとする。この価値観とは文化相対的な価値観（Values）のことであり、「数多くの認識と行動の選択肢の中から、人びとが具体的なやりとりを経て選び取り、組み立ててきた価値と規範の体系」のことである（p.22）。これらを包括する概念がイデオロギーであるが、「文化のコンテクスト」にはその国なり組織なりの

イデオロギーが存在していることになる。WallaceのCritical Readingにはテクストの「文化のコンテクスト」を読むことが目標として挙げられているが、このためにはテクストが生まれた文化的背景をリソースとして活用していく必要があるということになる。

ハリデー（1991）は、「状況のコンテクスト」との比較から「文化のコンテクスト」について次のように述べる。

> 状況のコンテクストは、直接的環境に過ぎない。テクスト解釈の背後にはより広い背景がある。つまり、「文化のコンテクスト（Context of Culture）」が存在する。どのような状況のコンテクストも、テクストを生み出すフィールド、モード、テナーの特定の形状も、たんに特性のでたらめな寄せ集めではなく、全体性を持つものである——いわば、文化の中でのまとまりのあるパッケージである。
> 　　　　　　　　　　　　　　　　　　　　　　　　（ハリデー, 1991, p.74）

ハリデーはこう述べた後、「学校自体が、状況のコンテクストと文化のコンテクストの、現代用語で言えば『インターフェース』の、良い例である」とし、その概念を説明している。

【図2-4】はその概念をまとめたものである。

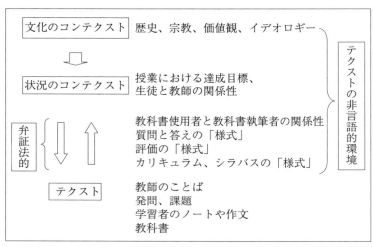

(ハリデー, 2006, pp.74-75の説明をもとに澤口が作成)
【図2−4】ハリデーに基づく、学校を構成する概念図

　では、Wallace は Critical Reading を導入するにあたって、ハリデーの理論をどのように援用し、テクスト分析につなげたのか。
　このことを考察する前に、Wallace がハリデーのどのような要素を取り入れようとしたかを再度整理しておきたい。
　Wallace（2003）は、ハリデーが次のような認識を示したとしている。

①人間が話す言語は所属する社会の機能によって形づけられる。
②文章は、社会構造全体を支える力関係によって観念的に広まる。
③構文上、また語彙において何を選択するかは、社会的に動機づけられている。
④形式的な言語の選択は単に無作為や個人的な好みによる無邪気なことでなく、基本的に社会の習慣によって形づけられ、深く根付いており、観念的に動機づけられている。

（Wallace, 2003, pp.30-32 より澤口が作成）

第2章　C.Wallace の Critical Reading 理論

Wallace は、このようなハリデーの認識を実際の Critical Reading の授業構築に活かす手順として次の三つの流れ【図2-5】を提案した。

①識字について批判的に理解すること（Knowing Literacies Critically）
＊社会の中に様々なことばがあるが、そのことばを単に認識するだけでなく、そのことばの使用と循環による力の持つ意味についても理解する。社会的な実践としてことばを見つめる習慣を身につける。

②特定の文章についての批判的見解を持つこと（Having a Critical Perspective on Particular Texts）
＊テクスト分析のフレームワークを見いだし、テクスト分析のためのメタ言語を獲得する。ハリデーの選択体系機能文法の知見を活用し、ミクロにマクロに分析をする。

③より広範な社会的実践、取り決め、関係、割り当て、手順などについて批判的見解を持つ（Having a Critical Perspective on Wider Social Practices, Arrangement, Relation, Allocations and Procedures）
＊新たに得たフレームワークによってかつて読んだテクストを読み直し、どのような、見えなかった文法が見えてきたかを認識する。また、間テクストとして、より広範な文化的観察を行い批判的な分析をする。

（Wallace, 2003, pp.33-42 をもとに澤口が作成）

【図2-5】　Critical Literacy から Critical Reading へ

Wallace はこのような流れを提示した上で、学習者に求めていくべき五つの原理を示した。

①テクストは協働で解釈する。
②第二言語学習者など「外部」からの視点をテクスト解釈に活かす。
③筆者というよりは、そのテクストのスキーマに対して異議を申し立てる。
④テクスト内の論理だけではなくテクストを支持する観念的先入観を

批判する。
⑤読み手自身も自分の読みに対してメタ的に批判をする。

(Wallace, 2003, p.42 をもとに澤口が作成)

　Wallaceがハリデーの選択体系機能文法を導入したのは、Critical Readingのプロセスを観念的に実践するのではなく科学的に実践するためであると考えられる。
　これらのとらえ方に立って、具体的に分析のフレームとしたのがテクストとコンテクストの関係、また活動領域、役割関係、伝達様式ということになる。
　Wallace (2003) は、このような選択体系機能文法を具体的なテクスト分析のフレームワークとして位置づけ、「文脈上の、またテクストの特質を説明するメタ言語 (p.37)」として機能させた。これは言語学的な特徴がテクストにおいてどのように現れているかを分析することである。そしてそのテクストの書かれ方の分析から、書き手と読み手の関係性（立場）や、テクストが書かれている環境などの「状況のコンテクスト」、またその背景にある「文化のコンテクスト」を読むということを取り入れた。
　Wallace (2003) は、このような、テクストから逆算的に「状況のコンテクスト」や「文化のコンテクスト」を読み解く分析の方略を考案し、観念構成的機能、対人的機能、テクスト形成的機能という三つのフレームからの読みを提唱した。この中でWallaceの独自性がもっとも表れているのが観念的構成機能の検討である。
　この観念的構成機能とはフェアクラフが指摘した「テクストは観念的に記述されたものである」という認識を前提にして提唱されている。Wallace (2003) は、「観念的に記述されたテクストに対しては謎を解くような読みが求められる (p.26)」とした。また、そこにある「隠された構成要素をできるだけ多く意識できるような方法を提供するのがCritical Reading教授法の目標の一つ」であり、書き手の観念的要素をテクストにおける「隠れた文法」から推論することが重要だと述べる (p.32)。

第2章 C.Wallace の Critical Reading 理論

次の表は、Wallace が考案した Critical Reading において特定のテクストを分析するための手がかりである。

【表2－2】Wallace によるテクストを分析するための手がかり

A：観念構成的機能の検討 《活動領域》
　　目的…著者はテクストで起きていることをどのように表現しているかを検討する。
　　　　　そのテクストは何について書かれているかを検討する。

検討要素	具体的な検討の方法
参与要素（登場人物） （Participants）	主要な参与要素はなにか。また、主要ではない参与要素、隠れている参与要素はなにか。これらをどのような名詞や形容詞を使って表現しているか。
過程 （Processes）	どのような動詞によってプロセスを表現しているか。外的な経験による物質的過程か内的な経験による心理的過程か、それとも物事を一般化した関係過程か。
状況 （Circumstances）	副詞、前置詞句の使用によって、状況の具体性がどのように表現されているか。
因果関係 （Causation）	事柄が起こった原因は何か。誰が誰に対して何を行ったかは明瞭か。

B：対人的機能の検討 《役割関係》
　　目的…著者は読者とどのように関わろうとしているかを検討する。
　　　　　テクストの主題に対する著者の考え方を検討する。

検討要素	具体的な検討方法
人 （Person）	どのような人称代名詞を使用しているか。著者は自分自身や主題、また読者についてどのように言及しているか。
叙法 （Mood）	どの叙法が最も頻繁に使用されているか。叙述法、命令法、あるいは疑問文か。
モダリティ （Modality）	モダリティ（法式）はどのような役割を果たしているか。たとえば、確実性や権威の程度を表現している場合など。
副詞、形容詞、名詞 （Adverbs, Adjectives, Nouns） indicating writer attitude	主題に対する著者の考え方を表現している形容詞や名詞や副詞はあるか。

C：テクスト形成機能の検討 《伝達様式》
　目的…どのようにテクストの内容がまとめられているかを検討する。

検討要素	具体的な検討方法
意味的構造 （Semantic Structure）	テクストは物語か、解説か、記述的文章か。たとえば、現在形と過去形はどのように用いられているか。
全体構成 （Overall Organization）	テクストはどのような大きな構造を持っているか。たとえば始まりと終わりはどう構成されているか。また、情報はどのような形式で表現されているか。
主題 （Theme）	節レベル、あるいはテクスト全体のレベルでどのような情報が前提として選択されているか。
まとめ （Cohesion）	テクストはどのようにテクストとして筋が通っているか。たとえば接続詞の用いられかたと意味的構造の関係性はどうなっているか。

（Wallace, 2003, p.39）

　表は英語の文法を取り扱うことを前提にまとめられたものなので、これらをそのまま国語科教育に取り入れることはできない。しかし、文末表現としてのモダリティや、人称代名詞の使い方、また参与要素の確認など、活用可能な事項もあり、国語科教育への援用の可能性はある。たとえば評論文において、筆者が「私」を使っているか「私たち」を使っているかで、著者の読者の巻き込み方のニュアンスは変化する。そのような、見落とされがちなことばの選択、表現に立ち止まってテクストの背景を推論することは、ここで示されたのと同じような学習として成立すると考えられる。
　具体的に Wallace がハリデーのフレームワークを用いた実践を一つ取り上げる。

第2章　C.Wallace の Critical Reading 理論

【資料2-5】教材4　シンガポール

シンガポール
国があなたのパートナーを選ぶ

シンガポールの市民は法律に従順で、国営のお見合い政策に参加する人が多く、そのお見合い政策は、知的レベルが同等の者同士の結婚をサポートしています。*Sophie Campbell* 氏は、トイレの水を流し忘れることは犯罪とされる国から報告します。

シンガポールへようこそ。麻薬密売人は死刑。チャンギ空港では、到着時の移民カードにこう書かれています。椰子の木が立ち並ぶ高速道路から未来型のビルが立ち並ぶ街へ車を走らせると、そこはシンガポールの中心街です。ワイト島と同じ大きさの領土に人口300万人の世界で最も従順な人々が住む国です。シンガポールは、極めて厳しい法律を持つ国として知られています。ギャンブルは禁止され、横断歩道から50メートル以内で交通規則を無視して道路を横断したり、公共のビル内で喫煙をすると、185ポンドの罰金であり、唾を吐いたり、ごみを道端に捨てたり、トイレの水を流し忘れると最高370ポンドの罰金が科せられます。道路が空いていても、信号が青になり横断できるまで、清潔な歩道で辛抱強く待ちます。（マリー・クレールより、1992年）

　この雑誌記事に関して Wallace は、予備分析として次のような表を提示している。ハリデーの「活動領域」に関わってのことばに着目した分析の視点である。

101

参与要素（登場人物）	過程		
●主要登場人物 　シンガポール（という国家） ＊同一指示名詞、連語フレーズ 　トイレの水を流し忘れると犯罪となる国	強い具体性	弱い具体性	相関性（関連性） きわめて厳しい法律で有名
国家 国営のお見合い政策	選択 奨励		
●その他の登場人物 　シンガポール市民 ＊同一指示名詞、連語フレーズ 　世界で最も従順な300万人の人びと 　人びと		登場する 住んでいる 辛抱強く待つ	法に従順

(Wallace, 2003, p.40)

　記事に関して、Wallace（2003）は、まず、「シンガポール」という見出しの文字サイズに着目する。また強い主題を想起させるものとして、シンガポール―国家―シンガポールの国民の流れを指摘し、「同一指示名詞はすべて権威主義的国家であることを示唆している」と述べる。また、「未来型のビルが建ち並ぶ街、それがシンガポールの中心街」「究めて厳しい法律」「清潔な舗道」と関連性のあるものが紹介される一方で、シンガポールの人びとは従順として位置づけられ、それらは具体的な他動詞の動作主として機能していないと指摘する。つまり、ここでの国民は上演したり、変化をもたらしたりという動詞ではなく「参加します」という具体性に乏しい動詞があてがわれており、このような語彙結束性は、受動態と無力と服従に対する積み重なる印象をさらに強化しているということである（pp.40-41）。

Wallaceは記事の分析のなかで「英国では、清潔が何か疑わしいものとして見られていることを理解する必要がある」と付記しているが、当時、そういった観念が、イギリス国民にあったとすれば、この記事はシンガポールというアジアの国家をかなり歪曲された異常な世界として紹介しているととることができる。ことばの分析は、編集者側（マリー・クレールという雑誌）にある「文化のコンテクスト」を読む一つの方略としてとらえることができよう。

　Wallace（2003）は、「サン」という新聞と「ガーディアン」という新聞を読む購読者にはそれぞれの傾向があると言っているが、それは、同じ雑誌や新聞しか読まない購読者は、その志向性に染まってしまうということを意味するものであろう。日本においても朝日系列の新聞やテレビを講読・視聴する人とフジサンケイ系列のそれを購読・視聴する人では、もともとの思想傾向はあるとはいえ、Wallaceの言うように、「私たちの既存の観念的、またさらに神秘的な好みを反映し、また強固にする（p.44）」という踏み固められた観念を、知らず知らずのうちに醸成してしまっているのかもしれない。

5.2. ハーバーマスの理論をふまえた授業方略

　これまでの分析からWallaceのCritical Readingにおける批判的方略は形式論理学や認知心理学に拠るものではなく、状況や社会的背景を考慮した語用論的な手続きに拠るものであることがわかった。また、教室を解釈共同体としてとらえ、対話することを軸に授業を構築することもわかった。

　このことの背景理論としてWallaceが援用したのがハーバーマス（Habermas）のコミュニケーション論である。

　Wallace（2003）はハーバーマスの提唱した普遍的語用論を取り上げ、「真実の追究は、個人主義にではなく対話の中に見られる」とし、「総合的な目的は間主観的理解を得ることだ」と述べた（p.50）。そして、教室は主観と主観がぶつかり合う場だとして、そこで発生するディスコースを、多様な解釈を検証し合ったり既存のあたりまえに疑問を投げかけたりする「対

話」として昇華させることを目指した。

　Wallaceがハーバーマスの理論を重視した理由は次の二つに集約できる。

（ア）討論の言語を習得することに価値を置き、そのための方法論を示していること。
（イ）合意形成を経て社会形成を企図するコミュニケーション理論であること。

　まず（ア）について述べる。
　Wallaceは先に示したように、複数の人間の間主観性を得ることを目標の一つとした。
　間主観性において、客観性は必ずしも担保されない。しかし、主観性をとりまとめていくという間主観的行為こそが私たちの日常であり、客観的行為よりはむしろ一般的な営みである。間主観性は客観性未満ではあるが、単なる主観性を超えていく行為といえる。たとえば、「心地よい公園」を作るというテーマが提示されたとき、複数の人間が描く心地よさは同じではなく、当然そこでは何らかの妥協策を模索する必要が出てくる。そこで創出された空間は間主観性による空間である。
　このような場合、その実現性を左右するのはプロセスとしてのコミュニケーションの質である。たとえば、力を持つ者が高圧的で一方的に間主観的な取り決めをする行為からは、ここで言う間主観性は生まれない。なぜならその行為は対話的ではないからである。
　ハーバーマス（1981）はこのような一方的な行為を「戦略的行為」と名づけ、対話によって合意形成を図る「コミュニケーション的行為」と次のように区別した。

　　　当事者のうち少なくとも一人が、その発話行為で相手に発語媒介的行為を喚起しようとしている相互行為を、わたしは、言語に媒介された戦略的行為と見なす。　　　　　　　　（ハーバーマス, 1981, 中巻, p.33）

第 2 章　C.Wallace の Critical Reading 理論

　たとえば、対話をしているように見えるが実は授業者が自分の思いを学習者に理解させようとしている教室や、お笑いの寄席で漫才師と客が対話しているように見えるが、実は漫才師の計算した笑いを客に享受させているという演芸場は、「戦略的行為」の場であって「コミュニケーション的行為」の場ではない、ということになる。
　ハーバーマス（1981）は、提唱した「コミュニケーション的行為」について、次のように述べている。

　　　コミュニケイション的行為が戦略的行為と違って際立っている点は、すべての当事者が発語内的目標を何の留保もなしに追求して同意を達成する、ということにある。　　　（ハーバーマス, 1981, 中巻, p.34）

　このようなハーバーマスの定義から、当事者が同じテーマについて言語によって合意形成を図りコンセンサスを得ていく行為が「コミュニケーション的行為」であり、必ずそこには対等な対話関係が条件として求められるということがわかる。また、受け手側にも送り手と同等に選択権が有り、同等の権利が保障されていることも条件となる。
　では、このような行為を実現するにはどうすればいいのか。
　そこで必要になるのが対話の作法である。ハーバーマスはこのような「討議」が必要となる場面における対話の作法をいくつか理論化している。その一つがいわゆる「妥当性要求」である。「妥当性要求」とは、「コミュニケーション的行為」の参加者に対して行われる作法としての要求のことである。
　篠崎（2012）は、国語科教育への援用を前提として、このハーバーマスの「妥当性要求」を次のように整理している。

　　①真理性要求…自分の発話内容は言及されている事態を客観的事実に
　　　　　　　　　照らして適切に表現しているという要求。

②正当性要求…自分の発話行為は社会的規範に則っているという要求。
　③誠実性要求…自分の言語表現は自分の気持ちや意図を的確に表しているという要求。　　　　　　　　　　　　　　　（篠崎, 2012, p.132）

　つまり、「コミュニケーション的行為」の参加者には、「社会的な規範に則って自分の気持ちを偽ることなく、的確な論拠を示しながら発話すること」が求められるということである。
　ハーバーマス（1981）は、これらの要求は「事実確認的発話行為」によって担保されると述べている。「事実確認的発話行為」とは、簡単に言うならば論拠を示して発話するということであり、他者の納得を得るための基本的な作法として理解すればわかりやすい。Wallace（2002）はこのことを「述べていることについての根拠を示す義務を持つ」言語行為だとしている（p.106）。
　「妥当性要求」によって発話されたことばが相手に理解され一定の同意を得られれば問題はないが、そうでない場合もときには生じる。その場合に活きるのがこの「事実確認的発話行為」である。なぜなら、理由の提示なくして相手を納得させることはできないからである。
　ただ、これでも問題が解決しない場合も、さらにある。
　篠崎（2012）は、これらのさらに先にあるものとして、ハーバーマスの理論である「論議」（「討議」と同義、篠崎は「討議」を「論議」と訳している）を取り上げ、次のように整理する。

　　もしコミュニケーション的行為を通しても、互いの意見が一致せず妥当性そのものが疑われる場合には、コミュニケーション的行為を一時中断し〈論議〉へ移行する。反省的なコミュニケーション形態である〈論議〉では、コミュニケーション的行為において暗黙的に用いられていた知識（背景知識や言説など）を主題とする。〈論議〉によりコミュニケーション参加者は共通の状況定義を一致させ、理論や道徳・

法的規範などを再生産することとなる。　　　　　　（篠崎, 2012, p.133)

　この行為は、既存の当たり前に疑問を投げかける行為であり、社会形成、社会改革につながる行為だと言える。
　Wallace (2003) は、授業における発問には、①「授業を運営する発問 (Managerial Questions)」、②「実質的な発問 (Substantive Questions)」、③「探究的な発問 (Exploratory Questions)」の三つがあるとした。①は発言順を割り当てるなどの指示的な発問、②は授業者が学習者に対して授業者が答えてほしいと思っている一定の答えを要求する発問、そして③は学習者に新たな問いを持つような反応を起こさせる発問である。この③の発問に、Wallace は「事実確認的発話行為」が宿るとしている。なぜなら、学習者が他者に対して自分の解釈を説明し納得してもらう必要性が生じるからである (p.86)。この、学習者が新たな問いを持つような発問こそが、ハーバーマスの言う「討議」を呼ぶ発問であると考えられ、Wallace はそのことをねらう授業展開を構想した。つまり、既存の当たり前にあえて疑問を投げ、表層的な「コミュニケーション的行為」で通り過ぎそうな問題にあえて「討議」を持ち込むことをしたのである。
　中岡 (1996) はこの「討議」について次のように述べる (p.119)。

　　民主主義的な討論といっても、真の対話的な精神には無縁な、戦略的なことばの応酬は、たんに論争と呼ばれる。それに対して日常的な行為やコミュニケーションの流れがいったん中断され、それまでさして意識もせず口にされていたことが、命題として公式に取り上げられ、その妥当性を議論されることがある。ハーバーマスはこれを「討議（ディスクルス）と呼んで、人間の言語的コミュニケーションの中でも特別な位置を与え、いわばコミュニケーションの究極理念を体現するあり方とみなす。
　　討議においては、日常世界で支配している権力関係や時間的・空間的制約はすべてカッコに入れられ、相互に意思を通じ合わせ、共同で

真理を求めることが唯一の動機となり、各発言の妥当性要求が平等で純粋な吟味の対象となる。　　　　　　　　　　（中岡, 1996, p.119）

　テクストに対してCLAや選択体系機能文法などのフレームワークを意識的にあてがいながら、当たり前と見なされる内容に対してあえて「討議」の場を立ち上げ、「妥当性要求」を満たす構成員による対話によってその再定義・再構成を企て、真理を求める。このようなことの総体がWallaceの具現化しようとしたCritical Readingであったことが見えてくる。もちろんここでの対話の参加者は先に述べた「解釈共同体」としての学習者たちである。
　Wallace（2003）は基本的に第二言語学習者の多様な文化的背景を教室で活かすことに取り組んだが、そこにはコミュニケーション上の合理性があるという。その一つは、二極分化した対立が生まれにくいこと、もう一つは、多様な視点が、主流に属する既存のものに内在するスキーマを壊す可能性を持ち、そのことによって普遍の性質を持つ慣習や真理が生み出されることである（p.58）。
　ただ、これらは同質性の高い教室では不可能なのかといえば、そういうわけではない。なぜなら、一見同質性が高いように見えても、そこには見えない異質性が隠れており、授業者の発問次第で既存のスキーマを壊す読みの指導は可能だからである。「討議」を立ち上げるのはいかに外側にある視点を持ち込むかであり、言い換えれば、いかに少数者の視点を持ち込めるかという授業者の認識にかかっていると言っていい。
　次に（イ）について述べる。
　（イ）は上記のような「コミュニケーション的行為」や「討議」の目標を示すものである。Wallaceがハーバーマスに注目したのは、ほかでもなく目標が社会形成に置かれていたことにある。対話的合理性によって社会を作っていく営みである。
　ハーバーマスは、このようなコミュニケーションは「生活世界」において実現されるとした。「生活世界」とは、文字通り私たちの日常の世界の

ことである。社会的存在論においてハーバーマスが「生活世界」と対置したのが「システム」である。ハーバーマスはこの「システム」は「生活世界」に依存するとして、「生活世界」の社会における優先性を示した。「システム」とは、たとえば今日における貨幣や権力のシステムのことを指す。

　フィンリースン（2007）は、ハーバーマスのいう「生活世界」とは「社会生活の非公式の、市場化されていない領域を表す名前」であり、たとえば「家族と世帯、文化、組織化された政党の外にある政治的生活、マスメディア、自発的な組織体」などがそれにあたるとしている（p.82）。また、「生活世界」は行為に文脈を提供するとし、そこには「行為者がコンセンサスに到達できるような、共有された前提と背景的知識と理由が貯蔵されている」とする（p.83）。つまり、意見の不一致も含めて混沌とした環境があってこそ、そこに社会的な統合の可能性があり、社会形成のベースがあるということである。このことをふまえてフィンリースン（2007）は、次のように述べる。

　　全体としてみれば生活世界は社会的意味を保存する力を持っている。というのも、生活世界は、コミュニケーションと討議のどんな個々の事例にもつきまとう不同意や意見の不一致や誤解のリスクを最小限に抑えるからである。コミュニケーション的行為がうまく行われるたびに、一つのコンセンサスが達成され、そしてそれが生活世界にフィードバックされて新たなエネルギーの補給となる。こうして、生活世界はコミュニケーション的行為を支え、コミュニケーション的行為のほうも、共有された知識の蓄えを満たしていくことによって、生活世界をはぐくむ。このように、生活世界は意味の分裂に抵抗し、行為の対立の発生を防ぐことによって、社会的崩壊に対する一種の防波堤として機能できるのである。　　　（フィンリースン, 2007, p.84）

　この概念をそのまま教室に照らし合わせてみれば、教室を「生活世界」

として機能させることが、Critical Reading を実践する授業者に与えられた責務であると言える。

ハーバーマスは、しかし、このような「生活世界」が植民地化されることによって、ときに社会病理が生まれると分析した。植民地化とは「システム」が「生活世界」を侵略しそれに取って代わり、破壊する事態をいう。

フィンリースン（2007）はこのことについて次のようにまとめる。

《生活世界の植民地化から生じる病理》
1. 共有された意味と相互理解の現象（アノミー）
2. 社会的なきずなの腐食（崩壊）
3. 人びとの無力感と帰属意識の欠乏感の増大（疎外）
4. その結果として生じる、自らの行為と社会現象に対して責任を取ろうとしない傾向（退廃）
5. 社会秩序の不安定化と瓦解（社会不安）

（フィンリースン, 2007, p.88）

フーコーに倣えば、学校自体が「監獄」としてのいわば「システム」なのかもしれないが、しかし、学校という場においてその社会病理を最小限にとどまらせるには、この「生活世界」を意識し、再発見していくことではなかろうか。Wallace（2003）は、教室について、「文化的に単一種の教室はあり得ない。さまざまな文化的アイデンティティが、そこには複雑に相互に作用し合っている（p.55）」と述べる。授業者が教室に構築しなければならないのは「システム」としての教え教えられるという環境ではなく、ときには「討議」をも生み出す「生活世界」としての環境であろう。

ハーバーマスに触れた論考としては、国語科教育の領域ではたとえば篠崎（2014）が、「読むこと」を社会形成に資する行為とすることに関する問題提起をし、評論教材を読むことによって「コミュニケーション的行為」および「討議」の力を育む必要性を述べた。また、森（2012）も同じ

第 2 章　C.Wallace の Critical Reading 理論

く国語科教育の視点から「社会を変革していく主体を育てていくことを目指していく必要がある」とした。「コミュニケーション的行為」から「討議」へと教室の話し合いを持ち込むことで、社会形成を図るというねらいがそこにはあり、それらの具体化が今後望まれる。同様に Wallace も上記のようなハーバーマスの理論を授業方略として取り入れることを企図し、教材、タスクの開発をしている。英語と日本語ということばの壁を越えて、読むこと、あるいは話すことの領域における社会形成という問題は共有しうるものであると言うことができよう。

5.3. シラバスとタスク方略

ここでは Wallace の授業論のなかでのシラバス、また、実際の授業におけるタスク方略（課題の設定や発問）について考察する。

5.3.1. シラバス

Wallace の授業は大学におけるものなので、半期 15 回分を一つのセットとし授業構想がなされている。

次に示すのはその一例である。なお、各期の目的はおおむね次のように示される。プロセスとしては、一般的なリテラシー実践の観察から綿密なテクスト分析へと移行している。

《初期》リテラシー実践とテクストに対する意識を向上させる。
《中期》特定のテクストの特徴を分析し、研究する。
《後期》ハリデーの分析的枠組みを利用して、テクストをより広範なコンテクストに関連づける。

【表2−3】 Wallace のコースプログラム

週	テーマ	内容
1	導入	日常生活の様々な場面を例に、テクストと読み手を意識する方法を学ぶ。
2	テクストについて話し合う	話題と読者層をもとに、テクストをいくつかのジャンルに分類する。
3	読み手について話し合う①	テクストがどの読み手に向かって書かれているか、それがどのようにわかるかを考える。教材は、広告。
4	読み手について話し合う②	テクストはなぜそのように書かれ、提示されているのかを考える。教材は、男性誌に掲載されているクルマの広告と女性誌に掲載されている香水の広告。
5	ハリデー・フレームワークの学習トピックについて話し合う①	人、場所、ものが、なぜそのように描写されるのかを考える。教材は、新聞・雑誌記事。
6	トピックについて話し合う②	出来事がなぜそのような特定の方法で報告されるのかを考える。教材は、新聞。
7	テクストの目的とその表現を分析する	ある種の行動を人に仕向ける目的で作られたテクスト（主に広告）を詳しく観察する。
8	雑誌記事を詳細に観察する	テクスト内の登場人物を描写するために、どのようなことばが使われているかを詳しく観察する。教材は雑誌記事。
9	テクストを比較する	同じ出来事が、異なる形で報告されているものを詳しく観察する。教材は新聞。
10	文芸作品等を読む	詩、歌詞、民話、ロマンス小説をクリティカルに読む。
11	ニュースリポートを読む	第1面記事を読む。「何がニュースを作るのか」「登場人物、プロセス、因果関係はどのように提示されているか」「視点はどのように提示されているか」を考える。
12	ニュースに対する論評をする	ニュースに対するコメント（社説の役割）をする。解説的コメントの特徴を捉える。
13	ニュース記事の特徴を考える	ニュース記事の特徴、複数の新聞の相違点について考える。
14	自由分析をする	各グループがジャンルと話題を自由に選択し、分析する。
15	評価、課題の指示	コース終了時における評価と学習者への課題の提示。

（Wallace, 2003, p.103）

第 2 章　C.Wallace の Critical Reading 理論

　プログラムからわかることは、教材に社会的・文化的なテクストとしてCMT を多用し、間テクスト性を重視したプログラム構成がなされているということである。
　Wallace（2003）はこのプログラムを、社会的、政治的内容の主要な要素を認識し、テクストを間テクスト的に読む必要性を唱えた CLA の概念に倣ったものであるとした。また、Wallace は「広範な理解のもとに、誰が、何を、どこで、なぜ読むのかということを考察するため、さまざまな環境の中で作られたテクストを分析する」ことがコースの目的だとした。その上で、「学習者が日常生活を取り巻く言語やリテラシー実践を深く理解し、間テクスト的な方法で特定のテクストを深く考察することができるように」という願いを持って授業に臨んだと述べている。加えて、このコースはテクストの読みに特化したプログラムであるが、このことを通して「テクストを生産する」という書くことへの展開も示唆している（p.104）。
　プログラムは外国人留学生を対象にしたものではあるが、Wallace はそのことは第二言語学習者に限った目的ではなく、「テクストとの観察結果を説明し、確信、自信、明快さをもってある種の視点に基づいた事象を支持することができる能力を身につける」ことは、全ての学習者の目的でもあると述べる（p.104）。
　このことは、今日の主権者教育において国語科が担う育成事項としての道標となるのではないか。藤井ら（2015）は、日本で進行しつつある「ブラック・デモクラシー」について摘発するが、そこでのテクスト分析を見れば、政治家のレトリカルなことばの戦略、発言の「向こう側」を見抜き多角的な視点（間テクスト）から事象をとらえる資質は、高校生に参政権がおりてきた今こそ、育まれるべき「読むこと」の力であると言える。また、「ある種の視点に基づいた事象を支持することができる能力」によって適正な判断をくだすことは、ハーバーマスの言うところの討議デモクラシーとして機能していくと考えることができる。為政者の独裁を許すのも後押しするのも、それらは民衆であり、大衆的なメディアであったことは、佐藤（2014）が示すように内外の歴史が証明している。Wallace がこ

のようなプログラムを構成するその思想的背景には、「学習者よ、十分に気をつけよ」というメッセージが込められているように映る。

　国語科のカリキュラムにこれらの問題意識を「寄り添わせて」いくことは、今日的、かつ重要な課題だと言えよう。

5.3.2. タスク方略

　次に、上記のシラバスに基づいてWallaceがどのようなタスク方略を設定したかについて考察する。

　Wallaceの提示した学習者に対する課題の設定や発問について、その基本となるのが教材論でも示した次の「5つの問い」である。

【表2-4】Wallaceの「5つの問い」

《Wallaceの5つの問い》
1．（このトピックについて）なぜ書かれているのか。
2．（このトピックについて）どのように書かれているか。
3．（このトピックについて）ほかにどのような書き方があるか。
4．このテキストの典型的な読者はどのような人か。
5．トピックは何か。

（Wallace, 1992b, p.71 をもとに澤口が作成）

　Wallaceはこのことを軸として学習者に思考を促す課題や派生する細かい発問を考えた。Wallace（2003）は15週間の前期、中期、後期においてそれぞれ次のような授業を展開している。次に、これらを分けて考察する（【表2-5】はpp.107-124の内容を整理したもの。CWはWallaceの発話）。

第 2 章　C.Wallace の Critical Reading 理論

A：前期
【第4週】力とコントロール―誰が読み手か《教材：クルマの広告》
【表2-5】クルマの広告　授業展開

講義内容	活動内容（課題、発問）
・ハリデーの「活動領域」「役割関係」「伝達様式」の説明 ＊プロトコル（一部） CW: 書き手と読み手に注目し、どのように書き手が読み手に接触しているかを観察するとき、今日はこのことを詳細に見ていきますが、テクストの中の名前、特定の名前や代名詞が特にそれをあらわしています。明確でまた非常に重要なことは、人物をあらわす代名詞、I,you,we,they といったものに注目することです。こういった非常に単純な単語がどのようにテクストの中で使用されていて、何をあらわしているのか。もうおわかりのように、このコースでは単にテクストを見るのではなく、もう少し分析的に言語を観察するわけです。 CW:（プロジェクタに映して）ここにある質問項目は、私たちが段階を踏んで進んでいくためのものです。主題はどのように書かれているか。同じ主題を別の方法で書くことはできるか。これらの二つの質問は Critical Reading の中心的なものです。というのは、私たちがしていることはいつも、「あるテクストは別の方法でどのように書かれうるか」という問題を考察することだからです。これらはテクスト内の言語の詳細に関連しているため、これらの質問に進むわけです。	・左記の講義のあと、クルマの広告を読む。 ・テクストは誰をターゲットとしているか考える。そのために以下の《役割関係》を観察する。 ＊特定の読み手を彷彿とさせる名詞、形容詞、動詞はないか。 ＊読み手は教育を受けている者か。社会階級は。（労働者階級？ヨーロッパ人？） ＊読み手のあなたはこのテクストの「モデルリーダー」か。なぜそう思うか。なぜそう思わないか。 ＊このテクストは文化的に親しみやすいか。なぜそう思うか。なぜそう思わないか。 ・レーニンの像が背後で倒れていることの意味を考える。 ＊学習者の背景知識の確認と補足 ＊政治的視点はあるか。

この週でWallaceが取り組むのは、テクストのターゲット、つまりどのような読み手を想定したテクストかを分析することである。それに学習者自身が含まれるか含まれないかも問いかけながら、クルマの広告の持つ目的や社会的位置を測ろうとしている。別の見方をすれば、単なる作り手の工夫を読むことでなく、作り手の匿名性を暴き、どこから誰に対してどのように、という軸をあぶり出すことを目的とするものであると言うことができる。

【資料2-6】教材5　クルマの広告

> ALMOST ANYONE CAN ACHIEVE POWER.
> THE TRICK IS STAYING IN CONTROL.

Figure 5.2.1 An advertisement for a Peugeot car alongside a falling statue of Lenin. Reproduced by permission of Euro RSCG.

（Wallace, 2003, p.110　出典：Euro RSCG）

《日本語訳》＊一部省略

> ほぼ誰もが力を発揮することができる。
> 問題は、コントロールし続けられるかだ。

　新型405MI16を走らせるということは真のスーパーパワーをコントロールするということ。155馬力のエンジン。プロダクション7A16バルブ2リッター可変式吸入管マニホールド燃料噴射装置。もちろん、力には大きな責

第 2 章　C.Wallace の Critical Reading 理論

> 任が伴う。どうやってドライバーは即座にこの要求に応えることができるのか。革命的な答えが求められる。ICD ロードハンドリングシステム、他に類を見ない重量バランス、サスペンションデザイン、堅牢なボディがアスファルト舗装に打ち勝つ。
> 　レーニンが書いたように、問題となるのは力を求める闘いだけでなく、力に反する闘いなのだ。快適な政治システムを生み出すことのなかった信条。しかし、たしかにこの信条により、あなたはあなたのクルマを制御し続ける。

　Wallace はここで、テクストの言語的特徴から広告の想定読者を考える課題に取り組ませている（Focus on readerships as indicated by linguistic features）。この実践は 1993 年に行われているが、広告にはベルリンの壁崩壊当時の社会背景の影響が見られる。Wallace（2003）は、ハイパワーモデルが商品であること、「革命」ということばと倒れるレーニン像が提示されること、また特定の読み手を彷彿とさせるような名詞、形容詞、動詞などに着目して分析することで、読み手の社会階級やテクストに表れる政治的視点を読むことができるとしている（p.117）。具体的には、男性・労働者階級・欧州人がターゲットであり、それ以外の人びとは想定読者から除外されている、ということになろう。

　実践で Wallace（2003）は、次のようなワークシートを示している（p.109）。

【表 2-6】ワークシート

この読者は	なぜなら	テクストが使用している言語
例：男性 　　労働者階級 　　欧州人		名詞　　形容詞　　動詞　　その他
テクストに関するコメント後の記述 あなたは自分がこのテクストの「モデルリーダー（想定された読者）」だと思いますか。 それはなぜですか。 なぜそう思わないのですか。			

117

> このテクストは文化的にあなたにとってなじみがあるものですか。
> それはなぜですか。
> なぜそう思わないのですか。

B：中期

【第8週】ことばの選択によるテクストの意味づけを考える《教材：新聞記事》

　次はことばの選択によるテクストの意味づけを考える実践である（Wallace, 2012, p.271）。
　Wallace は、新聞記事（テクスト A とテクスト B）で選択されていることばに着目させ、その比較から書き手の社会的・文化的コンテクストとイデオロギーを考えさせている。

【資料2−7①】教材6　新聞記事（テクストA）＊原文〈英語〉は省略

> **学校を休校し、子供らが街頭デモ**
>
> ・英国中で学生デモ
> ・関連性のない暴力が発生
> ・クレッグ氏、手数料の誓約について「遺憾の意」
>
> 　昨日、教育費の削減と授業料値上げに抗議するため、英国中で何万人もの学生や生徒がクラスを歩いて抜けだしてデモ行進を行い、建物を占拠した。過去2週間で2日目となる大衆行動である。
>
> 　　　　　　　　　　　　　　「ガーディアン」紙（2010年11月25日）

第 2 章　C.Wallace の Critical Reading 理論

【資料 2−7 ②】新聞記事（テクスト B）＊原文〈英語〉は省略

店員が生命の危険を感じる
学生デモ隊はドアの破壊を試みる

　トラファルガー広場の店員は本日、学生デモがどれほど恐ろしいものであったかを物語った。
　これは、大学の授業料を 3 倍にするという計画に反対して三度目のデモを行った何千もの学生達がロンドンの中心部に押しよせてデモ行進を行った後に発生した。

『イヴニング・スタンダード』紙（2010 年 12 月 1 日）

　Wallace は、この分析にハリデーの「活動領域」「役割関係」「伝達様式」の観点を取り入れている。これらを、Wallace（2012）の定義をもとに再度まとめると次のようになる。

《活動領域》
・何が話題で何が起きているか。
《役割関係》
・書き手と読み手の社会的な役割関係は何か。
《伝達様式》
・どんな書き方、媒体で伝えられているか。

　Wallace（2012）はこの教材について、「活動領域」で見た場合、テクスト A は学生が主な登場人物であり、テクスト B は店員が主な登場人物であることがわかるとする。前者では学生に「歩いた」「行進した」「占拠した」などの能動的な動詞が与えられているが、後者には「descended（押し寄せる）」など主体性の低い性格の動詞しか与えられておらず、ほとんど効果のない役割に格下げされている（たとえば「descended」は、霧が「たちこめる」意で使われる）という分析である（p.271）。
　一方「伝達方式」に目を向けると、テクスト B に興味深い点が見られると Wallace は述べる。見出しに「店員が生命の危険を感じる」と「学生

119

デモ隊がドアの破壊を試みる」が並置されているが、直接的に学生が破壊の意図があったとは書かずとも、二つの出来事の黙示的なつながりがあることが読み取れ、そこにこの記事の隠れたイデオロギーが見られるというのである（p.271）。Wallace はここに新聞の典型的な戦略があると述べる。

ハリデーの分析のフレームワークを使ったこれらの実践は、いわば「ことばのしっぽをつかむ」ことからテクストのより深い世界を推論し、意味づけていく行為であると言える。

【第9週】暴力的な帰宅―どのように主題が書かれているか《中心教材：ネルソンマンデラの解放を報じる記事四つ》

【表2-7】ネルソンマンデラの解放を報じる記事四つ　授業展開

講義内容	活動内容（課題、発問）
・学習者の持ち寄った新聞の第1面を観察し、（1）主題は何か、（2）なぜこのテクストが（第1面で）書かれたのか、（3）誰に向けて書かれたのかを確認したあと、「どのように主題が書かれているか」の分析の仕方の説明をする。たとえば自動詞が使われている場合は誰がその出来事の原因なのかが明確ではない、といったことばの選択による分析や、観念構成的言語の使い方の分析によって参与者の扱われ方の違いが見える、といったフレームを提供する。 ・ネルソンマンデラの記事を扱って、複数の記事を読み比べることによる「間テクスト性の意義、および観念構成的言語を分析する。たとえば、「暴力的帰宅」という記事に	・なぜその話題が新聞の第1面記事として選ばれたのか。（「観念構成的質問」） ＊プロトコル（一部） CW: どうしてこの話題が新聞の第1面記事として選ばれたのでしょうか。この話題以外でも、ヨーロッパで起きた事件やもっと他の国、アフリカや世界中の事件であっても良かったのに、どうしてでしょう。 C: 経済的に非常に重要だからではないでしょうか。 CW: この記事が…。 C: 経済的に。 CW: 重要だと？ C: はい、絶対そうでしょう。 ・ネルソンマンデラの四紙を比較読みして、テクストの作成者たちが

見られる「帰宅（Homecoming）」という表現をはじめとする語彙項目の列挙にどのようなニュアンスがあるかを学習者とのやりとりから読み解いて考察する。
・これまでのレッスンが、広告、手紙、政治スピーチといった対人関係的なテクストであったのに対し、今回扱うテクストは報道用の言語であることを説明する。

用いた語彙と言語的な選択がどのように異なり、またどのように共通しているかを学習者に問い、そしてその効果を評価させる。

＊プロトコル（一部）
CW: これらの四つのテクストの冒頭三つの段落を観察し、マンデラ氏がどのように語られているかを観察してください。彼がどのような名詞で描写され、彼を連想させる動詞はどのような語が使われていますか。そうすることで私たちは観念構成的言語を考察することになります。マンデラ氏はこのテクストの主要な参与者であることは明らかですよね。どんな風に彼が語られているでしょうか。また、冒頭の段落でほかのどんなグループや参与者たちに言及しているでしょうか。まずは一人でやってみて、次に隣の人と意見を交換しましょう。

・テクスト分析のための問い
①テクストの主要な参与者を明らかにせよ。
②参与者はどのように描写されているか。またそこに何らかのパターンがないか明らかにせよ。
③参与者を明らかにグループ化できるか検討せよ。
④それぞれの参与者に関連した名詞句や動詞句は何か。特徴を明らかにせよ。

新聞記事というメディアの言語を、ハリデーの選択体系機能文法の枠組みを援用し分析させている。参与者がどのように描かれているかの分析である。

　学習時に、Wallace はピエールという学習者から「このテクストでは白人と黒人の強い対立が見られます」というような反応があったと記し、分析によって構造を発見させることができたと自身の授業を振り返っている。Wallace（2012）は初期の指導では、自身の授業のプロトコル分析から「解説的な部分がほぼ筆者の教師としてのインプットで構成されており、またそれは非常に指導的であり、「〜してもらいたい（'I want you to'）」を何度も繰り返している」と一方的な教授を自省的に振り返っている（p.117）が、中期になると学習者の側からのこのような主体的な反応が見られるようになったと報告している。

【資料2－8】教材7　ネルソンマンデラの解放を報じる記事—メインテクスト—
記事①

暴力的な帰宅

　暴力と死が、昨日のネルソンマンデラ氏の解放を台無しにしてしまった。彼を支持する暴徒たちが走り回り、ケープタウンの店を略奪、警察は群衆に向かって発砲した。

　ヨハネスブルクとポートエリザベスでは、白人の過激派による流血事件も起こった。

　マンデラ氏は、ケープタウンの歓喜する聴衆に向かって語りかけ、彼のアフリカ民族会議による武装闘争が続くことを警告した。

　マンデラ氏はまた、自身の解放と政府による他の譲歩は、サッチャー氏が提案したようにアパルトヘイトに対する国際的認可が緩和したことを意味しないとも述べた。

あいさつ

　固く握った拳のあいさつで、マンデラ氏は今や南アフリカの何百万もの黒人にとって有力な自由のシンボルとなった。彼はケープタウンへ行く前に監獄の門で歓喜し祈願する人たちの間を歩き回った。

　しかし、街の通りでは緊張がわき上がった。

　ケープタウンでは、少なくとも2人が死亡、200人以上がけがをするという結果となった。吐き気を催す暴動の1シーンで、マンデラ支持者は1人の男性に彼が死に至るまでナイフを何度も刺し、さらに殴る蹴るを繰り返し、

第 2 章　C.Wallace の Critical Reading 理論

彼を死に追いやった。

　ヨハネスブルクでは、歓喜する黒人 ANC の支持者が、身元不明、逃走中の白人男性によって頭部を銃撃され、死亡した。

　ポートエリザベスでは、車がマンデラ氏の解放を祝う人びとの間に入り込み、4 人が死亡、17 人がけがをした。

　歓喜に満ちた黒人集団は、シシカイの種族地域内で警察と衝突、3 人が銃により死亡、20 人がけがをした。

　ナタルでは、ANC 支持者たちとより保守的な黒人グループの間で確執がおこった。警察によると、12 人の黒人が派閥闘争により死亡した。イナンダでは 1 人の黒人が死亡したと報告があり、5 人がけがをした。ダーバン郊外の黒人居住区で、警察が祝賀の際に発砲したためである。

　ケープタウンの状況は一日中激化しやすく、マンデラ氏がスピーチを行った市役所前のグランド・パレードにも何千人もの人が集まった。(The Dail Mail より、1990 年 2 月)

記事②

ヒーローの監獄からの開放に多くが祝賀
「我々は武装闘争を継続する」マンデラ氏の誓願

　ネルソンマンデラ氏は昨日、自由に歩ける身になった…南アフリカのショットガンを巧みに扱う警察への激怒につながった。(The Daily Mirror より、1990 年 2 月 12 日)

記事③

　ネルソンマンデラ氏が昨日自由の身となって監獄から歩み出た。数時間後、マンデラ氏はケープタウンの歓喜する群衆に、アパルトヘイトに対する武装闘争は続くであろうと告げた。(The Guardian より、1990 年 2 月 12 日)

記事④

ホワイトアウト
ネルソン氏が「闘争は続く」と告げたように暴徒が銃撃により死亡

　解放されたリーダーであるネルソンマンデラ氏が、アパルトヘイトに対するゲリラ戦争は継続されなければならないと誓ったように、昨日南アフリカにおいて黒人の怒りが爆発した。(The Sun より、1990 年 2 月 12 日)

英語による特有のニュアンスがあるため、日本語に置き換えての正確な分析を施すことはできないが、参与者であるマンデラや黒人の支持者がどのように描かれ、社会にどのような影響を与えたのかを読み取ることは可能である。印象としては、釈放がかえって社会混乱を招くかのような論調がどの紙にもあることである。Wallace は上記【表2-7】の「講義内容」で記したように、たとえば「帰宅」という表現に着目させることでモデリングを示し、その後、学習者自身の気づきをもとにしたディスカッションへと移行させている。

　新聞の比較は、今日、日本新聞協会（2013）など、高等学校での取り組みや提案はあるが、Wallace のように政治的、イデオロギー的な踏み込みは強くなく、ことばの使い方に特化した分析をしている実践も管見の限り見られない。間テクスト性に着目しながらも、単に比較することが目的化しないような学習攻略を組み立てていく必要があるだろう。いずれにしても、社会的・文化的イデオロギーを読む素材としての新聞記事は、学習者のディスカッションを誘発しやすいものとして機能することがわかる。

C：後期
【第14週】保育士―同じ話題が別の方法で記述されうるか《教材：「ノッディ学校へ行く」》

【表2-8】ノッディ学校へ行く　授業展開

講義内容	活動内容（課題、発問）
・テクストを初めて読んだときに感じた困難な点は何だったかを把握させる。 ・どのようなコンテクスト的要素がテクストを読む際の助けとなったか、また障害となったかを考え、コンテクストの意味を再確認する。	・「自治体退去、ノッディとゴリーは使用可能」というタイトルの新聞記事（学習者が持ち寄ったもの）をまず読み、話し合ったあと次に Enid Blyton 著作のノッディ本「ノッディ学校へ行く」からの二つの抜粋テクストを読

第 2 章　C.Wallace の Critical Reading 理論

・綿密な調査のもとでテクストを適切に解釈するために読者に必要とされる非言語的知識とは何かを考え、社会的・文化的コンテクストの存在を再認識させる。 ・「保育士」（Childminder）についての基礎知識や学習者の認識、背景知識を話し合って確認させる。 ＊プロトコル（一部） ヴァル：保育士とベビーシッターには違いがありますか？ ヤン：そうねえ。 ビクトリア：保育士っています？ ヤン：農家の少女たち。田舎の子どもたちというのがいて、子ども1人だけ見る感じ。 ビクトリア：1人だけですか？ ヤン：で、その子どもの家族と一緒に住むんです。それがこの保育士みたいな…。 ビクトリア：保育士。 ヤン：単に3人の赤ちゃんとか3人の子どもとかの世話をする人。 ビクトリア：スペインではそういう仕事がないんです。 ヴァル：保育士とベビーシッターの違いは何ですかね。 ヤン：違いっていうか…中国ではベビーシッターは家族と一緒に住んで、その家族にお給料をもらう。資格とか登録とか必要ないんです。	んで次のハリデーの分析的枠組みに取り組ませる。 ①対人関係的意味 ＊個人を示す代名詞、もしくは読み手/書き手、主要な参与者が言及される方法。 ②観念構成的意味 ＊誰が主要な参与者か。どんな動詞がどんな名詞に連語関係があるか。 ③テクスト的意味 ＊どのように情報が示されているか。 ＊何が最初に来ているか。 ・「ノッディ学校へ行く」を読んだあと、再度「自治体退去、ノッディとゴリーは使用可能」の新聞記事をよんで、どのような読みの変容があったかを考えさせる。 ・記事について他の書き方はできなかったのかを話し合う。

　Wallace のクラスでは、上記の表に登場する「ヴァル、ヤン、ビクトリア」がこの記事について話し合いをしているが、はじめ記事を読んだだけでは次のような反応であったという（p.122）。

ビクトリア：この人形って、人種差別的なんですかね。
ヤン　　　：うーん。
ビクトリア：わからないなあ。テクストからは読み取れないです。テクストはこれが人種差別的な人形だって言っていると思うんですが、でも、黒人の人形とか白人の人形とかで遊ぶことが人種差別になるんですかね。わからないです…。それで遊ぶことはいいことじゃないのでしょうか、受け入れていることになるわけですし。

Wallace はこのあと、自身が持ち込んだ「ノッディ学校へ行く」を読ませ、再び学習者の反応を待つ。その結果、ビクトリアとヤンから次のような反応があったと記している（p.123）。

［ビクトリア］
　このお話そのものは人種差別的です。彼らの言い方といい…、白人の子どもは黒人の子どもをいじめて嬉しそうだし。わかりませんが。白人の子の態度は好きになれないし、なんというか、それに、ここでの弱者は黒人の子で、だから人種差別ということですか。わかりませんが。

［ヤン］
　「保育士」のテクストを読んだとき、これが人種差別だとは全然思いませんでした。というのは、いろんな種類の色の人形で遊ぶからです。でも、ノッディとゴリヴォグの関係を考えると、やっぱり正しくないと思います。小さな子どもたちに黒人の男の子や子ども、白人の子どもがどのようなものかをはっきり示しているからです。

Wallace は二人の反応に対して、ビクトリアは「ゴリヴォグが人種差別的おもちゃであるかどうかの明確な判断はできていないものの、子ども向けのお話の中で肌の色に関するディスコースを用いることが人種差別的ス

テレオタイプを生み出しかねないことを言及している」とし、ヤンなどのほかの学習者についても「解釈が発展、変化し、用語の概念をとらえなおしていた」と評価している。また、このような話し合いのあと、日本からの留学生の一人が、空港でイギリス人の入国管理官に「ジャップ」とささやかれて不愉快だったという経験を話し始めたと記している。テクストを読むことによって、関連する社会問題を自分の既有知識や経験と結びつけることができ、学習者間で共有できた事例といえよう。

　ただ、Wallace自身が自戒も含めて言うように、このような学習は授業者の思想が学習者に意図せずとも浸透してしまう危険性をはらんでいる。先に述べたようにWallace (2003) はCDAへの批判的視点として「イデオロギー的な意味が単にテクストから狡猾に拾われ、関連するCDA教育によって学習者に植えつけられる (p.123)」と警鐘を鳴らしている。この教材に関しても「人種差別はだめ」という大前提を振りかざす授業となると、もはや言語を介した読みの教育ではなく道徳の授業に化けてしまう。この点については、今後国語科教育への活用を考える場合の注意点としておく必要があろう。

【資料2-9】教材8　自治体退去、ノッディとゴリーは使用可能

「人種差別のおもちゃ」の使用停止を拒否する保育士に対して多くの支持
自治体はゴリヴォグ人形に対して妥協案

　ゴリヴォグ人形の使用停止を拒否した保育士が今週新たにソーシャルサービスに〈挑戦〉している。この保育士に対する支持が拡大している。
　南東ロンドンのテムズメッドにあるDeena Newton（ディーナ・ニュートン）の自宅へ、グリニッジ自治体に対する彼女の立場を支持する世界中からの親や保育士からの手紙が殺到している。
　労働党によって制御されている地方権力は、ニュートン夫人の保育士としての資格登録を拒否、理由は調査員の1人であり、ラスタファリ運動家であるLorrie Lane（ロリー・レーン）が「人種差別のおもちゃ」によって不快にされたためである。調査員の目には、ニュートン夫人はさらにその罪に輪をかけるかのように、彼女が面倒を見ている2人の子どもにNoddyのお話を読み聞かせていた。

ニュートン夫人は次のように語っている「Noddyに関しては、調査員の方はNoddyを人種差別主義者だと思うかもしれませんが、私は本を投げ捨てたりはしません。子どもに読み聞かせ続けたいと思います。わたしではなく、彼らにこそ態度において問題があるのです」自治体の調査員であるマーティン夫人はニュートン夫人と夫のポールにWorking Group Against Racism in Children's Resources（こども向け教材における人種差別問題に反対しているグループ）が発行した小冊子（ここにはゴリヴォグ人形は社会のどこにもその存在価値がないと主張している）を渡した。

　ニュートン夫人は3人の子どもを育て、そして中国、コロンビア、インド、アフリカ人の子ども達を保育し、無償で2人の子どもの面倒をみる準備ができている。「もし自治体が私の保育士登録を許可しないと、私にはどうすることもできません。私もこどもたちの両親も、こどもたちが学校に行かれる年齢になるまでわたしに面倒を見てほしいと思っているのです。ゴリヴォグ人形をみると、18年間にわたって暮らしてきたグリニッチを思います。そのころは非常に荒れ狂っていましたから（The Timesより、1994年1月）

(Wallace, 2003, p.114)

【資料2－10】　教材9「ノッディ学校へ行く」

　「あっちへいけよ」と彼は小さなゴリヴォグに言った。「邪魔するな。車を洗うんだから」。小さなゴリヴォグはそれでも動かなかった。彼は立ったまま じっとノッディがホースを取り出して車を洗い出したのを見ていた。「いつ歯磨きして、いつ髪をとかすんだい？」すぐに生意気にもゴリヴォグは言った。「ぼくがお前の顔と歯を最初に磨いてやるよ！」かんかんになったノッディは、小さなゴリヴォグに向かってホースを向けた。水は彼の顔にびしゃりとかかり、彼は叫び声をあげた。隣のうちのタビー・ベアー婦人がやってきて大笑いした。「この生意気なやつにはこれがぴったりだね」と婦人は言った。「こいつはごろつきだ。なんどもやってきてはうちのドアを叩いて逃げていく。顔を洗ってやって正解だよ！」ノッディは嬉しくなった。彼は小さなゴリヴォグのそのいたずらな黒い顔から水が滴り落ちながら通りを走っていくのを見ていた。

(Wallace, 2003, p.122)

第 2 章　C.Wallace の Critical Reading 理論

　これらのタスクデザインからは、CMT を教材として、適宜分析の枠組みを講義しながら段階に応じた課題を与え、協働でその問題に取り組み、徐々に新聞などの文字テクストへ移行し、より深くコンテクストや背後のイデオロギーを読み、最終的にはテクストを批判的にとらえてほかの書き方を考えテクストの再構成をも試みるという流れを見て取ることができる。
　Wallace（2001）は、テクストはイデオロギーがはっきりと出ているものから始め、徐々にそれが暗黙の内に詰め込まれているものへと移行することが望ましいとしている。また、テクストの見せかけの目的を覆すための発問をデザインするべきだとも述べている（p.219）。
　これらのことから Critical Reading の課題、発問をデザインするには次のことを旨とすることが望ましいと言える。

1．学習者にテクスト分析のフレームを持たせること。
2．学習者の背景知識、コンテクストをテクストの読みに活かすこと。
3．学習者にテクストの背景にあるイデオロギー、その目的や対象を考えさせること。
4．学習者にテクストの見せかけの目的を覆させ、テクストの再定義・再構成を図ること。

5.3.3. 授業者の役割
　授業論で最後に触れておきたいのが授業者の役割である。
　先述のように、Wallace はフレイレの言う銀行型教育に陥らないことを説きながらも、授業者が力を駆使することは否定せず、それを適切にコントロールすることが望ましいとする。
　Wallace（2001）は、Critical Reading の実践にあたって授業者には次の三つの役割があるとする。

　①主導者としての役割
　②アニメーターとしての役割

③著者としての役割

次にそれぞれの役割について Wallace の説明をまとめる。

【表2－10】授業者の三つの役割と注意点

主導者としての役割	アニメーターとしての役割	著者としての役割
・授業としてのジャンルを成立させるための手順全体の基礎を組む。 ・教師の権威、立場にしたがって学習者に講義をする。 ・学ぶべき内容を的確に指示し次の授業へとつなげていく。	・受容したり賞賛したりしながら学習者を活気づける。 ・教材の代弁人として学習者に取り次ぐ。ただし、授業者が単なる教材の伝達者と化す危険性もある。 ・無分別に活気づけるだけでは、かえって学習者の不満を引き起こす。	・著者としての学習者と対話的関係を持つために授業者も著者性をもつ。 ・学習者を揺さぶる役割として（Side Play）、学習者に介入する。 ・学習者の話し合いを単なるおしゃべりにさせず、議論に仕立て強化するために意見を述べる。

（Wallace, 2001, pp.222-226 をもとに澤口が作成）

授業が授業者による一方的な講義や一問一答式の「整然とした」ものであれば、このような役割としての問いは立たないだろう。学習者を起点とし、なおかつそれをコントロールしながら学習の質を上げていくという目標は、授業者の苦悩や葛藤を生む。しかし、結果的にそのことを解決していく過程で授業の質は深まっていくと言える。

Wallace の指摘をまとめると次のようになる。

①授業として成立させるための権威とコントロール力が授業者には必要である。
②学習者の意欲を持たせるための声かけ、示唆は有効であるが節度が必要である。
③議論を活性化させるには授業者も著者として授業に参加することが必要である。

第2章　C.Wallace の Critical Reading 理論

　Wallace は、このことの運用までは詳述していないが、たとえば Wallace（2001）は、アニメーターとしての役割が明快でないために、あるドイツ人学習者から受けた次のような批判を自省して紹介している（p.224）。

>　私は英国人の教師の典型的な受け答えに不満を持ちます。その受け答えとは、私たちが間違ったときにはっきりと間違いだと指摘しないことです。なぜ本当のことを言わないのでしょうか。それでうまくやっていることもあるかとは思いますが、私たち学習者は間違いを常に起こします。英国人特有の婉曲表現やこうした本当のことを言わないことは、私たち外国人が常に感じることです。

　ここで Wallace が受けた指摘というのは、「教室でのつまらないことばを単に活気づけるのではなく、著者として関わってほしい」ということである。つまり、学習者の反応を中立的に眺め、捌くのではなく、一人の著者として参画してほしいという学習者側からの要求があったということである。
　ただし、Wallace（2001）は「授業者と学習者の交流は、本質的に、そして一般的に平等に起こるものではない（p.214）」としており、「仮定の、もしくは偽りの同等性は、学習者にとって不利に働くかもしれない」とも述べる。
　言語活動の充実や、その関連としてのアクティブ・ラーニングが教育現場の課題となっている昨今、学習者との対話的な授業方略の構築は喫緊の課題と言える。授業者が適切な権威を持ちつつ学習者と対話関係を構築し、なおかつテキストをクリティカルに読み解くという Wallace の授業方略は、その本質を追求するうえでの参考となろう。

6．インタビュー調査による理論の整理

　以上、Wallace の Critical Reading 理論について、文献による調査および

その考察をしてきた。この節では、2016年3月に考察を深めるべく行った本人へのインタビューの調査結果をあわせることによって、文献で明らかになったことの確認、およびその再整理を試みる。そしてそこから、日本の国語科教育にどのように理論を活かせるか、示唆を得ていきたい。

6.1. Wallaceの文献整理で明らかになったこと

本章で述べたように、WallaceのCritical Readingは、フレイレの批判的教育学、フェアクラフのCLA、ハリデーの選択体系機能文法などを背景理論としながら、ことばの背景にあるイデオロギーや力を読む指導理論であることがわかった。

Wallaceは、対象とした第二言語学習者の多様性を活かしつつ、マイノリティである彼／彼女らが既存の社会に対等に参画するためのクリティカル・リテラシーを育む実践をしてきた。また、教材に広告や雑誌記事などの社会的テクストを用い、当たり前ととられがちななかにある隠れたコンテクストや前提を、ことばの分析を通して読んできた。たとえば「5つの問い」は、テクストのイデオロギーを読むタスクとして読みをより社会的な読みへと導く方略であった。授業方略については、学習者の多様性を活かすべく有効な対話的関係が作れる環境を設定し、意見の交換がスムーズにできる工夫をしてきた。

Wallaceの理論は、ことばを通して社会を読むことを具現化した実践であると言える。

6.2. インタビューの目的

文献整理によって、Wallaceの研究を「目標論」「教材論」「授業論」と体系的に把握することはできた。また、そこからWallaceの理論が筆者の目指す、読むことを社会的実践としていく国語科CRの土台となる可能性を見ることもできた。しかし、理論に中にあるニュアンスや思想、また、PISAなど今日の世界的な教育改革の潮流への考え方、イギリスの教育を日本の教育に援用していく可能性などは文献だけでは把握しきれない部分

第 2 章　C.Wallace の Critical Reading 理論

もあり、更に調査する必要があった。そこで、直接 Wallace 本人にインタビューをすることを企画した。

インタビューでは、大きく次の四つの目的を設定した。

A：Critical Reading の研究動機と経緯、背景理論を尋ねる

　一つ目の目的は、Wallace の Critical Reading の研究動機と経緯を明らかにすることである。筆者は、クリティカルに読む対象を社会に拡張することは、学習者の社会的な問題発見力、具体的にはことばを通して社会における政治的意図や商業的意図などに気づき、立ち止まる力を涵養すると考えてきた。そしてそれらは、結果的に学習者の生き抜く力を育み、社会の構造を再構成していくことにつながると考えてきた。仮にWallace の研究動機と筆者のこのような問題意識とが共有できれば、国境や文化的背景を超えて同じ教育課題でつながることができ、国語科CR への援用の道筋が見えると考えた。

B：Critical Reading と文字テクストとの関係性を尋ねる

　二つ目の目的は、Wallace の理論が文字テクストを読むことにこだわり続けてきた理由を明らかにすることである。なぜなら、Wallace の社会的テクストを読む方略が、似た領域と思われるメディア・リテラシー教育と違って、ことばの選択や文法など、あくまでことばに着目するものだからである。ことばを扱う国語科教育への援用を考える上で、このことの目的や意義を確認することは重要だと考えた。

C：Critical Reading と他の指導理論との関係性を尋ねる

　三つ目の目的は、近年、「クリティカルな読み」の指導をめぐって導入されている PISA、クリティカル・シンキングなどの理論への Wallace の見解を聞き取ることによって、Wallace の Critical Reading の立ち位置を明らかにすることである。このことは、既存の理論との相違をより鮮明にさせ、Wallace の理論を援用することの意義が一層明確になると考えた。

D：Critical Readingとタスクとの関係性

　四つ目の目的は、Wallaceが提案してきた「５つの問い」など、授業におけるCritical Readingのための発問や活動、またWallaceが積極的に導入している社会的テクストの意図と目的を明らかにすることである。このことによって、国語科教育に導入する際の原理的な意義が明確になり、今後の理論構築に活かすことができると考えた。

6.3. インタビューの概要

　Wallaceへのインタビューは、次の要領で実施した。

・日時：2016年3月28日（月）11:00~13:30
・場所：Wallace氏の自宅（Ealing, LONDON）
・記録：ICレコーダー、ビデオ
・形式：対面による談話形式

　具体的には、「6.2.」で述べた目的を果たすべく次のような質問項目を設定した。

〈Aに関わって〉
a. 研究を志した動機と経緯
b. 影響を受けた理論、関連研究者
c. 社会的テクストを読むことの意義
d. 学習の到達目標（個人の変容か社会の変容か）

〈Bに関わって〉
e. 文字テクストを教材とすることの意義
f. メディア・リテラシーとの関連性

〈Cに関わって〉
g. クリティカル・シンキングとの関連性

（筆者撮影, Catherine Wallace 2016.3.28）

h. PISA の読解リテラシーとの関連性
〈D に関わって〉
i. 有効な発問、授業方法
j. 第一言語学習への援用方法

6.4. 文献とインタビューから見た Wallace の Critical Reading 理論
　次に、文献調査とインタビューによって確認された Wallace の Critical Reading 理論を整理する（インタビューの引用については「i」を付した。インタビュー記録と日本語訳は資料編に掲載した）。

6.4.1. Critical Reading の研究動機と経緯、背景理論
　Wallace（2003）は、Critical Reading の背景理論として主に次の四つがあるとしている。

　　①フレイレ（Freire）による批判的教育学
　　②フェアクラフ（Fairclough）による CLA（Critical Language Awareness）
　　③ハリデー（Halliday）による選択体系機能文法
　　④ハーバーマス（Habermas）によるコミュニケーション理論

　①は、ことばを知ることで世界を読むという Wallace の Critical Reading の根本理念として、②はことばに隠れるイデオロギーや力を読み解く理論として、③はことばを分析する読みのフレームワークとして、そして④は学習者に有効な対話関係を構築する授業方略としてそれぞれ Wallace の理論を支えてきた。インタビューでは、これらの理論が、Wallace 自らの研究動機や経緯のなかでどのように関わってきたのかを聞き取ることをねらった。

a. 研究を志した動機と経緯
　Wallace（2003）は研究の動機を、テクストのことばのなかにある力やイ

デオロギーを読むためだった、と述べている（p.3）。しかし、詳細な研究の動機については他の文献も含めて言及がなく、その整理は十分ではない。

　インタビューで Wallace は、Critical Reading に興味を抱いた動機として「政治、イデオロギー、私たちがどのようにことばによって操作されるのかに興味があった[i]」ことを挙げる。1970年代、応用言語学や意味論への関心から研究を始めた Wallace は、「出版界や紙媒体のメディア、もしくは新聞がどのようにものごとを偏った視点で描くかに興味があった[i]」とし、たとえば、言語と女性の描かれ方として、Robin Lakoff の「Language and Woman's Place」に触発され、「差別的な描き方をする語彙について関心を深めていった[i]」と言う。Wallace はまた、現在もイギリスには「非常に無責任な大衆向け出版社があって、多くの人びとがそういったものを読んでいる[i]」との認識を示す。

　このことから Wallace の学問的な出発点が、意味論や応用言語学ということばの学問領域にあり、そこに Wallace の政治的、社会的問題意識が反映されて理論が構築されたという経緯をみることができる。

b. 影響を受けた理論、関連研究者

　Wallace の Critical Reading の主な背景理論が、先述の①②③④の四つの理論であることは文献（たとえば Wallace, 2003, 2012）から明らかになったが、Wallace が注目する新しい研究者の名前を知ることも、今回のインタビューの目的となっていた。

　インタビューで Wallace は、影響を受けた理論として、まずフレイレ、そしてフェアクラフ、次いでハリデー（「d.」でも詳述）の名を挙げた。フレイレについては1970年代にその業績を知り感化され、アメリカでのセミナーにも参加したという。一方のフェアクラフについては1988年に出版された『言語とパワー（Language and Power）』に重要な影響を受け—Wallace は当時クリティカル・ディスコース分析を研究の重要課題としていた—後にフェアクラフの編集した『Critical Literacy Awareness』に論考

第2章　C.Wallace の Critical Reading 理論

を発表している。また、フェアクラフの研究の「言語的側面」を支える「書かれたテクストの枠組み（フレームワーク）」理論としてハリデーの選択体系機能文法に注目し、そのことを取り入れたとしている[i]。

フェアクラフについて Wallace は「マルクスやほかの政治理論に影響を受けていた[i]」としており、Wallace 自身もまた、「私はずっと政治的で、政治的な活動に関わっていて、社会派だった[i]」と述べている。

フレイレの批判的教育学においてもフェアクラフの CLA についても、共通する視座は、ことばの政治的な力を見抜き、民主社会の形成に参画することである。Wallace はそこに、ハリデーの理論を分析的なフレームワークとして、またハーバーマスの理論を協働性を発揮する方略として機能させてきた。

これらの点から、四つの背景理論の Wallace の Critical Reading との関係性、またそれに果たした役割を次の【図2-6】のようにまとめることができる。

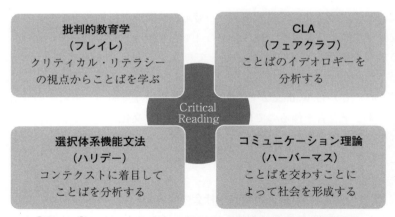

【図2-6】Wallace の Critical Reading を支える4つの背景理論

c. 社会的テクストを読むことの意義

　Wallace の Critical Reading は CMT を教材の中心として扱ってきた。Wallace（1999）は「郵送された手紙、広告、広告掲示板から剥がし取ったポスター、政治マニフェスト、旅行冊子、新聞の素材」などがそれにあたるとする。また、それを扱う理由について、異文化理解の出発点となることや、幅広い文化的イデオロギーの情報源となるからと述べている（p.107）。Wallace（2003）はこれらの教材を使ってテクストがどこから来たものか、また誰に向けて書かれたものか、またなぜ作られたかなどを、考えさせる授業を提案している（p.108）。

　インタビューにおいて Wallace は、「学生たちが広い意味での政治（政治、社会、文化的生活）に興味がなければ、Critical Reading をする意味はない[i]」とし、「Critical が意味するところと何を関連づけていくかが重要[i]」だと述べた。そしてたとえば英語で高得点をとる学生が日常の出来事に関心があるわけではないという実態があることを紹介し、社会と接続しない学びの実態を憂慮する。また、同じくイギリスの EU からの離脱問題に触れ、世の中の新聞に見られるデマ（脅迫）の構造を指摘し、そのことを学校教育が扱わない実態に触れながら「もし私が今学校で働いていれば、この重要な話題について言語を通して細かく分析しているでしょう[i]」と語った。

　このことから Wallace が社会的テクストを扱う意図が、単にその社会に適合する学習者を作るのではなく、その社会・文化における常識に別の視点を持ち込み、それらにほかの読み方を与えることを企図するものであったことがわかる。

d. 学習の到達目標（個人の変容か社会の変容か）

　Wallace の研究が最初に到達したのは、多文化社会において読むことを学ぶ意味に関わる研究であった。この研究は Wallace（1988）としてまとめられる。その中心は海外から訪れた第二言語学習者である。Wallace（2003）はこの第二言語学習者を「立ち聞き読者（the reader as overhearer）と

第2章　C.Wallace の Critical Reading 理論

し（p.17）、「メタ言語」によって既存の読みを冷静に質す修正者として位置づけた。

メタ言語を習得するために Wallace が援用したのがハリデーの選択機能文法である。ハリデー（1991）は、「テクストを作成しているときそれが語や文からできているように見えても、本当は意味からできている（p.16）」という立場から、ことばの背景にあるコンテクスト（文化のコンテクスト、状況のコンテクスト）に着目した。つまり選択体系機能文法は「選択体系」の名の通り、そのことばがなぜ選択されたのかに着目するものであり、より社会的な意味を持つ分析方法である。

Wallace はインタビューで「書かれたテクストのイデオロギーを読むにはハリデーのフレームワーク（語彙の選択、文法の使い方）が有効で、今でもよく引用する[i]」と語っている。これらは Wallace の言う「メタ言語」言い換えれば「フレーミング（framing）[i]」のための一技能である。

Wallace は「d.」の質問（Critical Reading が目指すのは読み手個人の変容か、それとも社会改革か）について、インタビューで次のように回答した。

> いい質問ですね。いい質問だというのは、一つの批判として、多くの人がクリティカル「教育法」、そう言いましょう、この点を攻撃します。一般的に、彼らが言うのは、教師は生徒たちを変えようと操作するべきではない、と。しかし、私は教育とはどんな時も変化を考えることだと思うのです。そうでなければ、何のために教育があるの？
>
> だから、私としては、両方、個人的にも社会的にも、と答えます。それに、生徒たちを個人レベルで関わらせることができなければ、実際、社会的にそうすることはできません。ただ抵抗するだけでしょうから。「ああ、彼女は政治の話をしてるだけだ。興味ないね」と生徒に思わせてしまうだけです。だから、個人的な関わりは、社会的関わりの一部を担っています[i]。

このことから、Wallace が目標としたのは、あらゆるテクストに対し学

習者が「フレーミング」できる「メタ言語」を習得することであり、社会的なことを個人的なことに関連付けて考え、個人や社会への認識を変革することであることがわかる。

6.4.2. Critical Reading と文字テクストの関係性

　背景理論の整理から、Wallace がテクストを読むことによって社会を読むことを目的としていることがわかった。では、なぜ Wallace は文字テクストを読むことを中心としてきたのか。また、社会を読むという点では、マスターマンやバッキンガムらによるメディア・リテラシー教育も同じ目的性を有するように映る。では、それらと Wallace の Critical Reading は何が違うのか。ここでは、その違いについて整理する。

<u>e. 文字テクストを教材とすることの意義</u>

　Wallace（2003）は文字テクストを中心に扱う理由について文字テクストは「安定したメディア」であり、「文法にさまざまな知識を利用して分析しやすくなる」からだと述べる（p.8）。ここでの「分析」とはハリデーの分析ツールのことを指すが、Wallace は「文字テクストは対話する対象としての批判的リソースとなりやすい」ことを挙げている（p.8）。

　この文法による分析について、たとえば Wallace（2003）は、ビルマ（現ミャンマー）の首長族の風習を紹介した雑誌記事を取り上げ、紙面に登場する女性がなぜ「彼女の」という人称代名詞ではなく「the neck」「the windpipe」のように定冠詞が使われているのかを学生とともに考えている。そのような言語選択に立ち止まることで、それが社会的に何を意味しているか（たとえば「隠された構成要素」）を考えることができるというのである（p.30）。

　Wallace はインタビューで次のように述べる。

　　　　私はハリデーの研究に影響を受けています。このことについて、私は今でも彼（の論文）を引用します。より深く言語のイデオロギー、

第2章　C.Wallace の Critical Reading 理論

―わたしはこの「イデオロギー」ということばを使うのですが、隠された意味と言ってもいいでしょう―これを掘り下げたいなら（印刷された）テクストの方が話しことばよりうまくいくでしょう。印刷されたテクストは詳しく見るのにちょうどいいのです。ことばがより目に見えるのです[i]。

このことから、Wallace が、CLA や選択体系機能文法の観点を活かすために印刷された文字テクストを使い、それらを子細に分析する力を涵養しようとしていたことがわかる。

f. メディア・リテラシーとの関連性

メディア・リテラシーについては、Wallace の文献では特に言及がなされていない。

しかし、前節までに取り上げた教材をはじめ、たとえば他にも Wallace の次の【資料 2-11】のような社会的テクスト（Wallace, 1992a, p.17）を使った実践から、メディア・リテラシーのアプローチとの関連性があるのではないかと考えた。

Wallace はこのテクストを読ませて、そこにあるイデオロギー、社会的側面に気づかせる実践を提案している。

Wallace はこの広告について、家族の慣習につながるディスコースが多数埋め込まれているが、それらの隠れた前提は明示されておらず、それをあぶり出していく必要があると主張する。学生は広告にある慣習に全く気づかなかったと言うが、その原因を「多くの学生が、何時であっても家族の男性の都合に合わせて妻は温かい食事を出すものだとされる文化の出身者だったから」と分析する。このテクストは簡単に言えば、「ご主人様、おうちのお連れ合いに一本電話を入れておかないと、おうちのペットにベーコンを食べられてしまいますよ」という意味―「liver and bacon（肝臓とベーコン）」は「save your bacon（苦境を脱する）」の「bacon」から連想された語呂合わせ（文化的な連語）で特に意味はない―である。Wallace はテ

141

【資料2-11】

《日本語訳》
　　一本の電話があなたの肝臓とベーコンを救う
　　あなた、あなたの夕食は犬のおなかのなかにあります

クストについて、一見「夫が非難されるという表面的なフェミニズム」に目がいきがちだが、実はそこには「妻は当然料理をするものだ」という隠れた前提や文化的な意味があり、そのことに気づいていくことが重要だと述べる（pp.17-18）。

　メディア・リテラシーとの関係について Wallace はインタビューで次のように語っている。

　　メディア・リテラシーはよく似た特徴は確かにあります。たとえば、若い研究者はマルチ・モダリティを対象としています。色の使い方やデザインといった領域です。もちろんこれらも大切なことですが、ただ私はやはり文字テクストの方がもっと多くの機会を与えてくれると思うのです。言語的により多くのことが詰まっていますから。しかも、テクストは難しいものがいいと思います。視覚的なリテラシー研究をしたり、美しく魅力的で文字量が少ない子どもたちが読めるような本をテーマとしたりするのもいいとは思いますが、それでも私はしっかり書かれた文字テクストの方がよりきびしく読む人の頭を働かせると思うのです。マンガ本を読むよりマルクスを読む方がずっと大変だとみんなわかっています。しかし私たちには知的に負荷の高

い作業が必要なのです。そしてこのことを提供してくれるのは印刷されたテクストなのです[i]。

同じディスコース分析でも、話しことばを中心に分析をしたフェアクラフや、マルチ・モダリティの分析をしたクレス（Kress）とWallaceが違うのは、こうした印刷された文字テクストにこだわった研究を続けてきたことにある。

映像や写真をビューイングするのではなく、あくまでことばで表現されたテクストから社会を読んでいくというWallaceの理論を体現化した実践と言うことができる。このような実践によって、学習者の既存の認識を揺さぶり、社会の当たり前や書き手の隠れた前提をあぶり出していくのである。一見、メディア・リテラシーの教材のように見え、実はことばに着目するのが、WallaceのCritical Readingであると言うことができよう。

6.4.3. Critical Readingと他の指導理論との関係性

次に、関連すると思われる理論についてのWallaceの見方を整理する。

g. クリティカル・シンキングとの関連性

「クリティカル」を冠する用語は、さまざまあるが、なかでも「クリティカル・シンキング」は「批判的思考」とも訳され、楠見・道田（2015）など、さまざまな領域への応用が期待される認知方略として提案されている。クリティカル・シンキング（批判的思考）について道田（2015）は「合理的・論理的」「反省的・省察的」「批判的・懐疑的」の三つの要素があるとするが、たとえば論理の構成やことばの使い方の整合性など誤謬を指摘することを企図した読みや、テクストと、あるいは他者と対話することによって自らを省察するという読みは、これに類する実践であると考えられる。

Wallace（2003）はクリティカル・シンキングについて、「認知心理学の最近の読むことの概念化では、読みの指導における文章の役割はあまり注

目されておらず、またことばのレベルにおける文章の様式についてミクロ要素に注視しすぎる傾向がある」と述べる。一方、言語学者や応用言語学者は「きちんと文章に注目している」という認識を示す（p.11）。これは両者のリテラシーと読むことの関係性の認識に違いがあることを示すものである。

　Wallace（1988）は、リテラシーの概念を「リテラシー」対「リーディング」という見出しで、次のように述べている（p.2）。

　　「リテラシー」が読みの社会的機能への関心を提唱するのに対して、「読むことを学ぶ」は伝統的に、読むこと自体に必要不可欠と想定される一連の技能の習得を意味するととらえられてきた。しかし、多くの場合区別する意味がない。というのも、読み（reading）の社会的機能について読み手がどうとらえているか、つまり、読み書きができることが何を意味するのか、そして、読み書きの能力（literacy）がどのように彼ら自身の生活に影響を与えうるかということが、読まなければならないという直近の状況への彼らの向き合い方を決めるからである。「リテラシー」ということばは社会的または政治的意味を含んでいる。「リテラシー」の獲得は、何らかの社会的、職業的役割に付随するものとして考えられるだけでなく、国によっては、それは投票権とかいった政治的権利を伴うこともある。「リテラシー」は、大人であること、または完全な市民であることの一部として評価されるのである。

　今回のインタビューでWallaceはクリティカル・シンキングについて、対置される概念としてクリティカル・リテラシーを取り上げ、次の【表2－11】のような区別があるとした。

　Wallaceは、両方の要素が必要だと断りながらも、「クリティカル・シンキングを研究する人びとは、ことばに政治的な側面があるということには

第 2 章　C.Wallace の Critical Reading 理論

【表 2－11】Wallace によるクリティカル・シンキングの位置づけ

クリティカル・シンキング	テクストの論理的な面、主張と論拠のつじつまを理解すること
クリティカル・リテラシー	社会的政治的な議題が含まれるもので、テクスト（ことば）から世界を読むこと

基本的には興味はありません。読むこと、またはリテラシーを広く社会生活のなかに位置づけることは必ずしも重要な議題ではないのです。認知訓練なのです[i]」と述べる。

　これらのことを総合すると、Wallace が社会的、政治的意味を含んだリテラシーを涵養する場合のアプローチとして、クリティカル・シンキングでは不十分だという認識を持ち、クリティカル・リテラシーによって理論構築を推進してきたことがわかる。

　ただ、インタビューにおいて Wallace が名を挙げたカナダ人研究者の Macknish（2011）は、「Critical Reading Processes」におけるクリティカル・シンキングとクリティカル・リテラシーの関係を【表 2－12】のようにまとめている。二つが対置されるものと位置づけながらも、互いに「Range」として関係し合うとしているのである。

　この説に従えばこれら二つの概念は対立するものではなく補完し合うものとして存在するとみるべきだろう。Wallace はインタビューで、「クリティカル・リテラシーを涵養する中でクリティカル・シンキングも身につく[i]」と両者の必要性を述べているが、【表 2－12】はその見方を裏づけるものだということができる。

【表2-12】Range of Critical Reading Processes

Evaluating texts analytically(critical thinking) 分析的にテクストを評価する				Considering texts from a power perspective (critical literacy) 力という観点からテクストを考慮する			
・テクストの論理を批評する ・主張と証拠の信憑性を評価する ・誤謬を見つける ・事実と意見を分ける	・根拠、筆者の意図と姿勢を問う ・疑いを持つ ・偏見を見つける	・前提を見つける ・プロパガンダの仕掛けを見つけ出す ・間テクスト性を利用する ・言語意識(LA)を活かす	・テクスト構成の代替案を考慮する ・多様な観点を考慮する ・欠けた、さらに(または)疎外された声を見つける	・より広い社会政治的影響に注目する ・根底にある価値とイデオロギーを検討する ・批判的言語意識(CLA)を活かす	・言語と力の関係を批評する ・読み手やそのほかの人びととの位置づけに異議を唱える ・当然とされる前提に異議を唱える	・筆者が隠したテーマを暴く ・社会の変革に向けて行動を起こす ・社会の正義を追求する	

(Macknish, 2011, p.447)

h. PISAの読解リテラシーとの関連性

　次に澤口（2015）で言及できなかったPISAの読解リテラシーとの関連性について述べる。レビューした論文が2003年までということもあり、Wallaceの文献にはPISAへの言及はない。しかし、テクストを離れて学習者の既有知識を活用して推論したり、熟考・評価したりすることは、何らかの関連性があるのではないかと考え、質問した。

　インタビューでWallaceは、PISAのことは学術的に詳しくはないと断りながらも、「クリティカル・リテラシーについて研究している人はPISAには興味はないですね」とした後で、「イギリスは階層化された社会であり、そのような社会にPISAを持ち込んでも根本的な社会の問題解決にはならない」と述べる。そして、PISAの成績をもとに政府が「子どもたちにもっと勉強をさせないといけない」と、学校の授業日数を増やし訓練するような韓国の事例を挙げて、「政治の問題」に教育が絡め取られている事態を憂慮する[i]。アセスメントの結果で成績を序列化し国家プロジェク

トのように学習改革に取り組むことは、根本的な社会改革にはつながらないという認識をWallaceが持っていることがわかる。

6.4.4. Critical Readingとタスクとの関連性

次に、教材の選定も含めたWallaceのCritical Readingにおけるタスク方略について整理する。

i. 有効な発問、授業方法

本章で整理したように、WallaceはCMT（広告、新聞記事、リーフレットや申込用紙、教科書、雑誌）を用いた実践をしてきた。Wallace（1999）は、このようなテクストの利点として、①「異文化比較の出発点になる」こと、②「現代の英国における幅広い文化的およびイデオロギー的風土について、有益な情報源となること」の二点を挙げている。そして、これらのCMTは「日常的コミュニティのテクストに組み込まれて、絶えず強化される」という認識を示している（p.107）。

Wallace（2003）は、1993年に大学で募集した特別科目「Critical Reading」の募集チラシに次の五つの目的を記している（pp.94-95）。

①行間（テクストに隠されたメッセージ）を読む。
②テクストの文化的な意味を理解する。
③テクストが、どのように読み手の行動や考え方を特定の方法で操作しているかを知る。
④テクストがさまざまな読み手のためにさまざまな方法で書かれていることを理解する。
⑤テクストが、人によってそれぞれどのように異なった方法で読まれているかを観察する。

このためにWallaceが用意したタスクが、本章で述べたクレスのフレームワークを援用して提案した「5つの問い」【表2-4】である（クレスの

提唱したのは 1、2、3 で、Wallace が 4、5 を追加した)。

　Wallace（1992b）はこれらの問いの目的は「テクストのイデオロギーについての認識を高める」ためだと述べる（p.71）。また Wallace（1992b）は、学生に対して「単に質問に対する答えを出すために読むのではなく、テクストから質問を作り出す」べきだとしている（p.71）。

　インタビューで Wallace はこの「5 つの問い」について、次のように述べている。

　　　クレスから着想を得たこれらの問いは、テクストに取り組む前のオープニング・クエスチョンにいいと考えました。（Wallace は自宅のポストに投げいれられていたという寄付を募るリーフレットを手にして）たとえば、「なぜこのテクストは作られたのか」、「このテクストは誰によって、そしてなぜ作られたのか」、「なぜこのテクストは私のところに来たのか」ということを考えるのです。私は、これらの質問が教室でとてもうまく機能することに気づきました。このことを考えることによって、あらゆることを当たり前と考えなくなります。そして、これらは私たちが日常生活の中で常に対処しなければならないことです[i]。

　Wallace はさらに「一番大切なことは Cuibono（「誰の利益になるのか」「誰が得をするのか」の意。ラテン語）という質問を立てることです[i]」とし、そのことが古典や政治への問いを生むと述べた。そしてこのような質問はテクストに深く入り込んでいくためのフレーム（frame）として機能するとした。Wallace はこのフレームについて、次のように述べる。

　　　何より学生たちにあたりまえと思っていることに異議を唱えさせるのです。これが教育の基本理念です。世の中にはたくさんの「もちろん」があります。やろうとしていることは、何歩か後ろに下がって、テクストと同じように状況を分析するということです。そうでなけれ

第2章　C.Wallace の Critical Reading 理論

ば教育に価値はありません。これが、私がフレーミング（framing）と考えているものです[i]。

このことから考えると、「5つの問い」にはそれぞれの次のようなねらいがあると考えられる。

【表2-13】Wallace の「5つの問い」のねらい

1	テクストの書かれた背景、問題意識を明らかにする。
2	テクストのレトリックを分析しその目的・効果を明らかにする。
3	複数の視点からテクストを再定義・再構成し、テクストの立ち位置を明らかにする。
4	テクストの匿名性を暴きターゲットを明らかにする。
5	テクストに埋め込まれたイデオロギーを明らかにする。

Wallace のタスク戦略は、社会的コンテクスト、イデオロギーを読む目的から展開されてきたと言えよう。

j. 第一言語学習への援用方法

本章で述べたように、Wallace の Critical Reading は第二言語学習者への実践理論である。しかし、Wallace（2003）は、第二言語学習にあるメタ言語が第一言語学習者に希薄だとし、その必要性を論じている（p.35）。では国語科という第一言語学習者を対象とした学びの場で Wallace の理論は援用可能なのか。このことについてインタビューで Wallace は「できる」とした上で次のことを提案した[i]。

・グループで取り組ませる。
・グループごとにテクストの別々の面を考えさせる。
・グループに報告担当のスポークスマンを作る。
・同じ題材のテクストをたくさん用意して比較させる。

これらの方法論は、すでに国語科教育においても実践されていることではある。しかし一番の問題は、同質性が高い環境のなかにいかに異質性を持ち込み、ハーバーマスの言うような討議に持ち込むかという質的な保証だろう。そのことへの明快な回答は得られていない。

6.5. 成果と課題、及び示唆
インタビューと文献の整理によって明らかになった成果と課題を、国語科への援用の観点から「6.2. インタビューの目的」に沿って整理する。

A：Critical Readingの研究動機と経緯、背景理論
WallaceのCritical Readingが意味論、応用言語学の知見をベースに、フレイレ、フェアクラフ、ハリデー、ハーバーマスらの理論を背景に構築されたことが確認できた。WallaceのCritical Readingは、ことばに立ち止まり、それらを分析することによって、テクストに隠れた社会的・文化的意味を見抜く資質を学習者に育む。これはクリティカル・リテラシーを育む教育であり、国語科の学びを社会に拡張させる上で大きな示唆を与えるものであると言える。

B：Critical Readingと文字テクストとの関係性
Wallaceは、振り返りながら詳細な分析ができるという点で印刷された文字テクストを教材としている。したがって、同様に中心的素材として印刷された文字テクストを読む国語科の様態にもなじみやすい理論であると言える。ただ、Wallaceが取り入れた選択体系機能文法は英語の理論であり、国語科に取り入れる場合は、一定の工夫が求められる。また、Wallaceの扱う文字テクストには、国語科の評論文に匹敵するものが含まれず、日本の国語科教育への援用のためには、Wallace理論の日本への適合化とともに、従来の批判的な読み、および教育の理論との統合が必要と考える。

C：Critical Readingと他の指導理論との関係性

　Wallaceのアプローチがクリティカル・シンキングではなく、クリティカル・リテラシーによることが確認できた。一方、教育にスタンダードを求めるPISAにWallaceらクリティカル・リテラシーの研究者は興味がなく評価もしないことが明らかになった。ただ、いずれの理論もWallaceの理論と共有される要素はあり、排除するべきものではないと考える。いたずらに切り捨てるのではなく、活かしていく方略を考えていく必要がある。

D：Critical Readingとタスクとの関係性

　Wallaceは教材として主にCMTを用い、「5つの問い」を軸にテクストの背景のイデオロギーを読むタスクを構成している。そのねらいは既存の当たり前に異議を唱えるためであった。このようなテクストおよびタスク方略は、学習者の興味関心に応じた活用が可能で、Critical Readingの導入教材として期待できる。ただ、国語科への援用には、学習者が問いを立てるなど、さらに踏み込んだタスク方略が必要となろう。また、同質性の高いとされる日本の教室に、どのような異質性を掘り起こし対話させるかについては、Wallaceから明確な方略は得られず、今後の「方法論」において検討する必要がある。

7．Wallaceの理論と国語科教育

　文献の検討およびインタビューから、WallaceのCritical Readingは、認知心理学におけるクリティカル・シンキング（批判的思考）、あるいは非形式論理学に基づいた論理的な誤謬を指摘する批判的な読みではなく、社会的・文化的コンテクストをとらえながら解釈、批評するという読みを目指すものであることがわかった。

　Wallaceは、テクストを読むことは、背景にある「状況のコンテクスト」や「文化のコンテクスト」を読むことだと考えている。また、対話に

よる討議コミュニケーションを実現しつつ、その共同体の力によってテクストを読み、ひいては社会形成を図り、既存の社会の再定義、再構成を試みることを目標としている。これらの Wallace の目標を支える理論はフレイレの批判的教育学、フェアクラフの CLA、ハリデーの選択体系機能文法、ハーバーマスのコミュニケーション理論である。これらの背景理論は、いずれも社会のことがらに強く問題意識を持つ学問分野であり、Wallace の思想を形成する礎となっていた。
　このような社会的な問題意識を背景に持つ理論から、Wallace の読みの指導は、CMT などの社会的テクストを扱う点と相まって、メディア・リテラシー教育に近いものだという見方も出てくるかもしれない。ただし、インタビューで Wallace が明言したように Wallace の Critical Reading はあくまでことばの分析から社会を読み解くものであり、内容から社会を読み解くものではない。したがって、その分析手法は、文字テクストを扱う日本の国語科の指導に活かす可能性を十分持つものであると言える。またこのことは同時に、第 1 章で指摘した国語科における「クリティカルな読み」の先行指導理論で空白となっていた「言語×社会的」を補う可能性を示唆するものである。
　Wallace の Critical Reading の理論は、第二言語学習者を対象としたものである。それゆえ、イギリスの第二言語学習理論は日本の国語科教育とはあまり関係がないという指摘もあるかもしれない。しかし、Wallace の目標は、第二言語学習者の持つメタ言語の特性を活かした Critical Reading の実践理論を第一言語学習者の批判的言語意識の涵養に援用させていくことにある。このような第一言語学習者を第二言語学習者のように作りかえていく教育は、どちらかと言えばかつてのイギリスと同じような同質社会を形成している今日の日本の課題としてもとらえることができる。したがって、Wallace の Critical Reading は国語科教育における読みの指導に大きな示唆を与えるものであると言える。
　Wallace の Critical Reading 理論は、ことばを通して、テクストを読むことを社会的実践としていく指導理論を構築する上での道標となると言って

いいだろう。

8．第2章のまとめ

　この章では、読むことを社会的実践とするWallaceの理論について先行研究をまとめた。また、インタビュー調査によってその理論を多角的に掘りさげた。
　その結果、ことばに着目しながらテクストの生成過程としてのコンテクストやその背景にあるイデオロギーを推論し、複眼的な視点から慎重にテクスト向き合うWallaceの理論は、国語科教育にも活かされる理論であることが示唆された。
　WallaceのCritical Readingについてまとめると次のようになる。
《どのように学習者を育むか》
・テクストの内容および書き方の分析によって、筆者およびその背景にあるコンテクストを読み、社会の言説に対する批判的意識を育む。
・テクストの中に存在する力に着目し、その内実を読み解くことによって、見えない差別や抑圧の構造を見出し意識化する力を育む。
・テクストの背景、目的、対象、他の書き方の可能性を考察することによってテクストを再定義・再構成する力を育む。
《どのようにテクストを読むか》
・テクストを権威あるものとして絶対視せず、複数の視点から分析的に読むことによってその相対化を図る。
・テクストを学習者の視点、場から読み、実生活、実社会と関連づけながら考察をする。
・ことばの選択や文法の特徴、またテクストの構成などには筆者の思想があらわれているという前提に立ち、その分析から筆者とその所属する社会・文化を読む。
・学習者を解釈共同体としてとらえ、対話によってより深い読みを目指す。

・テクストに対する学習者の違和感や共感を起点に授業を立ち上げる。
・少数者や想定されていない読者の視点を重視し、その視点からの読みをテクストの解釈、熟考・評価に活かす。

《どのように授業を捉えるか》
・テクストや学習者の談話を社会的なものとしてとらえ、ハリデーの「活動領域（Field）」「役割関係（Tenor）」「伝達様式（Mode）」の視点から分析を図る。

第3章　国語科 CR の指導理論

1．はじめに

　本章では、国語科における先行研究・先行実践をふまえつつ、新たに Wallace の Critical Reading 理論を取り入れた国語科 CR の指導理論を提案する。

　Wallace の Critical Reading が示した、読むことを社会的実践とする指導理論は、インタビューでも述べられたようにイギリスという言語文化や第二言語学習という特有の状況に限られるものではない。それは第一言語学習者があたりまえとして認識していることを意図的に崩し、自分への認識、社会への認識を変革する汎用性のある普遍的なプログラムであり、その意味で日本の状況にも適用され得る理論である。

　Wallace が依拠したクリティカル・リテラシーはテクストをより深く洞察するための軸となる資質・能力ではあるが、それのみで国語科としての理論を構築することは難しい。学習のプロセスや発問を形成する課題の設定については、国語科という教科の特性、日本の学校文化や学習者の特性等に適応した枠組みを構成する必要がある。2017 年は、小学校・中学校の新しい学習指導要領が示された（高等学校は 2018 年）が、そこに示された概念、また、それに影響を与えたと考えられる OECD のコンピテンシー等、海外の学力観の潮流に着目するのは一つの基本となろう。

　ただ、これらを土台としながらも、読むことを社会的実践としていくには、Wallace が言うような、学習者が社会の問題に対する活発な質問者となれるような資質・技能、そしてその問題解決のために社会参画していく

態度を養う要素を加味したプログラムが必要となる。その一つの回答が、テクストを社会的・文化的な産物として認識し、そこに内在するコンテクストやイデオロギーをことばから読む、という国語科 CR である。

　指導理論の構築では、先に述べた新しい学習指導要領、及びそこで語られる背景となった OECD のコンピテンシー、特に PISA の「読解力」などの動向をふまえながら、Wallace の Critical Reading 理論を援用した国語科 CR の読解プロセスとフレームワークを新しい指導理論として定め、小学校から高等学校までの 12 年間のそれぞれの段階に応じた具体的なカリキュラムを提案する。

2．国語科 CR の目標論

　本節では、国語科 CR の目標論を構想し、以後の具体的なカリキュラム等の土台とする。
　国語科 CR の指導理論は次の三つの概念をもとに構成する。これらは、目標論を構成する柱となる概念である。

① Wallace の「5つの問い」のフレームワーク
②新しい学習指導要領の方向性
③ PISA の読解プロセスの概念

　①は、Wallace が Critical Reading の実践において基本的な問いとした「5つの問い」の観点からテクストを読むことである。テクストの生成過程としてのコンテクストや、背景に存在するイデオロギーを、ことばに立ち止まって考えることを目指す。
　②は、今後の国語科教育を方向づける理論として踏まえるものである。この方向性を踏まえることによって、学校現場の今後の学力観と国語科 CR の理論との乖離がないようにすることを目指す。
　③は、国語科 CR の読みの過程を構築する枠組みとして、PISA の読解

プロセスを踏まえた読解プロセスを取り入れるものである。クリティカル・リテラシーの要素としての Wallace の「5つの問い」の観点だけでは不十分なプロセスを完全なものとして組み立てることを目指す。

2.1. Wallace の「5つの問い」のフレームワーク

Wallace（1992b）は、クリティカル・リテラシーの観点からテクストを読み、読むことを社会的実践とするために「5つの問い」を考案し、このフレームワークからの Critical Reading を実践してきた（p.70）。

A（このトピックについて）なぜ書かれているのか。
B（このトピックについて）どのように書かれているか。
C（このトピックについて）ほかにどのような書き方があるか。
D このテクストの典型的な読者はどのような人か。
E トピックは何か。

この問いがねらうのは、テクストを社会的・文化的産物としてとらえ、その構造や見えない内部を、ことばに立ち止まりながら解いていくことである。テクストの表面的な構造や論理だけではなく、見えないことを推論し、複数の角度から検討し、再構成・再定義していくことを学習者に求める。「複数の角度」とは、読み手の持つそれぞれの社会的・文化的背景のことであり、読み手自身もこの問いを考え、他者と対話することによって自らの認知をメタ化する。

「5つの問い」は具体的な発問の形態である。それを「5つのねらい」として筆者が概念化し、テクストを読む際のフレームワークとしたのが次の【表3-1】である。表中右枠は、それぞれのねらいのキー・コンセプトである。

【表3−1】国語科CRの「5つのねらい」

記号	国語科CRの「5つのねらい」 Wallaceの「5つの問い」	キー・コンセプト
A	テクストの書かれた背景、問題意識を考える。 （このトピックについて）なぜ書かれているのか。	コンテクスト／イデオロギー
B	テクストのレトリックを分析し目的・効果を考える。 （このトピックについて）どのように書かれているか。	レトリック
C	複数の視点からテクストの定義・構成を考える。 （このトピックについて）ほかにどのような書き方があるか。	定義／構成
D	テクストの出所と想定（想定外）読者を考える。 このテクストの典型的な読者はどのような人か。	想定読者
E	テクストのトピックに見られる問題の構造を考える。 トピックは何か。	トピック

　それぞれのねらいについては次のように規定する。
　Aはテクストの書かれた背景、問題意識を考えることである。
　国語科における「クリティカルな読み」の先行研究において、たとえば森田（1987）は、「筆者の肩越しに読む（p.72）」評価読みの理論を、また吉川（2017）は、「筆者に挑む」批判的読みを示してきたが、国語科CRでのコンテクスト／イデオロギーは筆者個人に限られるのではなく、筆者の所属する社会的・文化的な要素、テクストが生成されるに至ったコンテクストまでも包括した概念である。たとえば、テクストのことばの選択や書きぶりから、筆者の所属する社会、思想体系を推論したり、隠れた（隠された）前提を推論したりしながら筆者の社会的・文化的立脚点を考えることである。そのためには、テクストの構成上の論理、筆者個人を読むだけでは不十分で、読み手の経験、歴史や地理、宗教や自然科学の知識など、

あらゆる分野の既有知識を動員して推論をする必要がある。

　Bはレトリックに関する目的・効果を考え分析することである。

　論理・論証の検討にとどまることなく、筆者の説得の戦略としての論理を広くレトリックとしてとらえ、そのねらい、目的、具体的な方略を分析し、その効果を検討していく。ただし、メディア・リテラシー教育におけるマルチ・リテラシー（写真や映像を含めた読み取り、活用）を視野に入れながらも、ここではフェアクラフらのCLAの問題意識に倣い、ことばに見られるレトリックを中心とした分析（ディスコース分析）とする。たとえば、「あのような人に負けるわけにはいかない」ということばのなかの「あのような」という言い方や、「素晴らしい」「見事な」などの形容する語句の使い方にどのようなねらい、含意があるかを考えることである。また、テクスト全体の論理の構造をレトリック戦略としてとらえ、それを検討することもここに含める。

　Cはテクストで扱われる対象がテクストのなかでどのように定義されているか、またその定義によってテクスト全体がどう構成され、どう意味づけられているかを考え分析し、そこに別の視点を持ち込むことでテクストを再定義し読み手によって違うテクストに再構成していくことである。たとえばあるテクストで、筆者が「国家」をめぐる問題について語っている場合、筆者が「国家」をどのようなものと定義しているか、またその定義を前提として何を語ろうとしているかを分析し、違う国や文化から読み直すとどうなるかを考えるような実践である。「国家」のとらえ方は社会的・文化的背景によって違うが、その前提が変われば語られていることの内容は意味づけが変わってくる。そのことを、読み手の社会的・文化的要素を照射しながら検討をする。

　PISAの読解リテラシー（2000年調査）では、落書きををめぐるテーマについて熟考・評価する問題があったが、そこで提示された意見は肯定・否定の二つに限られていた。しかし、仮に「落書きはもっと他のとらえ方（意味づけ）も出来るのではないか」との前提から、第三者を登場させて、二人の対論に別の視点を持ち込めばどうだろう。例えば「言論の自由

を命がけで得ようとする国では落書きの意味が違うのでは？」といった視点を投げ込むことである。このような別の視点からもとのテクストをとらえ直すのが再定義であり、それを書き換えるのが再構成である。テクストにすぐ納得したり、テクストをすぐ批判したりするのではなく、別の角度から慎重に検討し、再定義・再構成をする。対象となるのはテクストだけではなく、読み手の立脚点が同時に揺さぶられメタ化することも含む。ただし、クリティカル・シンキングにおけるモニタリングは自己に向かう省察が基本だが、国語科CRでは、クリティカル・リテラシーの観点から、社会に対して省察を促す視点も重視する。

　Dはテクストがどこからやってきてどこに向かっているものなのかを考え分析することである。そこには想定外の読者を考えることも含まれる。

　テクストの出所とその対象を考えることは、テクストの真意を推論する助けとなるばかりではなく、その仮面を暴くことを可能にする。WallaceはCMTを使ってこのことに取り組んだ。一方、教科書のテクストでは、書き手が誰なのかが明記され、想定された読み手として児童・生徒が既にあることから、このような学習は組みにくいと考えられる。しかし、たとえば筆者の高等学校における実践（澤口, 2012）では、教科書に採択されたテクストの原典と教科書本文を読み比べ捨象された中身や加筆修正を確かめ、読み手を意識した編集者の操作を分析することによって、編集者の戦略とそこにある功罪への気づきを学習者から引き出している。

　社会には出所があいまいなテクストは多い。また、知らず知らずにテクストの戦略的な想定読者に仲間入りさせられてしまい、そのことに無自覚なまま、熱狂したり消費活動に走ったりする場合も多い。想定読者を考え分析する実践は、このようなテクストの操作に対する自覚を持ち、冷静で慎重判断できる読み手を育むことにつながると考える。

　Eはテクストの構造を読み、そこで語られている軸となる概念を読み解くことである。

　小学校における「はじめ、なか、おわり」、中学校における「序論、本論、結論」などのような学習用に仕立てられた「構成」テクストは、最後

に結論としての意見が書かれる。しかし、社会に存在するテクストや高等学校での評論教材などは必ずしもそのような構成にはなっておらず、可視化されている結論を読むことから可視化されていない結論を読むことへ、学年が上がるにつれて指導を移行させていくことが必要だと考える。ここでの「トピック」というのは、可視化されていないことも含めた構造としての問題提起や意見のことである。「要するに何が書かれているのか」を総合的な観点から見極めることをねらう。

以上のように「5つのねらい」を国語科 CR のテクストのフレームワークとして規定し、テクストを読むことを社会的実践とすることを目指す。

2.2. 新しい学習指導要領の方向性

次に新しい学習指導要領の方向性を概観し、国語科 CR との関連性を考察する。

文部科学省は 2017 年から 2018 年にかけて、新しい学習指導要領（以下、新学習指導要領）を告示した。

各校種、学年における「読むこと」を中心とした内容については、次章の具体的な教材・学習の手引きの改編で取り上げるとして、ここではカリキュラムを構築する上での全体的な概念について俯瞰し、国語科 CR との関連性を考察する。

新学習指導要領での基本的な理念は、OECD が規定したコンピテンシー（資質・能力）に裏づけられる。コンピテンシーについて、文部科学省 (2005) は次のようにその概念を規定する。

> コンピテンシー（能力）とは、単なる知識や技能だけでなく、技能や態度を含む様々な心理的・社会的なリソースを活用して、特定の文脈の中で複雑な要求（課題）に対応することができる力。
>
> （文部科学省，2005）

留意するべきは規定されるコンピテンシーの軸足は学校にではなく社会

の側にあることだろう。起点として社会で求められる人間像がまずあって、そこから逆算的に学校は何をするべきかという目標が設定される構造である。社会の要請をコンピテンシー（資質・能力）としてとらえた新しい学力観が示されているのである。
　このことは、新学習指導要領でどのように具現化されているのか。
　一つ目は、新設された、総則の第1－3の次の三つの柱の概念である。

（1）知識及び技能が習得されるようにすること。
（2）思考力、判断力、表現力等を育成すること。
（3）学びに向かう力、人間性を涵養すること。

　このような資質・能力を育み、充実させるのは、児童・生徒が「豊かな創造性を備え持続可能な社会の創り手となることが期待される」存在だからであろう。つまり、変容していく社会、予測困難な社会のなかにあってそれに主体的に向き合っていくための資質・能力としての（1）（2）（3）が求められているということになる。また、総則第4－1（3）では、キャリア教育の充実に触れるが、そこでは「社会的・職業的自立に向けて必要な基盤となる資質・能力を身に付けていくこと」ができるようにするとあり、キャリア教育にも同様にコンピテンシー（資質・能力）の視点が盛り込まれている。
　二つ目は、教科を超えた「教科等横断的な視点」で教育の内容等を組み立てることである。総則の第2－2では次のように示されている。

　　（1）各学校においては、生徒の発達の段階を考慮し、言語能力、情報活用能力（情報モラルも含む。）、問題発見・解決能力等の学習の基盤となる資質・能力を育成していくことができるよう、各教科の特性を生かし、教科等横断的な視点から教育課程の編成を図るものとする。

ここに示されるのは、情報リテラシーの必要性とともに、情報を活かして問題を発見し解決する能力の育成である。この実現には教科の枠組みにこだわることなく横断する学びが必要だとしている。

三つ目は、これらのことを体現するために示された「主体的・対話的で深い学び」の実現である。ここでは、学びの形態としての学習者の主体性と協働性、またテクストに対する深い学びの視点が盛り込まれている。総則第3－1に次のようにある。

> （1）第1の3の（1）から（3）までに示すことが偏りなく実現されるよう、単元や題材など内容や時間のまとまりを見通しながら、生徒の主体的・対話的で深い学びの実現に向けた授業改善を行うこと。
>
> 特に、各教科等において身に付けた知識及び技能を活用したり、思考力、判断力、表現力等や学びに向かう力、人間性等を発揮させたりして、学習の対象となる物事を捉え思考することにより、各教科等の特質に応じた物事を捉える視点や考え方（以下「見方・考え方」という。）が鍛えられていくことに留意し、生徒が各教科等の特質に応じた見方・考え方を働かせながら、知識を相互に関連付けてより深く理解したり、情報を精査して考えを形成したり、問題を見いだして解決策を考えたり、思いや考えを基に創造したりすることに向かう過程を重視した学習の充実を図ること。

述べられるのは、学んだことの関連づけと活用である。発揮させるのは「思考」であり、希求されるのは「思考」の積み重ねによる「見方・考え方」の鍛錬である。このような、具体的な学びの目標を概観する限り、その源流にはOECDの規定するコンピテンシーがベースとなっていることが窺える。

これらから、新学習指導要領が求めることは、社会において個人がその構成員として適応し目的に応じて何らかの成果を出せる人材の育成にある

ということができる。変化の激しい社会のなかにあって、問題を自ら発見し状況に応じてその問題を協働して解決し新しく創造ができる人材像がここでは求められていると言えるだろう。

　国語科 CR の目指すことは、先に述べたように読むことを社会的実践とすることである。その観点で言えば、このような新学習指導要領が打ち出す概念には共通する部分が多い。特に獲得した知識を活用して、主体的かつ対話的に問題解決に向かう学習の在り方は、テクストを多角的に検討して問題を分析しその再定義・再構成を目指す国語科 CR の理論を支える考え方と言える。

　ただ、その一方で、新学習指導要領が学習者に求めるコンピテンシー（資質・能力）が、誰のためにあるのかは不透明であり、慎重に分析したうえで向き合う必要がある。仮に学習者が獲得するリテラシーが、学習者自身の認知の質を高め自己省察として機能することだけにとどまるのであれば、ことばのなかにパワーを見出すクリティカル・リテラシーの目指す方向とは必ずしも一致しないからである。

2.3. PISA の「読解力」の概念

　次に PISA の読解力と国語科 CR の構築との関係性について述べる。

　OECD は、「2.2.」で述べたコンピテンシーの概念うち、知識を活用する力を測定する一つの方法として、PISA の「読解力」（Reading Literacy）を規定し、「情報へのアクセス・取り出し」「統合・解釈」「熟考・評価」という読解プロセスを示した。この概念はいわゆる PISA ショック以降、授業や全国学力・学習状況調査（以下、全国学力テスト）に影響を与えてきた。

　それぞれについては次のように説明されている

　　〈情報へのアクセス・取り出し〉
　　・情報を見つけ出し、選び出し、集める。
　　〈統合・解釈〉

・テクストの中の異なる部分の関係を理解し、推論によりテクストの意味を理解する。
〈熟考・評価〉
・テクストと自らの知識や経験を関連付けたり、テクストの情報と外部からの知識を関連付けたりしながら、テクストについて判断する。
（国立教育政策研究所，2013, p.180）

　示されている読解のプロセスは、①テクストの情報を統合させてその内容を理解し、②テクストが提示したことがらについてテクスト外の情報を取り入れて推論し、③さらにその意味づけをほかのことにあてはめたり別の角度から見たりすることによって、テクストの再定義、再構成を図るというプロセスである。この三つの類型をもとにテクストを段階的に読めば、OECDの定義したコンピテンシーの育成につながることにはなろう。
　ただ、日本におけるPISA型「読解力」が必ずしも本来のコンピテンシーの概念に沿ったものとなり得ていないことも調査から見えてきた。たとえば筆者はPISAの「読解力」の概念を取り入れた先行実践を調査したが（澤口, 2016a）、「熟考・評価」が読解の中心となる傾向があり、推論（「統合・解釈」に該当）を丁寧にする授業は少なかった。また、近年の大学入試問題、また、全国学力テストの問題やその影響を受けたと思われる全国自治体の高校入試問題の問題分析からも、推論の問題が少ないことがデータとして示唆された（日本生涯学習総合研究所, 2016, 2017）。
　読解プロセスを新たに構築すること関して、このような認識を抱えたまま指導理論を構成すれば、同様の問題を踏襲することになりかねない。
　そのためには、「情報へのアクセス・取り出し」「統合・解釈」「熟考・評価」という訳語から一旦離れ、コンピテンシーを軸としたPISAの読解プロセスの概念に戻り、テクストの「理解」「推論」「評価」という三つの段階に従うことが望ましい。
　日本生涯学習総合研究所（2016）は、クリティカル・リーディングのプロセスとして次の【図3-1】を示している。コンピテンシーの概念を踏

まえて大学入試問題を分析するにあたり、問題類型と読解プロセスとの関連を図化したものである（p.8）。知識を土台としながら、その上に理解、推論、評価を積み上げていくことがクリティカル・リーディングだとしており、PISAの「読解力」を別のくくり方で説明したものととらえることができる。

「理解①」「理解②」「推論」「評価」は、テストの問題類型を分析し弁別するための類型ではあるが、これらを敷衍すれば授業における発問、教科書の学習の手引きの設計とも関連すると言える。

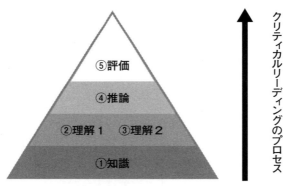

【図3−1】 クリティカル・リーディングのプロセス

同研究所（2016）は、分析した入試問題の問題類型について次のように説明している。

① ［知識］　　語彙の知識などを問う設問
② ［理解1］　素材文から、単数あるいは複数の情報ユニット（ひとつの意味のまとまりを成す文あるいは文章）の抽出を求める設問
③ ［理解2］　素材文中の単数あるいは複数の情報ユニットの要約を求める設問
④ ［推論］　　素材文中の単数あるいは複数の情報ユニットを根拠とし

⑤ [評価]	て、自分の知識や経験と関連づけながら、素材文中では明示されていないことについて考えることを求める設問 素材文の内容や形式の評価、素材文の内容を別の文脈にあてはめて考えたり、現実に適用して考えたりすることなどを求める設問

（日本生涯学習総合研究所，2016，pp.8-9）

　これらの問題類型と読解プロセスとの対応関係は次の【表3-2】の通りである。同研究所は最終的には「理解」「思考」「表現」というプロセスを読解プロセスとして提示している。

【表3-2】問題類型と読解プロセスの関係性

PISA の読解力の問題類型	入試問題の問題類型	読解プロセス
（該当なし）	知識	（該当なし）
情報へのアクセス・取り出し	理解1・理解2	テクストの理解
統合・解釈	推論	思考
熟考・評価	評価	表現

（日本生涯学習総合研究所（2016, 2017）をもとに澤口が構成）

　以上の背景理論をもとに、読むことを社会的実践とすることを目指す国語科 CR の趣旨と照らし合わせ、国語科 CR の読解プロセスを「理解する」「推論する」「評価する」の三つのプロセスとし、次の【表3-3】のように定める。「理解」「思考」「表現」ではなく、上記のように定めたのは、「推論」することを明確に示すことが一つ、もう一つは「思考」「表現」の守備範囲が広くややあいまいな提案となってしまうことを懸念したためである。

【表3-3】　国語科 CR の読解プロセス

理解する	テクストの複数の情報を統合し、内容を正確に理解する。
推論する	テクスト内外の情報を関連づけて推論する。
評価する	テクストを社会的・文化的文脈に関連付けて評価し、再定義・再構成する。

2.4. 国語科 CR の目標の措定

以上、国語科 CR の目標論を、Wallace の Critical Reading 理論、新学習指導要領、PISA の「読解力」の概念という三つの概念をもとに構想してきた。

これらの概念は相互に補完し合いながら、これまでの国語科教育における「クリティカルな読み」の理論と実践をより社会的な実践とするものであり、第1章のマトリクスで示した「言語×社会的」の領域を補い、積極的に踏み込んでいくための土台となると考える。

この土台の上に立ち、国語科 CR を次のように定義する。この定義は、国語科 CR の具体的なカリキュラムや教材論、授業論などの指導理論を構成する軸となる概念である。

　　テクストを社会的・文化的産物として認識し、そこに内在するコンテクストやイデオロギーをことばに着目することによって読み取り、多角的な視点からその再定義・再構成を図る読みの方略

具体的には、次の三つのことを実現することを目標とし、国語科 CR が向かうべき方向として措定する。

　ⅰ　クリティカル・リテラシーの知見を取り入れる。
　ⅱ　推論することを読解プロセスの中心に置く。
　ⅲ　対話によってテクストの再定義・再構成を図る。

3. 国語科 CR のカリキュラム論

本節では、国語科 CR の目標論に則ったカリキュラムを構想する。PISA の「読解力」や新学習指導要領におけるコンピテンシーの概念を取り入れた読解プロセスの構築、および Wallace の Gritical Reading の理論に基づく「5つのねらい」の要素を取り入れたフレームワークの構築である。

提案には、このほか小学校から高等学校までの段階性を考慮したスパイラルの概念を取り入れ、学びの接続を保障することを視野に入れた。

3.1. 国語科 CR の指導理論における読解プロセスとフレームワーク

【表3-3】で示した読解プロセスと、【表3-1】で示した「5つのねらい」のフレームワークを両輪として統合・整理し、これらを「国語科 CRにおける読解プロセスとフレームワーク」として、次の【図3-2】ように規定する。「理解する」「推論する」「評価する」という読解のプロセスに対して、読むことを社会的実践とするための「5つのねらい」の要素が各段階に反映される可能性を示すものである。

ただし、「理解する」「推論する」「評価する」は読解プロセスとしての基本的な順序を示しているが、それらの順序に縛りはなく、たとえば初めから評価をし、そのように評価されるのはなぜかを推論をしながら探究していくような逆算的な授業もここでは想定されている。このことについては図において矢印で示した。

この「国語科 CR の読解プロセスとフレームワーク」は目標、内容を総合しているものである。しかし、学習の手立てについては図の中に盛り込

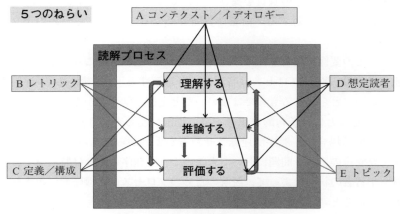

【図3-2】国語科 CR における読解プロセスとフレームワーク

めていない。そこで、「国語科CRの読解プロセスとフレームワーク」を授業で展開するにあたっては、筆者の高等学校におけるクリティカル・リーディングの実践研究（澤口, 2013a, 2014）などを踏まえ、学習者が自ら問題・テーマを発見し、テクストと対等に対話関係を持つ学習の手立てとして、次のような要素を加える。

Ⅰ　テクストをマクロにとらえる学習
Ⅱ　「滞空時間の長い問い」を立てる学習
Ⅲ　学習者の違和感を課題として活かす学習

　Ⅰはテクストの全体像をとらえて考えるという読み方に習熟する学習、Ⅱは長い時間授業を楽しめ、探究することができる問いを立てられるようにする学習、そしてⅢは学習者の身近な視点からテクストをクリティカルにとらえるようにする学習である。
　どの手立てにも共通するのは、学習者自らが問いを立て探究をすることにある。
　このような手立てを講じるのは、学習者が学習の主体者となる学びが、将来の主権者としての資質を養うと考えるためである。Wallace (2003) が言う社会の問題に対する「活発な質問者（p.200）」を育てるための手立てである。
　Ⅰ～Ⅲの要件を満たすには、読解プロセスの逆転も起こりうる。先にも述べた通り、読解プロセスは必ずしも「理解する」「推論する」「評価する」の順にとらわれるものではない。たとえば、学習者から飛び出た発言（評価）をもとに、多角的な思考を経て理解に至るという逆算式の授業を組み立てる場合は、順序は逆転させた方がよいからである。PISAの読解リテラシーのテスト問題においてもこのような順序の縛りは特になく、教材や学習者の状況によって、読解のためのプロセスは臨機応変に組まれるものであると考える。
　また、フレームワークについては、教材の内容によって適用できるもの

とできないものがあるため、すべての読解プロセスの類型に何らかの要素が必ず該当することを示すものではない。

3.2. 国語科 CR の指導における段階性

次に、国語科 CR の小学校から高等学校に至るそれぞれの段階でどのようなことを学び、積み重ねていくかについて構想する。

筆者はこれまでの理論構成で、「国語科 CR の読解プロセスとフレームワーク」を提案したが、そのことを実際の学習者の発達段階においてどのように積み重ねていくかについては、言及できていない。そこで、ここでは、小学校から高等学校にかけて、どのように国語科 CR を学び、どのようにより高次の読解としていくかのイメージを示し、小学校・中学校・高等学校の各段階におけるねらいと指導事項を具体的に示す。

学習を系統立てて積み上げていくカリキュラムは、日本では学習指導要領がその規範となる。しかし、そこに書かれることは万能ではない。たとえば青山（2013a）は、現行の学習指導要領は「要素積み上げ型」になっており、系統的な学習の積み上げがしにくいと指摘する。

青山（2013a）は、このことの改善のために、Strand 概念を導入した読解カリキュラムを提案している。2010 年に全米で採択された Common Core State Standards for English Language Arts である。カリキュラムでは、幼稚園から高等学校までを「Kindergarten（幼稚園）」から「Grades 11-12（高等学校）」までの 12 段階に分け、それぞれの段階における指導事項をまとめている。「K-12」は、たとえば現在でも、ルイジアナ州の「Louisiana Student Standards」(2016) などでも見ることができ、州レベルで活用され、修正をされながら活用されていることが確認できる。

Common Core の「K-12」の Reading は、「Informational Text（説明文）」「Literary Nonfiction（ノンフィクション文学）」「Literary Text（文学）」の三つのジャンルに分けられ、そのうち「Informational Text」については、説明文読解の Common Core「Reading Standards Informational Text (RSIT)」として、まとめられている。

RSIT (K-12) で要となるのは次の四つの領域である。

① Key Ideas and Details
　鍵となる考えと細部の描写の関係
② Craft and Structure
　技法と構成（レトリックの分析と評価）
③ Integration of Knowledge and Ideas
　知識と考えの統合
④ Range of Reading and Level of Text Complexity
　文章の複雑さのレベルと読みの幅

（青山，2013a，p.1）

Strand とは、「より合わせてつくる縄」を意味するが、領域ごとの学びが絡み合い、それらがだんだんとスパイラル状に高次のものへと発展していくねらいが、これらから見て取ることができる。

K-12 に関わっては、Louisiana Student Standards (2016) に、次のような資料が示されている。【図3-3】は、説明的文章に関する「読みの輪 (Reader's Circles)」である。この概念図（読みの輪）では、「テキストから意味を作り

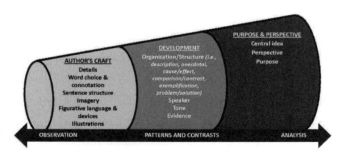

（Louisiana Student Standards, 2016, p.127）

【図3-3】

出していく際の、読み手が採用する思考プロセス」が描かれている。
《概念図に書かれていること》

観察	型と対比	分析
書き手の技巧 ・細かな表現 ・語の選択と含意 ・文構成 ・イメージの喚起 ・比喩的な言語と仕掛け ・実例	展開 ・組織／構成（例えば、描写、逸話的） ・原因／影響 ・比較／対比 ・例示 ・問題／解決 ・話し手 ・論証	目的と予想 ・中心となる考え ・予測（見通し） ・目的

概念図に関しては次のような説明がなされている。

Reader's Circles：読みの輪
　「読む」とは書かれた語から意味を作り出していくプロセスである。このプロセスは複雑で、外側からは見えない脳の中で起きるため、それがいつ機能しているのか、いつしていないのかを知ることは難しい。教師の役割とは、生徒が自立してテクストから意味を作り出していく手助けをすることである。〈以下略〉

The Meaning Making Process：意味を作り出していくプロセス
　意味を作り出すとは、書き手が書いたことと読み手が考えていることの相互作用である。力のある読み手は、読みながらつながりを作っていく。型（＝patterns）があることに気づき、登場人物がしそうなことや言いそうなこと、または書き手がどのように主張を支持しようとしているのかを予測するために、得た情報を利用する。テクストの各部分がお互いどのようにかかわりあっているのかを考え、それらの部分を統合して、テクストの意味や目的に接近していく。さらに、テクストの中に変化（動き）があればそれに気づく。それらの対比（＝contrasts）は方向の変化を示し、意味を発展させる（＝develop）。次の「読みの輪（輪っか）」は、テクストから意味を作り出していく際、読み手が採用する思考プロセスを描いている。

（Louisiana Student Standards, 2016, p.127）

これらから、ルイジアナ州の Louisiana Student Standards（2016）のカリキュラムの軸が、テクストに内在する意味を学習者が作り出していく、つまり観察によって情報を精査し、推論・熟考し、テクストを再定義していくことにあることがわかる。K-12 はそれらを項目別に分けて学年の段階性を示したものと言えよう。
　では、このような校種の垣根を取り払ったカリキュラムは国語科教育には存在するのか。
　上記、K-12 のカリキュラムは、就職や大学等への進学に至る前の学びを連続した学びとしてとらえ、その系統を子細に示したものであるが、同様のコンセプトで国語科の小中高の学びを接続することを目指したカリキュラム提案がある。「探究型の読みを『協働』でめざす小中高カリキュラム」（三重県教育文化研究所, 2015）である。2012 年度に構想し 2013 年度から課題研究を開始、その後研修等を通して学校現場での活用を試みたものである。
　カリキュラムでは、小学校 1 年生から高等学校 3 年生までを校種間で段差のない 12 年間の学びの場としてとらえ、12 年を 3 年間ごと四つのスパンに分け、それぞれの段階で目指したいことを領域ごとに明示している。自分をくぐらせることによってテクストを「消化」し、批評や創作へと活かすというサイクルを循環させた探究型の読み（クリティカル・リーディング）を目指すカリキュラムである。
　「消化」のための指導項目、また目指す授業については次の【表3-4】

【表3-4】探究型の読みを目指すための 10 の項目

指導項目	目指す授業
①テクストの全体をとらえる	テクストを巨視的にとらえて、その全体像を把握し、必要に応じて部分を読み直す授業
②観察し分析する	テクストとある程度距離を置き、よく観察することによって、他者との感想の違いに気づいたり、自分の読みが深めていく過程を実感できたりする授業

第3章　国語科CRの指導理論

③「知材」を活用する	さまざまなジャンルの「教材」を読む際に応用できる「知材」（教材を読み解くための学習ツール、知識）を習得し、活用する授業
④学習者が立てた問いを解決していく	自らの解釈を仮説として示し、それを裏づけるために考えあい、探索しながら読みをすすめる授業
⑤他の人の意見を理由づける	出された意見を学習者間で共有し、知恵を出し合いながらその理由づけを考える授業
⑥意見とその理由を考える	他の人が発言した意見とその理由の関係が適切か考える授業
⑦複眼的な視点から吟味、批評する	複数の情報を比べたり、また他の人の意見と自分の意見とをつなげたりすることによって文章を複眼的にとらえる授業
⑧テクストが書かれた目的やその効果を分析する	書かれた目的やその効果を分析することでテクストの背景を考える授業
⑨他のテクストと関連づけて考える	教科書の教材を扱いながらも、別のテクストと関連づけることで、より豊かな読書経験をもたらす授業
⑩自分自身と対話する	自分自身の知識や経験に引き付けながら、自分がそのように読んだ理由を考えたり、自らをとらえ直したりする授業

（三重県教育文化研究所, 2015, pp.4-13をもとに澤口が構成）

のような10項目が示されている。

　具体的には、これら10の項目ごとに、次のようなカリキュラムを提案している。系統立てて1年生から12年生までの目標、指導事項を項目別に示す試みは、「K-12」が示しているカリキュラムと共通するものである。

　次に、それぞれの指導項目別の段階性を示した表を引用する。

【表3-5】探究型の読みをめざす12年間のカリキュラム

①テキストの全体像をとらえる

1・2・3年生	4・5・6年生	7・8・9年生	10・11・12年生
だれが出てきた？何について書かれているの？どんなお話？	●●と□□の関係を考えよう	テキストを批評してみよう	テキストが持つ社会的な意味を考えよう
キャラクターやあらすじなどを理解し、楽しみながら読める。2〜3年生では、テキストの全体を見わたし内容や表現について考えることができる。	人物と人物の関係、主張と理由の関係など、テキスト全体を視野に入れて物事の関係を考えることができる。	自分自身の問題意識に基づき、テキスト全体の内容や表現を評価し、その価値判断を他の人に表現することができる。	自分だけでなく社会にとってテキストがどのような意味を持つのかを考え、他の人に、それを表現することができる。

②観察し分析する

1・2・3年生	4・5・6年生	7・8・9年生	10・11・12年生
お話の世界に飛び込もう	少し距離を置いて考えてみよう	他の人が読んだらどう思うだろう？	このテキストに関連することってあるだろうか？
登場人物などに同化したり筆者に寄り添ったりして、言葉で表されている世界に身を置き、テキストの内容を理解することができる。	語り手や筆者の言葉に寄り添うだけでなく、距離を置いてテキストの全体をとらえ、そのしくみや表現の工夫等を理解することができる。	自分以外の読者の立場に立ってその読みを想定し、テキストにはさまざまな読み方があることを発見することができる。	関連する知識などを想起し、それらを総合して、テキストを分析したり批評したりすることができる。

③汎用性のある学びの知識「知材」を活用する

1・2・3年生	4・5・6年生	7・8・9年生	10・11・12年生
図や表にしてみよう	クラスのみんなに説明してみよう	テキストを批評してみよう	「知材」を自由自在に使いこなそう
文字の連なりである	「知材」を使って	「知材」を使って	「知材」を用いて

第3章　国語科CRの指導理論

るテキストを、図や表にすることができる。また、そうすることでテキストの理解が進むことを実感することができる。	テキストの内容や表現を読み取り、その過程や結果などを他の人に説明することができる。	テキストを読み取り、それをふまえて、テキスト全体の内容や表現を評価し、判断したことを表現できる。	さまざまなテキストを読み解き、そこでの解釈や評価を他者に対して効果的に説明することができる。

④学習者が立てた問いを解決していく

1・2・3年生	4・5・6年生	7・8・9年生	10・11・12年生
友だちに訪ねてみたいことをことばにしよう	違和感や共感をもとに話し合いをしてみよう	問いを立ててみよう	立てた問いを解決していこう
不思議だと思ったこと、変だなと感じたこと、なるほどと感じたことを言葉で表現することができる。	違和感や共感を言葉で表現し、みんなの問題として共有することができる。	違和感、共感からテキストの読解に迫る有効な問いを協働で考えることができる。	違和感、共感から立てた問いについて、協働で問題解決を図ることができる。

⑤他の人の意見を理由づける

1・2・3年生	4・5・6年生	7・8・9年生	10・11・12年生
他の人の考えはわたしとおなじ？それとも違う？	代わりに言ってみよう	考えの筋道を代弁してみよう	さまざまな立場を想定して、代わりに表現してみよう
自分の考えと他の人の考えとの共通点や相違点がわかることができる。	理由がはっきり言えない人に代わって、その理由を述べることができる。	他の人の考えの筋道（意見、根拠、論拠）を推し測り、代弁することができる。	さまざまな立場を想定し、考えの筋道（意見、根拠、論拠）を推し測り、代弁することができる。

⑥意見とその理由の関係を考える

1・2・3年生	4・5・6年生	7・8・9年生	10・11・12年生
意見を言ってみよう、理由も言って	意見に合った理由かな？	「論拠」（理由づけ）に注意しよう	別の立場に立って「論拠」（理由づけ）

みよう			を考えてみよう
意見とその理由を自由に述べることができる。他の人の発言（意見やその理由）に納得できるかを考えることができる。	意見とその理由のつながりを意識して表現することができる。理由の適切さにも留意して、他の人の言葉を受け止めることができる。	意見とその根拠を関係づける「論拠」を表現することができる。他の人の発言を支える「論拠」に気づくことができる。	意見とその根拠を関係づける「論拠」を、自らとは異なる立場から表現できる。「論拠」はさまざまな立場によって異なることが理解できる。

⑦複眼的な視点から吟味、批評する

1・2・3年生	4・5・6年生	7・8・9年生	10・11・12年生
○○から見たらどう見えるかな？	立場を変えて読み直してみよう	テキストを吟味しよう	テキストを批評しよう
さまざまな視点からテキストを読む方法があることを知り、その楽しみを味わうことができる。	視点によって読み方がどう変わるかを知ることができる。他の人の解釈、意見の理由を一緒に考えることができる。	複数の視点からテキストを検証し、解釈をすることができる。また、そのための有効なテキストを他に探し求めることができる。	テキストを複眼的に読み、より深い解釈や熟考・評価をすることができる。他の視点から、テキストをリライトしたり、新たなテキストを書いたりすることができる。

⑧テキストが書かれた目的やその効果を分析する

1・2・3年生	4・5・6年生	7・8・9年生	10・11・12年生
書いたのは誰？	書いた目的は何？	筆者を想定してみよう	目的とその効果を分析しよう
テキストの背景に、作者、筆者、語り手などが存在することを知ることができる。書き方の工夫について関心を持つことができる。	どのような人がどのようなことを目的に書いたのかについて関心を持つことができる。書き方の工夫を分析的に捉えることができる。	筆者を想定するとともに、書かれた目的や読ませたい相手について、推論することができる。書く方略としてのレトリックを知り、効果を理解	テキストの目的・対象の想定、レトリック分析、隠れた前提の推論など、さまざまな観点からテキストを読み解き評価することができる。

第3章　国語科 CR の指導理論

		することができる。	

⑨他のテキストと関連づけて考える

1・2・3年生	4・5・6年生	7・8・9年生	10・11・12年生
思いつくことある？	今までに読んできた文章を思い出してみよう	文章を関連づけて読むことの意味は何？	関連する文章を自分で探してみよう
テキストを読みながら、その内容や表現にかかわる知識や体験を思い出したり、それについて発言したりすることができる。	既に読んだテキストと今読んでいるテキストとを関連づけたり、その工夫について意識したりすることができる。	複数のテキストを比べて読んだりするとともに、そこに、自分にとっての新たな意味を見出すことができる。	読んでいるテキストにかかわる別のテキストを検索しそれらを関連づけ、そこに、自分にとっての意味や、時代や社会等における意味を発見できる。

⑩自分自身と対話する

1・2・3年生	4・5・6年生	7・8・9年生	10・11・12年生
感じてみよう	なぜそう感じたのかな？	自分の視点を確かめてみよう	自分との対話を深めよう
自分の心や経験に照らしながら読み、テキストの内容について実感することができる。	テキストの内容と自分とを比較したり関連づけたりしながら読むことができる。なぜ自身がそのように感じたのかについて言語化することができる。	テキストを読むことによって、自分の視点を相対化し、省察することができる。	自分の解釈・評価に関して、なぜそのように考えたのかを分析し、言語化し、自分や他者と対話することができる。また省察したことを文章として表現することができる。

（三重県教育文化研究所, 2015, pp.14-19）

カリキュラムは、次のようなねらいで貫かれていると言うことができる。

　（ア）テクストを多角的にとらえることができるようになること。
　（イ）テクストをほかのテクストと関連づけ、深く読めるようになること。
　（ウ）問題を学習者自らが設定し解決を図るという読みのプロセスに習熟すること。

　探究する対象を、読んだテクストだけではなく読んだ自分自身に向けていくことや、複眼的にテクストを読むことでその意味づけを揺さぶっていく在り方は、クリティカル・リーディングに準じた読み深めのカリキュラムであると言うことができる。
　ただ、10の項目の相互の関連性が十分示されないことや、読解の理論と授業の方略としての理論が混在している点など検討を要する部分もある。
　いずれにせよ、「K-12」とともに、系統立てたカリキュラムを構想する土台として参考になるカリキュラムであると言うことができる。
　「K-12」および、「探究型の読みを『協働で』めざす小中高カリキュラム」を国語科CRのカリキュラム構築において参考とする理由は、次の通りである。
　一つ目は、いずれのカリキュラムも小学校低学年（「K-12」は幼稚園）から高等学校までの積み重ねが示され、それが、ある軸を中心に展開していることである。学年ごとに要素を盛り込むのではなく、項目ごとに系統立てて積み上げていくカリキュラムは、構成に揺らぎがなく一貫している。そのために、ある教育目標を目指して学習の段階を構築していく参考としやすい。青山（2103a）が指摘するような学習指導要領における系統性の不足を補う意味でも、この軸は重要である。
　二つ目は、このような項目別の系統立てたカリキュラムは、学習評価と

結びつけやすいことである。文部科学省（2016b）は「学習評価に関する資料」のなかで、「教科ごとの評価の観点」や「学年別の評価の観点の趣旨」、また、ルーブリックに関する運用について提言しているが、これらは上記の枠組みと同様な考え方に拠るものである。つまり、カリキュラムの段階で系統性を持たせることは、その達成度を評価する際にそのまま活用しやすく、二つのカリキュラムを参考にして国語科 CR のカリキュラムを構築することは、それが実践面での評価基準として活かせることになる。

3.3. 国語科 CR のカリキュラムの措定

以上の観点、先行研究を参考としながら国語科 CR のカリキュラムを構築する。

カリキュラムは、コンピテンシー等を勘案した読解プロセスと、Wallace の Critical Reading の中心的概念である読むことを社会的実践とするクリティカル・リテラシーのフレームワークの二つの枠組みから構成し、それぞれについて提案する。

3.3.1. 国語科 CR の読解プロセス

先述のように、国語科 CR の読解プロセスは「理解する」「推論する」「評価する」の三つの項目が連関するプロセスで構成される。それらを、各学年の各単元で繰り返し、徐々に難しい課題（学習の手引き等）に取り組むことによってより高次の国語科 CR の資質・技能を獲得していく。国語科 CR の目標では、この読解のプロセスを連続して、徐々に国語科 CR の高みに迫る過程を読解プロセスのスパイラル構造として示し、その習熟を目指す。

次の【図3-4】は、このことを概念化したモデルである。

図は、「理解する」「推論する」「評価する」のプロセスを、各単元、学年ごとに繰り返すことによって、学年が上がれば上がるほどより高次のクリティカル・リーディングができること、そして、そのことによって小学校低学年では自分の視点しか持ち得なかった学習者が、多様な観点、多様

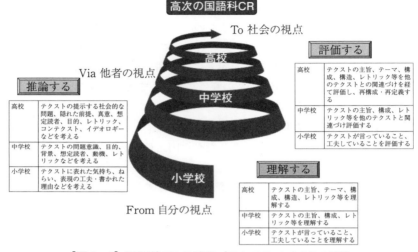

【図3−4】国語科CRの読解プロセスのスパイラル構造

な考え方の他者と対話的に学ぶことによって、他者の視点を手に入れ、最終的には社会的な視点からテクストをとらえることができるイメージを表している。自分の立場からだけではなく、他者の立場、別の社会・文化の立場からテクストを読むことができることを目指すスパイラルである。

「スパイラル・ルート」は、少しずつ山を周回しながら高度を上げていくという建築方法を表す鉄道用語であるが、急いで直登するのではなく、繰り返して少しずつ高みに歩んでいく意味で使用した。スパイラル・ルートについては、台湾の阿里山森林鉄道のH.P.では次のように解説されている。

　　登山鉄道では高度差の大きな地点でループ型や螺旋型に線路を敷設し、ぐるぐると何周も回って、海抜高度を上げて行きます。ラインが

円心を1周するものをループライン、同円心を何周も回る、或いは不規則に異なる円心を回るものをスパイラルルート（またはスパイラルループ）といいます。

（阿里山森林鉄道 H.P.「建築方法」より引用）

　このイメージをもとに、小学校第1学年から高等学校第3学年までを次の「6つのステージ」に区分し、それぞれの段階における指導事項を「理解する」「推論する」「評価する」の三つの項目ごとに規定し、読解プロセスのカリキュラムとする。2年ごとに区切るのは、各学年で区切ると授業目標の縛りがきつくなってしまうこと、また、三重県教育文化研究所（2015）のカリキュラムのように3年ごとで区切るのはやや範囲が広いと思われたからである。この区切りは小学校の学習指導要領に準じるものでもある。第5ステージでは中学校と高等学校の校種がまたがるが、高等学校の教科書が、第1学年が国語総合、それ以降が現代文と分かれていること、また、中高の接続の段差を解消するねらい等から、問題はないと判断した。

《6つのステージ》
【第1ステージ（St.1）】小学校第1学年～第2学年
【第2ステージ（St.2）】小学校第3学年～第4学年
【第3ステージ（St.3）】小学校第5学年～第6学年
【第4ステージ（St.4）】中学校第1学年～第2学年
【第5ステージ（St.5）】中学校第3学年～高等学校第1学年
【第6ステージ（St.6）】高等学校2学年～高等学校第3学年

　次に「理解する」「推論する」「評価する」のステージごとの指導事項をまとめる。
　カリキュラムの設計では、次のような系統性を実現することを目指している。

【表3-6】国語科 CR のカリキュラム① (読解プロセス)

	理解する	推論する	評価する
St.1	書かれていることを知ろうとし、わかったことをことばにすることができる。	テクスト内の情報、自分の知識・経験を根拠として、書かれていることのわけに興味を持ち、ことばにすることができる。	内容や書かれ方について関心を持ち、自分のことばで感想を言うことができる。
St.2	書かれていることを部分部分で理解し、書かれ方の工夫に気づき、説明することができる。	テクスト内の情報、自分の知識・経験を根拠として、テクストに書かれていないことについて考え、その理由を説明することができる。	内容、書かれ方について、自分の経験や知識をふまえて意見を言うことができる。
St.3	書かれていることを全体で理解し、内容をまとめることができる。また書かれ方の工夫を類型化し、そのねらいを説明することができる。	テクスト内の複数の情報、自分の知識・経験を根拠として、テクストに書かれていないことについて考え、その理由を説明することができる。	書かれている内容、書かれ方について、自分の経験や知識、他の情報を踏まえて、複数の観点から関連づけ意見を言うことができる。
St.4	テクストの主旨を、情報を統合によってまとめることができる。また、構成やレトリックの戦略に気づき、そのねらいを説明することができる。	テクストの内容・表現に着目して、書かれた理由、目的、想定読者などを考えるとともに、テクストの背景について考え、それらを説明することができる。	テクストの内容・表現に着目し、それら相互の関連性の分析から、その目的や効果について評価することができる。また、ほかのテクストにあてはめて考えることができる。
St.5	テクストの主旨を、情報の統合によって、要約したり別テクストとしてまとめ直したりことができる。また、構成やレトリック等の表現戦略を指摘し、説明することができる。	テクストの内容と表現戦略との関係性を考え、そこからテクストの背景にある意味や意図、戦略を考えることができる。また、それらの関係性を説明することができる。	テクストの内容や形式に着目し、それらを評価したり、ほかのことにあてはめたりして、テクストの意味について深く考えることができる。

St.6	テクストの主旨、テーマ、構成、構造を総合的に把握し、あらゆる表現方法でそれらをまとめ直すことができる。また、構成やレトリック等の表現戦略を指摘し、書き手の意図との関係性を説明することができる。	テクストの内容と表現戦略との関係性を考え、そこからテクストの背景にある意味や意図、戦略を考えることができる。また、それらの関係性を社会や文化に関連づけて考察し説明することができる。	テクストの内容や形式に着目し、それらを評価したり、現実の問題にあてはめたりして、テクストの意味・価値について深く考えることができる。また、社会的・文化的な観点からその再定義・再構成を図ることができる。

①理解する

　部分的な理解から全体的な理解へ、そして表層的な理解からテクスト内部の構造やテーマへと、徐々に着眼点を広げ、テクストを対象化してとらえる力を身につける。

②推論する

　推論の根拠となる範囲を、単数の情報→複数の情報ユニット、テクスト内→テクスト外、個人→社会、というように徐々に広げ、慎重に考える思考の習慣を身につける。

③評価する

　自分を起点とした意見の表出を出発点として、徐々に複数の視点から意見が言えるようにし、さらにそこに別のテクストや社会的・文化的な要素を加味して総合的に論じる力を身につける。

3.3.2. 国語科 CR のフレームワーク

　スパイラル・ルートの各々の段階において、読むことを社会的実践とするクリティカル・リテラシーの要素を取り込むべく、国語科 CR を構成する両輪のもう一方として、国語科 CR のフレームワークを設定する。

　フレームワークの基礎となるのは Wallace の「5つの問い」、および、そこから筆者がまとめた「5つのねらい」である。

目標とする、身につけたい力や分析の観点は前掲【表3-1】の通りである。これは、テクストの中にある社会的・文化的要素を読み解きながら潜在するパワーを看破しようとするクリティカル・リテラシーの資質・技能に拠るものである。

【表3-1】国語科CRの「5つのねらい」〈再掲〉

記号	国語科CRの「5つのねらい」 / Wallaceの「5つの問い」	キー・コンセプト
A	テクストの書かれた背景、問題意識を考える。 （このトピックについて）なぜ書かれているのか。	コンテクスト／イデオロギー
B	テクストのレトリックを分析し目的・効果を考える。 （このトピックについて）どのように書かれているか。	レトリック
C	複数の視点からテクストの定義・構成を考える。 （このトピックについて）ほかにどのような書き方があるか。	定義／構成
D	テクストの出所と想定（想定外）読者を考える。 このテクストの典型的な読者はどのような人か。	想定読者
E	テクストのトピックに見られる問題の構造を考える。 トピックは何か。	トピック

　上記の「5つのねらい」を、校種別で書き分けたものが次の【表3-7】【表3-8】【表3-9】である。校種別でねらいを示すのは、次章で述べる教科書の教材・学習の手引きの改編の軸とするためである。

【表3-7】国語科 CR の「5つのねらい」《小学校版》

記号	国語科 CR の「5つのねらい」 Wallace の「5つの問い」	キー・コンセプト
A	なぜこのテクストが生まれたのかを考える。 (このトピックについて)なぜ書かれているのか。	コンテクスト／ イデオロギー
B	ねらいに応じたどんな表現の工夫があるかを考える。 (このトピックについて)どのように書かれているか。	レトリック
C	ほかの書き方はできないかを考える。 (このトピックについて)ほかにどのような書き方があるか。	定義／構成
D	どのような人が誰に向けて書いたテクストかを考える。 このテクストの典型的な読者はどのような人か。	想定読者
E	書き手が伝えたかったことは何かを考える。 トピックは何か。	トピック

【表3-8】国語科 CR の「5つのねらい」《中学校版》

記号	国語科 CR の「5つのねらい」 Wallace の「5つの問い」	キー・コンセプト
A	テクストが生まれた社会的・文化的背景を考える。 (このトピックについて)なぜ書かれているのか。	コンテクスト／ イデオロギー
B	テクストの表現と書き手のねらいとの関係性を考える。 (このトピックについて)どのように書かれているか。	レトリック
C	テクストに対する他の見方・考え方、表現の可能性を考える。 (このトピックについて)ほかにどのような書き方があるか。	定義／構成
D	どのような人が誰に向けて書いたテクストかを考える。 このテクストの典型的な読者はどのような人か。	想定読者
E	書き手が真に伝えようとしたことは何かを考える。 トピックは何か。	トピック

【表3-9】国語科 CR の「5つのねらい」《高等学校版》

記号	国語科 CR の「5つのねらい」 Wallace の「5つの問い」	キー・コンセプト
A	テクストの書かれた社会的・文化的背景・問題意識を考える。	コンテクスト／イデオロギー
	（このトピックについて）なぜ書かれているのか。	
B	テクストのレトリックを分析し、その目的・効果を考える。	レトリック
	（このトピックについて）どのように書かれているか。	
C	複数の視点からテクストを捉え、その再定義・再構成を考える。	定義／構成
	（このトピックについて）ほかにどのような書き方があるか。	
D	テクストの出所と想定（想定外）読者を考え、そのねらいを探る。	想定読者
	このテクストの典型的な読者はどのような人か。	
E	テクストのトピックとそこに見られる問題の所在を考える。	トピック
	トピックは何か。	

　次に、読解プロセスに倣い、ステージ1から6までの段階に応じた指導事項をまとめる。校種別のフレームワークを読解プロセスと同様に細分化し、国語科 CR のフレームワーク（クリティカル・リテラシーによる分析の枠組み）としたものである。

第3章　国語科 CR の指導理論

【表3-10】国語科 CR のカリキュラム②（フレームワーク）

	A コンテクスト／イデオロギー	B レトリック	C 定義／構成	D 想定読者	E トピック
St.1	テクストが書かれた理由に興味を持つことができる。	テクストの表現の工夫に興味を持つことができる。	テクストで扱われていることがらの意味を理解しようとすることができる。	誰がどんな人に書いたテクストなのかを想像することができる。	何について書かれたテクストなのかに気づくことができる。
St.2	テクストが書かれた理由を考えることができる。	テクストの表現の工夫を指摘し、その理由を考えることができる。	テクストで扱われていることがらの意味を理解するとともに、その意味を別の視点からとらえることができる。	誰がどんな人になぜ書いたテクストなのかを考え、理由づけることができる。	なぜ、何について書かれたテクストなのかを考えることができる。
St.3	テクストが書かれた由来、背景を考えることができる。	テクストの表現の工夫とそのねらいについて指摘し、筆者の意図を考えることができる。	テクストで扱われていることがらの意味を理解するとともに、その意味を別の視点からとらえ直すことができる。	誰がどんな人になぜ書いたテクストなのかを考え、その理由を複数の観点から考察することができる。	なぜ、何について書かれたテクストなのかを考え、テーマを指摘することができる。
St.4	テクストが書かれた由来、背景、および筆者の問題意識を考えることができる。	テクストの表現の工夫と目的を分析し、それらの関係と妥当性について考えることができる。	テクストで扱われることがらがどのように定義づけられているかを考え、別の定義づけを考えることができる。	誰がどんな人になぜ書いたテクストなのかを考え、その社会的・文化的な関係性を想像することができる。	なぜ、何について書かれたテクストなのかを考え、中心となるテーマを指摘することができる。

St.5	テクストが書かれた由来、社会的・文化的背景、および筆者の問題意識を多角的にとらえて考えることができる。	テクストの表現の工夫と目的の戦略としての関係性を分析し、評価することができる。	テクストで扱われることがらがどのように定義づけられているかを考え、別の定義づけを具体的にすることができる。	誰がどんな人になぜ書いたテクストなのかを考え、社会的・文化的な関係性を分析することができる。	なぜ、何について書かれたテクストなのかを考え、中心となるテーマ、隠れたテーマを指摘することができる。
St.6	テクストが書かれた由来、社会的・文化的背景、および筆者の問題意識を多角的にとらえて、コンテクスト、イデオロギーを分析することができる。	テクストにおけるレトリックの目的・効果分析をし、筆者や読者、社会的・文化的背景との関係性を考察することができる。	テクストで扱われることがらがどのように定義づけられているかを考え、社会的・文化的な観点から再定義し、テクストの再構成をすることができる。	筆者、想定読者、想定外読者を考え、テクストの見えない社会性・文化性とそのねらいについて考察することができる。	なぜ、何について書かれたテクストなのかを考え、中心となるテーマ、隠れたテーマを指摘し、テクストの真のねらいを考察することができる。

　以上が、本論文で提案する国語科 CR の読解プロセス、および国語科 CR のフレームワークである。

　国語科 CR のカリキュラムは、この「読解プロセス」と「フレームワーク」が両輪となって推進する。「理解する」「推論する」「評価する」をスパイラル・ルートにのせることよって高次の読解へ導くとともに、クリティカル・リテラシーの視点からテクストをとらえるフレームワークを習得させる設計である。そしてこの設計は、OECD のコンピテンシーが掲げた理念や、新学習指導要領が目指そうとしている三つの資質・能力の柱（総則第１−３）に、さらに社会的・文化的な視点を盛り込んでいくものである。

4．国語科 CR の教材論・授業論の方向性

　この節では、先に述べた国語科 CR のカリキュラムを実現していくための教材論・授業論の方向性について論じる。

　教材論の方向性では、既存の教材を概観し、国語科 CR の観点から見た場合どのような問題があるのかを以降の教材の改編を念頭に置きつつ考察する。また、授業論の方向性では、国語科 CR の指導理論に準じた指導が見られないという現状を踏まえ、筆者が高等学校で実践した国語科 CR の要素を持つ事例を取り上げながら考察する。そしてこれらの考察を経て、今後の方向性をそれぞれ展望する。

4.1. 国語科 CR の教材論の方向性

　Wallace は、実際の新聞や広告、雑誌のテクストなどコミュニティ・テクスト（CMT）と呼ばれる社会的テクストを中心に扱ってきた。それは、CMT が、クリティカル・リテラシーのフレームワークからとらえるに値するリソースを内包していたためである。

　このような教材の選択は、国語科におけるメディア・リテラシー教育での教材観にも通じるものである。また、現行の教科書においても、このような社会的テクストは、言語活動のためのソースとして小学校、中学校、高等学校ともに採用されている。

　しかし、国語科の教科書を概観すると了解されるが、現行の教科書は、このような社会的テクストを中心に構成されているわけではない。小学校の説明文、中学校の説明的文章、また高等学校の評論文という段階、また扱われるテーマの推移を見ると、その多くは文字テクストを中心としたものであり、具体から抽象へと理解の対象を拡張していくことを目標としている。

　たとえば、各校種の最終学年が学ぶ教材として小学校第6学年、中学校第3学年、高等学校第2・第3学年の教科書を東京書籍版のもので見てみ

ると、小学校から中学校では、のちに分析する「読み比べ」教材のほか「話すこと・聞くこと」の分野において身近な社会的テクストが題材として扱われている事例が見られる。しかし、「読むこと」の対象として社会的テクストが扱われるのはごく一部に限られ、その多くは「話すこと・聞くこと」の題材として掲載される。また、高等学校ではそれらに関する題材が本編部分になく、メディアに関する教材が「言語活動編」として教科書の巻末もしくは別枠に掲載されるのみである。

　では、国語科教育において、Wallace が実践してきたような Critical Reading ができないのかといえば、そうではないだろう。なぜならば、広告やチラシ、人びとの会話を記録したディスコース、新聞記事などではない、教科書に掲載されるような文字テクストでも社会的な要素は内在し、読む対象としての価値を持つからである。説明文であれ、説明的文章であれ評論文であれ、文字テクストのなかに潜在する社会的テクストとしてのリソースを掘り起こし、洞察を深めていけば、国語科 CR の学びは十分成立する。

　たとえば、「イースター島にはなぜ森林がないのか」（鷲谷いづみ）という教材が東京書籍版の教科書（小学校6年生）に掲載されている。このテクストは、イースター島に森林がなくなったという事実を生態学者の視点から分析したものであるが、そこにはテクストには明示されない書き手の隠れた前提や背景のコンテクストやイデオロギー、領域専門性が隠れている。また、自説を読み手に納得させるようなレトリックも駆使されている。したがって、テクストは十分に社会的であり、先述の「5つのねらい」のフレームワークをあてがっていく価値のある教材であると言える。問題は、そのような要素を引き出す学習課題が教科書に用意されているかどうかだろう。

　書き手の視点や、生成過程としてのコンテクストに着目するなどをすれば、主張がないと扱われがちな説明文であっても、十分国語科 CR を適用させていくことができる。たとえば、同じく東京書籍版の小学校3年生（下）に「人をつつむ家―世界の家めぐり」という教材がある。世界の家

を探訪する書き手が、家の特徴を写真と文章で説明したテクストである。気候との因果関係にも触れながら説明されるそれは、主観を省いた淡々とした説明文のように映る。しかし、このようなテクストでも、なぜそのようなことに着目し、なぜそこを説明しているのかということに書き手の領域専門性は表れている。

　以上の観点から見れば、高等学校の評論というジャンルは、ますます国語科 CR のフレームワークをあてがうに値するものだと見ることができる。なぜなら、それらのテクストは社会の問題を扱ったものであり、筆者の考え方が濃厚にテクストに内包されているからである。

　このように、CMT のような社会的テクストだけでなく、教科書に採択される文字テクストであっても十分に国語科 CR の対象となることが期待できる。ただし、その教材を授業で扱う際の単元の目標設定や学習の手引きについては、検討が必要だと思われる。

　このほか、小学校、中学校の教材に書き下ろし教材が多いこと、高等学校の教材に学習者の実生活から遠い話題が多いことなど、読むことを社会的実践としていくための弊害となる要素についても検討が必要になると思われる。なぜなら、前者は中学生を対象とした閉ざされたテクストとして脱社会化されている可能性が、そして後者は、学習者が置き去りにされるという意味で、テクストと読み手の乖離の可能性が潜在しているからである。

　国語科 CR の実践を展開するには、現行の教科書を使用する限りはいくつか問題も予感されるが、素材文のアレンジや学習の手引きの再構成など、教材の改編をすれば適用も可能だと考える。

　本来であれば、新しい国語科 CR のテクストを教材として開発し、その可能性を実証をするべきところではあるが、現時点ではまず、既存の教科書を分析対象とし、そこにある成果と課題を明らかにしつつ、今後の教材開発を展望していくこととする。これらの検証については、第 4、第 5、第 6 章において校種別に分析、考察する。また、分析、考察をふまえた今後の教材論については、第 7 章で論じる。

教材論としてもう一つ留意しておきたいのが、図や表を織り込んだマルチテクスト教材の台頭である。このことはすでに現行の小学校、中学校の国語科教科書では見られる傾向だが、2017年公開された大学入学共通テストのモデル問題例でも、全国学力テストに見られたB問題のような活用型の学力観による問題が提案されている。高等学校においても今後、国語科における教材観の転換が大きく迫られる可能性を示すものであろう。このことについては、第7章において論じたい。

4.2. 国語科CRの授業論の方向性
　第2章の授業論で述べたように、Wallaceはハーバーマスのコミュニケーション論を引きながら、対話によって既存のテクストを再定義し、新たなものへ再構成していくことが必要だとした。また、そのためには学習者の持つ多様な文化的・社会的背景に着目し、活用していく必要があるとした。Wallaceはそのような学びによって、学習者に社会形成を図る資質・能力の育成を目指したのである。

　一方、新学習指導要領は、先に触れたような「三つの柱」を中心的概念としている。そして、そのことを実現するための教室で展開されるべき手立てとして「主体的・対話的で深い学び」の実現に向けた授業改善の推進（アクティブ・ラーニングの視点に立った授業改善の推進）を提案している。

　では、一見すると似たようなねらいを持つこれらには、どのような共通点、相違点があるのか。

　Wallaceがハーバーマスに着目したのは、ハーバーマスの言う「討議」が、社会における既存の常識、当たり前とされることがらを一旦中立化させ、俎上に載せる行為だからであった。Wallaceはこの「討議」が、Critical Readingの授業において、複数の人間で既存のテクストを再定義・再構成する際の有効な方略となると考えたのである。

　Wallaceはまた、違う考え方を向き合わせて何らかの合意を図るという対話の利点は、主観と主観が混ざり合い、そこに間主観性が生まれることだと述べた。多様な個が自らの個を押し殺すことなく、また他者を攻撃、

排斥することもなく、お互いが自由に話し合うことによって新たな社会形成を図ることが「討議」には可能だと考えたのである。

したがって、Wallaceにとって授業における要は、このような「討議」を生むような発問、課題を立てることであった。そして、学習者間の個々の背景や考え方を教室に引き出し、可視化することによって、「討議」を深めていくことであった。

では、新学習指導要領の「主体的・対話的で深い学び」にはどのような思想があり、また、そこではどのような策が提案されているのか。

「主体的・対話的で深い学び」については、新学習指導要領「第1章総則」の「第3　教育課程の実施と学習評価」に次のように書かれている。

1 主体的・対話的で深い学びの実現に向けた授業改善
各教科等の指導に当たっては、次の事項に配慮するものとする。
　（1）第1の3の（1）から（3）までに示すことが偏りなく実現されるよう、単元や題材など内容や時間のまとまりを見通しながら、児童の主体的・対話的で深い学びの実現に向けた授業改善を行うこと。
　　特に、各教科等において身に付けた知識及び技能を活用したり、思考力、判断力、表現力等や学びに向かう力、人間性等を発揮させたりして、学習の対象となる物事を捉え思考することにより、各教科等の特質に応じた物事を捉える視点や考え方（以下「見方・考え方」という。）が鍛えられていくことに留意し、児童が各教科等の特質に応じた見方・考え方を働かせながら、知識を相互に関連付けてより深く理解したり、情報を精査して考えを形成したり、問題を見いだして解決策を考えたり、思いや考えを基に創造したりすることに向かう過程を重視した学習の充実を図ること。
　（2）第2の2の（1）に示す言語能力の育成を図るため、各学校において必要な言語環境を整えるとともに、国語科を要としつつ各教科等の特質に応じて、児童の言語活動を充実すること。あわせて、

（7）に示すとおり読書活動を充実すること。

　また、告示以降の9月に公開された、説明資料としての文部科学省（2017b）「新しい学習指導要領の考え方―中央教育審議会における議論から改訂そして実施へ―」によると、「主体的・対話的で深い学び」は次のように規定されている。

　【主体的な学び】
　　学ぶことに興味や関心を持ち、自己のキャリア形成の方向性と関連付けながら、見通しを持って粘り強く取り組み、自己の学習活動を振り返って次につなげる（学び）。
　【対話的な学び】
　　子供同士の協働、教職員や地域の人との対話、先哲の考え方を手掛かりに考えること等を通じ、自己の考えを広げ深める（学び）。
　【深い学び】
　　習得・活用・探究という学びの過程の中で、各教科等の特質に応じた「見方・考え方」を働かせながら、知識を相互に関連付けてより深く理解したり、情報を精査して考えを形成したり、問題を見いだして解決策を考えたり、思いや考えを基に創造したりすることに向かう（学び）。
　　　　　　　　　　　　　　　　　　　　（文部科学省, 2017b, p.22）

　これらから、「主体的・対話的で深い学び」とは、質の高い課題を立て、それについて学習者が対話的な関係を持ちながら自ら進んで解決・創造を図るような授業形態、授業内容を構築していくことであると解釈することができる。
　社会形成を図るために対話を重視したWallaceの授業論と、「主体的・対話的で深い学び」を目指す新学習指導要領の授業論は、複数の個が有機的につながることを旨としており、既存のことがらを修正したり新たに創造したりするという意味で、共通する部分が多い。

ただ、前者がどちらかといえば学習の方向性が社会をとらえ直しその改革、再構成に向かっていく傾向が強いのに対し、後者が自己の見方、考え方を深めていくという自己改善、自己創造に向かっていく傾向が強いという違いはある。

いずれにせよ、これらの授業論は授業者が教授しそれを的確に再生することを求めてきた学習から学習者自らが問題を発見し解決していく学習にシフトさせる点において同じ軸の上に立つと言っていいだろう。フレイレの言う「銀行型教育」から「課題提起教育」への転換が図られようとしていると言っても過言ではない。

筆者は、高等学校におけるクリティカル・リーディングの実践的研究の過程で、学習者の思考を可視化し、協働的に問題を解決したり既存の考え方を多角的にとらえなおしたりする実践を積み重ねてきた（澤口, 2013a）。それらは学校という多様な個が集う場所ならではの社会を意識した実践であり、また、学習者の生活世界からやや遠い教科書のテクストを常に自分の問題としてとらえ、かつほかのことがらに転移（適用）させながらより深い理解を目指すものであった。

ただ、それらの実践的研究は、理論の基礎を認知科学やクリティカル・シンキングなどに置くものであり、国語科という教科の特性を維持しながら読むことをより社会的な実践とするには、ほかの授業理論に範を求めていく必要があった。

このことを具体的に振り返るために、Wallaceの理論に出会う以前の自身の学会発表の題目、キーワードを拾ってみる。

【表3-11】筆者のクリティカル・リーディングの実践的研究の変遷（Wallace以前）

発表学会	題目	キーワード
第118回全国大学国語教育学会（2010）	評論教材を自分自身の問題に引き寄せる読みの試み—高校現代文の実践—	ブッククラブ、読解力向上、クリティカル・リーディング、評論指導
第120回全国大学国語教育学会（2011）	評論教材におけるクリティカル・リーディングの可能性	評論教材、クリティカル・リーディング、対話
第121回全国大学国語教育学会（2011）	評論教材におけるクリティカル・リーディングの実践的研究	評論教材、クリティカル・リーディング、対話、質的研究
第122回全国大学国語教育学会（2012）	社会的クリティカル・リーディングの実践的研究—問題解決の過程を透明化する評論文指導—	評論文教材、クリティカル・リーディング、対話、協同、問題解決
第123回全国大学国語教育学会（2012）	クリティカル・ライティングにつなぐ読みの実践的研究—「読むこと」を「書くこと」へ活かす評論文指導—	評論文教材、クリティカル・リーディング、クリティカル・ライティング、対話、協同的問題解決
第124回全国大学国語教育学会（2013）	クリティカルに読み、書くための評論文指導—論証のレトリックに着目して—	評論文教材、高等学校、クリティカル・リーディング、クリティカル・ライティング、対話、協働学習、論証、レトリック
第125回全国大学国語教育学会（2013）	クリティカル・リーディングとその評価に関する実践的研究—評論文指導におけるテストの開発と実際—	評論文、高等学校、クリティカル・リーディング、評価、テスト
第126回全国大学国語教育学会（2014）	問いを立てる力を育むクリティカル・リーディング—高等学校における評論文指導—	評論文、高等学校、クリティカル・リーディング、マルチ・リテラシーズ、対話、協働
第127回全国大学国語教育学会（2014）	適用読解・複眼的読解を軸とした評論文のクリティカル・リーディング—「ミロのヴィーナス」を教材として—	評論文、クリティカル・リーディング、対話、協働、適用読解、複眼的読解

キーワードに対話、協働(協同)の語がほとんどの発表で見られ、自身の実践的研究が授業における学習者の対話を軸に、いかにクリティカルな読みの要素を投影していくかを考えてきたことがわかる。また書くことや評価にも言及し、CRのカリキュラムを構想しようとしてきたことが窺える。

ただ、背景となる理論は第1章で類型化した「言語論理教育」「批判的思考」の域にとどまっており、より社会的な実践をするための確固とした背景理論を得られていなかったことが見えてくる。

授業論の土台を構成する、言わば思想とも言える土台がまだ固まっていなかったのである。

本章で措定した指導理論を礎として授業論を構築するには、まず、Wallaceの求めてきたような「討議」を生み出す課題をどのように設定するかを教材論との絡みで論じていく必要がある。

このことについては、後の第4章、第5章、第6章の分析・考察を経て第7章で論じる。

5．第3章のまとめ

本章では、前章までの背景理論、先行研究・実践をふまえて、国語科CRの指導理論を構築し、カリキュラムとして提案した。

国語科CRの指導理論は、OECDのコンピテンシーや新学習指導要領が目指そうとしている学力観を土台としながら、そこにクリティカル・リテラシーの資質・技能の涵養の要素を盛り込み、理論化したものである。

理論化にあたっては、まず、上記の要素を統合させるべく、「国語科CRにおける読解プロセスとフレームワーク」としてまとめた。次に、学年ごとの段階的指導の系統性を全米の「Common Core State Standards for English Language Arts」におけるカリキュラム等を参考にしながら、「国語科CRにおけるスパイラル・ルート」としてイメージ化し、「国語科CRの6つのステージ」として、「読解のプロセス」「フレームワーク」ごとに

まとめた。

「国語科CRの読解プロセス」は「理解する」「推論する」「評価する」の3要素（3段階）で構成し、テクストをマクロにとらえて分析しながら最終的にテクストを再定義・再構成できることを目指したものである。一方、「国語科CRのフレームワーク」はWallaceのCritical Reading理論をもとに構成した国語科CRの「5つのねらい」をもとにテクストを分析することを目指したものである。「5つのねらい」については、「コンテクスト／イデオロギー」「レトリック」「定義／構成」「想定読者」「トピック」のコンセプトごとに内容を規定し、小学校・中学校・高等学校ごとに分けて示した。

段階に応じたカリキュラムの提案に関しては、新学習指導要領を念頭に置きつつ、上記「Common Core State Standards for English Language Arts」をはじめ、三重県教育文化研究所のまとめた「探究型の読みを『協働』でめざす小中高カリキュラム」などの先行研究をもとに、系統性のあるカリキュラムを提案した。具体的には、小学校第1学年から高等学校第3学年までの12年間を2年ずつのステージに分け、「読解のプロセス」と「フレームワーク」ごとに指導事項を示した。

国語科CRの指導理論は、社会の要請に機能的に自分自身をあわせ適応していく資質・能力だけでなく、社会における自分の位置を確かめ、そこから社会を見つめることによって、よりよい社会づくりの構成員として参画する力の育成を希求する。本章で示した指導理論や具体的なカリキュラムは、国語科CRのこのような理念を教材論や授業論、また評価など現場での実践に適用していく基礎となるものである。

第4章　国語科CRの観点による教科書教材の検討（小学校）

1．はじめに

　本章では、第3章で規定した国語科CRの指導理論に基づいて、現行の小学校国語科教科書の教材、および学習の手引き（以後「手引き」）の検討を行う。また、その検討によって明らかになった問題をもとに、現行の教材・手引きの改編を行う。

　教科書の教材・手引きを対象としたのは、教科書が学習者にとって広く権威あるテクストとして在ること、手引きが授業を構築する上での授業者にとっての水先案内となっていることからである。また、教科書はカリキュラムを具現化するテクストであり、日本においては学習指導要領を広く行き渡らせる主たる教材でもある。したがって、これらを改編することは、国語科CRの指導理論、カリキュラムを具現化する第一歩となると考えた。

　検討の対象は小学校から高等学校までとし、第4章で小学校、第5章で中学校、第6章で高等学校について検討、提案をする。検討の対象とした教科書は小中高とも東京書籍版の国語教科書である。東京書籍版の教科書を対象としたのは、後に詳述するが、「読み比べ」教材の連関が小中でデザインされている点、Wallaceが実践で活用したCMTなど社会的テクストを特に小学校教材で積極的に採用している点などからである。また、同じ教科書会社の教科書を小中高と検討することによって、現行の教科書の12年間の読解の学習カリキュラムや、ねらいとしての能力観をとらえやすいと考えた。

検討、改編をした教材・手引きは現場の教諭の意見を聞きながら修正をし、最終的には実際の児童・生徒に取り組んでもらい、更に修正をして仕上げるという方法をとった。

2．研究の方法

教科書の検討には国語科 CR のフレームワークを用い、小学校の「読み比べ」教材、第2学年から第6学年のすべてを対象に分析をした。現行教科書の、国語科 CR の要素の有無の実態を測り、課題を明らかにするためである。

そこで明らかになった課題をもとに、改編案として、A 案、B 案の二つの案を作成した。A 案は、教材はそのままで手引きのみ改編する案、B 案は、教材も含めて改編する案である。これらについては、2017 年 1 月の第 1 回初等教育カリキュラム学会で発表した。また、広島県内の複数の小学校教諭に各改編案に対する意見を仰ぎ修正をするとともに、修正案を現場の実践でそのまま使える書き込み欄付きのワークシートとしてまとめた。まとめた教材は、6 月から 7 月にかけて、広島県内の複数の小学校で調査を目的とした実践を依頼した。この調査の結果（児童の書いたワークシート、教諭のアンケート回答）をもとに、より実態に見合った改編案とするべく再修正をし、最終的な改編案とした。

改編にあたっては、国語科 CR のカリキュラムを基準とした。また、教材の書き換え（B 案）については、全く新しい素材を持ち込むのではなく、一部（第 2 学年・第 6 学年）を除き現行のものに加筆修正する形で行った。

3．東京書籍版「読み比べ」教材：教材の配列と目標の設定、および学習指導要領との関係性

東京書籍版の小学校国語（平成 27 年度版）の「読み比べ」教材は、説明

文を読み比べ、表現の工夫を考えるという学習を提案している。テクストを比較して分析しながら読むことでその内容や形式の特徴を考えさせようというコンセプトである。扱われる教材は、商品説明のカード、ほけんだより、広告と説明書、新聞記事などであり、実用的なテクストや新聞などのメディアのテクストが取り入れられている。国語科 CR は読むことを社会的実践とすることを目指すが、その意味でこれらの教材ラインナップは、書き下ろされたものではあるが、教材論で述べたような社会的テクスト（Wallace の理論における CMT）を採用する形をとっていると言える。

教材は次のように配列され、目標が設定されている（単元の目標は「教師用指導書」に拠る）。

【表4−1】教材の配列と指導目標

	教材名	単元の目標〈教師用指導書〉
2年上	ふろしきは、どんな ぬの	カードと本の文章という二つの文章を読み比べ、それぞれの説明の違いに気づくことができる。
3年上	「ほけんだより」を読みくらべよう	二つの「ほけんだより」を読み比べ、それぞれの事柄の取り上げ方や、説明の仕方の工夫を読み取ることができる。
4年上	広告と説明書を読みくらべよう	広告と説明書の文章を読み比べ、それぞれの目的に合わせた表現の違いを読み取ることができる。
5年	新聞記事を読み比べよう	記事と写真との関係に注意しながら新聞記事を読み比べ、書き手の意図を読み取ることができる。
6年	新聞の投書を読み比べよう	四つの投書を読み比べ、文章に表れている書き手の工夫について読み取り、自分の考えを書くことができる。

教材については、いずれも社会的テクストを素材としていることで共通する。単元の目標については表現の工夫を読み比べるという点では共通しているが、学年を追うごとに合目的性の考察（4年）、書き手の意図の考察

(5年)、自分の意見を書く(6年)という別の目標が設定されている。

では、これらの系統性は、学習指導要領とどう関係しているのだろうか。

学習指導要領〈平成20年告示〉(文部科学省, 2008a)の「読むこと」の「第5学年及び第6学年」の指導事項(イ)では、「目的に応じて、本や文章を比べて読むなど効果的な読み方を工夫すること」とあり、「読み比べ」はそれを具現化する方略であると言える。また、同じ学年の「言語活動を通して指導」する項では「編集の仕方や記事の書き方に注意して新聞を読むこと」とあり、実際の第5学年、第6学年の教材と合致している。

高学年のこのような目標は、初等教育における一つの到達点と見てよく、小学校の学習指導要領に、複数のテクストを読んで内容や形式を考えるという目標があったことが窺える。扱う教材は第1学年、第2学年では「事物の仕組みなどについて説明した本や文章」とあり、第3学年、第4学年では「記録や報告の文章、図鑑や事典」「記録や報告の文章」となっている。教材の選定にも、段階性が意識されていることがわかる。

また、同じく第5学年、第6学年の指導事項(オ)には「本や文章を読んで考えたことを発表し合い、自分の考えを広げたり深めたりすること」とあり、最終的に自分の考えを言うことが出来る学習者を育むことが盛り込まれている。このことからも同様に、意見を述べることができる小学生を育む意図が見て取れる。

学習指導要領は、説明文に関して言えば、テクストの内容や形式、及びその工夫について理解すること、また、その上に立ってテクストに対して意見が持てることの二点が目指されており、それに適合した教材づくりが教科書において成されていることが見えてくる。

ただ、到達点として、上記のような形式の熟考・評価、内容の熟考・評価に類する目標が設定されてはいるものの、推論に関する指導事項は学習指導要領には明言されていない。国語科CRでは、読解プロセスとして「理解する」「推論する」「評価する」を規定し、特に「推論する」ことの重要性を提案したが、この「推論する」ことがはっきりとは設定されない

第 4 章　国語科 CR の観点による教科書教材の検討（小学校）

ことが、実際の教材や手引きにどう反映しているのかを見極める必要がある。

　このような問題意識を念頭に置き、教材・手引きの検討をしていきたい。

4．教材・手引きの検討の方法

　教材・手引きの検討には、国語科 CR のフレームワーク（小学校版）【表3-7】を基準に行う。読むことを社会的実践としていくための「5つのねらい」である。これらの要素が、それぞれの単元の手引きにどの程度あるのかを観察し、◎○△×の判断をする。教材そのものの国語科 CR から見た価値づけについては、考察のなかで文章として示す。

5．各教材と手引きの分析

　第2学年から第6学年までの各単元の教材と手引きについての検討をする。

5.1.「ふろしきは、どんな　ぬの」（2年・上）

　デパートのふろしき売場のカードと「日本の道具」という本のふろしきに関する二つの説明を読み比べ、その説明の仕方の違いに気づくことを学習のねらいとしている。

《教材について》

　デパートの売り場に置かれたカードは社会的テクストであり、設定としては国語科 CR の教材観と合致するものである。ただ、ふろしきは、2年生の児童にとって親しみのあるものではなく、結果的に学習者の興味関心を引くことができない可能性があると思われる。

《手引きについて》

　カードと文章の説明の仕方の工夫を発見させる課題が中心となってい

る。「文の数」「一つの文の長さ」などの形式上の違いを発見し、そこから「どうして違いがある」のかを考えさせるデザインである。一見、推論に導く設計のようだが、ここでの「どうして」は、作り手の表現戦略を考えるのではなく、「使われる場面や用途の違い」による現象としての違いを確認する学習にとどまる。

後半は学んだことをほかのテクストへ活用する課題が設定されている。「ランドセルを買いに来た人にランドセルのよさをつたえる」課題である。しかし、ふろしきが、忘れられた日本の道具の掘り起こしによる再評価の性格を持つのと違い、ランドセルは小学生にとっては日常であり、掘り起こすといった目標の設定がしにくい。結果、ふろしきの例に倣って単に形式的に要点をまとめるという活動に終わることが予想される。

総体として、目的や用途によって文章の形式が違うことを学ぶための学習と言え、ことばに立ち止まる学習（たとえば、「まほう」「できます」「べんり」などのことばの背景にある書き手の戦略を考察するなど）、テクストの背景を考える学習は特に見られない。社会的テクストを扱い、明確な想定読者の設定はあるものの、どちらかといえば文章の表現形式の違いを確認することを目的とする教材になっていると言える。

5.2.「『ほけんだより』を読みくらべよう」（3年・上）

二つの「ほけんだより」を読み比べ、ことがらの取り上げ方や説明の仕方の工夫を読み取り、説明の違いに気づくことを学習のねらいとしている。

《**教材について**》

書き手の「つたえたいこと」、「ことがらの取り上げ方や説明の仕方」の工夫の考察から、目的と表現戦略との関係性を把握させる教材である。ただ、表現戦略の差異は、数値を使っているかどうか、イラストが多いかどうか、どのような因果関係を取り上げているかなどにとどまっている。また、ことばの表現の差異に着目させるような設計はされていない。用意された二つのテクストは、書き方に大きな差異は認められず、書き手の表現

戦略を「読み比べ」することはやや難しい。
《手引きについて》
　二種類の「ほけんだより」について「同じところ」と「ちがうところ」を確かめさせ、書き手の意図と書かれていることの関係性や、表や図といったレトリックなどの初歩的な目的効果分析の学習をさせている。また、最終的に学習者にどちらの文章を「ほけんだより」に選ぶかを判断させる課題も設定される。ねらいと表現の論理的な整合性を考え、最終的にはより良い方を選択させるという熟考・評価を最終目標とした手引き設計である。
　ただ、表現の工夫から書き手の隠れたねらいなどを推論するには、テクストに書き手の反応を予想した戦略的な表現（たとえば、恐怖を感じさせ是正を迫る）が希薄なため、結果的に表層的な工夫の指摘にとどまってしまう可能性がある。また、両者の工夫の違いや取り上げていることの違いを考えた後に一足飛びに熟考・評価に至る過程は、そのテクストが作成されたコンテクストを十分考えないままの意見表出となってしまう可能性があり、感覚的な浅い意見にとどまることが危惧される。
　総体として、想定読者が明確に設定されたテクストであるものの、テクストの背景やねらいをことばの表現から考えようという設問はなく、どちらかと言えば、視覚的に発見可能な表現上の工夫を見つけ出し、評価させるような教材だと言える。

5.3.「広告と説明書を読みくらべよう」（4年・上）
　目的の違う二つのテクスト（広告と説明書）を読み比べて、それぞれの目的に合わせた表現の違いを読み取ることを学習のねらいとしている。
《教材について》
　体温計の広告と説明書という実在するものに近いテクストが用意され、違いを具体的に確かめることができるようになっている。ただ、広告は「商品を売る」ため、説明書は「商品を買った人が使い方を正しく理解して安全に使う」ためと、本文でそれぞれの目的が前もって説明されおり、

学習者が自ら両者の違いを発見するのではなく、説明されたことを具体例で「確かめる」という設計になっている。

《**手引きについて**》

　目的や役割による「表し方のちがい」を読み取り、工夫を考えるという課題が設定されている。比べる観点としては、「書かれていることがら」「言葉の使い方や説明の仕方」「絵や写真の使い方」「色の使い方」「書かれていることがらの順序やレイアウト」の五つが示される。また、身近なテクストに同じような工夫があるかを確かめるという転移（適用）の設問も添えられている。

　しかし、この教材にもいくつかの不可解な点がある。まず、目的によって書かれ方が変わることを考えるねらいがあるにもかかわらず、テクストの前半でそのすべてを説明してしまっていることである。これでは、比較できる具体的テクストが用意されているにもかかわらず、学習者が自ら違いを発見したり違和感を持ったりすることができない。また、このような広告や説明書を受け取る側としての消費者リテラシーを涵養するには、手引きが示すような作り手の工夫を肯定的にとらえるだけの学習では不十分と言える。たとえば、広告には載らない捨象された情報を考えるなどの課題があってもよいだろう。

　そのほか、手引きでは、内容や構成、色使いなどを考察するマルチ・リテラシーの学習要素が中心を占めるが、ことばそのものに着目させる要素が弱く、教師用指導書も、「ことばのしっぽをつかむ」クリティカル・リテラシーに係るような分析は求めていない。たとえば、広告ではひと言も触れられていない「注意」が説明書になってやっと顔を覗かせることや、広告では「どなたでも」「らくらく」などの良いイメージのことばが多いのに説明書には「小さな子どもだけで使用しないでください」とある矛盾、ほかにも広告に「先が曲がるので安全」とあるが説明書には「無理に曲げたり落としたりしないように」とある点など、いくつか挙げることはできるが、そのような発見への導きは見られない。

　総体として、消費者という明確な想定読者がありながら、広告の背景に

ある企業や、それを取り巻く消費文化など社会的な構成要素に着目させる意図は見られず、ことばに着目した推論を求めることもない。どちらかと言えば、明示されたテクストの範囲で目的に応じた表現・構成の違いを読み取るような設計の教材だと言える。

5.4.「新聞記事を読み比べよう」（5年）

　二つの新聞記事を読み比べ、記事と写真の関係に注意しながら書き手の意図を読み取ることを学習のねらいとしている。
《教材について》
　同じテーマの書かれ方の違う二社の新聞記事を取り上げ、その表現から「どのような送り手のメッセージがあるのか」を読み取ることを求めている。A社の記事は鮎を主人公に仕立てた躍動的で主観的要素が強いもので、B社の記事は比較的冷静で事実を淡々と述べるものである。ただ、差を考える際の材料となっているのは「新聞記事の構成と役割」としての見出し・リード文・写真・図表であり、ことばそのものではなく構成や表現の工夫を読むための教材となっている。
《手引きについて》
　手引きでは、二つの記事の書かれ方の違いに着目させたあと、記事と写真との関係性に注目させながら書き手の意図を考える学習が組まれている。中心は「写真」「見出し」などに注目することであり、第4学年までの学習と同じく構成や表現の工夫を見つけ出すことが重視されている。
　A社の記事とB社の記事とでは性格がかなり違うが、記者（デスク）がどのようなイデオロギーから誰に何を目的に伝えようとしたのかを考える課題は見られず、作り手のメッセージと構成上の工夫との論理的整合性を確かめる学習が中心となっている。また、ことばの分析から隠れた前提やイデオロギーを読むといったことばに着目する課題は設定されておらず、構成、写真、小見出しなどの形式的な工夫の熟考・評価をするにとどまっている。たとえば、A社の記事本文には「先を争うように」「きらきらときらめく」「若い力のすばらしさ」「待ちに待ったアユのシーズン」など恣

意的な表現があるが、それらに着目させるような手引きはない。

　総体として、構成や写真の工夫に着目するマルチモダールなメディア・リテラシーの教材としての性格が強く、ことばは分析の中心とはなっていない。また、書き手の意図の背景にあるイデオロギーを掘り下げて読んでいくようなねらいも持ち合わせていない。結果として、新聞の表現上の工夫をより学びやすくするために比較という方法を活用した教材ということができる。

5.5. 「新聞の投書を読み比べよう」（6年）
　四つの投書を読み比べながら、説得するための工夫を読み取り、提示された意見に対して自分の考えを書くことを学習のねらいとしている。
《教材について》
　投書では、スポーツの目的は勝つためか楽しむためか、というテーマが二項対立的に提示され、テーマに対する意見が応酬しながら連鎖するように書かれている。意見文はすべてよく似た構成で書かれており、一定の意見文の書き方の型を教える目的があると思われる。また、裏づけレトリックとしての例示やデータ、権威の活用が見られ、「理由づけ」「根拠」とあわせて文章における論証の方略を学ぶことができるようになっている。新聞の投書と向き合い、それに意見を返すという活動は社会参画を促す意味を持つと言える。ただ、上記の条件を満たすためにしつらえられた文章ゆえ、形式も含め、書き手の立ち位置や背景などを多角的に比較しにくいという問題はある。
《手引きについて》
　手引きの中心課題は「説得のくふう」を読み取ることと、書き手に対してどう思うかの二点である。これらはレトリック分析と意見文を書く活動ということになる。ただ、ここでのレトリック分析は「根拠」「理由づけ」を考えたり、裏づけの仕方を学んだりすることにとどまり、なぜそのような意見を書いたのか、あるいは書き方をしたのかという書き手の背景を読むような観点はない。したがって、自分が意見を書く立場になった時

に、自分の立ち位置が認知できず、結果的に教科書の書き方をまねた浅い意見文しか書けなくなることが危惧される。四つの意見に「会社員」「高校生」「版画家」「無職」という職業や年齢という情報がありながら、それらの社会的・文化的な位置づけを考え、出された意見との関連性を考えさせる方略は示されない。また、この教材においても、ことばに着目した分析の課題はない。

　総体として、読んで学んだことを活かし読み手を意識した意見文を書く、という社会参画を企図した提案でありながら、第5学年までの学びと同じく形式や構成の工夫の考察でとどまり、かつ推論の学習が含まれないため、結果的には形式的な「書き方」の工夫を学ぶことを目的とする教材となっていると言える。

6．分析のまとめ

　最後に、国語科 CR の「5つのねらい」の充足度を、一覧としてまとめる。

【表4−2】「国語科クリティカル・リーディング」の5つのねらいから見た充足度

＊◎十分ある　○ある　△一部ある　×全くない

	5つのねらい	2年	3年	4年	5年	6年
A	なぜこのテクストが生まれたのかを考える。	×	×	×	×	×
B	ねらいに応じたどんな表現の工夫があるかを考える。	○	○	○	○	○
C	ほかの書き方はできないかを考える。	×	×	×	×	×
D	どのような人が誰に向けて書いたテクストかを考える。	△	△	○	△	△
E	書き手が伝えたかったことは何かを考える。	×	×	×	×	×

東京書籍の「比べる」教材は、社会的テクストを素材としたものであり、目的・用途による説明の工夫の違いを具体的なテクストをもとに段階的に学ぶデザインがなされている。ただ、国語科 CR の観点から見ると、次のような問題があると考える。

　一つ目は、どの学年においても、書き方の法則性がテクストのなかで示され、その法則性に則って形式的な違いを確認する学習になっていることである。基本的な法則を学ぶ意義はあるが、問いを立て探究する学習者を育むためには、まず学習者の違和感や気づきから学習を構築していくことも必要ではないかと考える。

　二つ目は、国語科でありながら、ことばへの敏感な気づきを促すような手引きが用意されていないことである。表現としての全体的な構成や写真を読むことが中心で、ことばそのものに着目する学習課題が用意されておらず、このままではことばから世界を読むようなフレームワークは育ちにくいと考える。

　三つ目は、テクストの背景のコンテクストやイデオロギーへの気づきを促すような視点がないことである。社会的テクストを比較して検討するのであれば、そのテクストの持つ社会的・文化的な意味も同様に検討すればテクストを立体的に深く読むことができると考えるが、そのことがないためにテクストに書かれたことだけからの検討に終わってしまっている。

　目的による書き方の違いなどをテクストの書かれ方から考えさせることを主眼としていることは十分理解できるが、社会的テクストを用いるのであれば、学習者が生活で直接に触れる教材として、そこで学んだテクストの読み方（フレームワーク）を実生活で活かせるようなデザインにする方がより実際的であろう。また、推論させることを十分せずに自分の意見を表明させる学習活動が見られたが、これに関しては、正確な理解と推論を経てから判断をするという学習の連続性の観点からすると、意見を表明することを急がせているような印象を持つ。

7. 教材及び手引きの改編

7.1. 改編の方向性

　分析によって得られた問題をもとに、国語科 CR のカリキュラムの観点から、「読み比べ」教材を改編し、新たな教材として提案をする。

　手引きの改編は、国語科 CR の読解プロセス【表3-3】とフレームワーク【表3-7】を基準に行う。それらを関連づけたイメージは第3章で示した【図3-2】である。

　提案は、小学校に関してはA案、B案の二案を提案する。A案は、教材はそのままで手引きのみ改編する案、B案は、教材も含めて改編する案である。前者は、既存の教材をそのまま実践へ活かすために、後者は国語科 CR の理論にさらに近づけるために改編するものである。

　次に改編した教材B案を示す。第2学年と第6学年は筆者のオリジナルだが、それ以外の教材は、現行のものに加筆修正をしたものである。なお、イラストや写真などは一部を除き省略して掲載している。A・B案それぞれの手引きの改編については最終的な修正案として後に示す。また、A案の現行の教材は掲載していない。

【表4-3】「ふろしきは、どんなぬの」（第2学年B案）

きせかえボールペン

　かおりさんは、おみせでふしぎなペンを見つけました。しんの入っていないペンが売られていたのです。しかし、よく見ると、そのよこにはいろんな色のかえしんもならんでいました。
　売り場には小さなカードが立ててあって、つぎのように書かれていました。

【カードに書かれていた文しょう】
〇5色入りのペンが作れます。
〇あなたのすきな色がえらべます。

○ときどききせかえることもできます。

　また、カードのよこにはしょう品のせつめいをしたざっしの記事がおいてあって、そこにはつぎのように書いてありました。

【気分でえらべるかわいいペンがやってきた！】
　あれこれ書くときにいろんな色を楽しみたい。でも何本もペンを持ちたくはない。そんなあなたにぴったりのかわいいペンが生まれました。
　好きな色のしんをえらんでください。本体にセットするだけで、あなただけのカラフルなペンを作ることができます。えらべる色はなんと２４色。まるで色えんぴつセットのようですね。
　夏が来たから明るい色をつかいたいな、今日は友だちに手紙を書くから読みやすいはっきりした色にしよう、などときせつやその日の気分でいろんな色にきせかえることもできます。かわいい色がたくさんあって、本当にまよってしまいますね。
　さて、あなたは何色をえらびますか。

【表４－４】「『ほけんだより』を読みくらべよう」（第３学年Ｂ案）

「ほけんだより」を読みくらべよう

　ほけんしつの大森先生は、毎月「ほけんだより」を出しています。
　大森先生は、今月のたよりにのせるため、二つの文章を書いてみました。そして、どちらを「ほけんだより」にのせようか考えています。
　文章の書き手は、自分のつたえたいことが読み手にうまくつたわるように、どんなことがらをとりあげたらよいかを考えたり、どのように説明したらよいかを考えたりして、いろいろなくふうをします。
　ですから、この「ほけんだより」のように、何かをつたえる文章を読むときは、次のことについて考えるようにしましょう。
①書き手のつたえたいことは何か。
②書き手は、つたえたいことをうまくつたえるために、どんなくふうをしているか。
③書き手は、なぜそれを書いたのか。
④書き手は、どんな考え方をもっている人か。
　それでは、大森先生が書いた二つの文章を読み、①、②、③、④の四つの点について、考えてみましょう。

【一つ目の文章】
朝ごはんをしっかり食べよう

みなさんは、朝ごはんをきちんと食べていますか。
　朝ごはんは、みなさんが元気に生活するために、大切なものです。
　みなさんが、体を動かしたり、べんきょうしたりするためには、エネルギーがひつようです。朝ごはんはそのためのエネルギーになります。
　朝ごはんを食べると、体温が上がり、体を動かすじゅんびができます。お昼くらいまで高い体温がつづくので、午前中を元気にすごすことができます。
　しっかり食べて学校に来れば、とけなかった算数の問題がとけたり、体育でとび箱がもう一だん高くとべるようになったりするかもしれませんね。
　朝ごはんは、毎日のけんこうのためにかかすことのできない、大切な食事です。朝ごはんをしっかり食べて、元気に生活しましょう。

【二つ目の文章】
朝ごはんをしっかり食べよう
　みなさんは、朝ごはんをきちんと食べていますか。
　朝ごはんを食べないと、元気がなくなったり、だるさを感じたりすることがあります。
　右の表は、だるさを感じてほけん室に来た人に、朝ごはんを食べたかどうかを聞いたものです。これを見ると、食べた人より食べなかった人のほうが、多くいることが分かります。
　朝ごはんを食べないと、脳の中にブドウ糖（とう）というエネルギーがはこばれないので、イライラしたり、けがをしたりしやすくなると言われています。
　それでもあなたは、朝ごはんを食べないで学校に来ますか。
　朝ごはんは、毎日のけんこうのためにかかすことのできない、大切な食事です。食べないと、給食までの半日が台なしになってしまいますよ。

【表4－5】「広告と説明書を読みくらべよう」（第4学年B案）

広告と説明書を読みくらべよう

　石田さんの家では、体温計を新しく買いかえました。石田さんは、さっそく、どのように使うか知ろうと思って取りあつかい説明書を読んでみました。すると、お店で見た広告と取りあつかい説明書とでは、書かれていることがらや書き方にちがいがあることに気がつきました。
　同じ商品についてのことなのに、説明する仕方になぜこのようなちがいがあるのか疑問に思った石田さんは、二つをくらべてそのわけを考えてみようと思いました。
　そこで、くらべるにはどのようなところを見るといいのか、石田さんは本で調べてみることにしました。すると、次のようなことが大切だと書かれていました。

・どのような人に何を目的として書かれたものかを考えること
・そのためにどんなくふうをしているかを考えること
・書いた人はどのような人かを考えること
・「変だな」という気づきも大切にすること
・ほかの書き方ができないかを考えてみること
　それでは、石田さんの家で買った体温計の、広告と取りあつかい説明書を読みくらべ、二つのちがいについて考えてみましょう。

【表4－6】「新聞記事を読み比べよう」（第5学年 B案）

新聞記事を読み比べよう

　わたしたちは毎日の生活の中で、さまざまな情報に接しています。このような、情報を伝えるための手段（新聞、テレビ、インターネットなど）のことをメディアといいます。メディアには新聞、雑誌、テレビ、ラジオなどの大衆に向けたマスメディアが一般的ですが、近年はインターネットによる情報も多く流れており、メディアは多様化しています。
　メディアは、受け手に送り手からのメッセージを伝えようとするものです。そのため、メディアからの情報を受け取るときには、そこにどのような送り手のメッセージがあるのかを考えることが大切です。また、メディアの送り手はブログのように一人の場合もありますし、マスメディアのような大きなメディアの場合もあります。いずれにせよ、送り手を一人としてとらえず、背景の様々な考え方や事情、かくれたねらいに気をつけておく必要があります。
　たとえば、ある出来事をあつかった記事について、全国紙といわれる大手の新聞社の書き方と、その問題のさなかにいる地方の新聞社の記事では、とらえかたに大きな違いがあることがあります。また、文化やスポーツに関しても、大きくあつかう新聞社とそうではない新聞社があります。そのようなちがいがなぜあるのかについては、背景に様々な考え方や事情、かくれたねらいがあるからです。
　ところで、かつて、ラジオやテレビが普及したとき「もう新聞は消えてなくなるのではないか」と言う人たちがいました。しかし、今でも新聞は多くの人に読まれています。みなさんのなかには、小学生向けの新聞を購読している人もいるかもしれません。きっと今でも新聞に何らかの魅力があるからでしょうね。
　では、新聞の面白さやメリットとはなんでしょうか。また、そこにはどんな構成や見せ方の工夫があるでしょうか。そばに置かれた新聞を手に取ってみましょう。そしてそこに、どんな特徴や工夫、背景が見えてくるか考えてみましょう。
○新聞を持ち寄って次のことを観察しよう。
・ページ構成と書かれている記事の種類
・記事以外の内容
・書き方の特徴

第4章 国語科 CR の観点による教科書教材の検討（小学校）

・読み手

新聞記事の構成と写真、言葉の役割
●記事の構成と言葉
・見出し
　記事の中心を短い言葉で表したものです。何を見出しにするかに書き手のメッセージが表れます。
・リード
　記事の内容を短くまとめたもので、見出しの後に付いています。見出しやリードに目を通すだけで、記事の内容のあらまし、書き手のおおまかなメッセージをつかむことができます。
・本文
　「いつ」「どこで」「だれが」「何を」「なぜ」「どのように」の六つの要素をおさえて書かれ、出来事をくわしく知ることができます。取材した情報のうち何を書くことに決めたかや、言い回し、言葉の選択から書き手の考え方が見える場合があります。
・写真・キャプション
　写真は、記事の内容を理解するのに役立ったり、記事以上に出来事の状況を伝える役目を果たしたりもしています。キャプションは、写真や図などにそえられた短い説明の文です。

●写真の役割
　写真は記事の理解を助ける役割がある一方で、記事の印象を大きく左右する力も持ちます。なぜ書き手がその写真をのせたのかや、ほかの写真はなかったのか、また写っている外側には何があったのかなどを読み解いていくことが大切です。
〈アップとロングのちがい〉＊写真（シマウマ）略
・アップ
　対象の一部を大きく写すこと
・ロング
　対象全体が入るように、遠くから写すこと。ルーズともいいます。

　次からのページの A 社と B 社の新聞記事は、どちらもある年のおなじ日の朝刊にけいさいされたものです。二つの新聞記事を読み比べてみましょう。

●A 社の記事
〈見出し〉
しぶきを上げる「江戸前アユ」
　奇跡のきらめき　初夏に映える銀のうろこ

〈リード文〉
　多摩川を生きのいい若アユがさかのぼっている。その数は、ついに今年1000万匹を突破。つり人たちは「奇跡のきらめきだ」と胸躍らせている。
〈本文〉
　今年も、多摩川では3月下旬から、東京湾で冬をこした「江戸前アユ」が川を上り始めた。その数1000万匹。1983年の調査開始以来、ついに1000万匹の大台に乗った。
　若アユたちは、先を争うように、しぶきを上げて水面の上にはね上がる。太陽の光に、銀のうろこがきらきらときらめく。若い力のすばらしさを感じさせてくれる、初夏の風ににつかわしい光景だ。
　一時期川が汚れ、多摩川のアユは人々の前からすっかりすがたを消した。が、自然がもどり、アユは多摩川に復活を果たした。そのまばゆい光景は、多摩川の風物詩になったともいえる。
　多摩川では、すでに一部でアユつりが解禁されている。つり人たちは「奇跡のきらめきだ」とシーズン到来に胸躍らせている。
＊アユの写真
〈キャプション〉
　水しぶきをあげていきおいよく多摩川をさかのぼる奇跡の「江戸前アユ」

●B社の記事
〈見出し〉
よみがえるか「アユの川」
　多摩川に1000万匹のアユ上る
〈リード文〉
　今年は、多摩川をさかのぼるアユが1000万匹をこえ、地元住民や関係者を喜ばせている。1000万匹をこえたのは、1983年に調査を開始して以来、初めてのことだ。「アユの川」はよみがえったのか。
〈本文〉
　多摩川では、年によって増減はあるが、東京湾から川をさかのぼってくる天然アユが増加している。今年は、83年に調査を始めてから、初めて1000万匹をこえたことが確認された。
　かつては、川の瀬に足を入れるとアユがぶつかるほどおり、「アユの川」とよぶ人もいたという。ところが高度経済成長期、多摩川にすむほとんどの生き物がすがたを消した。しかし、地元住民や行政の努力で、多摩川は以前のすがたにもどりつつある。
　多摩川ではここ数年、野草の試食、干潟での生き物とり、野鳥観察など、水辺でさまざまなもよおしが開かれている。授業で多摩川の自然に親しむ小学校もあるという。
　ゆたかな自然のめぐみをあたえてくれる多摩川。多摩川はよみがえったのだろうか。

第4章　国語科 CR の観点による教科書教材の検討（小学校）

【表4-7】「新聞の投書を読み比べよう」（第6学年 B 案）

新聞の投書を読み比べよう

　多くの新聞には、読者からの投書をまとめたコーナーがあります。このような投書は、ある出来事やテーマ、身近な問題などについて、考えたり感じたりしたことを述べた意見文といえるでしょう。
　投書の書き手は、自分の意見や主張を述べるとき、その根拠となる事実や資料を使って理由づけをします。そうすることで、読み手を説得したり、多くの読み手に共感してもらったりすることができるのです。
　投書を読むときは、このような根拠、理由づけ、主張の三つの関係が適切かどうかを見きわめることが大切です。適切なものはおおむね説得力のある意見文になっているはずです。「おかしいな」と思ったら、無理に納得せず、なぜ納得しにくいのかその理由を考えるようにしましょう。
　また、意見文を読むときには、書き手の背景を考えることも大切です。とくにちがう意見に出会ったときは「わたしとはちがう」と突っぱねてしまいがちですが、その前に、一旦立ち止まって、「なぜこんな意見文を書いたのか」という意見が出てきた経路をたどるようにしましょう。そのうえで、書き手の意見や主張に対してどう思うか、自分の考えをしっかり持ち、それに応えていきましょう。
　投書は、一種の社会参加の方法だともいえます。書き方を習ったら、自分でも投書に挑戦してみましょう。
　それでは、これらのことに気をつけながら二つの投書を読み比べてみましょう。

●投書①［10月10日朝刊］
役目を終えた修学旅行
　会社員　春山　薫　37（東京都練馬区）
　小学生の娘が昨日修学旅行から帰ってきました。さぞかし楽しかっただろうと土産話を楽しみにしていましたら、「集団でおなじことをして疲れた」といいます。もう修学旅行は時代に合わないのでしょうか。
　わたしも修学旅行は経験していますが、今とはちがって、みんなが同じことをしてあたりまえという時代でしたから、なんの違和感もありませんでした。しかし、今はどこでも便利に好みに応じて出かけられる時代です。それを、わざわざお金を積み立ててまでおなじ場所に行く必要があるのかというと、疑問を感じてしまいます。
　今のような修学旅行がいつごろから始まったのか調べてみたら、1950年代からのようです。まだ、家族でドライブなどは夢の話しだった時代、団体の貸し切り列車で遠い観光地へ出かけ、名勝を訪れるなどしながら友だちと深い思い出を作ったといいます。しかし、今のように好みも生活スタイルも多様化し

た社会では、同じような感動が得られるとは思えません。
　もうひとつ、費用の問題もあります。娘の修学旅行にかかった費用は３万円ほどでしたが、おなじ行程で家族旅行すれば、もっとよい条件で泊まることができることがわかりました。また、修学旅行の積み立てが家計的につらいというご家庭もあるでしょう。
　修学旅行を楽しんでいる小学生も大勢いるとは思いますが、時代のニーズに合った転換は必要です。
　修学旅行は、もはや役目を終えたと思います。

●投書②［10月23日朝刊］
修学旅行は学びの場
　　大学生　夏山　涼　21（長野県松本市）
　10月10日の朝刊、「役目を終えた修学旅行」の投書を読みました。なるほどとは思う反面、違和感を覚えたのでこの投書をします。
　わたしは、修学旅行は現代においても重要な役割を果たしていると考えます。
　理由の一つ目は、「修学」という名前です。辞書によれば「修学」とは「学んで知識を得ること」とあります。わたしは、高校で沖縄に修学旅行に行きましたが、「ひめゆり平和祈念資料館」や「ガマ」見学には、大きな衝撃を受けました。沖縄には青い海など、観光としての魅力がたくさんあることは知っていましたが、それは彩られた旅行パンフレットの世界であることを知ったのです。いま、自分が大学で学ぶ領域も、この高校２年生での「修学」旅行の経験が生きています。
　二つ目は、不特定多数の人間が同じ行程で同じように過ごすことの意義です。私たちの世代は、関心ごとも多様化しています。しかし、よりよい社会形成には協働や共生の理念も重要です。みんなで何か同じことを体験する、問題を共有し学びあうというのは、一種の「修練」として無駄ではないはずです。
　たしかに、費用は掛かりますし、旧時代の遺産という見方もあるでしょう。しかし、学校でこそできることを考えた場合、こういう学びは意味があると思います。
　修学旅行はまだまだ役目を終えてはいないと思います。

　学習
説得力を持つ文章とは
　他者に対して意見を述べるには、相手の納得を得るためのくふうが必要です。
　ここでのくふうとは、人の目をひくキャッチコピーや、絵や写真の活用といった見た目の印象で納得させるくふうではありません。言葉をつむいでじわじわと人をその気にさせるくふうを言います。読んでいくうちに「なるほど」と、思ってもらえるくふうです。
　こういったくふうは、親しい友だちや同じ考え方の人に対してはあまり必要

第4章　国語科CRの観点による教科書教材の検討（小学校）

ないでしょう。そうではない、そのことがらに関心のない人や、ちがう考え方を持っている人などに対してこそ、必要になってくると思います。なぜなら、わかりあえる人に、いちいち説得のくふうは要らないからです。
　では、そのような場合、あなたの意見を支えるものは何でしょうか。それが根拠であり、理由づけです。
　たとえば、次の母子の会話を見てください。
母「徹、お行儀悪い！」
徹「えっ？」
母「肘をついて食べるんじゃありません！」
徹「あ、ごめん。」
　ここで、徹さんは、すぐにお母さんに謝っていますね。では、なぜお母さんがいちいち理由を言わないのに、徹さんはすぐ謝ったのでしょうか。それは、「肘をついて食事をするのはマナーが良くない」という文化の中で二人が暮らしているからです。肘をついて食事をしている（根拠）から、行儀が悪い（意見）の間に、なぜそれがよくないか（理由づけ）をはさまなくとも、わかりあえる間だからなのです。しかし、そういう習慣を持たない外国から来た留学生に対してならどうでしょう。ていねいな理由づけが必要だと思います。
　意見文を書くときは、「相手はわかっているから」と思わずに、そうではないということを前提に、常に、根拠を示しながら理由づけをすることを意識しましょう。
　理由づけには、次のようなことを裏づけとして示す方法があります。意見文を書くときの参考にしましょう。
①例を示す
　自分の経験、似たような出来事、知っているほかの事例などを挙げる。
・わたしは、かつて生け花を習ったことがある。
②比べる
　対照的な例を出す。似ているが少し差がある例などを挙げる。
・北欧では日本ほど学費がかからないという。
③データを示す
　アンケート結果、公表されている白書、実験結果、など、量で示すことができるデータを挙げる。
・クラスの約70％が賛成だと答えた。
④引用する
　ことわざや格言、有名人の名言、本で書かれていた言葉など、権威がある言葉を挙げる。
・かつてガンジーは「明日死ぬと思って生きなさい。永遠に生きると思って学びなさい」と言った。

7.2. 改編教材、手引きの検証

　改編案は、小学校教諭からの意見聴取をもとに調整し、教科書の紙面に準じたレイアウトに整えて教材化した。整えた教材・手引きについては、小学校教諭及びそれに取り組む児童の反応を調査するべく、複数の小学校に調査を依頼した。調査は、改編案を現場の実態に合った、よりわかりやすく効果的なものとすることを目的として行った。

　調査は広島県内の小学校三校に2017年7月に依頼した。

　改編案（第三次）に解答枠を加えワークシートとしたものを担当教諭に送付し、授業実践を依頼した。調査は、授業者の説明のあと学習者が各自で書き込む形がとられた。また、一部（C小学校）では授業形式に準じた形で実施された。

　次に調査協力校と調査数、調査方法について一覧でまとめる。

【表4-8】調査協力校一覧

調査校	実施教材	対象	実施方法
福山市立A小学校	第2学年A・B 第3学年A・B 第4学年A・B 第5学年A・B 第6学年A・B	2年生から6年生までA案、B案ともに1クラスずつ（2年生A案35人／B案33人、3年生A案29人／B案27人、4年生A案30人／B案32人、5年生A案32人／B案31人、6年生A案35人、B案37人）	教諭の説明のあとに児童が各自で読んで取り組む。質問があったら適宜教諭に質問をする。
三原市立B小学校	第5学年A・B 第6学年A・B	5・6年生の複式学級12人（5年生5人、6年生7人）	教諭の説明のあと35分間各自で解いた。教諭は質問があったときのみ対応。児童によってA案、B案のどちらかを指定して実施。A案5人、B案7人。児童一人一人の解く組む態度の記録された一覧メモあり。

廿日市市立C小学校	第5学年A	第5学年の1学級37人	教諭の支援でワークシートに取り組んだあと一斉授業で振り返り。新聞を読む学習の一環として実践がなされた。授業の一部を記録したDVDあり。

7.3. 調査結果と考察

調査は、学習者のワークシートの解答の傾向、また担当した教諭のコメント、授業記録のDVD（C校のみ）をもとに分析・考察した。

次に一例として、第5学年に関する調査と分析・考察について示す。第5学年を示すのは、調査対象が最も多く、また授業形式での調査が唯一行われた教材だったためである。

7.3.1. 第5学年「新聞記事を読み比べよう」の調査と分析・考察

7.3.1.1. 改編した手引き

【表4−9】調査で用いた改編手引き（第5学年）

―A案・B案共通―
　てびき
　新聞記事を読み比べ、書き手の意図が記事にどう表れているかを考えよう。また、身近なメディアについて調べてみよう。

【理解する】
①二つの新聞記事を読み比べ、それぞれのトピック（書き手が伝えようとした出来事、主題）を考えよう。
　〈比べるところ〉
　・見出し
　・リード
　・写真
　・本文の書き方（書き手の言葉の選びかた）
●A社の記事
●B社の記事

【推論する】
②それぞれの記事は、どんなことをねらって書かれていますか。言葉や表現をもとに考えてみよう。
　　・共通点は何か
　　・相違点は何か
③それぞれの記事は、どんな読み手を想定して書かれていますか。言葉や表現をもとに考えてみよう。
　　●A社の記事
　　●B社の記事
④それぞれの記事の背景にある考え方や問題意識を、言葉や表現をもとに考えてみよう。
　　●A社の記事
　　●B社の記事

【評価する】
⑤説明文には、「新聞は、社会の出来事を速く多くの人に知らせるための印刷物」とありますが、A社、B社の記事は「出来事」だけを伝えていると思いますか。出来事のほかにも何かを伝えていると思いますか。また、そう思うのはなぜですか。考えをまとめ、話し合ってみよう。
　　〈分析の方法〉
　　・「出来事」と言える部分に線を引こう
　　・「出来事」とは言えない部分に線を引こう
⑥それぞれの記事の外側の情報を読もう。
　　▼それぞれの記事に隠された情報がないかを考えてみよう。
　　＊「隠された情報」……書き手があえて記事にのせなかったこと
　　●A社の記事
　　●B社の記事

《発展》
　身近なメディアの文章を持ち寄って、そこからどんなことが読み取れるか話し合ってみよう。
　　▼どのようにして生まれたものかを考えてみましょう。
　　▼誰が誰に向けてどのようなメッセージを送っているのかを考えてみましょう。
　　▼どのような表現の工夫、戦略があるかを考えてみましょう。
　　▼文章の後ろに隠れていることを考えてみましょう。
　　▼他の書き方ができないかを考えてみましょう。
　　　〈メディアの例〉
　　　・小学生新聞の記事
　　　・インターネット上の記事

第4章　国語科CRの観点による教科書教材の検討（小学校）

```
・雑誌の記事
・広告
・ダイレクトメール
・学校で発行されるお知らせ
・ブログ　　　　　　　　　　など
```

7.3.1.2. 解答の傾向と分析

　本教材はA小学校、B小学校、C小学校で調査した（C小学校ではB案のみ）。

　A案、B案は手引きは共通だが、本文部分を書き換えてある。

　大きな違いは次の二点である。

i 冒頭の新聞についての解説文は現行（A案）では、新聞とは何であり、何をどのように書いているかが網羅的に説明されている。一方、書き換えたB案では、新聞が新聞社の持つイデオロギーや立場、背景などによって微妙に異なるものであることを説き、国語科CRの視点を取り入れた。また、そのような読み方のためのフレームワークについても簡単に触れた。

ii iの違いにしたがって、アユの記事をA案とB案とで、より書き手の意図の違いが鮮明になるように書き換えた。具体的にはA社は感動を感覚的に伝える書き方に、B社は社会的な問題意識から慎重に現象をとらえるように書き換えた。

　次にA案・B案を併せて学習者の書いた解答の傾向を分析する。A案とB案の解答傾向に差があった場合はそれを記した。

　なお、C小学校は実践の様子の一部を記録した映像があり、学習者の反応を詳細に観察することができたので分析に反映させた。

【表４－10】解答の傾向と分析（第５学年、Ａ案・Ｂ案）

【理解する】 ①二つの新聞記事を読み比べ、それぞれのトピック（書き手が伝えようとした出来事、主題）を考えよう。 　　〈比べるところ〉 　　・見出し 　　・リード 　　・写真 　　・本文の書き方（書き手の言葉の選びかた） ●Ａ社の記事 ●Ｂ社の記事
《分析》 　Ａ案、Ｂ案ともに両社の新聞記事の書き方の違いを見比べて、何を書こうとしていたかを考える設問である。Ｃ小学校は担当教諭が授業として扱った（担当教諭の回答による）ためか、解答ではＡ社、Ｂ社の伝えようとしていることがうまく要約されており、また全体の解答の質が比較的統一されている。しかし、Ａ小学校、Ｂ小学校では「わかりません」や、聞かれていることに答えていない解答があわせて30％ほどあり、問われていることの意味がわからない層が一定あったと思われる。解答例は大きく分けると二つあり、具体的なことを書き出している解答（以下ⅰ、ⅱ）とある程度一般化してまとめている解答（以下ⅲ、ⅳ）である。割合として後者の方が少なかった。 【Ａ案】 ⅰ（Ａ社）若アユたちが先を争うように来ている。 　（Ｂ社）多ま川には、ほとんどの生きものがすがたをけしたけどもどってきた。 ⅱ（Ａ社）見出しでＡ社はアユのことを伝えている。 　（Ｂ社）見出しでＢ社は川のことについて伝えている。 ⅲ（Ａ社）多摩川に人々の前から姿を消したアユが戻ってきた。 　（Ｂ社）地元民や行政の努力で「アユの川」がよみがえった。 ⅳ（Ａ社）アユがよみがえったこと。 　（Ｂ社）川がよみがえったこと。 【Ｂ案】 ⅰ（Ａ社）若アユがのぼる数が１万匹ごえでつり人がよろこんでいるということ。 　（Ｂ社）１万匹をこえたのは1983年いらいということ。 ⅱ（Ａ社）川に足を入れただけでアユがぶつかる。 　（Ｂ社）アユが姿を消した。 ⅲ（Ａ社）多ま川にアユが増えた。

第4章　国語科 CR の観点による教科書教材の検討（小学校）

　　（B社）多ま川がアユが増えたから人々が喜んでいる。
ⅳ（A社）アユがどんな様子か。
　　（B社）アユに対して人々の態度（思ったこと）
　B案のB社の記事は多摩川がよみがえったという見方に慎重な立場で書き替えA社の書き方との差をつけたつもりであったが、そのことに言及した解答は次の1例だけであった。
・（A案）川が汚れ、アユがいなくなったが、1000万匹のアユが現れ、釣り人が「奇跡のきらめき」と言っている。
　（B案）高度経済成長期にアユがいなくなったが、多摩川は以前のすがたにもどったのか。

【推論する】
②それぞれの記事は、どんなことをねらって書かれていますか。言葉や表現をもとに考えてみよう。
　　・共通点は何か
　　・相違点は何か
③それぞれの記事は、どんな読み手を想定して書かれていますか。言葉や表現をもとに考えてみよう。
　●A社の記事
　●B社の記事
④それぞれの記事の背景にある考え方や問題意識を、言葉や表現をもとに考えてみよう。
　●A社の記事
　●B社の記事

《分析》
［②について］
　どんなねらいがあるかを考える手立てとして「共通点」と「相違点」を書き出す設問である。C小学校のワークシートに教諭の手書きで（同じ点）、（ちがう点）と書き込まれていることから、共通、相違という語句が5年生の一部には伝わりにくかった可能性がある。また、書かれていることの違いから書き手のねらいを推論することをねらったが、そのような手立てになると言える解答例はあまり見られなかった。次はある程度ねらいに応えていると思われる「相違点について」の解答例である。いずれもB案に集中しており、A案に関してはすべての小学校で「わからない」や問われていることに答えていない解答が多くを占めていた。両者の差をあえて大きくして書き換えたB案が、比較をする上で一定の効果をもたらしている可能性がある。
・A社…アユの様子、B社…アユに対して人々の思ったこと。（B案）
・A社は、むねがおどるなどウキウキするような終わり方で、B社は、たま川はふっかつしたのだろうかなどとドキドキ感で終わっている。（B案）

・A社は主にアユのことについてかいている。B社は主に住民の努力をかいている。(B案)
［③について］
　A案、B案ともに、A社の記事は釣り人や釣りに関連しそうな人々、B社の記事は付近の住民や観光客などの一般の人向けという、差を見出した解答が比較的多く見られた。ただ、【理解する】の《分析》でも触れたように、B案は、多摩川の復活を慎重にとらえる記事ゆえに、たとえば「環境の問題に関心がある人」というような解答が出ることを期待したが、そのような解答はなかった。
［④について］
　教諭による指導が入ったと思われるC小学校を除いて、ほとんどが無解答であった。「背景」や「問題意識」はメディアに接する場合の重要な観点と考えての設問であったが、期待したような反応は得られず、課題を残した。C小学校の解答は書かれているものもそのほとんどが本文からの書き写しであり、設問の意図とずれていた。もう少し平易な問い方にするなどの工夫が必要であろう。

【評価する】
⑤説明文には、「新聞は、社会の出来事を速く多くの人に知らせるための印刷物」とありますが、A社、B社の記事は「出来事」だけを伝えていると思いますか。出来事のほかにも何かを伝えていると思いますか。また、そう思うのはなぜですか。考えをまとめ、話し合ってみよう。
　　〈分析の方法〉
　　　・「出来事」と言える部分に線を引こう
　　　・「出来事」とは言えない部分に線を引こう
⑥それぞれの記事の外側の情報を読もう。
　　▼それぞれの記事に隠された情報がないかを考えてみよう。
　　＊「隠された情報」……書き手があえて記事にのせなかったこと
　　●A社の記事
　　●B社の記事

《分析》
［⑤について］
　新聞記事に書かれていることがすべて事実と思わないような読みのフレームワークを育むことをねらった設問である。しかし、教諭の指導があったと思われるC小学校以外の学校では「わかりません」を含む無解答、完全な誤答がほとんどで（96％）、設問の意図を理解したと思われる解答は次の3例のみにとどまった。
・A社は出来事のほかにも何かを伝えている。理由は「にツかわしい光景」という人々の気持ちをかいているから。B社も出来事以外に何かを伝えている。理由は「〜だろうか」と疑問を持っているから。(B案)

第4章 国語科CRの観点による教科書教材の検討（小学校）

・A社は出来事だけではない。キラキラキラめくアユ的な事が書かれているから。B社はそういうことが書かれていない。（A案）
・「〜た」や「〜だ」だけでなく「〜ともいえる」「〜いたという」など出来事でないこともあるから出来事ではない。（B案）

　C小学校では、多くの答案がA社の記事とB社の記事が不等号で比較されていた。これは授業記録として撮影されたDVDを分析して明らかになったことであるが、授業者が学習者に線を引く活動の補助をし、その後、どちらの記事が出来事優位でどちらの記事が筆者の考え優位かを比較するように指導していた。授業での発言でも、A社が筆者の考え優位、B社が出来事優位の記事であると判断がなされていた。授業者が、より取り組みやすい設問に仕立て直したことで、学習者の思考が活性化された事例だと言える。

［⑥について］

　⑤とほとんど同じような傾向で無解答が多かった。C小学校は、ワークシートへの書き込みの取り組みはなかったが、授業では少し扱ったとの回答を得ていたのでDVDでその様子を分析した。その結果、学習者自身が何を聞かれているかよくわからず、ほとんど発言がなまま、あるいはあっても問われていることとは別の解答をしている状態であった。

　書かれていない情報を読むには、書き手の意図を読む必要があるが、これまでの学年の解答傾向を見てもわかるように、書き手がなぜそう書いたのかという書き手という他者を想定することに学習者が慣れておらず、この設問は難し過ぎたと言える。

　ごく少数ではあるが、解答例の中には考えるための端緒となるものもあったので、次にその一例を記載する。

・A社の記事…地元の人の思い。
　B社の記事…つり人の思い。　（B案）
・A社の記事…地元住民や行政の協力で自然が戻ったこと。
　B社の記事…アユつりが解禁されていること。　（B案）
・A社の記事…アユをつるのは今がいいということ。
　B社の記事…なぜアユが姿を消したのかがかかれていない。（A案）
・A社の記事…「江戸前アユはすがたを消した」としかないからアユ以外もすがたをけしたこと。
　B社の記事…上がってくるアユを「江戸前アユ」ということ。（A案）

7.3.1.3. 担当教諭のコメント

担当した教諭からは次のようなコメントが寄せられた。

【表4-11】担当教諭のコメント（第5学年）

児童の興味関心、取り組む様子について
A小学校 ・どんな読み手を想定しているかや、記事の背景にある考え方や問題意識は難しそうだった。 ・「評価する」の分析の方法で、何に線を引いたらいいか分からない様子だった。 ・「隠された情報」までは見られない児童が多かった。 ・全体的に問われている内容が理解できていなかった。
B小学校（第6学年とあわせての回答） ・はじめ児童は「大学生からの挑戦状」ということで意欲は高まったが、文章量や行数が多いことで、学力の低位の児童はやる気がなくなった。他の児童は黙々と解いていたが、言葉の意味（背景、反論、相違点）や問題の問われ方にとどまっていた。 ・時間を35分とったがすべてを解ききる児童はほとんどいなかった。 ＊7月19日（水）2校時9：45～10：20、自分で解かせ、質問が出れば答えるという方式で実施。
C小学校 ・単元の導入で、広島カープの記事をスポーツ報知、デイリー新聞、中国新聞、読売新聞を比較しました。同じ新聞でも取り扱い方が違うことや、同じカープの記事でも取り上げた内容が違うなどの気づきが児童から出ました。その後、教科書で扱っている記事について比較しました。カープの記事の導入もあって、とても興味をもち学習しました。また、三重県の高校の先生から依頼があったことも伝えると、とても意欲的に取り組みました。しかし、児童が自力で解決できない問題もありました。 ・【推論する】の「言葉や表現をもとに考え」という箇所が児童には理解しにくいようでした。しかし、共通点や相違点は見つけることができました。どんな読み手を想定しているのかも難しいようでした。④の、記事の背景にある問題意識については、黒字が自力で解決した児童、朱書きは自力解決できず一斉授業で書いたものです。 ・【評価する】の出来事と他に分けるのはビデオ撮影していますのでご覧ください。自力解決せず一斉で行いました。⑥の隠された外側の情報は私自身も理解できなかったため、何となくやってしまいました。ビデオの後半でしていますのでご覧ください。

第4章　国語科 CR の観点による教科書教材の検討（小学校）

本改編案への意見、提言
A 小学校 ・これまで、あまり新聞の読み方の指導をしていないことや、夏の暑さもあり、十分集中したなかで実施できなかったため、研究に役立つかどうか分かりませんが、少しでもお役に立てればと思います。
B 小学校（6年生とあわせての回答） ・今回自分で解かせたが、授業で全員で考え合うのならもっと解けたように思います。文章の裏側にある筆者の考えを考えたり、それぞれの文章を比較したりすることは大切な力です。自力では難しい課題のように思いました。 ・5年「理解する①」比べ方が難しい。比べる視点は書いてあるが、どう答えたらよいかわかりづらい。
C 小学校 ＊「児童の興味関心、取り組む様子について」にまとめて記述

7.3.1.4. 改編案修正の方向性

　全体的に学習者にとっては自力で解く問題としては難しく、無解答が多かった。ただ、担当教諭のコメントに「文章の裏側にある筆者の考えを考えたり、それぞれの文章を比較したりすることは大切な力です」とあるように、趣旨としては一定理解されているものと思われる。設問中の語句（背景、相違点、反論など）を易しい表現に変えることなどを含めた修正が必要であろう。

　また、調査からは、国語科 CR の理論が現場に十分理解されない実態も垣間見られた。たとえば【評価する】⑥は、授業者自身にも趣旨が理解できていなかったことが報告されている。しかし、例えば井上（2007）が「批判的な読みのチェックリスト」で、「隠された資料や証拠はないか」「隠された仮定・前提（理由・原因・条件）はないか」と記している（pp.93-94）ように、また、Wallace の Critical Reading がテクストの隠れた背景を読むことを重要視したように、このような問いは国語科 CR の問いとして重要と考える。新たにコラムを書き加えたり、問い方を易しくしたりするなどによって学習の趣旨が理解されるような策を講じる必要があろう。

以上、第5学年では、解答の傾向から学習者は他者の立場で読むということに習熟していないことが示唆された。国語科CRのカリキュラムのSt.3の第5学年、第6学年の「評価する」の目標を「書かれている内容、書かれ方について、自分の経験や知識、他の情報をふまえて、複数の観点から関連づけ意見を言うことができる」としたことから見て、このことは大きな問題である。多角的な視点から事象をとらえる取り組みが必要となろう。

　一方、調査からは次のような可能性も確認することができた。

　一つは、【推論する】③のねらいや想定読者を考える問題において、違いをより明確に書き分けたB案では、より的確な指摘がなされていたことである。このことは、第3学年の「読み比べ」教材と同様、少しの教材アレンジで情報の統合や解釈をより促すことが可能であることを示すものであり、今後の教材づくりへの示唆を得ることができた。

　もう一つは、教諭が単元の授業として取り組んだC小学校の学習者の取り組みが充実していたことである。たとえば【評価する】⑤に関しては授業者が不等号を用いて両者の差を概念化することに成功していた。設定した意図とはずれるものの、こうした実践レベルでの工夫があれば、思考のプロセスに習熟することを支援していけることがわかった。

7.3.2. 調査結果から見えた全体的傾向

　第5学年の例からも示唆されたように、すべての学年において、このような形式・内容に慣れていないことによる戸惑いが大きかったようである。問題によっては無解答率が高いものがあり、「何が問われているかわからない」状態にあった可能性がある。また、全体的に「レベルが高い」という指摘もあり、難易度の調整をする必要があることがわかった。ただ、このような問題は見られたものの、単にワークシートに取り組ませる形式ではなく授業として教師が導いたクラスでは、反応が明らかに違っており、学習の目的やねらいの趣旨さえ理解されれば、国語科CRの指導理論の可能性を一定確認することはできた。

7.4. 改編した教材・手引きの修正

　検討をもとに、改編した教材・手引きの修正を行ったものを次にまとめる。教材そのものについては、特に問題があるとの指摘がなかったので、手引きのみの修正をもって改編案の修正とした。漢字については学年別漢字配当表を確認して適合するように改めた。

7.4.1. 改編した手引きの修正（第2学年）

【表4－12】改編した手引きの修正（第2学年）

―A案―
|てびき|

　せつめいのしかたをくらべて、ちがいを見つけよう。また、そのようなせつ明のしかたをしているわけを考えよう。

【理解(りかい)する】
　①「本にのっていた文しょう」をよんで、まとめましょう。
　　　▼「ふろしき」が「べんり」なのはどんなところですか。
　　　▼「ふろしき」が「まほう」なのはどんなところですか。
　②「カードに書かれていた文しょう」をよんで、考えましょう。
　　　▼「カードに書かれていた文しょう」は「本にのっていた文しょう」とくらべて書きかたがどうちがいますか。

【推論(すいろん)する】
　③二つの文しょうの書き方にちがいがあることのわけを考えましょう。
　　　▼二つの文しょうは、だれがよむものでしょうか。
　　　▼書いた人は、何のためにそれを書いたのでしょうか。

【評価(ひょうか)する】
　④あなたがカードを作るとしたら、「本にのっていた文しょう」のどこをつかいますか。
　　　▼つかうところを三つえらびましょう。
　　　▼なぜそこをつかうのか、あなたの考えをまとめはっぴょうしましょう。

《発展》つぎの文しょうをもとに、お店のランドセル売り場におくカードを作ろう。

　　　　まほうのかばんランドセル

　ランドセルは、小学生がつかうかばんです。
　ランドセルは、いろいろな形や大きさの教科書やノートを入れてはこぶことができます。そのほかに、ふでばこやじょうぎなども入れることができます。いろいろなものが入るように、大きく作ってあるからです。
　また、ランドセルは、からだが大きくなってもつかうことができます。からだの大きさにあわせて、かたのベルトのながさをかえることができるからです。
　さらに、ランドセルは、ながいあいだつかうことができます。やぶれにくいじょうぶなきじで作られているからです。
　このように、ランドセルは、とてもべんりなものです。
　ランドセルは、まるでまほうのかばんのようです。

　　▼ランドセルを買う人はだれかを考えて、作ってみましょう。

―Ｂ案―
|てびき|
　せつめいのしかたをくらべて、ちがいを見つけよう。また、そのようなせつめいのしかたをしているわけを考えよう。

【理解する】
①「ざっしの記じ」をよんで、まとめましょう。
　▼「きせかえボールペン」はふつうのボールペンとどこがちがいますか。
　▼この文しょうはなにが言いたいのでしょうか。
②「カードに書かれていた文しょう」をよんで、考えましょう。
　▼「カードに書かれていた文しょう」は「ざっしの記事」とくらべて書き方がどうちがいますか。

【推論する】
③二つの文章の書き方にちがいがあることのわけを考えましょう。
　▼二つの文しょうは、だれがよむものでしょうか。
　▼書いた人は、何のためにそれを書いたのでしょうか。

【評価する】
④あなたがカードを作るとしたら、「ざっしの記じ」のどこをつかいますか。

第 4 章　国語科 CR の観点による教科書教材の検討（小学校）

▼つかうところを三つえらびましょう。
▼なぜそこをつかうのか、自分の考えを発表しましょう。

《発展（はってん）》
「ざっしの記じ」のようなせつ明のしかたをしたものと、カードのようなせつ明のしかたをしたものにはどんなものがありますか。さがしてみましょう。
　・教室のはりがみやプリントでさがしてみましょう。
　・おうちにあるチラシでさがしてみましょう。
　・外へ出かけたときのポスターでさがしてみましょう。

7.4.2. 改編した手引きの修正（第 3 学年）

【表 4－13】改編した手引きの修正（第 3 学年）

―Ａ案・Ｂ案共通―
|てびき|
　二つの文章を読みくらべて、書き手のくふうとそのねらいについて考えよう。

【理解（りかい）する】
①二つの文章を読んでまとめましょう。
　▼大森先生が二つの文章でつたえたかったことは何ですか。
　▼それぞれの文章にはどんな書き方のくふうがありますか。
　　・書かれていることがら
　　・書き方の方ほう（ことばの使い方、図や表などの用い方）
　▼それぞれの文章の書く「作せん」で大きくちがうところは何ですか。

【推論（すいろん）する】
②大森先生は、どうしてこのようなほけんだよりを作ろうと思ったのかを考えましょう。
　▼大森先生は、どのような人に読んでもらうために書いたのですか。
③大森先生は、なぜどちらの文章にしようとまよっているのか考えましょう。
　▼一つ目の文章には、どんなよさがあると考えたのでしょうか。
　▼二つ目の文章には、どんなよさがあると考えたのでしょうか。

【評価（ひょうか）する】
④大森先生が書いた二つの文章について考えをまとめ発表しよう。
　▼あなたはどちらがいいと思いますか。またそれはどうしてですか。

《発展》
　身近なところにあるいろいろなチラシを持ちよって、どのようなことが読み取れるか考え、話し合ってみよう。
　　・回らん板にはさまっているチラシ
　　・子ども向けのおさそいのチラシ
　　・駅や公民館などにおいてあるチラシ
　　・新聞におりこまれているチラシ　　　など

7.4.3. 改編した手引きの修正（第4学年）

【表4−14】改編した手引きの修正（第4学年）

―A案・B案共通―

てびき
　広告と説明書を読みくらべて表し方のちがいとその理由を考えよう。また、身の回りにある広告や説明書などを持ちよって、同じように考えてみよう。

【理解(りかい)する】
①広告と説明書は何を伝える文章なのかまとめよう。
　▼1ページ目の説明文を読んで、次のことを整理しよう。
　　・広告と説明書の目的のちがい
　　・広告と説明書の内容のちがい
　▼目的がちがうと内容がどのように変わるか、広告と説明書を読みくらべて考えよう。

【推論(すいろん)する】
②広告と取りあつかい説明書の書き方が違うところを見つけ、どうしてそのようなちがいがあるのか、考えてみよう。
　▼気になるちがいを取り上げてみよう。そのとき、次のことに注意してみよう。
　　・図や写真の使い方や、こう成の特ちょう
　　・使われている言葉の特ちょう
　　・どちらかにしか書かれていないことがら
　　・書かれていることが同じではないところ
　▼なぜそのような違いがあるのかを考え、話し合ってみましょう。
　（例）　Aさん：「広告に大きくのっている写真が説明書になぜのっていないのか、ふしぎに感じました。」

Bさん:「買ってもらった人にはもう見せる必要がないからではないでしょうか。」
③書き手の意図を考えましょう。
　▼なぜ、それがそのように書かれているのかを考えましょう。
　　・広告のちらしの7人の人びとの写真について
　　・取りあつかい説明書に「こしょうかな？と思ったら」が書かれていることについて

【評価する】
③目的と書き方についてどのような関係があるか考えてみよう。
　▼次のことから考えてみましょう。
　　・赤ちゃん用の体温計ならどのような広告にするか

《発展》
　身の回りにある広告や説明書を持ち寄って、どんなことが読み取れるか話し合ってみよう。
　▼次のような広告や説明書などを持ち寄りましょう。
　　・ポスター　・本の帯　・商品のチラシ
　　・新聞の折りこみ広告　・おかしのパッケージ
　　・ゲームの説明書　・参加の申しこみ書　など

7.4.4. 改編した手引きの修正（第5学年）

【表4－15】改編した手引きの修正（第5学年）

―A案・B案共通―
　　てびき
　新聞記事を読み比べ、書き手の意図が記事にどう表れているかを考えよう。また、身近なメディアについて調べてみよう。

【理解する】
①二つの新聞記事を読み比べ、書き手が何を伝えようとしたのかを考えよう。
　　〈比べるところ〉
　　・見出し
　　・リード
　　・写真
　　・本文の書き方（書き手の言葉の選びかた）
　●A社の記事
　●B社の記事

【推論する】
②それぞれの記事は、どんな人に読んでもらおうと思って書かれていますか。言葉や表現をもとに考えてみよう。
　●A社の記事
　●B社の記事
③それぞれの記事を書いた人の考え方や問題だと思っていることを、言葉や表現をもとに考えてみよう。
　●A社の記事
　●B社の記事

【評価する】
④説明文には、「新聞は、社会の出来事を速く多くの人に知らせるための印刷物」とありますが、A社、B社の記事は「出来事」だけを伝えていると思いますか。「出来事」のほかにも何かを伝えていると思いますか。また、そう思うのはなぜですか。考えをまとめ、話し合ってみよう。
　〈分析の方法〉
　　・「出来事」と言える部分に線を引こう
　　・「出来事」とは言えない部分に線を引こう
⑤それぞれの記事にかくされた情報がないかを考えてみよう。
　＊「かくされた情報」……書き手があえて記事にのせなかったこと
　●A社の記事
　●B社の記事

《発展》
　身近なメディアの文章を持ち寄って、そこからどんなことが読み取れるか話し合ってみよう。
　▼どのようにして生まれたものかを考えてみましょう。
　▼だれがだれに向けてどのようなメッセージを送っているのかを考えてみましょう。
　▼どのような表現の工夫、戦略があるかを考えてみましょう。
　▼文章の後ろにかくれていることを考えてみましょう。
　▼他の書き方ができないかを考えてみましょう。
　　〈メディアの例〉
　　・小学生新聞の記事
　　・インターネット上の記事
　　・雑しの記事
　　・広告
　　・ダイレクトメール

・学校で発行されるお知らせ
・ブログ　　　　　　　　　　　など

7.4.5. 改編した手引きの修正（第6学年）

【表4－16】改編した手引きの修正（第6学年）

―A案―
てびき
　四つの投書を読み比べて説得の工夫を考え、自分でも投書を書こう。

【理解する】
①四つの投書を読み比べ、まとめてみよう。
　▼四つの投書は六つの段落から構成されています。構成の共通点は何ですか。
　▼四つの投書は次のうちどの立場から書かれていますか。
　　・スポーツは勝つことが大切だ
　　・スポーツは楽しむことが大切だ
　　・「①」「②」のどちらとも言えない
　　●投書①
　　●投書②
　　●投書③
　　●投書④
　▼四つの投書は、それぞれの立場の正しさを主張するために、どのような理由づけをしていますか。次の中から当てはまるものを選びましょう。
　　ア：自分の経験を述べる
　　イ：見たり聞いたりしたことを述べる
　　ウ：資料にもとづく具体的な数値をつかう
　　エ：有名な人の言葉や文章を引用する
　　●投書①
　　●投書②
　　●投書③
　　●投書④

【推論する】
②四つの投書の背景には、どのような書き手の経歴や考え方があると考えられますか。内容、書き方に着目して考えてみよう。
　　●投書①
　　●投書②

●投書③
　　●投書④

【評価する】
③四つの投書の中で、次のものを選びましょう。
　　ア：最も納得できる投書
　　イ：最も納得できない投書
　▼アについて、なぜ納得できるのか理由を書きましょう。
　▼イについて、なぜ納得できないのか理由を書きましょう。
④あなたがこの投書の五番めの書き手になったとします。四つの投書の意見をとりまとめつつ新たな意見を書くにはどのようにすればいいか、考えてみよう。
　▼四つの投書の意見で共通している考え方を探しましょう。
　▼四つの投書に共通している考え方を生かしながらあなたの主張を書きましょう。

《発展》
　自分の意見を考え、投書を書こう。
　▼次の中から書きたいテーマを一つ選び、新聞に投書をするという設定で、意見文を書きましょう（400字程度）。構成は四つの投書で学んだ構成を参考にするとよい。
　　①けい帯電話は６年生に必要か
　　②動物園にいる動物は幸せか
　　③小売店の24時間営業は必要か
　これらのテーマに関心がない場合は、クラスで話し合ってテーマを決定しましょう。テーマを決めるポイントは次の通りです。
　　・賛成と反対、あるいはどちらでもない、という多様な意見が出てくるテーマ
　　・自分たちに関わる身近な問題や社会問題に関するテーマ
　　・知っていること、調べてみたことを生かせるテーマ
　▼書いた投書を読み合い、感想を伝え合いましょう。
　　・説得のくふうについて評価し合いましょう。
　　・投書を読み合うことで、そのテーマについて自分の考えを広げ、深めましょう。

―B案―
|てびき|
　二つの投書を読み比べて説得の工夫を考え、自分でも投書を書こう。

第4章　国語科 CR の観点による教科書教材の検討（小学校）

【理解する】
①二つの投書を読み比べ、まとめてみよう。
　▼二つの投書は六つの段落から構成されています。構成の共通点は何ですか。
　▼二つの投書は次のうちどの立場から書かれていますか。
　　ア：修学旅行は必要だ
　　イ：修学旅行は必要ではない
　　ウ：どちらとも言えない
　●投書①
　●投書②
　▼二つの投書は、それぞれの立場の正しさを主張するために、どのような理由づけをしていますか。次の中から当てはまるものを選びましょう。
　　ア：自分の経験や見たり聞いたりしたことを例としてあげる
　　イ：他のことと比べる
　　ウ：資料にもとづく具体的な数値をつかう
　　エ：有名な人の言葉や文章を引用する
　●投書①
　●投書②

【推論する】
②二つの投書の背景には、どのような書き手の経歴や考え方があると考えられますか。内容、書き方に着目して考えてみよう。
　●投書①
　●投書②

【評価する】
③二つの投書の内容で、次のものを選びましょう。
　　ア：納得できる方の投書
　　イ：納得できない方の投書
　▼アについて、なぜ納得できるのか理由を書きましょう。
　▼イについて、なぜ納得できないのか理由を書きましょう。
④あなたがこの投書の三番めの書き手になったとします。二つの投書の意見を取り入れつつ新たな意見を書くにはどのようにすればいいか、考えてみよう。
　▼二つの投書に共通している修学旅行に対する考え方を探しましょう。
　▼二つの投書に共通している考え方を生かしながらあなたの主張を書きましょう。

《発展》
　自分の意見を考え、投書を書こう。

▼次の中から書きたいテーマを一つ選び、新聞に投書をするという設定で、意見文を書きましょう（400字程度）。構成は二つの投書で学んだ構成を参考にするとよい。
①けい帯電話は6年生に必要か
②動物園にいる動物は幸せか
③小売店の24時間営業は必要か
　これらのテーマに関心がない場合は、クラスで話し合ってテーマを決定しましょう。テーマを決めるポイントは次の通りです。
・賛成と反対、あるいはどちらでもない、という多様な意見が出てくるテーマ
・自分たちに関わる身近な問題や社会問題に関するテーマ
・知っていること、調べてみたことを生かせるテーマ
▼書いた投書を読み合い、感想を伝え合いましょう。
・説得のくふうについて評価し合いましょう。
・投書を読み合うことで、そのテーマについて自分の考えを広げ、深めましょう。

8．第4章のまとめ

　第3章で示した国語科CRの指導理論を基準に小学校国語科の教科書教材および手引きを検討し、改編案として提案した。
　検討する教材は、東京書籍版の教科書の第2学年から第6学年までの「読みくらべ」教材とした。同社の社会的テクストの積極的な活用が、読むことを社会的実践とする国語科CRの目標に合致すると考えたからである。
　国語科CRのフレームワークから分析した結果、「レトリック」「想定読者」以外の要素はほぼないことがわかった。指導事項はテクストの構成のきまりを学習し、その工夫に気づくことを目標とする内容であって、国語科CRが目指すことの一つであるCLAのようなことばへの敏感な気づきを促すような視座は見られなかった。
　このような問題の所在をふまえ、国語科CRのカリキュラムをもとにすべての教材および手引きを改編した。改編には現行の教材文をそのまま使

うA案と、教材文に修正を加える（または書き下ろして差し替える）B案を用意した。改編案については、小学校教諭からの意見を集約などして修正したのち教材化し、三校の小学校計12クラスに調査協力を依頼した。調査は実際に教材を読んで手引きに取り組んでもらった（2017年7月）。学習者が記入したワークシートは回収し、それらをもとに取り組む様子や設問の出来具合を分析した。また、担当教諭からのアンケートや一部授業記録のDVDも参考とした。

調査の結果、学習のねらいが十分理解されなかったこと、設問での問い方が小学生には難しかったこと、などから正答率は低く、改善が必要であることがわかった。ただ、実施形態が授業ではなくテストのように自力で解く形態が中心であり、そのことによる児童の趣旨理解不足が起因している可能性もあった。同様の指摘は「授業で取り組めばもっとやれた」という教諭のコメントにもあった。コメントに趣旨そのものへの批判的な回答はなく、推論の重要性など、国語科CRの目指す方向性の重要性を指摘した回答もあった。

調査の結果を基に、改編した教材を再度修正し、それらを「国語科CRによる教材・学習の手引き改編—小学校」としてまとめた。

第5章　国語科 CR の観点による教科書教材の検討（中学校）

1．はじめに

　本章は、前章の東京書籍版の小学校国語科教科書についての「読み比べ」教材の検討、および教材の具体的な改編案の提案に継続して、同じく東京書籍版の中学校教材を対象に、同様の観点から検討および改編案の提案を行うものである。
　具体的には、Wallace の実践した「5つの問い」に見られた「5つのねらい」のフレームワークから教材および手引きを検討し、読解のプロセスを踏まえた改編案を提案する。
　東京書籍版の教科書を引き続き取り上げる理由は、同教科書が「読み比べ」学習材として教材を揃え、小学校から中学校への系統的な学習を提案しているからである。
　なお、理論の展開については、小学校教材の検討に倣うものとする。また、小学校と同様に可能な範囲で現場の協力を得て、改編した手引きを実際に生徒に取り組んでもらう調査を実施し、その反応をもとに最終的にレベルや表現等を修正するという方法をとる。

2．中学校教材への連接

　東京書籍版の「読み比べ」教材は、中学校への連接は【図5-1】のように設計されている。小学校の「読み比べ」教材で習得したフレームワークを、説明的文章を読むことに活かしていく提案である。系列は〈説明

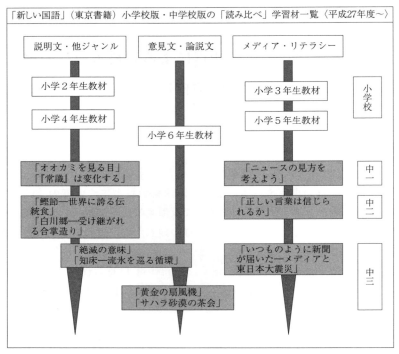

東京書籍（2012）を澤口が現行の教材に差し替え再構成
【図5−1】「読み比べ」学習材一覧（東京書籍、2016版教科書）

文・他ジャンル〉〈意見文・論説文〉〈メディア・リテラシー〉の三つに分かれる。

　Wallace は Critical Reading の段階的な学習として、文字の少ない視覚的なテクスト（広告など）から徐々に文字量の多いテクスト（新聞や雑誌の記事など）に移行する15時間の授業プログラムを組んでいるが（Wallace, 2003, p.103）、この一覧は、そのプログラムに似たコンセプトを持っていると言える。

第 5 章　国語科 CR の観点による教科書教材の検討（中学校）

3．教材・手引きの検討

　本章では、中学校の段階に応じるべく【表 3-8】のフレームワークに基づいた分析をし、改編案の提案をする。
　検討の対象とした教材は次の 10 教材である。

ア①「オオカミを見る目」
　②「『常識』は変化する」
イ①「鰹節─世界に誇る伝統食」
　②「白川郷─受け継がれる合掌造り」
ウ①「絶滅の意味」
　②「知床─流氷を巡る循環」
エ「黄金の扇風機」・「サハラ砂漠の茶会」
オ「ニュースの見方を考えよう」
カ「正しい言葉は信じられるか」
キ「いつものように新聞が届いた─メディアと東日本大震災」

　教材の内容を検討した結果、学習者に多角的なものの見方を促す教材が 8 教材あることがわかった（ア①②・ウ①②・エ・オ・カ）。
　「ア①②」「ウ①②」は、時代によって物事の価値は変化するという内容の文章である。
　「エ」は文化の多様性、普遍性について対立する観点が示された文章である。
　「オ・カ」は、テクストが恣意的に作られた情報である可能性について語られた文章である。
　多角的、複眼的思考からとらえることを提案している点で、これらはクリティカル・シンキングを促す教材であると言うことができる。また、「オ・カ」については、CMT を扱う点で、クリティカル・リテラシーを涵

養する教材ととらえることもできる。

そのほか、書き下ろし教材が、10教材中9教材ある(「エ」以外)ことも特徴的である。

ただ、複数のテクストが組み合わされた教材は「エ」のみで、「ア」「イ」「ウ」は、本教材で示された見方・考え方を読書教材で確かめるという構成である。また、「オ」「カ」「キ」は、メディアとの新しい向き合い方を提案するが、ある一つの見方・考え方を学習者に伝えることに主眼が置かれている。

全教材の手引きを「5つのねらい」で分類した結果は【表5-1】のようになる。なお、検討の対象は、手引きの「読み取る」「考えを深める」の全設問とした。読書教材(ア②・イ②・ウ②)には手引きはなく、除外している。

【表5-1】「5つのねらい」の要素がある設問数(要素がある設問/設問)

	ア①	イ①	ウ①	エ	オ	カ	キ	計
A	0/4	0/4	0/4	0/5	0/3	0/3	0/3	0/26
B	1/4	1/4	0/4	1/5	0/3	0/3	0/3	3/26
C	0/4	0/4	0/4	1/5	0/3	0/3	0/3	1/26
D	0/4	0/4	0/4	0/5	0/3	0/3	0/3	0/26
E	0/4	0/4	0/4	0/5	0/3	0/3	0/3	0/26
計	1/20	1/20	0/20	2/25	0/15	0/15	0/15	4/130

最も多く見られたのは「B」だが、それでも三つを数えるに過ぎず、内容も次のようにテクストの構成や表現の工夫を(是とすることを前提に)考えるものであり、書き手の意図との関連性を考察する課題ではない。

【考えを深める】
読み手に分かりやすく伝えるために文章の書き方が工夫されているところを見つけ、発表し合おう。(「オオカミを見る目」)

また、「C」も一つあるが、次のように、自分の考えを書くことが中心

で、もとのテクストの意味づけをし直すなど、テクストを再定義・再構成するような課題ではない。

> 【考えを深める】
> 二つの文章の内容を踏まえて、「美しさ」や「美」について、自分の知識や体験と関連づけて考えを書いてみよう。(「黄金の扇風機」「サハラ砂漠の茶会」)

総合的に見て、小学校教材と同じように中学校教材でも、テクストの構成や表現の工夫の学習、テーマに絡めて自分の意見を書く学習に主眼を置いた手引きの設計となっていることが示唆された。そこには、クリティカル・リテラシーの育成や、社会的・文化的コンテクストやイデオロギーを読むような視座は見られない。

4．手引き改編の理論構成

前述の検討を踏まえ、手引きの改編をする。目的は「読むこと」の学習を社会的実践としていくことにある。

国語科 CR のカリキュラムでは、新学習指導要領を踏まえた理論を構成したが、新学習指導要領の第3学年の「C 読むこと」には、「文章を批判的に読みながら、文章に表れているものの見方や考え方について考えること」とあり、中学校段階の最終的な目標が「批判的な読み」として規定されていることがわかる。この点については、吉川（2017）も「義務教育最終学年に、批判的読みが位置づいたということは、小・中学校の9年間をかけて批判的読みの授業を積極的に展開し、こうした読みの力を身につけさせる」メッセージがあると指摘している (p.3)。

手引きの改編は、分析の基準とした国語科 CR のフレームワーク【表3-8】、また、国語科 CR の読解プロセス【表3-3】、並びにそれらを統合した国語科 CR の読解プロセスとフレームワーク【図3-2】によって行う。

第4章でも述べたように、これらの読解プロセスやフレームワークを授

業で有効に作用させるための方略として、「3.1」で述べた次の手立てにも留意することとする。これらは、学習者が自ら問題を発見しその問題を解決していくという、学習者を起点とする学習の手立てである。

　　Ⅰ　テクストをマクロにとらえる学習
　　Ⅱ　「滞空時間の長い問い」による学習
　　Ⅲ　学習者の違和感を課題として活かす学習

5．教材・手引きの改編

　以上の理論を基礎として、国語科 CR の観点から、手引きの改編案を提案する。はじめに取り上げる教材は、間テクスト性を活かしやすく、かつ書き下ろしではない「エ」〈「黄金の扇風機」・「サハラ砂漠の茶会」〉（第3学年教材）とした。書き下ろしではない教材を選択するのは、中学生に限らず社会の誰もが読みうるテクストであり、想定された読者を考える課題が組めるからである。

5.1.　教材について

　「黄金の扇風機」（田中真知）、「サハラ砂漠の茶会」（千住博）は、ともに美のとらえ方をテーマとした文化論である。前者は欧米の価値観にとらわれないエジプトの黄金の扇風機を事例に、美のとらえ方は可変かつ多様だと主張する。後者は、サハラ砂漠での茶会を事例に、美しいものは誰が見ても美しく、美のとらえ方は普遍的だと主張する。
　論理の構造については、【表5-2】のように整理できる。何が論点であり、そのことに関して筆者が何を根拠にどのような主張をしたかを示したものである。

第5章　国語科CRの観点による教科書教材の検討（中学校）

【表5−2】論理の構造

黄金の扇風機	サハラ砂漠の茶会
論点　美を見出すのは誰か	論点　美の役割とは何か
↓	↓
根拠 ・エジプト特有の美的感覚にグローバル化が起きた ・文化はきっかけがあれば変わる ・世界中の価値観が先進国の美に似通ってしまった ・美はさまざまでありしかも変化する	根拠 ・サハラ砂漠でのもてなしは「茶会」そのもの ・おいしいものは誰が食べてもおいしい ・よい音楽は誰からも愛される ・花の美しさを感じる心は万国共通
↓	↓
○変化する美に柔軟に向き合いたい	○人間は皆同じであり、それを伝えるのが美の役割
主張　美を見出すのは私たち ＊美は多様であり、はじめから一律に何が美と決まっているわけではない。柔軟にそれを感じる心を持ちたい。	主張　人間の垣根を取り払う ＊人間が美しいと思うものは皆同じであり、その普遍的な感覚は人びとの間にできた垣根を取り払う。

5.2. 手引きについて

　手引きは次のように構成される（《言葉の力》は注意を促す付記的な位置づけである）。

【表5−3】手引き（現行）

【読み取る】
①「黄金の扇風機」を読んで、筆者が日本人とエジプト人の美的感覚の違いや、エジプト人の美的感覚の変化をどう捉えているかをまとめよう。
②「サハラ砂漠の茶会」を読んで、筆者が遊牧民の男のもてなしを受けてどのようなことを感じたかを捉えよう。
③二つの文章を比較して、「美しさを感じる」ことや「美」についての考えの、共通点や相違点を捉えよう。
【考えを深める】
④二つの文章の論の進め方や表現について、共通点や相違点を見つけ、それらについて話し合ってみよう。

⑤二つの文章の内容を踏まえて、「美しさ」や「美」について、自分の知識や体験と関連づけて考えを書いてみよう。

《言葉の力》読み比べて自分の考えをまとめる
　複数の文章を読み比べるときには、次の点に注意する。
・考えの共通点と相違点を整理する。
・考えの根拠がどのようなものであるかを比較する。
・文章の構成や展開、具体例の用い方、文末表現や言葉の使い方など、書き方にも着目して、その意図や効果を捉える。
・自分の知識や体験とも関連づけて、それぞれの考えとその根拠を吟味しながら、自分の考えをまとめる。

(東京書籍「新編　新しい国語3」2015, p.102)

5.3. 手引きにおける問題の所在

　手引きを考察するにあたり、学習指導要領との関連性を見ておきたい。
　学習指導要領・国語編（平成20年告示）の第3学年（文部科学省, 2008b)、「C 読むこと」の「(1) 目標」では、「目的や意図に応じ、文章の展開や表現の仕方などを評価しながら読む能力を身に付けさせる(p.72)」となっている。また「(2) 内容」では、指導事項として次のように示されている。

　　ア　文脈の中における語句の効果的な使い方など、表現上の工夫に注意して読むこと。
　　イ　文章の論理の展開の仕方、場面や登場人物の設定の仕方をとらえ、内容の理解に役立てること。
　　ウ　文章を読み比べるなどして、構成や展開、表現の仕方について評価すること。
　　エ　文章を読んで人間、社会、自然などについて考え、自分の意見をもつこと。
　　オ　目的に応じて本や文章を読み、知識を広げたり、自分の考えを深めたりすること。

　　　　　　　　　＊下線部は筆者による（文部科学省, 2008b, p.72)

第5章　国語科CRの観点による教科書教材の検討（中学校）

　これらから見えてくるのは、文部科学省が示した第3学年の「読むこと」の指導事項は「理解」と「評価」が中心だということである。言い換えれば、読むことのプロセスに「推論」の位置づけがないということでもある。「イ」の解説に「解釈」ということばが一箇所使われるが「論理の展開や場面などの設定をとらえて文章を解釈すること」（p.73）のように、解釈は「理解」とほぼ同義に用いられている。また、「文章の論述の過程には、書き手のものの見方や考えの進め方が表れている」（p.73）とあるが、これも「文章の内容を的確に理解する」ことを目的とした方略として示される。

　このことは、手引きにどのように反映されているのか。

　【読み取る】の①②は、このテーマに対する二人の筆者の認識をテクストの複数の情報を統合し、まとめる課題である。また③は、①②のまとめをもとに、それらをマクロに統合する課題である。いずれも、ねらいは内容の正確な理解を促すことにあると考えられる。

　【考えを深める】の④は、形式の熟考・評価、⑤は内容の熟考・評価となっている。前者は表現の工夫をとらえる課題、後者は本文の内容を踏まえて意見を書く課題である。④は理解を深めるためのもの、⑤は既有知識と関連づけて意見を述べるものである。いずれも考えたことを表現する課題ではあるが、ねらいは【読み取る】の延長として側方からの理解を促すことにあると考えられる。

　【読み取る】から【考えを深める】への学習は、正確な理解と、その理解を既有知識と結びつけて意見を形成することをねらうものであると言える。このプロセスに「推論」を求める要素はない。

　一方、テクストで学んだことを社会の問題に広げ、深めようとする課題がないことも特徴的である。「指導事項」の「オ」に「知識を広げたり、自分の考えを深めたり」とあるが、これは読書によって培う位置づけであって、読解のプロセスの枠外ととらえられている。

　コラムとして置かれる《言葉の力》でも、着眼点は内容と形式であって、コンテクストへの言及などテクストの背景を考えることの提言はな

い。

　手引きを概観する限り、学習のねらいはテクストの形式や内容の理解、評価に偏っており、「なぜ筆者はこのようなことばを用いたのか」や、「なぜそのようなテクストが生まれたか」など、テクストに明示されないことを考える課題はなく、社会的・文化的コンテクストに着目するような要素は見られない。

　ことばに着目した指導に関しては、学習指導要領に示される「ア　語句の指導の理解に関する指導事項」を見る限り、「語句の使い方がどのような効果を生んでいるかに目を向けさせる（p.73）」など、理解の延長としての表現効果に着目させ学習指導にとどまる。ことばの使われ方の背景を読む要素はなく、手引きにも関連した設問は見られない。

　これらの問題の解決には、テクストを社会的文脈からとらえて推論し、読むことを、ことばに着目した社会的実践とするような手引きの再設計が必要となる。

5.4.　手引きの提案

　以上の問題の整理を踏まえて、「黄金の扇風機」「サハラ砂漠の茶会」の手引きを国語科 CR の実践とするべく改編する。「理解する」「推論する」「評価する」の読解プロセスを基本としながら、Wallace の Critical Reading のフレームワークを必要に応じて盛り込む設計である【表5-4】。

　手引きの読解プロセスの基本設計は【表3-3】に基づいている。そこにテクストの内容に応じて Wallace の Critical Reading のフレームワークを取り入れたものである。

　A～Eには順序性は特になく、教材に応じて適応させる。また、一教材ですべての観点を満たす縛りは設けない。

第5章　国語科 CR の観点による教科書教材の検討（中学校）

【表5-4】手引き（改編案）＊「黄金の扇風機」「サハラ砂漠の茶会」

【理解する】 ①二つの文章は「美」をどういうものだと捉えているか、まとめてみよう。	E
②「①」の見方・考え方は、文章のどのような書き方に表れているか、まとめてみよう。 　②-1 言葉の使い方に着目しよう。 　②-2 構成やレトリックに着目しよう。	B
【推論する】 ③二つの文章の「美」に対する見方・考え方の相違はなぜ生まれたのか、筆者のフィールドに着目しながら考えてみよう。	A
④二つの文章は、どのような読み手を想定し何を目的に書かれたものか考えてみよう。	D
【評価する】 ⑤「平和な世界を創る」という題目で意見文を書くことになった。意見を支える根拠として引用する場合、あなたはどちらの文章を選択するか、またそれはなぜか。考えをまとめ、話し合ってみよう。 　⑤-1 自分が創りたい平和な世界とは何かを定義しよう。 　⑤-2 活かせる要素を文章から抽出し、関連づけよう。	C

＊右列のA～Eは【表3-7】のA～Eに対応している

手引きにおけるそれぞれの課題の意図とねらいは次の通りである。

【理解する】①

　二つの文章のトピックは何かを考え整理する課題。筆者のことばの使い方や複数の情報を統合し、結果的に何についてどのように書かれているかをまとめる。テクストをマクロにとらえ、中心となるテーマを把握する力を育む。

【理解する】②

　二つの文章のレトリック戦略を分析し、明示された（暗示された）書く戦略を明らかにする課題。文章の構成や裏づけレトリック、ことばの選択の仕方に着目することで、テクストを分析するフレームワークを育む。

【推論する】③

　二つの文章の「美」に対するとらえ方を踏まえ、問題の所在、書かれた真相の差異を考える課題。筆者の背景にある社会的・文化的コンテクスト

に着目して推論をする力を育む。

【推論する】④

　二つの文章の書かれ方から、想定される読み手、目的を考える課題。想定された読み手（想定外の読み手）を推論することによって、テクストの社会的な位置づけや隠れたねらい・前提を考える力を育む。

【評価する】⑤

　二つの文章のトピックをほかのテクストと関連づけ、意見を書くことによって、もとのテクストを再定義・再構成することを目指す課題。田中の示した文化の多様性、千住の示した美を求める人間の普遍性は、いずれも平和な社会を構築するための意見を支える一根拠となり得る。引用可能な要素（ここでいうトピック）を取り上げ、自分が書く意見文に転移（適用）させる。学んだ内容を社会的・文化的なことに関連づけ総括・創造する力を育む。

　いずれの課題も、テクストをマクロにとらえ、学習者自らがテクスト内外の情報を探索し関連づけることによって、問題を解決することをねらいとしている。国語科の学びを社会へ拡張しながら、学習者が主体的にかつ対話的にテクストと向き合い、テクスト内外のさまざまな情報を援用しながら帰納的・演繹的に推論をする深い学びを求める学習課題である。

　手引きの改編案は、「6.3.」で整理した問題を次のように解決する可能性があると考える。これらは、本論冒頭で示した「学習者を将来の市民たらしめ、社会の問題を慎重に読み解く力を育むこと」につなぐものである。

①テクスト内外の情報から多角的に推論する学習ができる。
②ことばに着目した学習を促すことができる。
③読むことを社会的実践とすることができる。

6. 他学年の手引き改編

　先の第3学年の教材に倣い、第1学年、第2学年の「読み比べ」教材についても手引きを検討し、その改編をする。
　取り上げる第1・2学年の教材は第3学年のものとは違い書き下ろし教材である。
　第1学年では「オオカミを見る目」と「『常識』は変化する」が、第2学年では「鰹節—世界に誇る伝統食」と「白川郷—受け継がれる合掌造り」が「読み比べ」教材として置かれている。いずれも後半の教材は読書教材として置かれているもので手引きはない。ここでの手引きの改編は、それぞれのセットを一つの「読み比べ」単元ととらえ、両者を同時に授業で扱うことを前提に行う。

6.1.「オオカミを見る目」と「『常識』は変化する」（第1学年）

　「オオカミを見る目」は生態学者の立場から、オオカミのとらえ方が歴史的に人間の都合によって変化してきたということを説明するテクストであり、「『常識』は変化する」は、サイエンスライターの立場から、「常識」が科学の進歩によって変化してきたことを説明するテクストである。いずれも、絶対的だと思われるものの見方を鵜呑みにせず、幅広い角度から柔軟にとらえようというメッセージを学習者に伝えている。
　両者が違うのは論証の仕方（論拠の提示）にそれぞれの筆者の専門性が反映していることであろう。その違いとは領域専門性の差による語り方の差であり、国語科CRでは、その差を読むことがテクスト生成に至るコンテクストや筆者のイデオロギーを考える契機となると思われる。
　次に、二つのテクストの論理の構造について整理する。
　前者はオオカミの見方が場所や時代によって違ってきたことを事例に、後者はさまざまな事象の科学的なとらえ方が変化してきたことを事例に論を展開する。

一見似たような主張をしているように見える二つのテクストだが、両者の問題意識の矛先は同じではない。高槻（「オオカミを見る目」の筆者）は生態学者の視点であり、その問題の矛先は、宗教的な事情や産業との関わりのなかでの動物への勝手な意味づけという人間のエゴに向けられているように思われる。一方、サイエンスライターの古田（「『常識』は変化する」の筆者）にはそのような批判性はあまり感じられない。

　論理の構造を考えるうえで両者に共通することがもう一つある。それは、いずれのテクストも最後に語りかけるような読み手へのメッセージがあることである。具体的には「オオカミを見る目」では最後の２行が、「『常識』は変化する」では「では、私たちは、何を信じ、どのように物事と向きあったらいいのでしょうか」以降、最後までがそれに該当する。このような、読み手を名指しする主張は、高等学校の評論文では見られない。

　「だからこう考えなさい」という、このようなテクストの結語は、学習者に主張を明示化してわかりやすくする効果がある反面、筆者が語ろうとしていることを矮小化して読み手に押しつけていることになり、推論の余地を狭める可能性がある。

　また、「主張」がテクストの最後にあるために、論理の構造が入れ子のように二重構造になってしまい、かえってそれが学習者を混乱させてしまう可能性がある。例えば、「オオカミを見る目」では、オオカミの見方が西洋と日本で、また時代によってなぜ違うのかという明確な論点が立ち上げられ、本文で生態学的知見からその論点に対する回答がなされている。しかし、最後のたった２行「このように、人の考えや行いは、置かれた社会の状況によって異なりもするし、また変化もしうるのだということを、心に留めておいてください。」が加わることによって、別の論点が立ち上がってしまうのである。教科書編集者はこのことで全文に三つのまとまりがあるように仕立てる意図があるようだが（手引きの「読み取る①」）、この結語を主張と見てしまうと、それまでの「第一のまとまり」「第二のまとまり」はこの２行のための単なる一論拠となってしまうのである。

　このことは「『常識』は変化する」にも同様にあてはまる。古田は既に

第5章　国語科CRの観点による教科書教材の検討（中学校）

文章の冒頭で、「『常識』が変化するのは珍しいことではありません。むしろよくあることだと考えた方がよいくらいです」という結論を述べ、それ以降はそのことの具体的な事例で裏づけている。これで十分論証はなされているといっていい。しかし、最後の「では私たちは」以降の文章があるため、この構造が崩れ、例証の部分が、この意見を述べるための前提に入れ替わってしまっているのである。しかも、意見は証明されていない観念的なもので構成されるため、説得力がない。

　形式的な構成の学びから、明示されない構造を学んでいくことへ、どの段階でスイッチしていけばいいのか。その鍵を握るのは中学校段階と考えるが、少なくとも書き下ろされた教科書教材を見る限り、そのようなねらいを具現化しているものは見られない。

　文章の構成を学ぶことはたしかに重要ではある。しかし、社会にあふれるテクストは必ずしも筆者の意見が最後に示されるという都合の良い形はとっておらず、国語科での学びをどう社会的実践としていくかを考える上で、中学校教材のこの問題については、手引きの改編と併せて議論を要することだと考える。

【表5-5】論理の構造

オオカミを見る目	「常識」は変化する
論点　オオカミを見る目が変化したことが語ることとは？	論点　科学的なとらえ方が変化したことが語ることとは？
根拠 ・オオカミは文化や社会的要請で評価が違ってきた （例）・オオカミは日本ではかつては益獣だった 　　　・オオカミは西洋文明の流入で害獣にされた	根拠 ・科学の捉え方は時代によって変化している （例）・スポーツにおける水分補給はかつてはタブーだった 　　　・PCBはかつては「夢の化学物質だった」
主張　ヒトの考えや行いは社会の状況で変化する	主張　科学の進歩や人の価値観によって「常識」は変化する

6.1.1. 手引きについて

手引きは次のように構成される。

「『常識』は変化する」は読書教材のため手引きはなく、「オオカミを見る目」の手引きのみを掲載する。

【表5-6】手引き（現行）＊「オオカミを見る目」の手引き

【読み取る】 ①この文章を、問いが示されている第一のまとまり、答えが示されている第二のまとまり、筆者の考えが述べられている第三のまとまりに分けてみよう。続いて、第二のまとまりを、さらに二つのまとまりに分けてみよう。 ②オオカミに対する見方について、昔のヨーロッパと日本を比較して、分かったことを表に整理してみよう。 ③日本において、昔と今とでオオカミのイメージが変わってしまった理由を要約してみよう。 　＊たすけ：オオカミのイメージを変えた二つの出来事に着目して、まとめてみよう。 【考えを深める】 ④読み手に分かりやすく伝えるために文章の書き方が工夫されているところを見つけ、発表し合おう。 　＊たすけ：文章の構成や説明の仕方、言葉の使い方に注目しよう。 《言葉の力》段落の役割や段落どうしの関係を捉える 　説明的な文章の内容や構成を捉えるには、次の三つに着目し、文章全体をいくつかのまとまりに分けてみるとよい。 ・各段落の内容…キーワードを見つける。 ・文章全体における段落の役割…段落の役割には、例えば次のようなものがある。導入、問題提起・話題提示、説明、補足、まとめ　など ・前後の段落との関係（段落どうしの関係）…接続表現（つなぐ言葉）や指示語（指し示す言葉）を手がかりにする。

(東京書籍「新編　新しい国語1」, 2015, p.68)

6.1.2. 手引きにおける問題の所在

手引きを考察するにあたり、第3学年の教材と同様に、学習指導要領との関連性を見ておきたい。

学習指導要領・国語編（平成20年告示）の第1学年（文部科学省, 2008b）、「C読むこと」の「（2）内容」では、指導事項として次のことが

第 5 章　国語科 CR の観点による教科書教材の検討（中学校）

示されている。

　　ア　文脈の中における語句の意味を的確にとらえ、<u>理解する</u>こと。
　　イ　文章の中心的な部分と付加的な部分、事実と意見などを読み分け、目的や必要に応じて<u>要約したり要旨をとらえたり</u>すること。
　　ウ　場面の展開や登場人物などの描写に注意して読み、内容の理解に役立てること。
　　エ　文章の構成や展開、表現の特徴について、<u>自分の考えをもつ</u>こと。
　　オ　文章に表れているものの見方や考え方をとらえ、<u>自分のものの見方や考え方を広く</u>すること。
　　カ　本や文章などから必要な情報を集めるための方法を身につけ、目的に応じて必要な情報を読み取ること。
　　　　　＊下線部は筆者による（文部科学省, 2008b, pp.35-36）

　第 3 学年の指導事項でも見られたように、第 1 学年も「理解すること」と「自分の意見をもつこと」が連接されるが、そのプロセスに「推論」が挟まれることはない。あとに書かれた解説「イ・ウ　文章の解釈に関連する指導事項」で「解釈」ということばが用いられているが、これは「内容を的確にとらえる」ことや「要約したり要旨をとらえたりすること（p.37）」であり、PISA の「読解力」における「統合・解釈」の「解釈」とは定義が異なっている。この「解釈」については、別ページで「文や文章に書かれた内容を理解し意味づけること（p.19）」との定義もある。学習指導要領における「解釈」は、「推論」ではなく「理解と意味づけ」を意味するようである。また、「エ」の「文章に表れているものの見方や考え方をとらえ」は、テクストからの推論を意味しそうであるが、あとの解説で、あくまで自分の考えをもつための土台として「文章の構成や展開、表現の特徴をとらえ（p.37）」ることがわかる。
　このことが、現行の手引きにどのように反映されているか見てみたい。

まず【読み取る】であるが、①は、段落の構成を確認する設問である。②は場所の違いによるオオカミのとらえられ方の違いを明示された情報から表にする設問である。③は時代の違いによるオオカミのとらえられ方をまとめる問題である。いずれも、内容を理解することを目的とする課題と言っていいだろう。

次に【考えを深める】であるが、こちらは書き方の工夫を見つけたうえで自分の考えを発表する課題となっている。

つまり、ここでも「理解すること」と「自分の意見をもつこと」の連接はあるが、「推論」の段階を踏んで意見を形成させるという設計はなく、学習指導要領の指導事項をそのまま具現化した手引きであると言うことができる。

6.1.3. 手引きの提案

以上の問題の整理を踏まえて、国語科 CR の読解プロセスとフレームワークに基づき「オオカミを見る目」と「『常識』は変化する」とをセットにした「読み比べ」の手引きを提案する。

手引きにおけるそれぞれの設問の意図とねらいは次の通りである。

【表5-7】手引き（改編案）＊「オオカミを見る目」「『常識』は変化する」

【理解する】 ①二つの文章に共通している主張は何か、まとめよう。	E
②二つの文章では、読み手を説得するために、どのような表現の工夫（レトリック）を使っているか、あとに書かれた「学習」を参考に、文章から探し出してみよう。 （ア）例を示す　　　　　＊具体的な例を示す （イ）比べる　　　　　　＊二つ以上の事柄を示して比べる （ウ）データを示す　　　＊数字や実験結果などを示す （エ）権威を引用する　　＊有名なことばや権威のある人のことばを引用する	B

第5章　国語科CRの観点による教科書教材の検討（中学校）

【推論する】 ③二つの文章には共通の主張はあるが、取り上げられている内容は同じではない。二つの文章における内容の違いを整理し、なぜそのような違いが生まれたのかを考えよう。	A
【評価する】 ④次のフィールドで活動する専門家が、二つの文章と同じような主張（①）の文章を書く場合、どのような例を取り上げることができると思いますか。次の中から一つを選び、具体例を考えてみよう。 ・教育の専門家 ・政治の専門家 ・芸能やお笑いの専門家 ・歴史の専門家 ・スポーツの専門家	C
⑤あなたは二つの文章のうち、どちらがより説得力がある文章だと考えるか。どちらかを選び、その理由をまとめよう。	C

学習
説得力を持つ文章とは
　意見を述べるには、相手の納得を得るための工夫が必要です。
　ここでの工夫とは、人の目をひくキャッチコピーや、絵や写真の活用といった見た目の印象で納得させるものではありません。言葉をつむいでじわじわと人をその気にさせる工夫を言います。読んでいくうちに「なるほど」と、思ってもらえる工夫です。
　こういった工夫は、親しい友だちや同じ考え方の人に対してはあまり必要ないでしょう。そうではない、そのことがらに関心のない人や、ちがう考え方を持っている人などに対してこそ、必要になってくると思います。
　では、そのような場合、あなたの意見を支えるものは何でしょうか。それが根拠であり、理由づけです。
　たとえば、次の母子の会話を読んでください。
母「徹、お行儀悪い！」
徹「えっ？」
母「肘をついて食べるんじゃありません！」
徹「あ、ごめん。」
　ここで、徹さんは、すぐにお母さんに謝っていますね。では、なぜお母さんがいちいち理由を言わないのに、徹さんはすぐ謝ったのでしょう

か。それは、「肘をついて食事をするのはマナーが良くない」という文化の中で二人が暮らしているからです。肘をついて食事をしている（根拠）から、行儀が悪い（意見）の間に、なぜそれがよくないか（理由づけ）を、はさまなくとも、わかりあえる間だからなのです。しかし、そういう習慣を持たない外国から来た留学生に対してならどうでしょう。ていねいな理由づけが必要だと思います。

　意見文を書くときは、「相手はわかっているから」と思わずに、そうではないということを前提に、意見に対しては常に根拠を示しながら理由づけをすることを意識するようにします。教科書で出会うような文章にはこのことを十分生かされているのです。

　理由づけには、次のようなことを裏づけとして取り上げる方法があります。文章を読んだり書いたりするときの参考にしましょう。

①例を示す
　自分の経験、似たような出来事、知っているほかの事例などを挙げる。
・わたしは、かつて生け花を習ったことがある。

②比べる
　対照的な例を出す。似ているが少し差がある例などを挙げる。
・北欧では日本ほど学費がかからないという。

③データを示す
　アンケート結果、公表されている白書、実験結果、など、量で示すことができるデータを挙げる。
・クラスの約70％が賛成だと答えました。

④権威を引用する
　ことわざや格言、有名人の名言、本で書かれていた言葉など、権威がある言葉を挙げる。
・かつてガンジーは「明日死ぬと思って生きなさい。永遠に生きると思って学びなさい」と言った。

＊右列のA～Eは【表3-7】のA～Eに対応している

【理解する①】

　二つの文章を読み比べて双方の情報をマクロに統合し、伝えようとしていることの共通点を見極める課題。テクスト全体を俯瞰し中心となる意見を把握する力を育む。ただし、先述のように書き下ろしの「第三のまとまり」があるため、そこだけを読んでまとめてしまわないようにする支援が必要。

【理解する②】

第 5 章　国語科 CR の観点による教科書教材の検討（中学校）

　二つの文章のレトリック戦略を「学習」で学び、そこで得た知識を本文に適用させて筆者の表現の戦略を明らかにする課題。論証における裏づけレトリックの類型を知り、テクストの表現戦略を読み取る力を育む。
【推論する③】
　二つの文章がどのような立場からどのようなコンテクストによって生成されたのかを考える課題。取り上げられている題材の違いを読み比べ、書き手の立ち位置や専門性を考える。学習者が新しいテクストに出会った時に、そのテクストがどこからやってきたのかを考えることができる視座を育む。
【評価する④】
　③の学習の延長として設定する。別の領域から書くとどのような書き方になるかを考え、実際の文章をシミュレートする課題。特に事例の挙げ方に書き手の専門性が表れることから具体的な事例を考えてみる。テクストは常に書き手の社会的な所属や領域専門性に影響されながら編まれるということを認識し、確認できる資質と技能を育む。
【評価する⑤】
　テクストの構成や事例の挙げ方などを総合的に判断し、共通する主張を伝えることにおいてどちらのテクストの書き方がより説得力があるかを判断する課題。テクストを総合的に分析して評価する力を育む。

6.2.「鰹節―世界に誇る伝統食」と「白川郷―受け継がれる合掌造り」（第 2 学年）

　第 2 学年の「読み比べ」は、ともに日本の伝統文化に関することを題材とした文章が選択されている。「鰹節―世界に誇る伝統食（以下「鰹節」）」は、農学者の立場から鰹節がいかにすぐれた知恵によって作られてきたものかを説明し、だから「我々の世代で消えるというのは、本当にもったいない」と主張をする。一方の「白川郷―受け継がれる合掌造り」（以下「白川郷」）は放送局の「世界遺産」プロジェクトの編集者の立場から、合掌造りがいかにその土地の気候や風土にあわせて作られてきたものかを説

明し、現在もその保全に向けた努力が続いているという報告をする。

　この二つのテクストに共通するのは、伝統的なものの中に宿る知恵や努力を伝えることだが、「鰹節」では農学者である小泉の思い入れが書きぶりに漂い、鰹節を手放しで賞賛する傾向が見られる。一方、「白川郷」は対象をやや離れたところから観察し、白川郷の合掌造りの明と暗の両面に触れ、世界遺産をなるべく客観的にドキュメントしようとしている。

　授業では、これらの温度差に着目しながら、なぜそのように差が生まれてくるのかを筆者の書き方の戦略をとらえることで考えていきたいところである。

【表5−8】論理の構造

鰹節—世界に誇る伝統食	白川郷—受け継がれる合掌造り
論点　日本人は鰹節とどう向き合うべきか	論点　白川郷が世界遺産たるゆえんは何か
根拠 ・鰹節は世界的に誇る伝統食である （例）世界で一番硬い食べ物 　　　さまざまな工程を経て保存性を高める 　　　脂がなくてもおいしいだしが取れる	根拠 ・合掌造りは人間の知恵が結集した建築物である （例）風の進路を見極めた配置や建物の構造 　　　「結」の制度とその継承 　　　「現代結」での継承の模索
主張　使うことで次世代に継承していくべきだ	主張　合掌造りの保全に向けた努力があってこそ、である

6.2.1.　手引きについて

　手引きは次のように構成される。

　「白川郷」は読書教材のため手引きはなく、「鰹節」の手引きのみを掲載する。

第5章　国語科 CR の観点による教科書教材の検討（中学校）

【表5－9】手引き（現行）＊「鰹節―世界に誇る伝統食」の手引き

【読み取る】
①この文章を、鰹節のすばらしさについて書かれている第一・第二のまとまりと、筆者の考えが書かれている第三のまとまりに分けてみよう。続いて、第一のまとまりを、更に四つのまとまりに分けてみよう。
②この文章を、筆者が鰹節を「世界に誇れる食べ物」(65・15) と考えている理由が分かるように、次の二通りの仕方で要約してみよう。
　・100字程度で簡潔に要約する。
　・文章の流れに沿って300字程度で要約する。
③筆者が、分かりやすく伝えたり、読み手をひきつけたりするため工夫している箇所を探してみよう。
　＊たすけ：読み手への問いかけや、筆者の気持ちが強く表れている表現に注目しよう。
【考えを深める】
④祭り、風呂敷、打ち水など、昔から受け継がれてきた伝統や知恵を身の回りから探し、それを受け継いでいくことの大切さや難しさについて話し合ってみよう。
《言葉の力》文章の構成を捉え、要約する
　長い文章の構成を捉えるには、次のようにするとよい。
・問いや話題を提示している文や段落、内容のまとめに当たる文や段落を見つけ、それを手がかりに文章をいくつかのまとまりに分ける。
・まとまりどうしの関係を捉える。
　要約するときには、構成を捉えることに加えて、目的や相手に応じて内容を選んだり絞ったりすることが必要である。

(東京書籍「新編　新しい国語2」, 2015, p.67)

6.2.2. 手引きにおける問題の所在

　手引きを考察するにあたり、第1・2学年の教材と同様に、学習指導要領との関連性を見ておきたい。
　学習指導要領・国語編（平成20年告示）の第2学年（文部科学省,2008b)、「C読むこと」の「(2) 内容」では、指導事項として次のように示されている。

　　ア　抽象的な概念を表す語句や心情を表す語句などに注意して読むこ

  と。
 イ 文章全体と部分との関係、例示や描写の効果、登場人物の言動の意味などを考え、<u>内容の理解</u>に役立てること。
 ウ 文章の構成や展開、表現の仕方について、根拠を明確にして<u>自分の考えをまとめる</u>こと。
 エ 文章に表れているものの見方や考え方について、知識や体験と関連付けて<u>自分の考えをもつ</u>こと。
 オ 多様な方法で選んだ本や文章などから適切な情報を得て、<u>自分の考えをまとめる</u>こと。

      ＊下線部は筆者による（文部科学省、2008b, p.54）

 これらに、やはり推論の要素はない。「理解すること」と「自分の意見をもつこと」の連接はあるが、推論を経て意見を形成させるという設計はなく、学習指導要領の内容を具現化した手引きであるということができる。

 細部を見ると、例えば「ア」の「語句などに注意」すること、「イ」の「例示や描写」などの意味を考えることなどが挙げられているが、後の解説にもあるとおり、筆者の戦略を読み取ったり、レトリックについて分析したりというものではなく、あくまで理解をするための方略としてのものである。また、「自分の考え」ということばが三箇所も登場し、他の学年と同様、重要な指導事項となっている。

 このことを、第1・3学年の手引きと同様、現行の手引きにどのように反映されているかを見てみたい。

 まず【読み取る】について検討する。

 ①は、段落の構成を確認する設問である。第1学年の書き下ろし教材と同じく、はじめから三つのまとまりになるように書かれたテクストなので、容易に判断でき、第1学年の教材とのレベルの差は見られない。

 ②は目的別に要約をするという設問である。しかし、この要約の区別は何の意図があってのものかが判然としない。たとえば、読み手や用途に

よって要約の仕方を変える課題であれば理解できるが、この設問では要約をする目的が見えず、100字と300字の書き分け程度にしか違いが浮き立って来ない。

　③は、筆者の表現の工夫に着目する設問である。ただ、このような探索のあとは、できればその表現に関する推論や目的効果分析をしたいところだが、手引きは、はじめから「良い表現の工夫がある」ことを前提としており、評価まで足を踏み入れる設計にはなっていない。「鰹節」は、かなり筆者の思い入れがことばの選択など随所に見られるので、それへの気づきを促すような学習が組めれば、CLAのディスコース分析のような学習も可能となるが、そのような視点は設計には組み込まれていない。

　次に【考えを深める】について検討する。

　こちらは学んだ題材と似たような事例をほかから探してきて、話し合う活動である。「祭り」「風呂敷」「打ち水」などの事例が示されているので、学習者が自ら探し出す必要はなく、話合いは容易であると考えられる。しかし、手引きでは「大切さや難しさ」とあるが、「難しさ」について、本文では「うまみ調味料」の台頭が少し書かれているだけである（「難しさ」が書かれているのは「白川郷」の方である）。そのような本文をこの設問と有効に関連づけることは難しく、結局は、本文と離れたところで伝統文化についての話し合いをしておしまい、という事態になることが予想される。

　ではどうするべきなのか。このような課題を設定するのであれば、本文でおそらく捨象されている情報「鰹節は高価で手間がかかる」を隠さずきっちり述べ「安価で手間がかからない」うまみ調味料との対立軸を示せばいいと考える。そうすれば、伝統を守ることの利点と欠点を学習者が認識することができ、その解決策を話し合うことができる。たとえば、2017年8月16日に、山梨県笛吹市の送り盆の行事「甲斐いちのみや大文字焼き」が、伝統の火による灯火をやめLEDにしたという報道があったが、それなどはまさに、「大切さと難しさ」をどう乗り越えたかという現実の問題として、関連づけることができる事例である。

「考えを深める」に関しては、本文と乖離した活動に陥る危険をはらむという点で、共通した問題を抱えているように思われる。

6.2.3. 手引きの提案

以上の問題の整理を踏まえて、国語科 CR の読解プロセスとフレームワークに基づき「鰹節」と「白川郷」とをセットにした「読み比べ」の手引きを提案する。

【表 5-10】手引き（改編案）＊「鰹節―世界に誇る伝統食」「白川郷―受け継がれる合掌造り」

【理解する】 ①二つの文章を読んで、次のことについてどのようなことがわかるかまとめてみよう。 （ア）伝統的なものが優れていること （イ）伝統的なものが優れていないこと ②二つの文章における書き方の共通点、相違点は何か。言葉の選択、表現、構成のしかたなどに着目し、まとめてみよう。	B
【推論する】 ③二つの文章は、それぞれどのような問題意識から書かれているか考えてみよう。	A
【評価する】 ④伝統の意味や価値をより効果的に伝えている文章は二つのうちどちらだと思うか。またそう思うのはなぜか。理由をまとめてみよう。	C
⑤「鰹節―世界に誇る伝統食」の最後の段落に「日本人」「私たち」という言葉があるが、それにあなた自身は含まれると思うか、考えてみよう。また、文中で何度か用いられる「皆さん」とはだれを指すのか考えてみよう。それらからこの文章に見られる思想について論じてみよう。	D
学習　意見の書かれない意見文 　文章構成の方法の一つに、まず初めに意見を書き、後でその理由を述	

第 5 章　国語科 CR の観点による教科書教材の検討（中学校）

べるという書き方があります。英語のパラグラフ・ライティングやディベートでもこの方法が見られます。一方、はじめ、なか、おわりや序論・本論・結論のような徐々に自分の意見を表明する書き方もあります。どちらかと言えば日本の作文技術はこちらの方が一般的でしょう。いずれも伝える技術としての優劣はありません。どこかで必ず自分の意見を述べることにも変わりはないでしょう。

しかし、逆説的ではありますが、社会には意見の書かれない意見文もあります。

淡々と事実を語るドキュメント、風景や人間模様を克明に描く日記や説明文、俳句や短歌、小説、キャッチコピーなどです。作り手は読み手に「こう考えてほしい」と直接に迫ることはありません。しかし、読み手は深い感銘を受けたり、納得させられたりすることもしばしばです。これらは意見の書かれない意見文と言ってもいいでしょう。

ことばによって表現されたものには読み手に対するメッセージ（意見）が潜んでいます。それは表だって書かれる場合もあれば、読み手の解釈に委ねて書かれない場合もあります。

例えばこんな事例があります。

ある人が少年時代の思い出として語ったことです。少年はとても買ってほしいおもちゃ（ミニカー）があったのですが、親に嘆願しても買ってもらえないだろうと考えました。そこで少年は、デパートに親と買い物に行く度に、その売り場の前で、何も言わずじっとミニカーを見つめ続けその様子を親に見てもらう作戦に出ました。すると、親が「そこまでほしいのか」と言って、買ってくれたというのです。なかなか賢い少年ですが、おそらくは、意見を言うより事実を淡々と見せたことが功を奏したのでしょう。意見を言っていないのに意見を汲み取ってもらえた、つまり、意見を言わなかったがために相手にそれをうまく解釈してもらえた事例と言えます。

たしかに、考えを伝えるための表現には一定の型があり、それを知ることは重要です。論証の型をしっかり覚えて活用すれば意見は一般的には効果的に伝わるでしょう。しかし、いつでもその型が読み手に対して効果を持つとは限りません。また、意見は、へたをすると反感を買ってしまい、逆効果を生む場合もあります。

読む相手を予測し効果的な書き方を工夫することは、書く側も読む側も常に意識しておく必要があると言えそうです。

＊右列の A ～ E は【表 3-7】の A ～ E に対応している

手引きにおけるそれぞれの設問の意図とねらいは次の通りである。

【理解する①】
　伝統的なものの「優れていること」と「優れていないこと」を情報を統合して整理する設問。書きぶりから優れた点に目が行きがちだが、よくテクストを読んでそうではない要素についても情報を抽出できるようにする。
　〈ねらい〉混沌とした情報を整理し、類型化する力を育む。

【理解する②】
　二つの文章は「鰹節」「合掌造り」という伝統文化を説明するが、書き方で差がある。「鰹節」では、その存在を賞賛し筆者の感動に読み手を巻き込むような書き方がなされている。題名の副題にも「世界に誇る」とあるほか、文中でも「偉大なる知恵（p.64・11）」「たちどころに美味になります（p.64・16）」「がぜんおいしくなるのです（p.64・20）」「こんなにすばらしい食べ物（p.66・3）」「私たちの使命（p.66・8）」など誇大表現が複数見られ、単なる説明文の域をこえた主観性がはっきりと表れている。一方の「白川郷」では、取材で知り得た事実をなるべく忠実に構成して文章化し、極力主観性を廃した表現で綴られている。また、白川郷にある知恵を一方的に美化するのではなく、「結」の今日的な心労や維持の困難についても記述がなされている。このような表現の違いを分析し、そこから見える書き手の戦略をまとめる設問である。
　〈ねらい〉ことばや表現戦略としてのレトリックに着目しながら、筆者の表現の戦略を分析する力を育む。

【推論する③】
　書かれていることから、テクストでは明言されていない筆者の問題意識を推論する設問。「鰹節」では最後のまとまりに「うまみ調味料」という「敵」が具体的に登場するので、ここをヒントに対立軸を考え、筆者の、失われていく鰹節文化へのいらだちのようなものを推論できるとよい。「白川郷」では、世界遺産となるには背景にどのような「凄さ」があるの

かを解明したいという取材への思い入れが感じられ、そのことを参考にどんな問題意識からテクストが生まれたのかを推論するとよい。
　〈ねらい〉筆者の隠れた前提や問題意識を推論する力を育む。
【評価する④】
　レトリックの分析を経たうえで、一読者としてどちらの文章に説得力を感じたかを判断しその理由を書くという設問。「鰹節」のようにやや情緒的に読み手を巻き込む書き方も、「白川郷」のように淡々と取材した事実を書いて説明する書き方も、それぞれにねらいがあり、よさがある。そのことを見極める。
　〈ねらい〉レトリックを見極め評価する力を育む。
【評価する⑤】
　ことばに着目し、そこから筆者の隠れた前提、イデオロギーを考え評価する設問。筆者は文章の冒頭で「皆さん」という中学生を想定した二人称的問いかけをするが、最後には「日本人」「私たち」のように「私を含め日本人であるあなた方」と読み手を抱き込むような書き方になっている。おそらく、近年その数を増している「外国につながる児童、生徒」などは想定読者に含まれていないだろう。
　〈ねらい〉問いかけられ抱き込まれようとした読み手である学習者が、その戦略に気づき、自分も本当にそう思うかどうかを判断して意見を表明する設問。投げられたメッセージに一旦立ち止まり、ことばに着目しながら筆者の真の意図を見抜き慎重に判断する力を育む。

7．改編手引きの検証

　中学校の手引きの改編に関しても、小学校と同様に現場の教諭に調査の依頼をし、実際に生徒に改編した手引きに取り組んでもらう機会をもった。その反応をもとに手引きを修正するためである。
　実施時期は期末考査終了後の2017年7月中旬とし、【表5−11】の学校に調査の依頼をした。手引き改編の趣旨については、事前に担当教諭に説

明をした。また、手引きについては書き込みができるようにワークシートを準備した。ただ、時間の制約があり、一つの単元として複数の時間をかけて取り組んでもらうことはできず、設問については限定的に取り組んでもらう場面もあった。また、高等学校にも調査を依頼した。

　授業者へのアンケート、電話や対面による簡単なインタビューも実施した。

【表5-11】調査対象校一覧

教材	実施校	学年	人数（クラス数）	形態
《第1学年》「オオカミを見る目」「『常識』は変化する」	津市立A中学校	1	128(4)	同一教諭4クラス。東京書籍版の採用校であり、該当の「読み比べ」教材は1学期後半に既習。ワークシート記入。【評価する⑤】は時間の関係で除外。50分。
《第1学年》「オオカミを見る目」「『常識』は変化する」	三重県立B高校［進路多様校］	2	40(1)	1クラス。通読とワークシート記入。50分。
《第2学年》「鰹節―世界に誇る伝統食」「白川郷―受け継がれる合掌造り」	実施せず＊調査を予定したが資料を調えられなかったため			
《第3学年》「黄金の扇風機」「サハラ砂漠の茶会」	三重県立C高校［進学校］	3	36(1)	1クラス。通読とワークシート記入。【理解する①】と【推論する④】の2設問に限定。65分。
《第3学年》「黄金の扇風機」「サハラ砂漠の茶会」	三重県立B高校［進路多様校］	2	39(1)	1クラス（《第1学年》教材の実施クラスとは別クラス）。通読とワークシート記入。50分。

第 5 章　国語科 CR の観点による教科書教材の検討（中学校）

7.1. 調査の方法と分析

　調査は、担当教諭の担当する授業（1 時間分）で実施した。担当教諭からの趣旨の説明以外は基本的には用意されたワークシートに学習者が自分で取り組むという形式である。また、「津市立 A 中学校」以外、学習者にとってはいずれも初読のテクストであり、1 時間の中で二つの文章をまず読み、その後設問に取り組むという形式で行った。

　分析については、調査の条件（時間、対象、既習・未習など）もまちまちで、一定の基準で調査を整理することはできない。したがって、対象に応じて量的な調査、質的調査を織り交ぜて整理した。また、授業者から得たコメントも考察する際の参考とした。

7.2. 第 1 学年改編手引きの調査—中学生対象

　調査は担当教諭が受け持つ 1 年生 4 クラスすべてにおいて、それぞれ 1 時間（50 分）で取り組んでもらった。実施時期は 1 学期の期末試験終了後である。

　該当校は東京書籍版の教科書の採択校であり、期末試験の直前まで、「オオカミを見る目」と「『常識』は変化する」の「読み比べ」教材を学んでいた。したがって、既に学習者は内容の理解ができている状態での調査である。読む時間が割愛できるため、手引きのほとんどについて（【評価する⑤】以外）調査することができた。また、同校は「学び合い」の実践校であり、班別学習の時間を取り入れている。調査においても部分的に教諭の支援で学び合いの時間があった。

　調査結果は、まず学習者の答案をルーブリック（グレード A〜D）によって採点し、正答率を測ることにした。次に、正答と誤答の典型的な例を整理して示した。

　ルーブリックの作成には、文部科学省（2016b）「学習評価に関する資料」、また黒上（2016）「パフォーマンス評価としてのルーブリック」等を参考にした。

　尺度については、「レベル 1」「レベル 2」のような表記、「S」「A」の

ような記号表記が見られるが、ここでは等級や段階を意味することばとして「グレード」を採用した。データの集計は【表 5-13】の通りである（インフォーマント数は 128 人）。

【表 5-12】設問ごとのルーブリック

手引き番号	グレード A	グレード B	グレード C	グレード D
【理解する①】	自分のことばで二つの文章の共通性を的確にまとめている。	自分のことばで二つの文章の共通性をまとめている。	記入してあるが、本文をそのまま引き書きしているか、表現不足。	設問の要求から外れた解答をしているか、未記入。
【理解する②】	（ア）（イ）の類型を指摘し、複数の箇所を的確に抽出しまとめている。	（ア）（イ）の類型を指摘し、複数の箇所を抽出している。	類型の指摘が曖昧か、記述が単語レベル、単数の抽出、抜き書き程度にとどまっている。	設問の要求から外れた解答をしているか、未記入。
【推論する③】	内容の違いに的確に指摘し、かつ筆者のフィールドの違いにその原因を求めている。	内容の違いを指摘できているが、違いの原因を筆者の背景にまで求められていない。	内容の違いとその原因を記入してあるが、情報の統合、推論ともに不十分である。	設問の要求から外れた解答をしているか、未記入。

【表 5-13】各設問における解答のグレード分布（データ）

	グレード A	グレード B	グレード C	グレード D
理解する①	3%	13%	45%	39%
理解する②	2%	22%	58%	18%
推論する③	2%	3%	29%	66%

第5章　国語科CRの観点による教科書教材の検討（中学校）

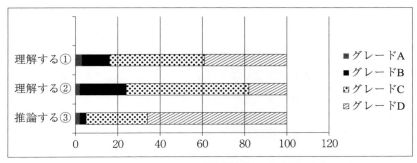

【図5-2】各設問における解答のグレード分布（グラフ）

　集計の結果から、改編した手引きは、全体的に中学1年生にとってはやややハードルの高い設問であったことがわかる。
　また、全体的に次の傾向があることも見える。

①どの設問でもグレードAはごく少数であること。
②グレードBは、「理解する②」がやや多いものの全体の割合としては
　少なく、特に「推論する③」ではきわめて少ないこと。
③「推論する③」でグレードDが多いこと。

　各設問のレベルの統一を特に図ったわけではなく比較をすることはできないが、ここからは、推論をすることに慣れていない中学生の実態が見て取れる。「推論する③」のグレードDの内訳において無解答は71％を占めており、時間的ゆとりがあったことを考えるとこの数字は大きい。
　また、「理解する①」のように、二つのテクストの共通点を取り出してまとめるという設問でも、あまり満足いく答案が得られていない。特に感じられた傾向は、どちらかのテクストの結末部分をそのまま抜き書きする答案が目立つことであった。これは、二つ以上のテクストの共通点をとらえて自分ことばで表現するという学習がなされていない可能性を示唆するものである。

「理解する②」が比較的よくできたのは、レトリックの分類は必要なものの、他の設問と違って本文に書かれていることを書き出せばよく、その平易さがデータの差となってあらわれたのかもしれない。

　いずれにせよ、情報を自分のことばで再構成したり、テクストに明示されていないことを推論したりすることに関しては、習熟していない実態があることがわかった。

　次に、具体的な答案の検討から考察する。

【表5－14】典型的な解答の例（理解する①）

プロセス	手引きの意図を満たした解答	手引きの意図を満たしていない解答
理解①	a：常識や価値観は置かれた状況によって変化したり異なったりするということ。 b：社会の状況によって常識や判断の基準は変化する。 c：人の考えや行い、常識は、置かれた社会の状況や、新しい事実が明らかになることで変わりうるという主張。	ⅰ：常識は変化する。 ⅱ：人の考えや行いは、置かれた社会の状況によって異なりもするし、また変化もしうるのだということ。 ⅲ：人の考えや行いは、生きやすい社会をつくることにつながる。

　手引きの意図は、二つの文章に共通している主張は何かを読み比べて把握することにある。意図を満たしている解答は鍵となることばを抽出しながら自分の表現でまとめることができている。一方、意図を満たしていない解答は、どちらか一方の文章の最後の段落から一部を抜き書きしており、二つの文章の情報を統合しようという姿勢が見られない。このような抜き書きの解答は多く見られた。「ⅰ」は端的で的を射てはいるが、題名のママなのでＣ評価としている。

第 5 章　国語科 CR の観点による教科書教材の検討（中学校）

【表 5−15】典型的な解答の例（理解する②）

プロセス	手引きの意図を満たした解答	手引きの意図を満たしていない解答
理解②	a：《オオカミを見る目》 ア「オオカミ少年」「赤ずきん」…オオカミを悪者にしたヨーロッパの例え。 イ p.64. l.6~10「ヨーロッパでは羊が軸の牧畜」⇔「一方日本は米の国」。 《「常識」は変化する》 ア「給水の例え」「環境問題の例え」…それに対する「常識」が変化した例。 イ 昔は給水×→今は必ず給水…今と昔の「常識」の違いを比べている。 b：《オオカミを見る目》 ア「赤ずきん」に出てくるオオカミは赤ずきんのおばあちゃんに成りすまして赤ずきんを待ち伏せし、訪ねてきた赤ずきんを食べてしまいます。 イ 昔のヨーロッパでは悪を象徴していたが日本では大神として敬われていた。 《「常識」は変化する》 ア 激しい運動をすると体温が下がり、体内の水分がへり、体の調子が悪くなり思うように動かない。 イ 今ではあたり前になった給水が数十年前まではあたり前じゃなかった。	ⅰ：《オオカミを見る目》 ウ 明治 38 年に捕獲された若いオスの記録を最後に絶滅した。 エ うそをついてはいけないという教訓で有名な「オオカミ少年」。 《「常識」は変化する》 ウ 給水の光景→数十年前は全く違っていた。 エ ポリ塩化ビフェニルといって人間が生み出した化学物質（PCB） ⅱ：《オオカミを見る目》 イ 日本とヨーロッパのひかく。 《「常識」は変化する》 ア PCB の例。 ⅲ：《オオカミを見る目》 ・埼玉県の三峯神社ではオオカミがまつられているという例 《「常識」は変化する》 ・マラソンの水分補給の例、PCB の例、健康法の例。

「理解する①」を受けて、そのような主張を論証するために、筆者がどのような裏づけレトリックを戦略として用いているかを確認することを目的としている。したがって、ただ例を挙げたり抽象的に「日本の今と昔の

比較」などと書いたりするのでは、その意図を満たさない。既習の教材だけあって、解答ではいくつかの比較の例を挙げる学習者が見られたが、このような筆者の戦略に着目した解答はなかった。

ただ、これにはこちらの手引きの問い方にも問題があったと思われる。一つはレトリックを四種あげながら、その項目別に例を挙げるように解答欄がなっていなかったことである。もともと（ア）と（イ）は分離しにくく「比較しながら例示する」ようにまとめて解答してもらうつもりだったが、中学１年生には問い方が大きすぎたようである。幸い担当の教諭が分けて書くように指示したこともあって、混乱は回避されている。「a」の解答は、文章としてではないが、板書のようなまとめ方がなされている点が評価できる。「b」は「例示」と「比較」をうまく分けて書いている。「ⅰ」は項目の選択を誤っている例、「ⅱ」「ⅲ」は部分的な羅列しかできていない例である。

【表5-16】典型的な解答の例（推論する③）

プロセス	手引きの意図を満たした解答	手引きの意図を満たしていない解答
理解①	a：《内容の違い》 　オオカミを見る目は、生物に着目して具体例を表している。常識のほうは、化学や理科に関する具体例を表している。 《なぜ違いが生まれたのか》 　高槻さんは生態学者だが、古田さんはサイエンスライターで、専門としている分野が違う。 b：《内容の違い》 　オオカミ：オオカミの話。オオカミの話を例えとして常識の変わる、異なるを（原文ママ）言っている。生態の変化について。	ⅰ：《内容の違い》 　オオカミを見る目ではオオカミのことを主に話しているが、常識は変化するでは、給水やPCBやこんにゃくなどの色々なものについて話していた。 《なぜ違いが生まれたか》 　オオカミに対する見方だけでなく、他のものについても詳しく書かれていた。 ⅱ：《内容の違い》 　オオカミを見る目はオオカミで、常しきは運動とこんにゃくとPCBと環境問題。 《なぜ違いが生まれたのか》 　オオカミを見る目の作者は動物のことを表しているが、常識は、日

第5章　国語科 CR の観点による教科書教材の検討（中学校）

	常識：常識の話。常識が変わる、異なることをわかりやすくするため、いろいろな例え。化学の例え。《なぜ違いが生まれたのか》作者が生態学者とサイエンスライターとの違いから。生態学者は生態、サイエンスライターは科学について書くのがかきやすい。もちはもち屋。専門の文野（原文ママ）が違う。	本の全体的な変化を表しているから。 ⅲ：《内容の違い》 オオカミを見る目はオオカミの見方についての内容だけど、「常識」は変化するは、色々なものについて表している。 《なぜ違いが生まれたのか》 作者の好みが違うから。

　上記の「意図を満たした」解答例はごく少ない記述されていた事例である。その特徴は内容を具体的な例の羅列ではなく「生物」と「科学」というように一般化して括り、対比していることである。多くの学習者は意図を満たしていない解答例「ⅰ」「ⅱ」「ⅲ」のように、例の種類の多寡や具体例示の提示にとどまっている。また、筆者の領域専門性とテクストの関連性に「a」「b」は気づいているが、このような書き手の背景に着目できた生徒は129人中の5人に過ぎない。教科書のために文章の最後に筆者紹介があるためここがヒントになってしまうかと思われたが、そうはならなかった。問われていることは文章のなかで考える、ということが染みついているということだろうか。
　「理解する①」でも、具体的な情報を統合して一般化することができていなかったが、ここでもその傾向が見られた。また、推論するためにはテクスト外の情報も活かすという読み方に慣れていないことが見て取れた。

7.3. 授業者のコメント
　担当教諭の書いたコメントを次に掲載する。

【表5-17】担当教諭へのアンケート結果＊「オオカミを見る目」「『常識』は変化する」

生徒の興味関心、取り組む様子について
・両方ともいつもより読み比べていた。 ・低学力の生徒が二つを読み比べ、読み取るのが難しそうであった。 ・4人班で行ったが、お互いに探し出した意見を言い合い、結論を導き出そうとしていた。 ・「常識は変化する」の方が自分たちに結びついていることが多いので子どもたちの読み取りも深かった。 ・主張を片方書いている子がいた。まとめるのに苦労している子もいた。 ・学び合う関係ができている班は理解が深かった。
本改編案への意見、提言
・実際に自分たちの生活の改善につながる「質の高い読み取り」ができるので良いと感じた。 ・生徒の中には、「内容の違い」のところで「『常識』は変化する」は自分たちの問題に大きく結びついているから、どうしなくてはいけないかまで詳しく書かれているのではないか？という考えを出している子もいたのは非常に良かった。 ・ヒントを出すのも大事だと感じた。「理解する②」のところでは、どうしていいかわからない生徒が多くいた。ヒントとして二つ記号を選んで書くように伝えると、少し書けるようになった。

7.4. 調査結果の考察

調査の結果、改編した手引きは一般的な中学生にはやや難しい課題であることがわかった。また、学習者に次のような傾向があるように思われた。

①複数のテクストの情報を統合して自分のことばでまとめることが苦手である。
②テクストに書かれていないことを推論することが苦手である。
③書かれていることの情報を抽出することには比較的習熟している。

「評価する④」「評価する⑤」については実施されなかったので、社会的

なことに転移（適用）させる力やテクストの善し悪しを判断する力については測れていない。この項目については高等学校での調査の解答例を参考としたい。

担当教諭からは、学力の低い生徒の取り組みに問題があったことや、「理解する②」の問い方に問題があったことなどの指摘があった。その一方で、「自分たちの生活の改善につながる『質の高い読み取り』ができる」課題であるとの評価もあり、おおむね受け入れられる手引きであったことがわかった。また、資料を受け取る際に対面で10分程度様子を聞くことができたが、「とても興味深く生徒は取り組み、適切な支援をすれば力がつく課題だと思う」とのコメントを得ている。また、「こんな手引きや教材を是非また扱ってみたい」とのことばもあった。その理由は、国語科CRの設問が「学び合い」の実践に有効だからという。回答にある、「自分たちの生活の改善につながる『質の高い読み取り』」は、対話によって社会の改善、創成を目指したハーバーマスのことばに近く、興味深い。

国語科CRの手引き改編は、学習者に「質の高い読み取り」をもたらす一方略として現場で受け入れられる可能性があることが確認できた。

7.5. 高等学校における調査

中学校で実施した調査を高等学校（第2学年）でも調査した。難易度の確認を図ることと、中学校で調査できなかった「評価する④」「評価する⑤」の学習者の反応を見るためである。

調査対象は三重県内にある高等学校（商業高校）の2年生1クラス、41人とした。実施時期は2017年7月の期末考査後である。

授業は50分である。はじめの15分でテクスト通読（音読）させたあと、書き込み欄付きの改編手引きを配布し、「取り組みたい設問に取り組む」という指示のもと、各自が書き込むというスタイルが取られた。担当の教諭は、既に調査対象の生徒には1年生の国語総合（現代文）の授業で改編手引きの「理解する②」に準じたレトリックを取り上げていた。

7.5.1. 学習者の選択した設問の傾向

　学習者は限られた時間で興味のある設問から順次取り組んだ。そのため、選択の傾向を見れば学習者の興味・関心あるいは得手不得手の傾向が測れるのではないかと考えた。そこで、学習者の取り組み率を比べることにした。

　解答欄に、文が完結する形で解答が書かれているものは正誤を問わず「取り組んだ」とし、その割合を見た。【表5－18】はそのデータである。なお、全設問に「取り組んだ」学習者は40人中7人にとどまる。

　表を見ると、「推論する③」を選択した学習者が極端に少ないことがわかる。これは、特に2番目の「なぜ違いが生まれたのか」の設問の無解答の多さによるものである。また、「評価する⑤」が「理解する②」と同じく選択率が高いこともわかる。

【表5－18】「取り組んだ」設問の比較

設問	「取り組んだ」人数	割合
理解する①	38人	95%
理解する②	28人	70%
推論する③	8人	2%
評価する④	15人	38%
評価する⑤	28人	70%

7.5.2. 各設問における解答傾向

　次に各設問の学習者の反応について傾向を見ることにする。

《理解する①》

　学習者にとって、初読のテクストであったにもかかわらず無解答がほぼなかった。また、中学校と比べて、自分のことばでまとめようとしている解答が多かった。次のような例である。

　　・常識やイメージは出来事や環境などによってコロコロ変わる。

第5章 国語科CRの観点による教科書教材の検討（中学校）

・人の考えは、社会の状況やそのことに関する知識の内容によって異なったり変化したりする。だからそのことをふまえたうえで物事と向き合うことが大切だ。
・人の考えや行い（常識・判断基準など）はその時代の在り方や知識・暮らしなどにより変化する。

《理解する②》
　記入されたものに関しては、おおむね具体的な指摘ができていた。ただ、問い方が曖昧であったことが原因となってか、行数で示す解答や抜き出しで示す解答、また板書のように関係性で表す解答など表現方法が多岐にわたってしまっていた。

《推論する③》
　筆者の専門性に原因を求められればよい設問だが、そこに着目できた学習者は4人（10％）のみであった。また無解答が非常に多い。この正答率（10％）は中学校の調査（グレードA、2％）に比べるとやや多いが、「推論する」の解答が他の設問に比べて満足いく結果でないことに変わりはない。

《評価する④》
　「推論する③」への取り組みは少なかったが、この設問ではいくつか見られた。
　次は、比較的手引きの意図を満たしている例である。背景知識の脆弱さゆえか、全体を通して具体性に欠ける答案が目立った。
・〈芸能やお笑いの専門家〉
　昔の漫才は間をあまりあけずに次々と話を進めていくスタイルが主流であったが、ダウンタウンがそれまでには無かった間を利用したゆったりしたテンポの笑いの取り方を成功させたことで、今は速いテンポの漫才より、それぞれのテンポで漫才するのが主流になった。

・〈教育の専門家〉
　昔は先生が生徒に指導のためという理由で暴力をふるうことは許されていた。しかし、今は体罰とみなされ、つかまってしまう。
・〈教育の専門家〉
　江戸時代の寺子屋が明治時代、戦後にかけて今のスタイルに変化してきた。
・〈教育の専門家〉
　悪いことをしたらろう下に立たされたり、ねこ背の子の背中にドジョウを入れるようなのがあったが、今の学校ではあり得ない。
・〈歴史の専門家〉
　縄文時代では、狩りが主であったために、定住することなく獲物を探して移住していた。しかし、弥生時代になると稲作というものが中国から伝わってきて食糧獲捕（原文ママ）が簡単になり、定住できるようになった。しかし、稲作というのは広い土地が必要となってくるので、土地をめぐって争いが起きるようになった。縄文時代では人間どうしの争いがなかったが、弥生時代になると土地をめぐって人と人が争う社会に変化していった。
・〈歴史の専門家〉
　数年前までは鎌倉幕府は1192年と言われていたが、今では1185年と言われている。

《評価する⑤》
　「オオカミを見る目」と「『常識』は変化する」を比較して説得力のある方を選んでその理由を書く設問。「取り組んだ」28人中、21人が「『常識』は変化する」を選択し、「オオカミを見る目」は7人と少ない。比較的手引きの意図を満たしている記述例は次の通りである。
　〈オオカミを見る目〉
・日本とヨーロッパの比較だったが、同じ農業でもオオカミの関わり方で見方が変化しているという説明がわかりやすかった。狂犬病が原因で、

第5章　国語科CRの観点による教科書教材の検討（中学校）

　日本でもオオカミを見る目が変わったことがわかりやすかった。
・自分も「赤ずきん」や「三匹のブタ」を知っているから、恐ろしい動物だと思っていたけど、昔の日本では神のように敬われていたことは知らなくて、稲作のためには良いことだったことから、一つのことだけでイメージするのではなく、たくさんの情報を得ることが大切だと思ったから。
・オオカミを見る目があげている「赤ずきん」、「三匹の子ブタ」、「オオカミ少年」は、多くの人に認知されており、題名を言われてすぐにどのようなものか思い浮かぶ人が多くいると思う。また、農業についても社会科で習得している部分も多いので、頭に入ってきやすい。以上の理由から、オオカミを見る目の方が説得力があると考える。

〈「常識」は変化する〉
・身近な例が挙げられていたから。例えば「こんにゃく」。こんにゃくは低カロリーで健康な食べ物だと私はずっと思ってたけど昔は違ったり、自分たちに関係する話が多かったから。
・例がたくさん書かれているからその分わかりやすく説得力があると思う。オオカミを見る目は一つのことを掘りさげている為、逆に主旨がわかりにくいと思った。
・水分補給の部分で、昔は水を飲んではいけないと教えられたと父からも聞いたことがあったので、この話を読んで今と昔では考え方が変わったんだと改めて分かりました。

7.5.3. 解答傾向の考察

　観察できた点は三つある。
　一つ目は、高等学校の調査でも学習者が「推論する」の設問に習熟していない実態が見られたことである。その一方で、学習指導要領の指導事項で明示される自分の意見を述べることに準じた設問「評価する⑤」の反応は、予想以上に良好であった。
　二つ目は、「評価する④」の転移（適用）の設問で見られた既有知識の

脆弱さである。他教科で習った知識を関連づける学習者はあっても、独自にその分野の問題を新聞や本によって得ていることを反映できる学習者はあまりいなかった。
　三つ目は、「評価する⑤」の選択率の高さと、逆にそこにある質的な問題である。どちらに説得力があるかの判断、説明はできているが、多くの解答は「自分がわかりやすいかどうか」を基準としている。そこにテクストを少しひいたところからとらえる視点は見られなかった。なお、この設問については次のような正答例を想定していた。

　　「『常識』は変化する」は、例がたくさん挙げられているが、なぜそれら事例の見方が変化したのかについては詳しくは書かれていない。
　　しかし、「オオカミを見る目」では、変化の原因と結果が明確に示されており、読み手の「なぜ」にしっかり答える書き方がされている。

　一方、調査からは次のような可能性も確認することができた。
　一つ目は、初読での取り組みであったにもかかわらず「推論する②」が、中学校でも調査より正答率が上昇していることである。このことは、学習者が経験や知識の増加とともに、その知見を活かしてテクストを推論する力が向上していく可能性を示唆するものである。
　二つ目は、「評価する④」でユニークな転移（適用）の事例がいくつか書かれていたことである。背景知識は脆弱なところもあるが、解答の様子は、ほかのことに関連づけていく思考力が St.4 から St.5 にかけて備わってきていることを感じさせた。このことは、学習者に論理的で創造的な思考力が潜在していることを示唆するものであり、読むことを社会的実践とすることの可能性を予感させる。

7.5.4. 授業者のコメント

　担当教諭から次のようなコメントがあった。予想以上に関心を持って取り組んでいたとの報告であるが、同時に教師側の意識改革をする必要性に

も触れられている。

【表5−19】授業者のコメント　＊「オオカミを見る目」「『常識』は変化する」

> 生徒への適切な指導、支援があれば十分考えることを促す教材として使えるものであるということが分かりました。考えることを放棄するかと思いましたが、むしろ興味関心を持って取り組んでいました。ただ、こういう手引きで授業をするには、授業をする私たちの意識を変えることが大切であり、またなかなかそれが難しいであろうことも実感しました。

7.6. 改編手引きの修正の方向性—第1学年教材

「推論する③」については調査した中学校・高等学校ともに手引きの意図を満たす解答は少なかった。小学校6年生の「新聞の投書を読み比べよう」で、書き手の背景に着目する手引きを提案していたので、その段階性からすれば難度に無理はないと思われるが、問い方などで工夫をして気づきやすいようにする必要があろう。また、その克服には「推論する」の設問のバリエーションも学年の段階に応じてさらに用意していく必要があると思われる。

「理解する②」については解答しやすいような改良が必要と考える。ただ、手引きはテストではないのである程度幅を持った活動ができるようにすることも重要であろう。

そのほか、「評価する④」と「評価する⑤」を入れ替える方が妥当であると思われた。

個々の設問の具体的な修正の方向性は次の通りである。

《理解する①》
なるべく自分のことばでまとめるようとするような導きを工夫する。
《理解する②》
「例を示す」と「比べる」の両方の要素を持つ事例が多くあり、それを分けて答えるにはやや無理があるので、裏づけレトリックのうちどれか一つを選んで、具体的な例を挙げられるようにする。

《推論する③》
　問い方を工夫することで筆者の専門性や背景要素への気づきを促すようにする。
《評価する④》
　順序を「評価する⑤」と入れ替える。中学校では調査項目に入らなかったため、どの程度取り組めるかは未知数だが、高等学校の調査からある程度可能性が得られたのでこの設問自体は残す。
《評価する⑤》
　順序を「評価する④」と入れ替える。比較的よく取り組まれていたのでこの問題は残す。

7.7. 第3学年改編手引きの調査—高校生対象
7.7.1. 調査の方法
　「黄金の扇風機」「サハラ砂漠の茶会」については高等学校二校（2クラス）で調査を実施した。
　調査を依頼したのは第1学年教材の調査依頼をしたのと同じ学校の2年生別クラス40人（三重県立B高校）と、他の学校の3年生1クラス36人（三重県立C高校）である。実施時期は2017年7月。B高校は50分、C高校は65分授業である。いずれも、通読と設問への書き込みによって実施し、授業として教師がリードすることは基本的にはない。
　B高校では1学年教材と同じように、担当教諭の指示で、通読後、学習者が自分で設問を選択して書き込むという方法で調査を行った。一方C高校では、次のような方法で調査を行った。

　手順：
ア、最初の12分程度で教材の二つの文章を通読した。＊通読に約13分
イ、「学習の手引き」【理解する】の①に取り組む。本文に印をつけたり線を引いたりしながら、「美」に対する意見をそれぞれつかむ。（記述できる者は、プリントの枠内に記述しなさい、と指示。約10分）

ウ、イの読み取りの確認。(約 10 分)　＊ここまで【理解する】で約 20 分
エ、【推論する】の④に取り組む。本文で自分の論の根拠となる所に印をつけ、プリント指定の枠内に内容を記述する。(最初、約 10 分と想定したが、「どのような読み手に」というところが考えにくそうだったので、隣近所での相談も含めて合計 20 分かけた)
オ、何人かに発表させ、その都度、授業担当から簡単なコメントをした。(約 10 分)

＊担当教諭の報告のまま記載

7.7.2. 調査の結果 A（B 高校）

B 高校については、1 学年教材と同様に「取り組んだ」設問の割合を調べてみた。結果は次の通りである。

【表 5-20】「取り組んだ」設問の比較

設問	「取り組んだ」人数	割合
理解する①	38 人	95%
理解する②	9 人	23%
推論する③	13 人	33%
評価する④	4 人	10%
評価する⑤	1 人	3%

表からは全体の解答率が第 1 学年教材より下がっていることがわかる。教材の難度が上がっていることもあるが、設問の仕方が学習者にとってわかりにくかった可能性もある。【推論する③】はフィールドに着目するというヒント付きであったためか、第 1 学年教材の時よりも取り組んだ学習者は多い。

次にそれぞれの設問の解答傾向を見てみる。

《理解する①》

二つの文章の美のとらえ方の違いを的確にとらえている解答は、全体の 58％あった。問われていることを勘違いするような解答はなかった。

《理解する②》
　ことばに着目する解答例としては次のものがあったが、ごく少数である。また、解答のうちそのほとんどが常体と敬体の違いの指摘であった。
・「ずいぶん」という言葉の使い方に説得力がある。
・「黄金の扇風機」の文末の使い方は常体であり、固くかしこまった感じがする。
・「黄金」は文の使い方が常体であり、説得力がある気がする。
　レトリックに関しては「日本とエジプトを比較している」や「どちらも例証が使われている」といったことが書かれていた。

《推論する③》
　フィールドに着目するというヒントがあってか、専門性の違いを指摘する解答が多かった。ただ、その専門性とテクストの論理的な関係性について言及しているものはなかった。若干その要素があるといえば、次のような記述であろう。
・田中真知の職業は翻訳家、作家。国と国の違いを知っている。
　また、次のような、学習者の既有知識・価値観・ステレオタイプを投影していると思われる解答も見られた。
・「黄金の扇風機」の筆者の田中真知さんは、作家であるということから、あまりたくさんの「美」に触れていないし、あらゆる視点から「美」をとらえられていないから、自分の感情だけで文章を書いている。それに対して「サハラ砂漠の茶会」の筆者の千住博は画家という立場だからさまざまな「美」に触れられているので、たくさんの視点で「美」をとらえられている。
・黄金の扇風機（作家）…作家は物語を書くうえで考え方が違う人がいるから話しが面白くなると考える。
　サハラ砂漠の茶会（日本画家）…画家は同じ絵や歌を美しいと感じる人の集まり。

《推論する④》
　無解答が多く、また記入されているのも「中学2・3年生に対して」「日

本人に対して」など、テクストの内容を吟味したものではなかった。手引きのねらいを比較的満たすものとしては次のような解答があった。
・二つの文章とも、外国の話題に触れているので、外国に行ったことのない読み手を想定していると思います。そして、外国に行ったことのない人に対して、外国にある「美」を知ってもらってさまざまな「美」をくらべてほしいという目的があると思います。
・高校生や、自分の意思をつらぬき通す人を想定し、価値格（原文ママ）をいろんな視点からみてほしいということを目的に書かれた。

《評価する⑤》
　一人だけ解答があった。次の通りである。ただし、⑤-2は未記入である。また、「美は一つである」という「サハラ砂漠の茶会」の主張を関連付けた解答とはなっていない。
・「サハラ砂漠の茶会」⑤-1
　今も世界の各地で争いが起こっています。日本は幸いなことに争いはしていませんが、日本だけがよければよいという考えではいけないと思います。世界中がもっと平等になり、格差がなくなり、争いがない世界を私は創りたいです。

7.7.3. 調査の結果B（C高校）
　ここでは、C高校の解答の傾向を、B高校の調査結果を補う形でまとめ考察する。C高校は調査対象が3年生であり、小中高の国語科CRの完成段階としての学習者として位置づけることができる。

《理解する①》
　36人中、無解答は8人（22%）。また、二つの文章の美に対するとらえ方の対立点を記述できた解答は23人（64%）であった。二つの文章についてそれぞれ区別した聞き方はしていなかったが、いずれも二つに分けて解答されていた。これは授業者の支援、指示によるものである。

《推論する④》
　36人中無解答は11人（20%）。また、手引きのねらいを満たす解答は8

人 (22%) であった。具体的に「誰」という規定をしている解答は無かった。また、目的は書けていても対象が書けていない学習が目立った。このことは、担当教諭の観察でも報告されている。

次は比較的手引きの意図を満たしている解答例である。
・「黄金の扇風機」は、世界で認められている物が真のよい物であるという風潮に流されている人に対して。「サハラ砂漠の茶会」は、人間は民族によってそれぞれ異なっていて、根本的にわかり合えないと思っている人に対して。
・「黄金の扇風機」…特定のものだけが美しいと思っている人に向けて、柔軟な心を持ち、美はさまざまで変化するものだというダイナミックな感覚の大切さを伝えるため。
「サハラ砂漠の茶会」…「人間はみな同じである」という感覚が欠如している人に向けてそのことを伝えるため。
・「黄金の扇風機」…非先進国の人たち。先進国で美しいものが絶対美しいとは限らない。美しさはさまざまである。
「サハラ砂漠の茶会」…宗教や政治による対立をしている人。美を通せば「人はみな同じ」ということを伝えられるということ。

7.7.4. 解答傾向の考察

観察できた問題点は二つある。

一つ目は、「理解する②」のようなことばに着目する活動を学習者が苦手としていること、および、筆者の立場や想定読者といったテクスト外のことを推論することに習熟していないことである。C高校のように受験対策としても多くの評論文を読んでいる学校の学習者であってもこの傾向は同じであった。

これは、国語科 CR で目指そうとしている学力観が従来の学力観とは同じではないということの証左でもある。特にことばのなかに潜む筆者の意図や社会的属性など、またテクストの出発点とその行き先を推論するという課題は、現在の中高生にとっては未知の課題であり、テクストを読む方

第5章 国語科CRの観点による教科書教材の検討（中学校）

略の一つとして認知されていないことなのだろう。

二つ目は、第1学年教材でも見られた傾向だが、学習者がテクストを社会的な関係性から生まれたものとして見られていないことである。テクストが投げかける問題を自分のこととして、身近な社会の問題として取り込み、敷衍させ、他と関連づけることがうまくできないのである。そのことは、テクストの表層的な構成や内容を「理解」することに終始する現行の手引きの設計に問題の一端があるのかもしれない。今回の手引きでは「評価する⑤」にそのことを盛り込んだつもりであったが、残念ながら時間の関係もあって学習者の十分な反応は調査できなかった。

全体として無解答も多く見られたが、時間的な原因か設問の不具合なのかは特定できていない。ただ、問い方がわかりにくいと答えようがないことを考慮し、丁寧で誤解のない問い方に修正するような見直しは必要であろう。

一方、調査からは次のような可能性も確認することができた。

それは、複数のテクストを読んでその情報を統合していく「理解する①」に正答と言える解答が多かったことである。これは、具体的な文字情報を抽象化する設問とも言え、その設問に十分取り組めたということは、テクストを巨視的にとらえ分析していく資質を高校生が十分に持っている実態を示唆するものである。

7.7.5. 授業者のコメント

C高校の担当教諭からは次のコメントをもらった（B高校の担当教諭は第1学年教材の調査と同じなので割愛した）。やはりここでも、授業者の意識の変革と学習者への適切な支援の必要性が提示されている。また他教科との横断的連携や、国語外の知識、経験の援用と取り込みの必要性も指摘されている。

入試対策をするという縛りのなかでの、学習者の読むことへの認識の改革の難しさが見て取れる回答である。

【表5-21】 授業者のコメント　＊「黄金の扇風機」「サハラ砂漠の茶会」

> 　50分1コマと考えた場合、【推論する】【評価する】までじっくり行うには、3コマ以上かかると思われる。特に「筆者の拠って立つフィールド」や「どのような読者を想定して」という部分は、この教材のみでクリアできるものではなく、日頃からそのような視点で文章を読むことが成されていなければ（＝単純に現行の大学受験対策の現代文ばかりを意識している者には）、相当難しいと思われる。

7.8. 改編手引きの修正の方向性―第3学年教材

　全体的に難しい手引きであったことが解答の量的・質的なデータ分析から伝わった。また問い方のまずさに起因する答えにくい設問が一部あった。

　個々の設問については、次のような修正を行う。

【理解する①】

　「二つの文章は」という聞き方があいまいなので、別々に書くことを指示するか、あるいは「その違いをまとめてみよう」のような表現とする。

【理解する②】

　「理解する①」との関係性が見えにくい設問であった。着目するポイントを示すなどの改善をする。レトリックに特化した設問に仕立て直す。

【推論する③】

　筆者のフィールドに着目するという問い方は1学年教材に下ろす。代替として、筆者の問題意識などを考える設問を書き起こす。

【推論する④】

　加筆修正はあるものの教科書用の書き下ろしではないため、この問いはこの教材で扱うのが妥当と考える。C高校で比較的手引きの意図を満たした解答があったことから、授業者の支援があれば取り組める問題であることもわかった。

第 5 章　国語科 CR の観点による教科書教材の検討（中学校）

8．改編手引きの修正

　以上の調査、考察をもとに、改編した手引きを修正する。第 2 学年の教材については学校での調査を実施していないが、他学年の分析をもとに必要に応じて修正を試みる。
　問い方をわかりやすくしたこと、推論の問いにテクストごとに問うものを追加したこと、「評価する」の順序を入れ替えたこと、また、国語科 CR のカリキュラムに則った難易度となるように極力配慮した。

8.1. 第 1 学年教材

【表 5-22】改編した手引きの修正案　＊「オオカミを見る目」「『常識』は変化する」

【理解する】 ①二つの文章に共通している主張は何か、まとめよう。	E
②二つの文章では、読み手を説得するために、どのような表現の工夫（レトリック）を使っているか、あとに書かれた 学習 を参考に、それぞれの文章から探し出してみよう。 （ア）例を示す　　　　　＊具体的な例を示す （イ）比べる　　　　　　＊二つ以上の事柄を示して比べる （ウ）データを示す　　　＊数字や実験結果などを示す （エ）権威を引用する　　＊有名なことばや権威のある人のことばを引用する	B
【推論する】 ③二つの文章には共通の主張はあるが、取り上げられている素材は同じではない。なぜそのような違いが生まれたのか、筆者のフィールドに着目して考えてみよう。	A
④二つの文章についてそれぞれ次のことを考えてみよう。 ○オオカミを見る目 ・「ところが、現在は〜反省の声もあるのです。」（p.67.2-4）の文章をな	

ぜ筆者は入れたのか。筆者のねらいを考えてみよう。	A
○「常識」は変化する ・「そのことが、私たち一人一人にとって生きやすい社会を作ることにつながり」(p.281.下 .2-3)とあるが、筆者の考える「私たち一人ひとりにとって生きやすい社会」とはどのような社会と考えられるか。	A
【評価する】 ⑤あなたは二つの文章のうち、どちらがより説得力がある文章だと考えるか。どちらかを選び、その理由をまとめよう。	C
⑥次のフィールドで活動する専門家が、二つの文章と同じような主張(①)の文章を書く場合、どのような例を取り上げることができると思いますか。次の中から一つを選び、具体例を考えてみよう。 ・教育の専門家 ・政治の専門家 ・芸能やお笑いの専門家 ・歴史の専門家 ・スポーツの専門家 学習 説得力を持つ文章とは 　意見を述べるには、相手の納得を得るための工夫が必要です。 　ここでの工夫とは、人の目をひくキャッチコピーや、絵や写真の活用といった見た目の印象で納得させるものではありません。言葉をつむいでじわじわと人をその気にさせる工夫を言います。読んでいくうちに「なるほど」と、思ってもらえる工夫です。 　こういった工夫は、親しい友だちや同じ考え方の人に対してはあまり必要ないでしょう。そうではない、そのことがらに関心のない人や、ちがう考え方を持っている人などに対してこそ、必要になってくると思います。 　では、そのような場合、あなたの意見を支えるものは何でしょうか。それが根拠であり、理由づけです。 　たとえば、次の母子の会話を読んでください。 母「徹、お行儀悪い！」 徹「えっ？」 母「肘をついて食べるんじゃありません！」 徹「あ、ごめん。」	C

第5章　国語科CRの観点による教科書教材の検討（中学校）

　ここで、徹さんは、すぐにお母さんに謝っていますね。では、なぜお母さんがいちいち理由を言わないのに、徹さんはすぐ謝ったのでしょうか。それは、「肘をついて食事をするのはマナーが良くない」という文化の中で二人が暮らしているからです。肘をついて食事をしている（根拠）から、行儀が悪い（意見）の間に、なぜそれがよくないか（理由づけ）を、はさまなくとも、わかりあえる間だからなのです。しかし、そういう習慣を持たない外国から来た留学生に対してならどうでしょう。ていねいな理由づけが必要だと思います。

　意見文を書くときは、「相手はわかっているから」と思わずに、そうではないということを前提に、意見に対しては常に根拠を示しながら理由づけをすることを意識するようにします。教科書で出会うような文章にはこのことを十分生かされているのです。

　理由づけには、次のようなことを裏づけとして取り上げる方法があります。文章を読んだり書いたりするときの参考にしましょう。

①例を示す
　自分の経験、似たような出来事、知っているほかの事例などを挙げる。
・わたしは、かつて生け花を習ったことがある。
②比べる
　対照的な例を出す。似ているが少し差がある例などを挙げる。
・北欧では日本ほど学費がかからないという。
③データを示す
　アンケート結果、公表されている白書、実験結果、など、量で示すことができるデータを挙げる。
・クラスの約70％が賛成だと答えました。
④権威を引用する
　ことわざや格言、有名人の名言、本で書かれていた言葉など、権威がある言葉を挙げる。
・かつてガンジーは「明日死ぬと思って生きなさい。永遠に生きると思って学びなさい」と言った。

＊右列のA～Eは【表5-3】のA～Eに対応している

8.2. 第2学年教材

【表5−23】改編した手引きの修正案 ＊「鰹節―世界に誇る伝統食」「白川郷―受け継がれる合掌造り」

【理解する】 ①二つの文章を読んで、次のことについてどのようなことがわかるかまとめてみよう。 （ア）伝統的なものが優れていること （イ）伝統的なものが優れていないこと	
②二つの文章におけるそれぞれのレトリック戦略についてまとめてみよう。	B
【推論する】 ③二つの文章は、それぞれどのような問題意識から書かれているか考えてみよう。	A
④二つの文章についてそれぞれ次のことを考えてみよう。 ○鰹節―世界に誇る伝統食 ・「以上のように、鰹節は〜私たちの使命ではないかと思うのです。」（p.65.14-p.66.9）の部分を筆者はなぜ書き添えたのか、考えてみよう。 ○白川郷―受け継がれる合掌造り ・この文章全体を読んで、一般的に伝統的なものを守るときの障害となるものは何か、考えてみよう。	A
【評価する】 ⑤伝統の意味や価値をより効果的に伝えている文章は二つのうちどちらだと思うか。またそう思うのはなぜか。理由をまとめてみよう。	C
⑥「鰹節―世界に誇る伝統食」の最後の段落に「日本人」「私たち」という言葉があるが、それにあなた自身は含まれると思うか、考えてみよう。また、文中で何度か用いられる「皆さん」とはだれを指すのか考えてみよう。	D

　　学習　　意見の書かれない意見文

　文章構成の方法の一つに、まず初めに意見を書き、後でその理由を述べるという書き方があります。英語のパラグラフ・ライティングやディベートでもこの方法が見られます。一方、はじめ、なか、おわりや序論・

本論・結論のような徐々に自分の意見を表明する書き方もあります。どちらかといえば日本の作文技術はこちらの方が一般的でしょう。いずれも伝える技術としての優劣はありません。どこかで必ず自分の意見を述べることにも変わりはないでしょう。
　しかし、逆説的ではありますが、社会には意見の書かれない意見文もあります。
　淡々と事実を語るドキュメント、風景や人間模様を克明に描く日記や説明文、俳句や短歌、小説、キャッチコピーなどです。作り手は読み手に「こう考えてほしい」と直接に迫ることはありません。しかし、読み手は深い感銘を受けたり、納得させられたりすることもしばしばです。これらは意見の書かれない意見文といってもいいでしょう。
　ことばによって表現されたものには読み手に対するメッセージ（意見）が潜んでいます。それは表だって書かれる場合もあれば、読み手の解釈に委ねて書かれない場合もあります。
　例えばこんな事例があります。
　ある人が少年時代の思い出として語ったことです。少年はとても買ってほしいおもちゃ（ミニカー）があったのですが、親に嘆願しても買ってもらえないだろうと考えました。そこで少年は、デパートに親と買い物に行く度に、その売り場の前で、何も言わずじっとミニカーを見つめ続けその様子を親に見てもらう作戦に出ました。すると、親が「そこまでほしいのか」と言って、買ってくれたというのです。なかなか賢い少年ですが、おそらくは、意見を言うより事実を淡々と見せたことが功を奏したのでしょう。意見を言っていないのに意見を汲み取ってもらえた、つまり、意見を言わなかったがために相手にそれをうまく解釈してもらえた事例と言えます。
　たしかに、考えを伝えるための表現には一定の型があり、それを知ることは重要です。論証の型をしっかり覚えて活用すれば意見は一般的には効果的に伝わるでしょう。しかし、いつでもその型が読み手に対して効果を持つとは限りません。また、意見は、へたをすると反感を買ってしまい、逆効果を生む場合もあります。
　読む相手を予測し効果的な書き方を工夫することは、書く側も読む側も常に意識しておく必要があると言えそうです。

＊右列のA～Eは【表5-3】のA～Eに対応している

8.3. 第3学年教材

【表5-24】改編した手引きの修正案　＊「黄金の扇風機」「サハラ砂漠の茶会」

【理解する】 ①二つの文章はそれぞれ「美」をどういうものだととらえているか、まとめてみよう。	E
②「①」の見方・考え方は、文章のどのような書き方に表れているか、まとめてみよう。 　②-1 言葉の使い方に着目しよう。 　②-2 構成やレトリックに着目しよう。	B
【推論する】 ③二つの文章は、どのような読み手を想定し何を目的として書かれたものか考えてみよう。	D
④二つの文章についてそれぞれ次のことを考えてみよう。 ○黄金の扇風機 ・筆者の論からすれば、「美しさを見出す」ことの出来ない人はどのような人と言うことができるか、考えてみよう。 ○サハラ砂漠の茶会 ・筆者は、美が「人間は皆同じである」ことを教えてくれると言うが、それはどのような前提から成り立っているか、考えてみよう。	A
【評価する】 ⑤「平和な世界を創る」という題目で意見文を書くことになった。意見を支える根拠として引用する場合、あなたはどちらの文章を選択するか、またそれはなぜか。考えをまとめ、話し合ってみよう。 　⑤-1 自分が創りたい平和な世界とは何かを定義しよう。 　⑤-2 活かせる要素を文章から抽出し、関連づけよう。	C

＊右列のA～Eは【表5-3】のA～Eに対応している

9. 教材文改編への展望

　本章では、小学校の教科書教材改編で実施した教材本文の修正（B案）はせず、手引きの改編のみ提案してきた。しかし、手引きを改編するなか

第5章　国語科CRの観点による教科書教材の検討（中学校）

で、中学校の説明的文章、特に書き下ろし教材に特有の問題があることが見えてきた。最後のまとまりの部分に筆者の意見が書かれることである。そのことの問題は既に「7.1.」でも述べた。ここではもう少し具体的に考察する。

たとえば第2学年の教材、「鰹節―世界に誇る伝統食」で見てみる。

このテクストは、鰹節という伝統食の製造過程や世界の保存食のなかでの位置づけ等が調査に基づく具体的な例示によって語られ、学習者の知を開く内容となっている。しかし、66ページの「以上のように」以降に、突如、筆者が大きく全面に表れ、主張が展開される。

このようなテクストの構造には次のような弊害があると考えている。

①おわりの部分で主張するため論証が不十分なテクストになってしまう。
②学習者が、最後に結論があると覚えてしまい、本文を読もうとしなくなる。
③推論する余地が少なくなり課題が設定しにくい。

本研究では推論することの重要性を主張してきた。しかし、教材文が説明しすぎると、学習者に考える余地を与えなくなり推論の学習が成立しにくい。この教材のほか「オオカミを見る目」、「『常識』は変化する」にもその傾向が強い。

仮に「鰹節―世界に誇る伝統食」の66ページ「以上のように」以降を削除したとしよう。そうすると、64ページ以降の次のようなことばに着目させることで、書かれていない筆者の主張、価値観、世界観、隠れた前提などを推論していく課題が組めるようになる。

・カビの性質を<u>みごとに見ぬいた</u>鰹節の製法（p.64.6）
・我が国の先達たちの知恵の深さとユニークな発想には<u>舌を巻きます</u>。（p.64.7）

- 鰹節菌を巧みに応用した驚異の乾燥術は、(p.64.9)
- 昔からの偉大なる知恵なのです。(p.64.11)
- 極めて多く含みます。(p.64.15)
- たちどころに美味になります。(p.64.16)
- がぜんおいしくなるのです。(p.64.20)
- もうひとつ驚くべきことがあります。(p.65.1)
- みごとに分解しているのです。(p.65.4)
- いずれもすばらしいうまみが出て (p.65.8)
- 脂がなくておいしいだしを持ったからこそ……なってきたわけです。(p.65.10)
- 懐石料理はすばらしい日本の料理ですが、(p.65.11)
- 鰹節のだしという伝統技があったからこそなのです。(p.65.12)

　これらの必ずしも要らない形容句や、「こそ」という強調の助詞の多用など、ことばに着目すれば、「以上のように」以降の意見を読まずとも、おのずと筆者の鰹節や日本の伝統食への強い思い入れは感じ取ることができる。
　明示された意見ではなく、こういった「ことばのしっぽをつかむ」ことによって、筆者や筆者の所属する社会・文化を推し量っていくのが、クリティカル・リテラシーであり、CLAのディスコース分析であり、それを国語科に取り入れたのが国語科CRである。その学びの観点から考えれば、テクストの最後に主張がしっかり付加される現行のテクスト構成は、再考を要する形式である。
　中学校における今後の教材デザインを展望するうえで、このことを一つの提言としておきたい。

10. 第5章のまとめ

　本章では、第3章で示した国語科CRの指導理論を基準に中学校国語科

第5章　国語科 CR の観点による教科書教材の検討（中学校）

の教科書教材および手引きを検討し、改編案として提案した。

　検討する教材は、東京書籍版の教科書の「読みくらべ」教材とした。同社の「読み比べ」教材は小学校から連接するものであり、社会的テクストを教材とした小学校での学びが説明的文章を教材とした中学校での学びにどのように引き継がれているかを分析することができると考えたからである。

　国語科 CR のフレームワークから分析した結果、「レトリック」「定義・構成」に着目する設問が若干あったものの、手引きには、国語科 CR の概念にあてはまる設問はほぼなく、テクストの構成や表現の工夫を学習したり、テクストに対して自分の意見を持つことを目指したりする設問で占められた。また、テクスト内外の情報からテクストに書かれていないことを考えるという「推論する」学習も見られなかった。学習指導要領に推論をふまえた評価のプロセスが明示されていないことが影響していると思われた。

　このような問題の所在をふまえ、国語科 CR のカリキュラムをもとに、第1学年から第3学年までの「読み比べ」教材の手引きの改編をした。「理解する」「推論する」「評価する」の読解プロセスごとに設問を作り、なるべく国語科 CR の「5つのねらい」の要素を各設問に添えることを目指した。改編した手引きは、中学校・高等学校あわせて3校、計4クラスに調査を依頼し、授業に取り組んでもらった（2017年7月）。基本的には通読のあと学習者が各自でワークシートに記入する方法であったが、一部、教諭が振り返りをグループ学習によって行ったクラスもあった。また、担当教諭からのコメントももらった。

　調査の結果、おおむね趣旨は理解されたものの、問い方がわかりにくいこと、各学年での難易度の調整が必要なこと、ほかのテクストを持ち込んでより深い思考を誘う必要があることなどの問題点が明らかになった。そこで、それらの問題を解決するために修正をし、「国語科 CR による教材・学習の手引き改編—中学校」としてまとめた。

第6章　国語科 CR の観点による教科書教材の検討
（高等学校）

1. はじめに

　小学校・中学校の手引きでは、分析の結果、筆者の工夫や目的に着目する設問はあっても、結果として「理解する」ことと「意見を述べる」ことで占められていることがわかった。「推論」の設問がないのである。このことは、高等学校の国語教科書も同じなのか。同じだとすれば何をどのように改善し乗り越えていかなければならないのか。
　本章では、このような問題意識の上に立ち、国語科 CR の理論によって改編を試みた小学校・中学校の教材・学習の手引き改編を、高等学校の教科書においても行う。具体的には、小学校・中学校で提案されていた東京書籍版の「読み比べ」教材が説明的文章であったことを受け、「評論」「随想」に分類されるジャンルを評価対象とし、同社の高等学校版の国語教科書を同様に国語科 CR の読解プロセスとフレームワークに基づいて検討し、その改編案を提案する。

2. 高等学校における学習の手引きの活用度

　分析に入る前に、高等学校の国語科の授業の、ある実態を明確にしておく必要があった。それは「高校の教師は、さほど手引きを活用していないのではないか」という暗黙の常識の存在である。なぜなら、従来高等学校の国語科教師は自らの専門性を授業に活かし、学習指導要領はいうまでもなく教科書の指導書や学習の手引きにそれほど目を向けていないという実

感があったからである。そうであるならば、学習の手引きの改編はあまり意味をなさない。

　そこで、筆者は、2017年6月12日に実施された三重県高等学校国語教育研究会春の総会時に参加者（各学校から1名参加することになっている）に無記名アンケートを実施した。目的は高等学校国語科の授業での教科書の手引きの利用状況の把握である。回収総数は36人。次はアンケート内容とその結果である。

　《アンケート内容》
　①教職経験年数
　　1．5年未満　2．5〜10年　3．11〜15年　4．16〜20年　5．21年以上
　②先生は、国語科（現代文）の授業づくりにおいて「学習の手引き」を参考にされますか。
　　1．しない　2．あまりしない　3．ときどきする　4．する
　③その理由をお聞かせください。
　④現行の教科書の「学習の手引き」への提言があればお書きください。

　《アンケート結果》

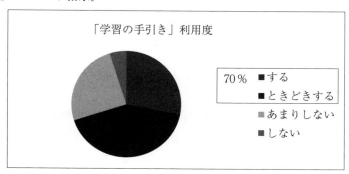

【図6-1】「学習の手引き」を参考にする度合い

第6章　国語科CRの観点による教科書教材の検討（高等学校）

【表6−1】教職経験年数別　＊●は回答者の数

	5年未満	5〜10年	11〜15年	16〜20年	21年以上
する	●●	●●●●	●	●	●●
ときどきする	●●●●	●	●●	●●	●●●●●●
あまりしない		●●	●●●	●	●●●
しない			●	●	

　調査からわかったのは、学習の手引き（以下、手引き）を参考にしている教師が比較的多いこと（「する」と「ときどきする」をあわせて70％）である。これは、筆者の予想を上回っていた。また、年代別では5年未満の教師に手引きを参考にする傾向が強いことが見て取れた。筆者の予想ではベテラン教師ほど手引きを参考にせず授業を構成すると予想していたが、意外にもそうではなかった。

　このような結果から、想像以上に手引きは高等学校の国語科の授業で参考にされており、その影響力もある程度あるということができる。したがって、手引きが変われば、授業も変わる可能性がある。

　次に、アンケート③での記述回答をすべて挙げる。

《③記述回答》
【する／ときどきする】
・利用価値のあるものは利用したい。
・展開の参考にする程度です。特別に理由はありません。
・模範的、客観的な指導事項や方法について確認し、自分の指導に偏りが生じないように参考にしています。また、授業教材や考査問題を作成する際にも参考にしています。
・自分の考えだけで授業づくりを行うと偏りが出てくるから。
・発問を考える参考にします。
・設問に特に不満がないため。
・テスト前に生徒から質問されるため。
・同じ科目を担当する他の教員とある程度授業内容をそろえるため。また、

自分にはない視点や切り口を学ぶため。
・自分、周りの教員の意見や考えだけでなく他の考え方を参考にしたいから。授業づくりのヒントになる考えがあるから。
・読解だけでなく、今後の読書の手引きになっているものもある。
・他の仕事が忙しく教材研究をできるだけ時間短縮できるように。
・他の先生と課題を合わせるため参考にしています。
・教材のポイントをしぼってあってまとめなどの際に便利だから。
・単元のまとめの参考にするため。
・話の流れの中で、どの場面で発問するかを確認するため。

【しない／あまりしない】
・本文を読む中で必要なことは処理している。
・「〜話し合ってみよう」など、実際に使えない（使うとしてもその他の発問と組み合わせる工夫が必要）発問が多いから。手引きを見ずに授業を組み立てたら、くしくも手引きと同じ発問を自分が考えていたということはよくある。
・小・中で「学習の手引き」をしっかり取り組んだことのある生徒は授業の中で「学習の手引き」に取り組み、「答え」を確認しないと不安になるようである。教科書の「正しさ」は絶対的なものであり、「〜してみよう。」という形であっても「そうしたらどのような"答え"になるのか」気になるようである。その不安をなくせる授業をできていない。
・基本的な方針は理解しておく必要があると思うが、各クラス、学校、個人によって同じ題材でも目標・目的が変わり、同じような授業態勢を作らないため。核の部分がずれないように気を遣うことはしている。
・参考にならないことはありませんが、どうしてもその本文を理解するために必要なものになっている気がします。その教材を使ってどういう力をつけさせたいかという観点からは少しずれるのであまり気にしていません。
・その時の生徒の課題に応じた学習活動をさせたいから。
・生徒の興味・関心・学力が編集者の準備する設問と合致しないことがしばしばある。そのため教員が授業内でアレンジして提示する必要がある。
・自分の授業の組み立ての中で使えそうなものが少ないから。

第 6 章　国語科 CR の観点による教科書教材の検討（高等学校）

　ここからは、高等学校でも横並びの授業が一般的で統一テストとなっている実態や、出過ぎないように安全に橋を渡るために活用しているという実態が見て取れる。そのような実態のなかで、共通したソースとして教科書に載る手引きがある種の権威を持ち、活用されているのであろう。その一方で、「生徒の実態に合わない」「本文を理解することの補助的役割しか持たない」「その教材でどのような力を身につけさせたいのかが読めない」といった意見もある。
　次に、④について回答があったものを記す。回答は6名と多くはないが、今後の手引きづくりに対する具体的な提言が書かれている。

《④記述回答》
・促そうとしている学習の次元に統一感がない。もしくは統一感よりも多元的に学習を促すつもりであるならば量が足りていない。
・質の高い発問（生徒がそれを考えることで思考力が養われるようなもの）を載せてほしい。
・現行のものは、教材文や作者等についての解釈・解読に力点が置かれていて、生徒がどのように読むかといった視点で書かれている部分が少ないように感じています。主体的で対話的な学びを実現するには、どのような手立てがあるのかといったことに踏み込んだ手引きであるとよいと思います。
・意図もあり検討もされて作られているものだとは思うのですが、それが伝わりにくいように思います。思い切った形式の改正ができないでしょうか。
・アクティブ・ラーニングの流れを（具体例）もっと出してほしい。

指摘されたことは、おおむね次のように整理できる。

a：手引きに統一感を持たせ、量を豊かにする。
b：質の高い設問を載せる。

c：どのように読むかというプロセスを示す。
　d：思い切った形式の改正をする。
　e：アクティブ・ラーニングの流れを示す。

　a～eの指摘からは、手引きに対して抜本的な改善が必要という問題意識があることが読みとれる。それは「何をどのように学ばせるのか」を示すという手引きに対する質的・量的な改善要求であり、今日的な学力観の要素を取り入れることへの期待である。
　求められているのは、手引きにおける明確なコンセプトと具体的かつ新しい学びのプロセスの提案だと言えよう。

3．手引きの分析

　以上のような現状をふまえ、現行の国語教科書の手引きを国語科 CR の読解プロセスとフレームワークをもとに分析する。
　分析の対象は、東京書籍版の高等学校国語教科書とするが、特に小学校、中学校の国語科教科書で提案された「読み比べ」が、高等学校版にどのように継承されているか、また国語科 CR を構成する要素の有無を分析する。なお、分析の対象としたのは、同社の「国語総合　現代文編（平成29年度～33年度版）」（以下「国総」）、同社の「精選国語総合（平成29年度～33年度）」（以下「精選」）の「随想」「評論」に分類される全教材である。また参考として、他社の「国語総合」の教科書（三省堂）についても同様の傾向があるかどうかを調査した。

3.1.「読み比べ」教材の継承

　小学校における、「ほけんだよりを読みくらべよう」（第3学年）、「新聞の投書を読み比べよう」（第6学年）などの一連の「読み比べ」教材は、Wallace の実践の広告・チラシ・新聞記事などの CMT と同様の教材として位置づけることができた。また、中学校における「黄金の扇風機」「サ

ハラ砂漠の茶会」などの「読み比べ」教材は、小学校の教材を継ぐ、より発展的な説明的文章としてとらえることができた。段階的に文字中心のテクストへと移行していくことに関して、東京書籍版の教科書は Wallace の実践理論と同じ方略がとられていたのである。

ただ、その一方で、小学校では比較的明確に読者が想定されていたのに対し、発展的に文字テクストへと至る中学校の段階で、読者像が拡散し、教材が学習者と乖離していく傾向も見られた。中学生向けに書き換えてはあるものの、テクストの題材を自分のこととして受け止めるには、手引きによる誘導が必要だったのである。

高等学校の教材には、「表現編」などを除き、書き下ろされた教材はほとんどない。教材は一般書から収集されたものであり、学習者はさらに社会的視点を駆使してテクストと向き合うことになる。学習者を想定外の読者として枠の外に追いやることなく、読むことを社会的実践とするには、相応な方略が必要になると思われる。

では、実際に東京書籍版が提案した「読み比べ」の理念はどのように高等学校の教科書に継承されているのか。同社は小中までの接続は提案しているが、高等学校に関してはその記述がなく、そのことを調査する必要があった。

そこで、同社版「国語総合」の「評論」「随想」を対象として、手引きの傾向を小学校・中学校の方法と同様に調査・分析をした。以下はその概況、分析結果である。

3.2. 高等学校「国語総合」の概況

まずは、教科書を構成する教材の比率を調べてみた。

東京書籍版の高等学校「国語総合」においては、「評論」と「随想」が教材に占める割合は「国総」14／25（56％）、「精選」11／23（48％）と約半数であった。ただし、「国総」では付録として5つの評論が掲載（5／6）されており（手引きは付されていない）、それをあわせると 19／30（63％）となり、随想・評論の全体に占める率は高くなる。これは、「国

総」の方がいわゆる進学校向けの教科書であり、受験対策としてより多くのテクストを選択できるようにするためであると考えられる。

次に、「読み比べ」教材の設計の有無について調べてみた。

小学校、中学校と接続されていた「読み比べ」については、高等学校版では提案がなかった。高等学校学習指導要領（平成21年告示）の国語「読むこと」の「（2）エ」にも「さまざま文章を読み比べ、内容や表現の仕方について、感想を述べたり批評する文章を書いたりすること」とあるが、特段そのようなことを満たすためのデザインは、なされていない。

書き下ろし教材はなく、単行本、雑誌の論考、新聞などを出典とした、いわば家庭や書店で目にすることができるテクストをもとに編集された教材で構成されている。

手引きについては、各単元の最後に5～7問の設問が並べられ、テクストを理解したりテクストで考えたりすることを目指した構成になっている。これらの位置づけは小学校・中学校と同じである。

3.3. 手引きの分析

次に、高等学校の教材においても、手引きを取り上げ、その傾向を国語科CRの読解プロセスとフレームワークから検討していく。

検討の基準は、小学校・中学校と同じく国語科CRの読解プロセスとフレームワークによるものとする。読解プロセスは、【表3-3】に、フレームワークについては【表3-9】に示した。また、それらを統合した「国語科CRの読解プロセスとフレームワーク」については【図3-2】に示した。

3.3.1. 分析の方法

高等学校の教材においても、小学校・中学校の教材検討と同様に「国語科CRの読解プロセスとフレームワーク」からの分類、分析を行う。

小学校・中学校の分析では、「5つのねらい」のフレームワークから分析し、改編案で読解プロセスをあてはめる方法をとったが、高等学校の教

材では分析の段階から三つの読解プロセスの類型を集計し、その傾向をあわせて分析することとした。具体的には、「国総」の評論・随想のジャンルに分類される全14教材、83設問を対象として、それぞれの設問が国語科 CR の「読解プロセス」の「理解する」「推論する」「評価する」のいずれにあたるかを分類した。また、もう一つは、Wallace の Critical Reading から規定した「5つのねらい」の要素の有無をすべての設問について調査した。

加えて、「精選」と他社版(三省堂)教科書についても同様の傾向があるかどうかを調査し、東京書籍版の傾向だけでないかどうかについて確かめた。

3.3.2. 分析結果

「3.3.1.」の観点に基づき、調査した結果を【表6-2】に示す。

表に示したのは、「国総」の評論・随想の全教材の手引きの設問とその分類である。東京書籍版の教科書には「脚問」がなく、すべてが手引きの設問に集約される。また、手引きの外出しの位置づけとして「表現と言語活動」が設定されているが、手引きに包括される内容と考えられるので、今回の分析では手引きの一部として扱った(表中の斜体字)。

表の「プロセス」は国語科 CR の読解プロセスの類型を、「FW」は国語科 CR としての分析のフレームワーク(「5つのねらい」の類型)を示している。

【表6-2】「国総」全14教材における類型(読解プロセス/CR〈5つのねらい〉)

手引き	プロセス	FW
①【評論】技術が道徳を代行するとき (池内 了)		
1．具体例と筆者の考えが述べられている部分を区別しながら、本文を通読しよう。	理解	

2．次の部分はそれぞれどのようなことを述べているか。 ①表面的には道徳が機能しているかのような状態［11.6］ ②道徳心を失ったロボット同然の行動［11.6］	理解
3．「道徳を技術で置き換えることの危なさ」［11.9］とは、どのような点にあると述べているか。	理解
4．「しかし」［9.2］、「ところが」［9.13］、「しかし」［10.8］という逆接の接続詞を挟んだ前後の段落の内容は、どのように展開しているか、まとめよう。	理解
5．筆者の主張についてどのように考えるか、話し合おう。	評価
②【評論】水の東西（山崎正和）	
1．「鹿おどし」と「噴水」の違いに注意しながら、本文を通読しよう。	理解
2．次の部分はそれぞれどのようなことを述べているか。 ①それをせき止め、刻むことによって、この仕掛けはかえって流れてやまないものの存在を強調している［13.10］ ②それは外界に対する受動的な態度というよりは、積極的に形なきものを恐れない心の表れではなかっただろうか［16.5］	理解
3．次の部分は、「鹿おどし」と「噴水」のどのような様子を捉えたものか、整理しよう。 ①時間的な水と、空間的な水。［15.3］ ②見えない水と、目に見える水。［16.7］	理解
4．「あの『鹿おどし』は、日本人が水を鑑賞する行為の極致を表す仕掛けだといえるかもしれない。」［16.10］とあるが、筆者はなぜこのように考えるのか。	推論
5．日本文化について関心を持ったことを、二分間程度でスピーチしよう。	評価
③【評論】客観的と抽象的（森　博嗣）	
1．三つに分かれたそれぞれの部分の内容に注意しながら、本文を通読しよう。	理解
2．「主観的で具体的で感情的なもの」［19.8］と「客観的で抽象的な思考、あるいはそれらを伴う理性的な行動」［19.11］について、筆者はどのように述べているか。	理解
3．「客観的に考える」［20.4］と「抽象的に考える」［20.8］の特徴について、互いの関係に注意して整理しよう。	理解

第6章　国語科 CR の観点による教科書教材の検討（高等学校）

4．「そういう考え方でしか解決できない問題もたしかに存在する。」[19.14] とあるが、それはどのような場合か考えよう。	評価	
5．筆者の主張は、どのような場合にあてはまるか考えて、400字程度の文章にまとめよう。	評価	
④【評論】〈顔〉という現象（鷲田清一）		
1．筆者の述べる〈顔〉と私たちがふだん考えている「顔」との違いに注意しながら、本文を通読しよう。	理解	
2．「実際に他人の顔を前にした時、私たちの視線は戸惑い、行き場なく宙をさまようというのが実情ではないだろうか。」[44.4] とあるが、なぜそのようになってしまうと述べているか。	理解	
3．次の部分について、それぞれが意味する内容を説明しよう。 ①一方通行な状況の中で現れてくる顔 [45.2] ②顔は記号として知覚される [46.2] ③人の「顔」としての交換不可能な存在 [48.6]	理解	
4．「〈顔〉と顔面を区別する必要が生じる。」[46.10] とあるが、〈顔〉と「顔面」にはどのような違いがあると述べているか。	理解	
5．「擬似的知覚を反復する」[48.15] ことによって、どのような現象が生じていると述べているか。	理解	
6．「〈顔〉への渇き」[49.5] が「今いろいろな場所で現れ出ているのだろう。」[49.5] とあるが、それは人々がどのようなことを感じ、思っているからか。	推論	
7．ふだんの生活の中で、「誰かへの訴えとしての〈顔〉が、今とても貧しくなっているように感じられる。」[48.10] ことはないか、600字程度の文章にまとめよう。	評価	
⑤【評論】言葉は「ものの名前」ではない（内田　樹）		
1．ことばと「もの」の関係に注意しながら、本文を通読しよう。	理解	
2．「ギリシャ以来の伝統的な言語観」[5.1] とは、どのような言語観か。	理解	
3．「devilfish」『悪魔の魚』[53.15] の例で述べたかったのは、どのようなことか。	推論	B

4．「『意味の幅』は、その言語システムの中で、あることばと隣接する他の言葉との『差異』によって規定されます。」［55.3］とは、どのようなことか。「羊」の例をもとに説明しよう。	理解	
5．「『言葉』と『もの』は同時に誕生するということができます。」［55.6］とあるが、それはなぜか。	理解	
6．星座のたとえをもとに、ソシュールの言語観をまとめよう。	理解	
7．「日本語と英語の場合でも同じことが起こります。」［53.14］とあるが、本文に挙げられたもの以外にどのような例があるか、話し合おう。	評価	

⑥【評論】時間と自由の関係について（内山　節）

1．「時間」と「自由」について、どのような例を挙げているかに注意しながら、本文を通読しよう。	理解	B
2．「時間の自由には、二種類のものがある」［60.10］とあるが、それぞれ「時間」をどのようにしたいということの表れか。	理解	
3．次の部分について、それぞれが意味する内容を説明しよう。 ①外部化された時間［60.14］ ②経済は時間の有効な配分によって成り立っている［64.11］ ③時間を既成概念から解放しなければならない［65.14］	理解	
4．「学校教育の中で時計の時間が価値基準になった」［59.13］とあるが、そうなった理由を筆者はどのように述べているか。	理解	
5．「老人はとても難しいことを話していたのである。」［62.12］とあるが、筆者が老人の話から受け取った「難しいこと」とはどのようなことか。	理解	
6．筆者は、時間とどのような関係を取り結ぶことが望ましいと考えているか。「人間が時間とどんな関係を取り結ぶのかによって、時間の性格もまた変わっていくのではないだろうか。」［65.8］を手がかりにまとめよう。	推論	
7．「もしかすると……ならなかったのである。」［61.6〜62.2］について、次の活動をしよう。 ①この部分の内容を、200字程度の文章に要約しよう。 ②筆者の主張に対してどのように考えるか、600字程度の文章にまとめよう。	評価	

⑦【随想】少女たちの「ひろしま」（梯　久美子）

1．三つに分かれたそれぞれの部分の話題に注意しながら、本文を通読しよう。	理解	

第6章　国語科CRの観点による教科書教材の検討（高等学校）

2．「この写真の美しさは、ほとんどタブー破りであると感じた。」[74.2] とあるが、それはなぜか。	理解	
3．「洋服たちを、史料としてみる前に、女性たちが大切に着た服として見る視点が、この写真集にはある。」[76.1] とあるが、本文に示された「洋服たち」に対する二つの異なった「視点」について、それぞれ説明しよう。	理解	
4．「六十数年の時間を越えて、彼女たちが急に身近になったように思った。」[78.4] とあるが、それはなぜか。	推論	
5．「そんな私が、広島の死者と自分をつなぐ回路を、思わぬところで見つけた気がした。」[78.10] とあるが、この「回路」とは、どのような思いに基づいていると考えられるか。	推論	
6．*「あの洋服たち、もともとは、もっともっときれいだった」[75.1] などをきっかけとして、本文を読んだ感想を話し合おう。*	*評価*	
⑧【随想】蝉と日本語（小池昌代）		
1．話題の展開に注意しながら、本文を通読しよう。	理解	
2．「日本の中に幽閉されている」[81.11] とは、どのようなことか。	理解	
3．「苦しいというよりもくやしい」[83.2] とあるが、なぜ「くやしい」と感じているのか。	推論	A
4．「『死骸』ではなく、『死』がたてた音」[83.12] とは、どのような音か。	推論	
5．*日常生活の中で気になっている言葉について考えて、800字程度の随筆（随想・エッセー）を書こう。*	*評価*	
⑨【評論】広告の形而上学（岩井克人）		
1．五つに分けられたそれぞれの部分について、取り上げられていることがらをメモしながら通読しよう。	理解	
2．「現実の動物たち」[110.3] と「『動物』なるもの」[110.3] について、次の問いに答えよう。 ①それぞれ、何のたとえとして用いているか。 ②両者はどのように違うか。	理解	B
3．次の傍線部について、それぞれが意味する内容を説明しよう。 ①人は、<u>広告という媒介を通じて初めて商品を比較することができる</u>のである。[111.15] ②企業が広告にお金を出すのは、ひとえに<u>広告の生み出す過剰なる差異性</u>のためなのである。[113.8]	理解	

319

4．「ライオンやトラやウサギとともに『動物』なるものが生息している光景」［113.16］とは、どのような状況をたとえたものか。	理解	B
5．広告の「形而上学的な奇妙さ」［114.4］とは、広告のどのような特質について述べたものか、筆者の考えをまとめよう。	理解	
6．新聞やテレビの広告を見て考えたことについて、800字程度の文章にまとめよう。	*評価*	

⑩ 【評論】映像文化の変貌（松浦寿輝）

1．本文を通読して、全体を四つのまとまりに分けよう。	理解	
2．次の部分はそれぞれどのようなことを述べているか。 ①エッフェル塔が出てくると、「あ、パリだ。」とたちまちわかったような気になってしまう。［117.6］ ②エッフェル塔は百年間かかってものからイメージへと変わっていったわけだ。［118.4］	理解	
3．次の部分はそれぞれどのようなことを述べているか。 ①「イメージ」だけが行き交う空間に慣れすぎてしまうと、現実の生々しい手応えに対する感性が鈍くなってゆく危険があるのだ。［119.13］ ②映像―対―現実という対立関係ではなくて、映像こそ現実的であり生々しい、現実的なのは映像だけだということにさえなってしまう。［120.15］ ③豊かなイメージと貧しいイメージとを選り分ける感受性を鋭く研ぎ澄ましてゆくことが、これからはますます必要になってくるはずだ。［123.14］	理解	
4．次の部分はそれぞれどのようなことを述べているか。 ①そういう時、我々の目にはアウラの輝きが映っているのだ。［122.10］ ②このアウラの消失が、二十世紀の映像文化の大きな特徴である。［123.1］	理解	
5．「映像文化」がどのように変貌したと述べているか、本文に即してまとめよう。	理解	
6．筆者の考えをもとに、「映像文化」について具体例を挙げながら、自分の考えを800字程度の文章にまとめよう。	*評価*	

⑪ 【評論】メディアが作る身体（荻上チキ）

1．近年における「新しいメディア」［126.1］の例を確認しながら、本文を通読しよう。	理解	

第6章　国語科 CR の観点による教科書教材の検討（高等学校）

2．「予期の織物のような存在」[128.5] とは、どのようなものか。	理解	
3．「身体能力を外部化」[128.16] するとは、どのようなことか。具体例を挙げて説明しよう。	理解	
4．「特定のメディアが社会的身体化される」[129.14] とはどのようなことか。	理解	
5．「『昔に返れ。』といった説教が、感情的メンテナンスの役には立っても、システム構築の代案としては常に無効だった」[130.3] とは、どのようなことか。	理解	
6．「新しいメディア」に対する筆者の考えをまとめよう。	理解	E
7．本文を読んで、*新しいメディアが人間に与える影響について考え、討論しよう。*	*評価*	
⑫【評論】生物の多様性とは何か（福岡伸一）		
1．「ニッチ」「動的平衡」「生物多様性」などの語句に注意しながら、本文を通読しよう。	理解	
2．本文は四つの部分に分かれているが、それぞれの部分の要点を箇条書きで整理しよう。	理解	
3．次の部分はそれぞれどのようなことを述べているか。 ①相互依存的でありつつ、相互補完的である。[156.12] ②生物は地球環境というネットワークの結節点に位置している。[157.8] ③生物多様性は、動的平衡の強靱さ、回復力の大きさをこそ支える根拠なのだ。[158.4] ④地球環境はしなやかであると同時に、薄氷の上に成り立っている。[158.14] ⑤私たちヒトが考えねばならないのは、生命観と環境観のパラダイム・シフトなのである。[159.7]	理解	
4．「生物多様性」がなぜ重要なのか、筆者の考えに沿ってまとめよう。	理解	E
5．本文を読んで、*生物多様性について興味を持ったことを調べて発表しよう。*	*評価*	
⑬【評論】〈私〉時代のデモクラシー（宇野重規）		
1．「〈私〉時代」がどのような時代かに注意しながら、本文を通読しよう。	理解	

2．「伝統的な社会」［162.15］と「『近代』という時代」［162.9］とは、どのように違うか。次のそれぞれについて整理しよう。 ①家族　　②宗教	理解	
3．次の部分はそれぞれどのようなことを述べているか。 ①「近代」のプロジェクトが成功し、成功したためにこそ、その効果が自分自身に跳ね返り［165.5］ ②このようなパラドックス［166.12］	理解	
4．「〈私たち〉を形成することは、ますます難しくなっています。」［167.13］とあるが、それはなぜか。	理解	
5．「〈私〉時代のデモクラシー」にはどのような特徴と課題があると述べているか。	理解	
6．「あなたは、誰といっしょに〈私たち〉を形成していますか。その〈私たち〉には、誰が入っていて、誰が入っていないでしょうか。」［167.14］とあるが、日常生活の中で、このようなことが「重要な政治的意味を持っている」［167.15］と言える場面には、どのようなものがあるか、話し合おう。	評価	

⑭【評論】暇と退屈の倫理学（國分功一郎）

1．四つに分かれたそれぞれの部分の内容に注意しながら、本文を通読しよう。	理解	
2．「その『好きなこと』とは、願いつつもかなわなかったことではない。」［171.8］とは、どのようなことか。	理解	
3．「労働者の暇が搾取されている。」［172.14］とは、どのようなことか。	理解	
4．次の傍線部について、それぞれが意味する内容を説明しよう。 ①モリスが実におもしろいのは、社会主義者であるにもかかわらず、革命志向の他の社会主義者たちとは少し考えが違うことだ。［173.11］ ②モリスは消費社会が提供するようなぜいたくとは違うぜいたくについて考えていたのである。［175.12］	理解	
5．本文で筆者はどのようなことを主張しているか。「生きることはバラで飾られねばならない。」［176.11］を手がかりに考えよう。	推論	
6．暇を得た社会の中で、個人としてどのように生きればよいかについて考え、800字程度の文章にまとめよう。	評価	

第6章　国語科 CR の観点による教科書教材の検討（高等学校）

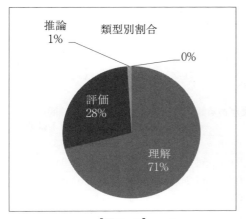

【図6－2】

分類からは、大きく次の四つのことが見えた。

一つ目は、「理解する」の類型にあたる設問が多い（71％）ことである【図6－2】。

設問はテクストの内容を学習者が正確に把握することを求めるものであり、テクストの一部分の内容把握から全体の要旨をまとめるものまで、要求の幅は広い。設問に共通するのは、明示された情報を統合し、別の表現で置き換えることを求めていることである。

二つ目は、「推論する」の類型にあたる設問がほとんどないこと（1％）である。一部に「なぜ」と問う設問が見られるが、形式的には理由を問いながらも結局は本文の内容をまとめれば解答に至ることができる種類のものであり、本研究で定義してきた「推論する」の類型にはあたらない。また、「推論する」設問が「評論」ではなく「随想」に多く見られるという傾向もあった。

三つ目は、「評価する」の類型にあたる設問が各教材で一つずつ設定されていることである。これは、言語活動の充実、ならびに日本における PISA 型「読解力」の「熟考・評価」の影響だと思われる。ただ、ほかのことに関連づけて考えるという転移（適用）する課題はあるものの、テクストに対する判断、つまり、もとのテクストをクリティカルにとらえ直すような設問は見られない。また、「筆者の主張についてどのように考えるか、話し合おう（「技術が道徳を代行するとき」）」、「新聞やテレビの広告を見て考えたことについて、800字程度の文章にまとめよう（「映像文化の変貌」）」、「本文を読んで、生物多様性について興味を持ったことを調べて発

323

表しよう（「生物の多様性とは何か」）」などのように問題が焦点化されていない課題も散見される（後述）。

そして四つ目は、読むことを社会的実践とする「５つのねらい」にあたる設問がごく一部を除いてほとんど見られないことである【表６−３】。

【表６−３】「５つのねらい」の要素がある設問数（要素がある設問／設問）
　　　　　　　　　　　　　　　　　　　　　　　　＊数字は教材、アルファベットは要素

	①	②	③	④	⑤	⑥	⑦	⑧	⑨	⑩	⑪	⑫	⑬	⑭	計
A	0/5	0/5	0/5	0/7	0/7	0/7	0/6	1/5	0/6	0/6	0/7	0/5	0/6	0/6	1/83
B	0/5	0/5	0/5	0/7	1/7	0/7	0/6	0/5	2/6	0/6	0/7	0/5	0/6	0/6	3/83
C	0/5	0/5	0/5	0/7	0/7	0/7	0/6	0/5	0/6	0/6	0/7	0/5	0/6	0/6	0/83
D	0/5	0/5	0/5	0/7	0/7	0/7	0/6	0/5	0/6	0/6	0/7	0/5	0/6	0/6	0/83
E	0/5	0/4	0/5	0/7	0/7	0/7	0/6	0/5	0/6	0/6	1/7	1/5	0/6	0/6	2/83
計	0/5	0/4	0/5	0/7	1/7	0/7	0/6	1/5	2/6	0/6	1/7	1/5	0/6	0/6	6/83

表からわかるように「５つのねらい」の要素については、筆者の表現の工夫に着目する「Ｂ：レトリック」にあたるもの、筆者は要するに何が伝えたかったのかを考える「Ｅ：トピック」にあたるもの、筆者の背景のコンテクストを考える「Ａ：コンテクスト／イデオロギー」に該当するものがごく少数見られるに過ぎない。

以上の傾向は、「精選」でもほぼ同じであり、また参考として調査した三省堂の『高等学校 国語総合 現代文編 [改訂版]』『精選 国語総合 [改訂版]』でも同じであった。日本生涯学習総合研究所（2016）が示した大学入試問題の類型と同様のことが、教科書の手引きにおいても見られたということになる。

つまり、評論・随想、特に評論の学習においては、学んだ内容をほかのものに転移（適用）させたり考えを話し合ったりする活動はあるものの内容の正確な把握が中心で、テクストの社会的な位置づけや背景にあるコンテクスト、イデオロギーに関して推論するようなことは、ほとんど要求されていない。なぜそのテクストが生まれたのか、筆者にどのような隠れた

前提があるか、なぜそのようなレトリックを多用しているのかなど、筆者及び筆者が所属する社会や時代を考え、テクストを多角的に読み解いていくといった思考は求められておらず、これではテクストを取り巻く世界を読むことに拡張していかないだろう。

ここから浮かび上がる課題は、いかにして「推論する」ことを手引きに盛り込んでいくか、また、活動主義に陥らない質の高い「評価する」設問を設定するか、という手引き設計の根本的な改善である。

3.4. 学習指導要領との関連性と今後の展望

このような現状は、学習指導要領とどのように関連しているのか。

高等学校 学習指導要領（平成21年告示）の国語総合「C読むこと（1）」は次の5事項で構成される。

（ア）文章の内容や形態に応じた表現の特色に注意して読むこと。
（イ）文章に内容を叙述に即して的確に読み取ったり、必要に応じて要約や詳述をしたりすること。
（ウ）文章に描かれた人物、情景、心情などを表現に即して読み味わうこと。
（エ）文章の構成や展開を確かめ、内容や表現の仕方について評価したり、書き手の意図をとらえたりすること。
（オ）幅広く本や文章を読み、情報を得て用いたり、ものの見方、感じ方、考え方を豊かにしたりすること。

（文部科学省，2009，p.26）

これらを、先に類型化した教材の手引きにあてはめてみる。なお、（ウ）に関しては文学的文章を想定したものと思われるので割愛する。

まず、（ア）だが、「理解する」の特に「1.」の「本文を通読しよう」の中にそれに関連する設問が見られる。ただ、小学校・中学校の「読み比べ」教材の手引きで見られたほど、このことは課題の中心とはなっていな

い。また、「目的に応じた」ものではなく「内容や形態に応じた」ものなので、レトリック戦略を考える指導事項とは言えず、手引きもそれに倣ってレトリックに着目する設問はない。

（イ）に関しては、「理解する」の類型にあたる設問のなかで多く反映されている。手引きの中心をなす指導事項である。

（エ）に関しては、「評価する」「推論する」に類する指導事項と言えるが、その多くは「表現と言語活動」のなかでみられる。ただし「推論する」に該当する設問はない。「評価する」の設問を類別するとおおむね次の【表6−4】のようになる。

分類は、次の三つの観点からした。

・「書く」「発表する」「話し合う」のどの項目に入るか。
・現実や社会のことなどにあてはめる転移（適用）なのか、何らかの自分の考え方を意見として仕立てることなのか、あるいは調べることなのか。
・設問はテクストの内容とどの程度結びついているか（判断の基準は、テクストを熟読しないと取り組めないものを「強い」、テクストを熟読しなくても取り組めるものを「弱い」とした）。

【表6−4】手引きにおける「表現と言語活動」の問題類型

テクストとの関係性	転移（適用）する		意見を考える		調べる	
	強い	弱い	強い	弱い	強い	弱い
書く	③④⑩	⑧	⑥⑭	⑨		
発表する				②		⑫
話し合う	⑤⑬		①⑦⑪			

＊数字は【表6−2】における教材の通し番号

表からは、自分の意見を構成したりほかのことに関連づけたりする活動が多いことが読み取れる。ただ、先述のように、テクストとの結びつきがあまりないような設問もいくつか見られる。

（オ）に関しては、手引きのなかに、意図的にほかのテクストを掲載して考えさせるような設問はなく、教科書では読書指導の領域として解釈されているものと思われる。

　以上のような分析から、手引きで「推論する」設問がほとんど見られないのは、現行学習指導要領に起因するものであるということが示唆された。ただ、（エ）の「書き手の意図をとらえたりする」ことは方法によっては推論する学習活動とすることはできると思われ、手引きの設問になぜもう少し反映されなかったのかという印象は持った。

4．手引きの改編1

　以上のような現状を踏まえ、問題を改善するべく分析した14教材のなかの一つの評論教材を取り上げ、「推論する」の量的確保、「評価する」の質的向上を企図した手引きの改編を提案する。

　改編にあたっては、「国語科CRの読解プロセスとフレームワーク」を基準とするが、設問を構成するにあたって、特に次の四点について留意することとした。

① 「理解する」は、テクスト全体の把握につながるような問いとすること。
② 「推論する」は、テクスト外の既有知識も援用して考える問いとすること。
③ 「評価する」は、転移（適用）およびテクストの再定義・再構成を目指す問いとすること。
④ 学習者が関心を持って主体的に取り組める問いとすること。

4.1. 教材について

　対象とする教材は「暇と退屈の倫理学」（國分功一郎）とした。この教材を選択した理由は、この教材が「国総」「精選」の両方に採択されている

からである。両方に採択されているということは、それだけ教材の汎用性があると考えた。なお、あとに述べる「生物の多様性とは何か」(福岡伸一)も同じ理由で選択している。

内容と論理の構造はおおむね次の通りである。

〈内容〉
　生きる上で、私たちは暇や退屈とどう向き合うべきなのか。社会を構成していく一員としての暇や退屈に向き合う倫理とは何なのか。筆者は、アーツ・アンド・クラフト運動を主導したウイリアム・モリスの活動を取り上げ、人々が自ら生活に花を添えていくことこそがこの命題の答えになると説く。

〈論理の構造〉

《現状認識》・現代人は暇を資本主義に搾取されている
　論点　・暇と退屈に対して私たちはどのように対処するべきか
　　　　　　⇩　　ウイリアム・モリスの運動　　論拠
　　　　　　　　　吉本隆明の解釈
　主張　・生きるだけでなくそこに自ら花を添えていくことが重要
〈トピック〉社会の構成者として、今日、暇と退屈に向き合う倫理とは何か

4.1.1. 現行の手引きとその問題点

ここでは現行の手引きを再掲し、その問題点を指摘していきたい。

一目して「理解する」がほとんどを占めることがわかる。加えて、その「理解する」の多くは、ある部分の内容を確認するような設問であり、テクストを巨視的にとらえていくという視点から設計されたものではない。「推論する」の類型にあてはまる設問はあるが、内容の要約を求める要素が強い。また、「5つのねらい」の要素は一つも見られない。

第6章　国語科 CR の観点による教科書教材の検討（高等学校）

【表6−5】「暇と退屈の倫理学」現行手引きの分析

設問	プロセス	FW	問題点
1. 四つに分かれたそれぞれの部分の内容に注意しながら、本文を通読しよう。	理解		意図がわかりにくい。段落ごとに意味を把握させたいか。
2. 「その『好きなこと』とは、願いつつもかなわなかったことではない。」[171.8] とは、どのようなことか。	理解		部分の把握に終わる。
3. 「労働者の暇が搾取されている。」[172.14] とは、どのようなことか。	理解		「搾取」の語彙力が影響。レトリックとしてのニュアンスに着目させているわけではない。
4. 次の傍線部について、それぞれが意味する内容を説明しよう。 ①モリスが実におもしろいのは、社会主義者であるにもかかわらず、革命志向の他の社会主義者たちとは少し考えが違うことだ。[173.11] ②モリスは消費社会が提供するようなぜいたくとは違うぜいたくについて考えていたのである。[175.12]	理解		①は既有知識がなくとも直近の説明を読めばわかる。 ②産業革命の説明は直前にあり、それを読めばわかる。
5. 本文で筆者はどのようなことを主張しているか。「生きることはバラで飾られねばならない。」[176.11] を手がかりに考えよう。	推論		明言していない主張を言語化する意味では推論だが、要約とも言え、その場合は「理解」。
6. *暇を得た社会の中で、個人としてどのように生きればよいかについて考え、800 字程度の文章にまとめよう。*	*評価*		個人の問題に収斂させている。本文と絡める指示がなく、何を書いても許される設問。

(設問：東京書籍「国語総合 現代文編」, 2016, p.177)

4.1.2. 手引きの改編案

　分析によって示唆された問題の解決のために、カリキュラムの体系的な要素を取り込み、現行の手引きに替えて次の手引きを改編案として提案する。

329

【表6-6】「暇と退屈の倫理学」手引き改編（案）＊アルファベットは「5つのねらい」

【理解する】 ①筆者が問題だとする「暇と退屈」の処し方とはどのような処し方か。 ②筆者はウイリアム・モリスのどのような点を評価しているか。	E B
【推論する】 ③筆者は「資本主義」「社会主義」をどのようなものとしてとらえているか。 ④この文章はどのような読者に何を目的として書かれたものと考えられるか。	A D
【評価する】 ⑤筆者が問題とする「暇と退屈」の処し方の具体的事例を挙げ、なぜそれが問題とされるかを説明してみよう。 ⑥次の詩は「パンの話」（吉原幸子）である。この詩の「バラ」とこの文章における「バラ」の関連性について話し合ってみよう。 　　　パンの話　　　　　　　　　　　吉原幸子 　まちがへないでください 　パンの話をせずに　わたしが 　バラの話をしてゐるのは 　わたしにパンがあるからではない 　わたしが　不心得ものだから 　バラを食べたい病気だから 　わたしに　パンよりも 　バラの花が　あるからです 　飢える日は 　パンをたべる 　飢える前の日は 　バラをたべる 　だれよりもおそく　パンをたべてみせる 　パンがあることをせめないで 　バラをたべることを　せめてください— 　　　　　　　　　　　　　　　　『夏の墓』（1964）	A C

それぞれの設問のねらいは次の通りである。

【理解する】
①筆者の問題意識についてテクスト全体を読んでまとめる問い。評論の出発点としての筆者の現状認識や問題意識を書かれている複数の情報を統合してまとめる。
②このテクストにおいて筆者が中心的に引用した事例に着目し、筆者がモリスのどの要素に着目したのかを正確にとらえることで、引用の意図を把握し、筆者の主張を間接的に知る。

【推論する】
③筆者の隠れた価値観、前提となる考え方を推論し、筆者の立ち位置を確認する問い。筆者はモリスの社会主義の革命家としての異端ぶりを評価しているのであって、社会主義に同調するものではない。また、社会主義の活動家が資本主義を非難する際に使った「搾取」ということばの選択や、「つけ込む」ということばなどから、資本主義に諸手を挙げて賛同しているわけでもない。その微妙な立ち位置を表現から推論する。
④想定された読み手を考える問い。テクストは読み手によって構成や表現のレトリック、また取り上げられる話題や選択されることばも変わる。学習者がそのことを認識し、それに習熟するための問いである。授業では「この文章はどんな読み手にヒットしてどんな読み手にはヒットしないだろうね」などと、具体的に想定して問いかけると思考が活性化すると思われる。例えば高層マンションに住む富裕層、貧困にあえぐ一人親家庭の母、といったような設定である。ただし、この仮想の読み手が「どう読むか」を考える場合は「評価する」の設問となる。

【評価する】
⑤テクストの内容を学習者の身近な問題に引き寄せ、関連づけて考える問い。「理解する」「推論する」で理解したこのテクストの内容を、一

旦別の具体的なことにあてはめることで理解を深める（手続き記憶化する）とともに、そこから再度もとのテクストを振り返ることで、テクストをメタ化させることをねらう。「ハッピーマンデー」「どんどん開発されるスマホ用のアプリ」「週末の各種イベント」など、「労働者の暇が搾取されている」事例を探し出せるとよいだろう。

⑥別のテクストを持ち込んでもとのテクストを対象化し、違った視点から読み直す問い。このことによって、もとのテクストがメタ化され、評価が変化していくことが期待できる。國分の論調は、まずパンがベースにあって、そこにバラを添えることだが、吉原の論調には「パンを食わずともバラを求める」という詩人としての葛藤、覚悟が表れており、バラの持つ意味が違う。そういうことを確認し合いながら、学習者の生き方とあわせていけると議論は深まる。

5．改編した手引きの検証

　高等学校の改編案については、教員の研修会で提案、調査した結果から考察する。研修会は、2017年8月7日に実施した、筆者が主宰する三重県高等学校国語教育研究会「評論文小研究会」である。これまでに1年に1回のペースで夏休みに三重県内の高校の国語科教員を対象にクリティカル・リーディングの理論の普及を目指して実施してきた。2017年度のテーマは「教科書の『学習の手引き』を考える」である。参加者は8人であった。いずれも県内の公立・私立の国語科教諭である。半日の研修で、あわせて二つの教材について考え、意見を交流した。

　研修会前半、筆者が国語科CRの理論をレクチャーしたあと、先に示した「暇と退屈の倫理学」の改編案を、参加者に実際に生徒の立場になって考えてもらい、解答をワークシートに記入してもらった。そのあとでグループになり、設問の授業における可能性について意見交換をした。

　次に、参加者の解答と意見交換の結果出された意見を記載し、それらをふまえた考察をする。

5.1. 各設問に対する反応

「暇と退屈の倫理学」のワークショップでは、次のような解答、および設問に対する意見があった。

＊《解答》は実際に書かれたまま記載。［意見］は各設問の下の欄の「この設問に対するご意見（代案）をお書きください」に書かれていたものをそのまま記載。

【理解する】
①筆者が問題だとする「暇と退屈」の処し方とはどのような処し方か。
《解答》
・何が楽しいかもわからず、文化産業を消費し、退屈しないよう過ごし安心するような処し方。
・文化産業によって作られ提供された楽しみを消費する方法。
・願いつつもかなわなかった「好きなこと」をするのではなく、文化産業に与えられた「好きなこと」をするという処し方。（例：テーマパーク、遊園地、ゲーム）
・生まれた余裕（暇）を、自分が何を楽しみたいのか、何が好きなのかをわからぬままに与えられたものに頼って過ごすこと。
・好きなこと（やりたくてもできなかったこと）をしているように見えながらも、そもそもそんなものは最初からなく、資本主義の提供する楽しみに身を委ねている点。
・暇ができたときに、自分で答えずに与えられた楽しみや用意されたことに身を委ね安心してしまうこと。
・文化産業が与えてくれる楽しみ・快楽に身を委ねる生き方。
［意見］
・①と②で文章全体を見渡すことができる。

②筆者はウイリアム・モリスのどのような点を評価しているか。

《解答》
- 他の社会主義者と少し考え方が異なっており、革命到来後の社会について考えていたこと。
- 社会主義者であるにもかかわらず、他の社会主義者とは違い、革命を起こすことだけでなく革命後に人々が何に向かっていくかを考え、大切なのは生活をどうやって彩るかを考えた点。
- 暇（退屈・自由）を消費（浪費）ではなく、生活を飾り彩るバラのような芸術的なものが必要だと考えている点。
- どのようにして自由を得るのかを考えるのではなく、自由を得たあとどのように行動するかについて考えている点。
- どうやって革命するかではなく、革命の後どのように生活を飾るかに目を向けている点。
- どうやって革命を起こすかではなく、革命が起こった後のことを考えている点。
- 文化産業が提供した楽しみで過ごすのではなく、その後、暇をどう飾るかということについて考えている点。

［意見］
- ①と②で文章全体を見渡すことができる。

【推論する】
③筆者は「資本主義」「社会主義」をどのようなものとしてとらえているか。
《解答》
- 資：経済的余裕が生み出す暇の中でいかに生きるべきかを問わざるを得ない存在。
  社：革命によって資本主義が始まる前段階としてとらえている。
- 資本主義は、人々に豊かさをもたらし、裕福になって暇を得た人々に対して文化産業を提供し、大量消費させ、労働者の暇を搾取するもの。社会主義は（＊以下、記述なし）

第6章　国語科CRの観点による教科書教材の検討（高等学校）

- 資：産業革命後の消費社会
- 資本主義：人々が暇をどのように使うかということを考える余裕を奪っているもの。
  社会主義：目の前の（自分が置かれた）環境を変えることだけを目的としたもの。
- 資：労働力、暇、基本的に私たちから搾取、奪うもの、次から次へと搾取の方法を変える。
- 社：奪いはしないが題目を掲げるだけで現実の生活を変えるには至らないもの。
- 本文でははっきり評価していない。
- 資本主義：文化を経済活動の対象とし、大衆による文化の大量消費を生んだ。

［意見］
- 難しい！

④この文章はどのような読者に何を目的として書かれたものだと考えられるか。

《解答》
- 資本主義社会でこれから生きていく高校生に対して、パンだけで生きる生き方ではなく人生に彩りを添える生き方を考えさせる目的で。
- 日本の消費者に対して、思慮せずに与えられるものを欲しがり、それを自分の望みだと勘違いしてしまうことに気づくこと。
- 高度経済成長期後、余裕の時間を持つようになった人に、余暇だと思っていた時・ことさえ消費社会の一部に組み込まれているのではないかという問題提起。
- 余裕を持っている人たち。
- 今の社会で日々提供されているものを何の疑いもなく受容し、それでいて心のどこかで「つまらない」と感じているような人びとに向けて、その原因の一つ（暇の搾取）を示すと同時に、搾取から逃れる道を模索すべきなのではないかという提案をする。（あんたらほんまに今

の生活でええの？おもんないんやろ？）
- 余裕を得た社会で生きる人。搾取された大衆（高校生含む）
- 現在のような時世で（＊以下、記述なし）
- 誰か（社会）が用意したお仕着せの「楽しみ」を本当に自分のやりたかったことと思い込み（思い込まされ）疑問を持たない高校生（大衆）の啓蒙。

［意見］
- 高校生に自覚を促すことができる良問。

【評価する】
⑤筆者が問題とする「暇と退屈」の処し方の具体的事例を挙げ、なぜそれが問題とされるかを説明してみよう。
《解答》
- 与えられた楽しみを無批判に受け入れること。テーマパークや垂れ流されるテレビ番組など。
- テーマパーク、遊園地、ゲームなど。消費しているだけ。創造することに欠ける。心の豊かさ。

［意見］
- どう書けばよいかやや悩みました。雑誌やテレビで休日のおすすめ場所などを宣伝し続けるという私たちをあおってくることなのか、休日＝出かけなければ、と強迫観念のようにおもっていることなのか、消費させようとプレミアムフライデーやサマータイムといった制度を作ろうとすることなのか。

⑥次の詩は「パンの話」（吉原幸子）である。この詩の「バラ」とこの文章における「バラ」の関連性について話し合ってみよう。
《解答》
- バラを食べたい「病気」＝芸術・文化を極限まで求めている点において原文より「バラ」への思いが強く出ているように感じられる。

第6章 国語科 CR の観点による教科書教材の検討（高等学校）

・モリスにとってバラは彩り（おまけ）、吉原にとってのバラは生死をかけたもの。

5.2. 設問の考察と改善案

　参加者の問題意識の高さもあり、設問に対して一定の水準の解答を得ることができた。しかし、問い方のまずさから解答しにくい設問があることや、もともと難しすぎるかもしれない設問があることもわかり、改善の必要性が見えた。

　①については、ねらい通りテクストの全体から情報を抽出しそれらを統合して自らのことばで整理することができていることが解答からわかった。テクスト全体を理解することがこの二設問でできるというコメントもあり、おおむね良好であると思われる。単純な抜き出しや、ある情報ユニットだけに着目すればよいというわけではなく、全体を俯瞰させることができる設問と言える。

　②についても①と同様である。

　③については「難しい！」とのコメントがあるように、参加した教員にとっても慣れない問題であったと見られる。無解答率は1／8と少ないが、解答を見るとテクストに書かれている内容を整理しようとする傾向が見られた。記述の整理から意識的に離れ、抽象化、一般化して考えてもらうことをねらったが、難度が高く、問い方を少し工夫する必要がありそうである。

　④については、日常的に目にする手引きにはない問いだが、おおむね満足のいく解答が得られていた。記述にもあるように、授業では高校生も対象となっているのかどうかを問いただしていく必要があろう。

　⑤については、予想以上に無解答率が6／8と高かった。テクストで語られていることを身近なことや社会の出来事に関連づけていく転移（適用）の問題だが、筆者のこれまでの実践でも、学習者が比較的苦手としていた分野である。ただ、意見にあるようにどこに焦点を当てて解答すればいいかわかりにくかった可能性も否定できない。もう少しわかりやすい書

き方にする必要があろう。

⑥については、時間の不足もあったかもしれないが無答率が6／8と高かった。ただ、解答した2名の参加者は的を射た記述をしており、問題としては成立していると思われる。

以上の考察から、次のような改善案を提示して、この教材における手引き改編案とする。

【表6−7】改編した手引きの修正案

●「暇と退屈の倫理学」國分功一郎　学習の手引き（修正）	
【理解する】 ①筆者が問題だとする「暇と退屈」の処し方とはどのような処し方か。 ②筆者はウイリアム・モリスのどのような点を評価しているか。	E B
【推論する】 ③筆者は「資本主義」「社会主義」をどのようなものだと評価しているか。 ④この文章はどのような読者に何を目的として書かれたものと考えられるか。	A D
【評価する】 ⑤社会における筆者が問題とする「暇と退屈」の処し方の具体的事例を挙げ、なぜそれが問題なのか説明してみよう。 ⑥次の詩は「パンの話」（吉原幸子）である。この詩の「バラ」とこの文章における「バラ」の関連性について話し合ってみよう。（「パンの話」は【表6-6】参照）	A C

6．手引きの改編2

次に、もう一つの教材の手引きの改編を取り上げる。今度は、参加者が自分で手引きを作ってみるという活動である。

参加者一人ひとりに先の例に倣って【理解する】【推論する】【評価する】の問いを作ってもらい、それらをグループで検討、精査し発表するというプログラムである。

この方法を選択したのは、理論を聞いた現場の教諭にどの程度手引き作成のノウハウが伝わったかを観察することができると同時に、その取り組

みの様子から今後の国語科 CR の現場レベルでの可能性が測れるのではないかと考えたからである。

6.1. 教材について

教材は同教科書に所収の「生物の多様性とは何か」（福岡伸一）とした。本文の内容と論理の構造はおおむね次の通りである。

〈内容〉
　生命の多様性を保全することが求められる今日、その鍵となる概念が動的平衡であり、その保持のために必要なことが生物多様性である。このような状況において、ヒトがいかなるニッチを占めるのかを考えることが重要だと述べる。

〈論理の構造〉

```
《現状認識》・ヒトは自らのニッチをわかっていない
  論点   ・生物多様性とは何か
     ⇩  地球上のあらゆる恒常性の保持／動的平衡の事例  論拠
  主張   ・動的平衡の強靱さ、回復力を支えるために自然界に必要
         な条件
〈トピック〉今こそヒトは動的平衡を保持するための生物多様性に
         着目せよ
```

6.1.1. 現行の手引きとその問題点

「暇と退屈の倫理学」と同様、現行の手引きを再掲し、その問題点を指摘したい。

　全体の傾向と同じく、この手引きもほとんどが理解の設問で構成される。「5つのねらい」のフレームワークとして「E」の要素はあるが、明示された内容をまとめることは国語科 CR の「トピックに見られる問題の構

造」を読みとる設問かといえば、厳密にはそうではない。

【表6-8】「生物の多様性とは何か」現行手引きの分析

設問	プロセス	FW	問題点
1．「ニッチ」「動的平衡」「生物多様性」などの語句に注意しながら、本文を通読しよう。	理解		キーワードに注意させるだけである。
2．本文は四つの部分に分かれているが、それぞれの部分の要点を箇条書きで整理しよう。	理解		段落の要旨をまとめる形式的な作業である。
3．次の部分はそれぞれどのようなことを述べているか。 ①相互依存的でありつつ、相互補完的である。[156.12] ②生物は地球環境というネットワークの結節点に位置している。[157.8] ③生物多様性は、動的平衡の強靱さ、回復力の大きさをこそ支える根拠なのだ。[158.4] ④地球環境はしなやかであると同時に、薄氷の上に成り立っている。[158.14] ⑤私たちヒトが考えねばならないのは、生命観と環境観のパラダイム・シフトなのである。[159.7]	理解		やや抽象的な筆者の表現を学習者が具体的にかみ砕いて理解をするための課題。内容理解の補助的活動に過ぎない。
4．「生物多様性」がなぜ重要なのか、筆者の考えに沿ってまとめよう。	理解	E	本文全体の趣旨をまとめるだけである。できればテクストに明示されない筆者の問題意識まで追究したい。
5．*本文を読んで、生物多様性について興味を持ったことを調べて発表しよう。*	*評価*		国語科として絡ませることが期待できない調べ学習である。

（設問：東京書籍「国語総合 現代文編」，2016，p.160）

第6章　国語科CRの観点による教科書教材の検討（高等学校）

6.1.2. 手引きの改編案

それぞれの参加者のワークシートに書かれた解答を一覧として示す。

【表6-9】参加者が作った手引きの改編案（A～Hは参加者）

	理解する	推論する	評価する
A	・ニッチとは何か。	・筆者が考える、私たちヒト、特に日本のような先進国に暮らすヒトが分からなくなってしまったニッチとは何か。	・多様性が局所的に急に失われることにより、動的平衡に決定的な綻びをもたらす例を一つ挙げ、その事例のような綻びをきたさないようにするにはどうすればよいか、「分際」という言葉を用いてあなたの考えをまとめて書きなさい。
B	・タイトル「生物の多様性とは何か」に対して、文中ではどのように答えているか。	・筆者は自宅の台所にゴキブリが出た場合、どのような行動をとると考えられるか。	・筆者の考えをふまえ、伊勢神宮（生命に近い）とパルテノン神殿（工学的思考）の建築物としての性格について論じなさい。
C	・生物の多様性を保全するにはどのようなことをする必要があると筆者は考えているか。	記入無し	記入無し
D	・生物多様性と（生態系全体の）動的平衡にはどんな関係がありますか。	・筆者は今の地球の動的平衡についてどう捉えていますか。 ・読者の想定？ ・私たちヒトのニッチとはどのようなものだと考えられますか。 ・なぜ教科書には里山の写真が入れられているのですか。	・筆者が評価する（しない）であろう生命観や環境観に基づいた取り組みを挙げましょう。 ・生物多様性の理念を損なってしまう効率主義的な考え方、国家間のエゴとは何ですか。またなぜそれは理念を損なうと言えますか。

341

E	・生命観と環境観をどのように考えていくべきだと筆者は述べているか。 ・筆者が述べる生物多様性。	記入無し	・国家間のエゴや効率思考が先行して生物多様性が損なわれた例を挙げ、どのような影響があるか？どこが悪いか、何をしたらだめか。
F	・生物の多様性はなぜ求められているのか。	記入無し	・ヒト以外の生物の「ニッチ」を説明してみよう。
G	・「地球環境という動的平衡を保持するためにこそ生物多様性が必要」とあるが、なぜか。	・ヒトの「生命観」「環境観」をどのようにシフトするとよいと考えるか。	・ヒトにとってのニッチとは何か。
H	・筆者が動的平衡を重視する理由を述べなさい。	記入無し	記入無し

　記入後は、各自が書いたワークシートを持って三つのグループに分かれてもらい、それぞれの提案の説明、参加者相互による検討をして、最終的な提案を発表してもらった。次はホワイトボードに書かれた各グループの提案である。

【理解する】
　・タイトル「生物の多様性とは何か」に対して文中ではどのように答えているか。
　・「地球環境という動的平衡を保持するためにこそ生物多様性が必要」とあるが、なぜか。

【推論する】
　・筆者は自宅の台所にゴキブリが出た場合、どのように対処すると考えられるか。
　・ヒトの「生命観」と「環境観」をどのようにシフトするのがよいと考えるか。

第6章　国語科CRの観点による教科書教材の検討（高等学校）

【評価する】
　・ヒトのニッチはどのようなものか。

　各個人のワークシートを見ても、グループワークの発表（ホワイトボードに書かれた解答）を見ても、「理解する」はある程度テキスト全体から情報を抽出し統合する問いが作れているが、「推論する」「評価する」には難航している様子であった。特に「推論する」はその傾向が強かった。
　「推論する」が作りにくいのは慣れていないこともあろう。小論文の指導に慣れていると、テキストを読む→要約する→自分の見解を述べるというプロセスを想起すれば「理解する」「評価する」はそれほど難しいことではない。しかし、先に述べたように、大学入試問題でも推論の類型の問題が極端に少なく、小論文の問題にも推論を経て意見を書かせる問題はほとんど見られない。ここでも「推論する」は国語科CRを構成する際の大きな鍵となることがわかった。
　出された解答のなかでは、例えばゴキブリの問題は「評価する」の設問として活かすことのできる良問である。なぜなら筆者の論の隙を突く違った角度からのツッコミを入れる問いだからである。また、動的平衡は生物以外にも適用させやすい概念なので、例えばB教諭の「評価する」の伊勢神宮とパルテノン神殿との関連を問うのはおもしろい。適当なテキストがあればそれを提示して関連性を論じさせるのもいいだろう。

6.1.3.　改編した手引きの修正
　提案された改編案を、参加者の話し合いの内容やカリキュラムの体系を踏まえながら次のような手引きとして修正し、再提案する。

【表6-12】改編した手引きの修正案

【理解する】	
①動的平衡を保持するうえで生物多様性はなぜ必要なのか。	
②筆者が述べる動的平衡の概念と反対の概念についてまとめなさい。	
【推論する】	
③筆者はヒトのニッチは本来どこにあると考えているか。	A
④筆者はどのような経緯で動的平衡の考え方に至ったと考えられるか。	A
【評価する】	
⑤筆者の論に基づけば「指定外来生物」は駆除されるべきものだと言えるか。	C
⑥次の文章を読んで、「動的平衡」と伊勢神宮との関係性について論じなさい。	C

「もの」と「かた」　　　　　　　　　　　　高階秀爾

　西欧的観点から見て、最も興味深く、ある意味で不可思議に思われるのは、やはり遷宮という行事であろう。いや、行事そのものよりも、その行事が長いあいだにわたって生き続けて今日にまでいたっているという事実、ないしはその事実を支える精神構造、であろう。
　実際、ひとつの建造物——この場合は、神殿というひとつの宗教的建造物——が、一定期間ごとにまったく新しく、しかもまったく同じように立て直されて、それが千数百年に及んでいるというようなことは、おそらく世界のどこにも類例がない。少なくとも、西欧にはない。現実にないものは、それを理解する論理の用意が無いから、伊勢神宮は、西欧の論理では理解できないということになる。
　早い話、現在の伊勢神宮の建物は、古いと言うべきであろうか、新しいと言うべきであろうか。日本の建築史では、伊勢神宮を古代の建築として扱っても少しも不自然さを感じさせないが、西欧の論理から言えば、一九七三年に建てられた建物を古代建築と考えることはとても出来ない。それはあくまでも二十世紀の建造物と言うべきなのである。
　例えば、現在ロンドンにあるイギリスの国会議事堂は、古い建物が火災で焼失した後、十九世紀中葉に、中世のゴシック様式で建てられた。しかしあの建物をゴシック建築の実例とか、中世の建物とか考える人は誰一人としていない。それははっきりと十九世紀の代表的建築であり、ゴシック形式に基づく十九世紀の建造物なのである。したがって、西欧の歴史書を見てみると、ロンドンの国会議事堂は、十九世紀の頃に、例えば絵画のラファエル前派などと並んで記載されている。もしその論理にしたがうなら、

日本の歴史において、伊勢神宮は二十世紀の章に、例えば抽象芸術やポップ・アートと並んで記述されなければならないということになるであろう。
　だが伊勢神宮の場合、そのような西欧の論理だけでは割り切れないものを持っている。われわれが、現在の伊勢神宮を二十世紀の建築と考えることが出来ないというのには、それなりに正当な理由がある。それは、実際には一九七三年に建てられたものに違いないが、そのどこをどう見ても、二十世紀的なものはまったく見られないからである。
　ロンドンの国会議事堂の設計者チャールズ・バリー卿は、丹念にゴシック様式を研究して、あらゆる部分においてその様式を取り入れた。だがそれにもかかわらず、この建物は、いたるところで十九世紀の刻印を示している。あるいは、十三世紀に建てられたパリのノートル・ダム大聖堂は、十九世紀、ヴォレル＝ル＝デュックによる補修改築を受けた。これは失われたものの再建ではないが、もしその補修がなければもはや存続し得ないほどいたんでいたというから、補修の意図は、伊勢の遷宮と同じだと言ってよいであろう。ゴシック建築のことを熟知しているヴォレル＝ル＝デュックは、出来るだけゴシック様式にもとづいて修復を行ったが、しかし現在、彼の修復の痕跡は、明らかにそれと見分けることが出来る。したがって、現在のノートル・ダム大聖堂は、十三世紀の建物に十九世紀の修復が加えられたものということが歴然としている。
　つまり、西欧においては、建築はそれが実際に造られた時代の刻印をはっきりと残しているものなのである。たとえひとつの建物であっても、例えばシャルトルの大聖堂にその好例を見出すことが出来るように、数百年にわたって造営されたものは、それぞれの部分にそれぞれの時代の特色が、そのまま残されている。事実、シャルトル大聖堂の西側正面部の前に立ってこの建物を眺めてみると、下の方はロマネスク様式で造られ、尖塔の部分になるとゴシックの形が登場してくる。そこでは、時間の流れが、そのまま空間のなかに定着させられて、われわれの眼の前に聳え立っているのである。
　歴史というものは、そういうものだ、というのが西欧の論理だろう。西欧の美術史は、そのような前提の上に成り立っている。ところが、伊勢神宮は六十回にわたって再建されたにもかかわらず、一度も、実際に造られた時代の刻印を残していない。それはつねに、文字通り寸分違わず建て直される。西欧では、ひとつの建物と寸分違わぬ別のものを建てようなどという発想はもともとないし、仮に何かの災害で失われた建物を「再建」しようというときでも、必ずそこに「再建」の痕跡が残ってしまう。したがって、二十世紀に造られたものが古代建築の代表的事例になるなどという不可解なことは考えられない。伊勢神宮は、西欧的歴史の論理に対する挑戦と言ってもよい。

高階秀爾（2009）『増補　日本美術を見る眼―東と西の出会い』pp.26-30、岩波書店

①については、このテクストを理解するうえで押さえておきたい設問だと考え、設定した。
　②については、逆の考え方を想定することで今語られていることの輪郭を鮮明にする問いとして設定した。
　③については、筆者が明言していないヒトのニッチについて推論する問題として設定した。里山の写真が掲載されていることや、学習者の既有知識などを情報として参考にしながら考えることをねらった。
　④については、やや難しいが、筆者の「分子生物学者」という肩書きや、テクストで語られている体験などをもとに推論していく問いとして設定した。人間や生き物が分子レベルでどのような平衡を保っているかを想起しながら考えられるとよいだろう。
　⑤については、このテクストを読んだ学習者が抱きそうな疑問を想定して設定した。参加者からもゴキブリの例が出されたが、もう少しそれを個人的にではなく環境問題全体に関わることになるようアレンジした。生物多様性にもいろいろな考え方があることを、この問いを考えることによって知り、テクストの再定義・再構成を試みたい。
　⑥については、本来、学習者に「似たものはないですか」と問いかけるところをこちらで逆に事象を指定して、その関連性を考えさせる問いとして設定した。関連性の有無を発見し、そのことを論証することを求めている。「暇と退屈の倫理学」でもこの教材においても、「評価する」の最後には意図的にほかのテクストを持ち込んでいる。

　最後に、同小研究会の終了後に参加者から採ったアンケートをもとに、国語科CRによる手引き改編の可能性や今後の課題について整理したい。
　アンケート項目は次の三つである。

　　（ア）本日のテーマ、学習の手引きの改編についてどのような可能性
　　　があると思いますか。
　　（イ）本日のテーマ、学習の手引きの改編についてどのような問題点

第6章 国語科 CR の観点による教科書教材の検討（高等学校）

  があると思いますか。
（ウ）本日の研修を土台に、今後、研究会としてどのような活動の展開が可能と考えられますか。

《（ア）の回答》
・理解、推論、評価の観点で発問の質を吟味することを知った。手引きは日頃利用していない。オリジナルの発問にこだわりたい。
・問いを考えることは、同時に答えと教え方を考えることでもあると思いますので、まず問いについて考えることは大変効率的で有用な試みであったと思います。
・PISA ショック以来改めて「評価」が注目されるようになり、その間が抜け落ちていることを改めて感じます（自分の授業を振り返ってみても）。十分に推論をしないと多角的も多様性もないと思います。別の立場からものを見ることのできる若者を育てていくのだと思います。
・今までとは違い、生徒が主となって様々なことを考えられるようになると思います。
・クリティカル・リーディングの枠組みで考えてみることで、生徒につけさせたい力に直接はたらくのでとてもよいと思いました。学習の手引きは、学習者も教員も全員が目にするテクストなので質の向上が求められると思います。
・教科書の中だけに留まり問いの答えを探すだけ……という単調な空気感から抜け出せるのではないか。多角的な思考力、幅広い思考力を養えそう。
・問いの種類（理解・推論・評価）という視点を持つことで授業の広がりができると感じました。さっそく2学期からこの視点、使ってみます。
・次期指導要領改訂の「深い学び」「アクティブ・ラーニング」の活動への導入・取り組みとして使えそうである。

《（イ）の回答》
- 推論と評価が、まだ自分の中であいまいなままである。
- 先ほど述べたことと裏返しになりますが、改編と指導方法を同時に考えていかないと積極的に改編していく力となりにくいのかとも思います。
- 教員間の共有はなかなか難しいでしょうね。「それって必要なん？」を説得するには力が要ります。
- 推論に関する発問と評価に関する発問の違いを見分けるのが難しいので、定義をしっかり把握する必要があると思いました。
- まず、単発の問いとの関わりが難しいというよりも、目の前の生徒は理解の段階が難しいことが多いので、本質的な問いを投げかけられるまでに持って行くことが難しいです。そして、本質的な問いは作成も難しく、その設問を大人で、しかも国語教員が解くのに苦戦する（←これは良問だからかもしれませんが）ので、生徒が取り組めるかどうか……。
- 指導要領の改訂、入試改革という変革期において教科書会社や国が示してきたものが現場のベースになる可能性がある。手引きの改編はその中に溶け込んでいけるか。

《（ウ）の回答》
- 「理解・推論・評価」「問題・解答・指導」などをどう三位一体につなげていくかを考えるよい機会になるように思います。
- 改編の持ち寄りで学習の手引き集を作りますか？
- テストの作成などいかがでしょうか？定期テスト、高校入試、大学入試
- 教材の開発

アンケートからは次のような成果と課題が確認された。
成果としては、国語科CRの理論による手引きは、既存の学習の手引きを改革するものとして十分受け入れられる素地があるということがわかっ

たことである。特に、新学習指導要領に謳われる「主体的・対話的で深い学び」との関連からその有効性を指摘する声があったことは、今後の可能性を予感させる。また、本研修を終えて次の取り組みとして、テストを作ってみたい、教材集を作りたいという声があったことには、モチベーションの萌芽が感じられ、次への期待も高まる。

　一方、課題としては、現場の教員にいかに浸透させるかという困難の克服である。回答の中にあったように、手引きの改編で終えるのではなく、その手引きでどう指導するのかという指導理論をセットにしないと浸透させるのは難しいだろう。理論構築における次の大きな課題である。また、もう一点、これは今回プロセスに中心をおいて研修したことにも起因するが、読むことを社会的な実践とすることに関する評価、つまり「5つのねらい」のフレームワークに関する意見がアンケートに書かれていなかったことである。このことに関しては、さらに別の機会を作って丁寧な説明が必要なのかもしれない。

7．第6章のまとめ

　本章では、第3章で示した国語科CRの指導理論を基準に高等学校国語科の教科書教材および手引きを検討し、改編案として提案した。

　検討した教材は、東京書籍版の「国語総合」の教材とした。同社の「読み比べ」教材が小学校から中学校へ連接するものであり、その流れが高等学校での学びにどのように引き継がれているかを分析することができると考えたからである。

　高等学校の教材および手引きの検討は、国語科CRのフレームワークだけでなく、読解プロセスの観点からも行った。検討の対象は「読み比べ」の延長線上にあるといえる評論・随想のジャンルとし、該当するすべての教材の手引きについて一問ずつ設問を類別した。その結果、「理解する」「推論する」「評価する」の読解プロセスの中で「理解する」と言語活動としての「評価する」の占める率が高く、「推論する」に該当する設問がほ

とんど見られないことがわかった。このことは、中学と同じく、推論を指導事項に明示しない現行の学習指導要領との対応に起因する問題であると思われる。

　このような問題の所在をふまえ、国語科 CR のカリキュラムをもとに「国語総合」の教科書教材の手引きの改編を行った。

　改編した手引きの検討は、筆者による講義とワークショップで構成した研修会における参加者の反応をフィードバックすることで行った。また、研修会では、別の教材で実際に手引きを作ることに取り組み、そこでの成果を参考に手引きを改編した。研修会での反応をもとに検討をしたのは、小学校・中学校での調査ではアンケートによる調査のみだった教諭の反応を、実際の活動のなかで確認することができるとともに、改編の可能性と修正の方向性を直接探ることができると考えたためである。そのほか、教科研究会の総会時にアンケート調査をし、そこで得られた手引きに対する提言等も改編の際の参考とした。アンケートでは、予想以上に高等学校でも手引きが活用されていること、また、現行の手引きの質的改善を求める声があることがわかった。

　なお、手引きの設計として、高等学校の「評価する」では、第3章の国語科 CR のカリキュラムで示した St.5、St.6 での目標を満たすべく、ほかのテクストを参考テクストとして取り入れてみた。そのことによって、テクストを相対化し、より深い読みを達成できると考えたためである。

　これらを総合的に整理し、「国語科 CR による教材・学習の手引き改編―高等学校」としてまとめた。

第7章　新しい教育状況と国語科CRの可能性

１．はじめに

　本章では、新学習指導要領が告示されるなど新しい教育状況のなかにあって、本研究で構築してきた国語科CRがどのようにそこに寄与しうるのかを考察する。
　国語科CRの目指すことは、社会的・文化的文脈のなかでテクストを読み活かす国語科授業の創出である。目指すところの根源には、学習者を民主社会の形成者として社会に送り出していくという大きな目標がある。既存の社会・文化、自分の考え方を感覚的・情緒的に受け入れ、無批判に肯定し継承するのではなく、常にそれらを論理的にとらえ直し、今ある社会の文脈にあてはめ、再構成していける学習者の育成である。この実現には、新しい学力観の潮流にどのように棹を差し、かつまたその流れをどのように補っていくかを考える必要がある。この章の目的は、これらを課題として設定し、その解決の道筋を示すことにある。
　考察にあたっては、コンピテンシー（資質・能力）と新学習指導要領の関連性、PISAの読解力調査、全国学力テストのB問題、2017年に公表された大学入学共通テストのモデル問題、またそれらをめぐる新しいテスト等を概観し、国語科CRとの関連性を検討する。そのうえで、授業の基礎となる理論、具体的方略として、国語科CRがどのように有効に作用するかを考える。

2. 新しい教育状況の検討

2.1. 新学習指導要領に見られる理念

　中央教育審議会答申は、現代を「予測困難な社会」ととらえ、そのような社会に適応する資質・能力を育む必要性を論じた。「資質・能力」とは、OECD のいうコンピテンシーのことである。

　コンピテンシーは OECD の「2030 年の教育：子どもたちは何を学ばなければならないか（The Future of Education and Skills: OECD Education 2030 Framework: What do children have to learn?）OECD, 2016」で示されたフレームワークと共通する（日本生涯学習総合研究所，2017）。

　このコンピテンシーの概念をもとに文部科学省の解釈を経て新学習指導要領に盛り込まれたのが、次の「三つの柱」である。

(1) 何を理解しているのか、何ができるのか（生きて働く「知識・技能」の習得）
(2) 理解していること・できることをどう使うか（「思考力・判断力・表現力等」の育成）
(3) どのように社会・世界と関わり、よりよい人生を送るか（学びを人生や社会に活かそうとする「学びに向かう力・人間性等」の涵養）

（文部科学省, 2017d, p.3）

　「三つの柱」は、これまで文部科学省が提示してきた「生きる力」を目指す学びを、より一層主体的かつ探究的なものにしていくべく更新をしたものだと言える。その実現に向けて具体的な方略として示されたものの一つが「主体的・対話的で深い学び」の実現に向けた授業改善である。この概念は「アクティブ・ラーニング」という具体的な授業方略として提案がなされてきた（たとえば、松下，2015）。

このように、コンピテンシーは今回の新学習指導要領の背景理論としてある。その改訂のきっかけとなる一つの出来事としては、OECD の実施した PISA における読解力調査（2000 年、2003 年）で成績が振るわなかった「事件」を挙げることができよう。いわゆるこの「PISA ショック」は、日本の国語教育界を震撼させ、それ以降、PISA の「読解力」は、国語科教育を改革する指標として様々な影響力を持ってきた。たとえば、2007 年から始まった全国学力テストにおける B 問題は、知識を活用するタイプの問題として PISA を意識した形式、内容で設計されてきた。このテストは悉皆調査として今日まで継続して実施されている。また、後述するようにこのテストは、全国の自治体の実施する高校入試問題の作問の形式、内容に影響を与えている。

　今回の学習指導要領改訂の源流は OECD のコンピテンシーにあり、コンピテンシーのとらえる学力観をより一層浸透させるべく提案されているものであると言うことができる。

　では、新学習指導要領の理念の実現に向けて、文部科学省は何を学校現場に求めているのか。その一つがカリキュラム・マネジメントである。新学習指導要領は次のように提言する。

> 　各学校においては、教科等の目標や内容を見通し、特に学習の基盤となる資質・能力（言語能力、情報活用能力、問題発見・解決能力等）や、現代的な諸課題に対応して求められる資質・能力の育成のためには、教科等横断的な学習を充実することや、「主体的・対話的で深い学び」の実現に向けた授業改善を、単元や題材や時間のまとまりを見通して行うことが求められる。
>
> （文部科学省, 2017d, p.5）

「現代的な諸課題に対応して求められる資質・能力」とは、先述のコンピテンシーのことである。このコンピテンシーを育成するために、教科横断的な学習や「主体的・対話的で深い学び」をマネジメントすることが求

られているということになる。

2.2. 新学習指導要領をめぐる学力観

　先に述べたように、新学習指導要領では「三つの柱」が示された。そこで求められる学力は今後どのように規定されていくのか。この検討には、近年のテストの動向を探り、関連性を考察する方法が有効であると考えた。

　本章では、「三つの柱」に基づいて再構成された「知識及び技能」「思考力、判断力、表現力等」「学びに向かう力・人間性等」のうち、特に国語科 CR の目指す学力と関連性が強い「思考力・判断力・表現力等」の資質・能力について取り上げ、テストの動向との関連性を考察する。

　検討については、まず、義務教育のそれぞれの最終段階である小学 6 年生、中学 3 年生に、近年どのような学力が求められてきたのかを分析する。具体的には、全国学力テストの B 問題を検討し、前回の学習指導要領改定以後の「生きる力」をめぐって、これまでどのような学力が測定され、何を育もうとしてきたのかを振り返る。また、示された B 問題の学力観が、学校現場にどのような形で影響をもたらしたのかを、日本生涯学習総合研究所が全国の高校入試問題をコンピテンシーとの関わりから分析した論考（日本生涯学習総合研究所, 2017）をもとに考察し、その成果と課題について明らかにする。

2.3. 全国学力テストの成果と課題
2.3.1. 全国学力テスト B 問題が及ぼした影響

　新学習指導要領における「思考力・判断力・表現力等」が、PISA の「読解力」を源流とし、コンピテンシーに依拠するものであることは先に述べた。

　テクストを巨視的にとらえ、書かれていることがらを学習者自らで情報を統合して解釈し、熟考・評価をするというこのような思考プロセスは、単なるテクストの正確な把握にとどまらない学力として「活用型学力」と

第7章 新しい教育状況と国語科CRの可能性

称され、文部科学省では、さまざまな形でその概念の説明、普及に向けた取り組みがなされている。その一環として実施されてきたのが全国学力テストである。特にB問題は「活用型学力」を測る問題設計がなされ、新学習指導要領の「思考力・判断力・表現力等」との関連性が強い。

日本生涯学習総合研究所（2017）は、全国47都道府県の公立高校入試問題を調査し、問題類型の経年比較をした。その結果によると、全国学力テストのB問題に相当すると考えられる問題の出題数は、2006年度は6.2％しかなかったが、10年後の2016年度には35.8％に上昇している【図7－1】。全国学力テストが2007年度にスタートしたことから考えると、入試問題との間には一定の因果関係があると見てよかろう。全国学力テストのB問題が義務教育現場の学力観や入試を変容させてきたことが窺えるデータである。

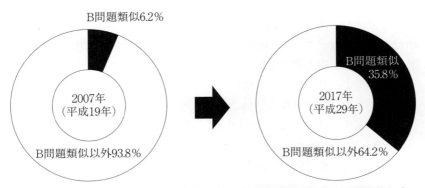

【図7－1】公立高校入試における全国学力テストB問題に相当する問題数の変化（率） （日本生涯学習総合研究所, 2017, p.10）

また、次の【表7－1】は、同研究所がこれまでの全国学力テスト（中学3年生対象）および2016年度実施の全国の公立高校入試問題（47都道府県の入試問題全小問760問を分類）の類型別割合をまとめたものである。

表を見ると、B問題では同研究所が示した読解プロセス【表3－2】の「テクストの理解」に該当する「理解1」「理解2」の問題の割合が高く、

【表 7−1】全国学力テスト（2007 年〜 2017 年）と全国高校入試問題（2016 年）の類型別割合

	①知識	②理解1	③理解2	④推論	⑤評価	計
A問題	123	87	33	5	2	250問
	49.2%	34.8%	13.2%	2.0%	0.8%	100.0%
B問題	3	52	22	4	21	102問
	2.9%	51.0%	21.6%	3.9%	20.6%	100.0%
A問題+B問題	126	139	55	9	23	352問
	35.8%	39.5%	15.6%	2.6%	6.5%	100.0%
高校入試	246	230	163	57	64	760問
	32.4%	30.3%	21.4%	7.5%	8.4%	100.0%

（日本生涯学習総合研究所, 2017, p.13）

「思考」に該当する「推論」の問題の割合が3.9％と低い。また、高校入試全体で見ても「推論」の割合は同様に7.5％と低い。このことから同研究所は、全国学力テスト（A問題・B問題を統合したもの）の出題傾向が、高校入試の出題傾向と類似していると指摘する。また、PISAの「読解力」の問題類型の割合が「統合・解釈」約51％、「熟考・評価」約26％、「情報へのアクセス・取り出し」約23％と「推論」の率が高いことを踏まえて、「これからの高校入試においては、読解プロセスにおける「思考」、つまりPISAの問題類型の「統合・解釈」にあたる「推論」の問題について、今後さらに重要視する必要がある（p.9）」と結んでいる。

2.3.2. 全国学力テスト B 問題の分析

次に、全国学力テストの2007年度（H.19）から2016年度（H.28）までのB問題が、どのような傾向を持つ問題であったかを分析する。

分析は、教科書の手引きの分析と同じように、それぞれの設問が国語科CRの読解プロセス（「理解する」「推論する」「評価する」）のどの類型に該当するか、また、国語科CRのフレームワーク（「A：コンテクスト／イデオロギー」「B：レトリック」「C：定義／構成」「D：想定読者」「E：トピック」）

のどの類型に該当するかについて、すべての小問について調査し、一覧にした。

2.3.2.1. 中学校第3学年の問題分析

まず、中学校の問題について分析する。次の【表7-2】は、それぞれの小問がどの類型に該当するかどうかを整理したものである。該当箇所に○印をつけ、該当率を記した。

【表7-2】全国学力テストB問題と国語科CRの読解プロセスとフレームワークとの関係性《中学校第3学年》　＊該当するものに○をつけた

年度	大問	小問	読解プロセス			フレームワーク（5つのねらい）					大問のモチーフ
			理解	推論	評価	A	B	C	D	E	
07	①	1	○				○				ロボット
		2	○								
		3			○						
	②	1	○				○				「蜘蛛の糸」
		2ア	○								
		2イ			○		○				
		3			○			○			
	③	1	○								書店の広告カード
		2									
		3									
07 該当率			70%	0%	30%	0%	30%	10%	0%	0%	
08	①	1	○								「不思議の植物学」
		2					○				
		3			○			○	○		
	②	1									「今昔物語」
		2									
		3									
		4			○						
	③	1	○								気になる日本語
		2	○								
		3			○						

357

08 該当率				70%	0%	30%	0%	10%	10%	10%	0%	
09	1	1ア	○								子ども図書館案内図
		1イ	○								
		2	○				○				
		3ア			○				○		
		3イ			○						
	2	1	○				○				発光ダイオード
		2	○								
		3		○							
	3	1	○								「樹」
		2	○				○				
		3			○		○		○		
09 該当率				63%	10%	27%	0%	36%	0%	18%	0%	
10	1	1	○								全国新聞
		2	○				○				
		3			○						
	2	1	○				○				消しゴムについて
		2	○								
		3			○				○		
	3	1	○								「我が輩は猫である」
		2	○								
		3			○						
10 該当率				67%	0%	33%	0%	22%	0%	11%	0%	
11	1	1	○								ピクトグラム
		2	○					○			
		3			○				○		
	2	1	○								「古生物学におけるネズミ」
		2	○				○				
		3			○						
	3	1	○								イソップの話に関する本
		2	○								
		3			○						
11 該当率				67%	0%	33%	0%	10%	10%	11%	0%	
12	1	1	○				○				対談
		2	○								
		3			○						
	2	1	○								デジタルカメラ
		2	○				○				
		3			○						
	3	1	○				○				「二ひきの蛙」

第7章　新しい教育状況と国語科CRの可能性

			1	2	3	4	5	6	7	8	
		2	○								
		3			○		○		○		
12 該当率			67%	0%	33%	0%	44%	0%	11%	0%	
13	①	1	○								いろはかるた
		2	○				○				
		3 ア	○								
		3 イ			○						
		3 ウ			○						
	②	1	○								「装置の時代」
		2	○				○				
		3			○						
	③	1	○								新聞記事
		2	○				○				
		3			○				○		
13 該当率			64%	0%	36%	0%	27%	0%	10%	0%	
14	①	1	知識								早川さんのノート
		2	○				○				
		3			○						
	②	1	○								接着剤
		2	○								
		3			○						
	③	1	○								落語
		2		○							
		3			○				○		
14 該当率			45%	11%	34%	0%	11%	0%	11%	0%	
15	①	1		○							オカリナ
		2	○								
		3			○				○		
	②	1	○								三つの資料
		2	○							○	
		3			○						
	③	1		○			○				「狢」
		2	○								
		3			○			○			
15 該当率			45%	22%	33%	0%	11%	11%	11%	11%	
16	①	1	○								うるしの世界
		2	○								
		3			○		○				
	②	1	○								宇宙エレベーター
		2	○								

		3ア			○					
		3イ			○					
	③	1	○							「おじいさんのランプ」
		2	○							
		3	○							
16 該当率			70%	0%	30%	0%	10%	0%	0%	0%
該当率（全体）			65%	3%	32%	0%	22%	4%	9%	1%

　該当率に関しては、次のように分析することができる。

　読解プロセスでは「理解する」にあたるものが最も多く（65％）、評価する（32％）が次に続く。「推論する」にあたる設問はほとんど見られない（3％）。この率は年度によってばらつきがあるが、経年での変化の傾向は特に見られない。

　フレームワークでは、テクストの工夫に着目するような「レトリック」に該当する設問がいくつか見られる（22％）が、そのほかはあまりなく、「想定読者」9％、「定義／構成」4％、「トピック」1％にとどまる。「イデオロギー／コンテクスト」に該当する問いに至ってはゼロであった。このような傾向は、先の章で検討した中学校・高等学校の手引きの傾向とも合致する。なお、「14.①.1.」は「知識」を問うものだが、統計では「理解する」に含めている。

　具体的な傾向について、まず読解プロセスから見てみたい。

　最も多く見られた「理解する」に該当する設問では、テクストを巨視的にとらえ、複数の情報を統合することを求める設問が多く見られた。内容や段落構成の整理をしたり、情報同士の関連性を考えてまとめ直したりするような問題である。ただ、ここでの理解は、基本的にはテクストに明示されることに限っての理解にとどまる。

　「評価する」に該当する設問では、テクストの理解を踏まえたうえで自分なりの意見をまとめていくという判断力、表現力を求めるものが多く見られた。ただ、「11.③.3.」「12.①.3」「14.①.3.」「15.②.3.」「16.②.3」などいくつかの設問は、自由に疑問を設定したり意見を書いたりすればよく、テクストを踏まえる必要は必ずしもない。

第 7 章　新しい教育状況と国語科 CR の可能性

　「推論する」に該当する設問と言えるものは、「09.②.3.」「14.③.2.」「15.①.1.」の 3 例にとどまる。「09.②.3.」は「堀川さんがわからなかったこと」を明示されている資料から考える問題である。文章【A】から抜き出す設定とは言え、複数のテクストを関連づけて明示されないことを考える点では推論を求める問題であると言える。「14.③.2.」は物語の内容から登場人物の心情を推論する比較的単純な問題で、「15.①.1.」は実際の発表の文脈を想定して考えるという意味で推論の問題と言える。
　次に、フレームワーク（5 つのねらい）について出現率順に見てみたい。
　比較的多く見られる「レトリック」に該当する設問の多くは、表現の工夫を考える問題である。ただ、書き手の意図やねらいを読むというよりはテクストの表面上のレトリック効果を読むようなことがねらいであり、「5 つのねらい」のような表現に内在するものへの深い洞察を求めるような問いではない。
　「定義／構成」に該当するのは 4 問ある。「07.②.3」「08.①.3.」「11.①.2.」「15.③.3.」の 4 例である。「07.②.3」は小説の結末部分の必要性を考えさせている。もとのテクストを対象化し検討を加えるという在り方は、国語科 CR の、再定義・再構成を図るねらいと共通する。「08.①.3.」は別の資料に出会ったことを契機にもとのテクストを書き換える問題、「11.①.2.」は多角的な検討をしてより妥当性のあるものを選択する問題、「15.③.3.」は「07.②.3」と同じく小説の結末部分の必要性を検討させる問題であり、いずれもテクストを絶対視せず可動性のあるものとして対象化し、多角的な視点からその妥当性や別の案への転換を考えることをねらっている。
　「想定読者」に該当するのは 9 例ある。「08.①.3.」「09.①.3. ア」「09.③.3.」「10.②.3.」「11.①.3.」「12.③.3.」「13.③.3.」「14.③.3.」「15.①.3.」である。たとえば、「13.③.3.」は、「学習する際の注意点やコツを中学 1 年生に説明することになりました」とあるように、読み手を限定して書くことを求めている。ほかの設問にもそのような要素が見られる。
　コンテクストを考えたり、テクストの背景にあるイデオロギーを読んだ

りする設問はなく、また、テクスト全体のトピックは何かを考えさせるような問題も一例にとどまった。

全体として「5つのねらい」に該当する設問は少ない。

次に扱われているモチーフについて見ておきたい。

顕著なことは、雑誌の説明文、新聞記事、資料などの社会的テクスト、学校生活になじみのあるテクストが素材とされていることである。また、テクストをめぐる会話が挿入されているのも形式上の特徴である。「07.②」「15.③」のような古典的な文学作品も使われているが、数は多くない。

以上から考察すると、全国学力テストのB問題（中学校）は、全体の傾向として、テクスト全体の情報に学習者が主体的にアクセスし、情報の論理的な関連性をとらえる問題が中心となっていることがわかる。

また、読解プロセスの観点から見ると、多くは「理解する」問題で占められ、その一方で「推論する」に該当する問題は全体の3％と極端に少なかった。推論は、適切な判断をするための基礎となる思考であり、その意味で、このことは「思考力・判断力・表現力等」の育成を実現するための今後の大きな課題となると考える。

扱われるモチーフは、社会的テクストが多かった。ただ、「5つのねらい」のフレームワークに該当するような問題は、表現の工夫を問う「レトリック」がいくつか見られる（22％）ほか、読み手を意識する「想定読者」が若干見られる程度（9％）であり、社会的テクストを扱いながらも、実際的には社会的・文化的文脈にはアプローチしない問題づくりがなされていることが示唆された。

2.3.2.2. 小学校第6学年の問題分析

次に、同様に小学校の問題について分析する。

第7章　新しい教育状況と国語科 CR の可能性

【表7-3】全国学力テスト B 問題と国語科 CR の読解プロセスとフレームワークとの関係性《小学校第6学年》　＊該当するものに○をつけた

年度	大問	小問	読解プロセス			フレームワーク（5つのねらい）					大問のモチーフ
			理解	推論	評価	A	B	C	D	E	
07	1	1	○								学級会の話し合い
		2	○				○		○		
	2	1	○								新聞を書くための資料収集
		2	○								
	3	1	○								地球わくわく新聞
		2			○						
	4	1									スーパーのチラシ
		2	○		○				○		
07 該当率			78%	0%	22%	0%	17%	0%	22%	0%	
08	1	1		○							インタビュー
		2		○							
	2	1	○								「大造じいさんとガン」
		2	○								
		3		○							
	3	1	○								図書館だより
		2			○						
		3(1)	○								
		3(2)			○						
	4		○				○				意見文
08 該当率			50%	30%	20%	0%	10%	0%	0%	0%	
09	1	1	○								50メートル走
		2			○						
	2	1	○						○		家族との過ごし方
		2			○						
	3	1	○				○				マナーに関する本
		2(1)			○						
		2(2)			○						
	4	1	○								バスケットボールの作戦
		2	○								
09 該当率			56%	0%	44%	0%	11%	0%	11%	0%	
10	1		○								学校新聞
	2	1(1)	○								「つりずきの宇宙人」
		1(2)	○								
		2			○						
	3	1	○				○				自然とくらし

363

		2		○		○				
		3	○							
	④				○					目覚まし時計
10 該当率			62%	13%	25%	0%	25%	0%	0%	0%	
11	①	1	○								学級の旗
		2(1)	○								
		2(2)		○			○				
	②	1	○								あいさつ運動
		2	○								
	③	1	○								植村直己
		2	○								
11 該当率			86%	14%	0%	0%	14%	0%	0%	0%	
12	①	1	○								手紙の下書き
		2	○								
		3	?								
	②	1	○								インタビュー
		2			○						
		3		○			○		○		
	③	1	○								マラソン
		2		○			○				
		3	○								
		4	○								
12 該当率			70%	20%	10%	0%	20%	0%	10%	0%	
13	①	1		○					○		遠足のレクリエーション
		2		○			○		○		
		3	○								
	②	1	○								打ち上げ花火
		2	○								
		3	○								
	③	1	○								「ごんぎつね」のすいせん文
		2		○			○				
13 該当率			63%	37%	0%	0%	25%	0%	25%	0%	
14	①	1	○								卒業文集に関する討論会
		2		○			○		○		
		3			○						
	②	1	○								ゾウの鼻
		2	○								
		3			○						
	③	1(1)	○								「たんぽぽ」を題材にした詩
		1(2)	○								

第7章　新しい教育状況と国語科 CR の可能性

		2	○							
		3		○						
14 該当率			50%	20%	30%	0%	10%	0%	10%	0%
15	①	1	○							ふれあい新聞
		2		○			○			
		3	○							
	②	1	○							「だれが選ぶ　どれを選ぶ」
		2	○							
		3			○					
	③	1	○							「一休さんとんち話」
		2			○				○	
15 該当率			64%	11%	25%	0%	11%	0%	13%	0%
16	①	1	○				○			スーパー店長へのインタビュー
		2		○			○		○	
		3		○						
	②	1	○							「早ね早起き朝ごはん」運動
		2(1)	○							
		2(2)	○							
		3			○		○			
	③	1		○						パン職人の仕事
		2	○							
		3	○							
16 該当率			60%	30%	10%	0%	30%	0%	10%	0%
該当率（全体）			62%	19%	19%	0%	17%	0%	10%	0%

　該当率のおおよその傾向は中学校と同じである。「理解する」の設問（62%）の問題傾向も中学校とほぼ同じである。「推論する」については、該当する設問が中学校より多く見られる（19%）。その中心は、テクストの中に見られる表現の意図やその効果を考える問題である。この傾向は、東京書籍版の小学校教科書における表現の工夫や効果を考える課題とも共通する。また、テクスト中の話者の意図を推論する問題もあったが、このような推論の問題は中学校の問題ではあまり見られない。

　「評価する」（19%）に関しては、思考して判断するよりはどちらかというと、条件に従ってまとめ直したりするという傾向が中学校より強く、「理解する」の問題類型に振り分けられるものが比較的多かった。なお、「12.①.3.」は「知識」を問う問題だが、統計では「理解する」に含めた。

フレームワークでは、上記のようにテクストの工夫に着目するような「レトリック」に該当する設問がいくつか見られる（17%）。また、「想定読者」に該当する設問も少しながらあった（10%）。
　次に、具体的な傾向について、読解のプロセスから見てみたい。
　「理解する」に該当する設問では、内容や形式ともに中学校と大きな違いは認められない。提示されたテクストの情報を統合してほかのテクストにあてはめたり、別の方法で整理し直したりするという問題が多く、要約を求める設問であると言える。リーフレット、板書、チラシ、新聞、ポスター、雑誌記事、話し合いの議事録、インタビューなどの学校生活や日常生活に存在する表現形式を用いて、それらの内容や構成を的確に認識し把握する力を測定している。形式としては、提示したテクスト中に何らかの空欄を設け、そこにあてはめるようなものが多く見られる。
　「推論する」に該当する設問は、中学校より率が高かった。設問の内容としては、「11.①.2(2)」「12.②.3.」「13.①.2.」「14.①.2.」「16.①.2.」のような会話文の中の発言者のねらいを問うもの、「12.③.2.」のような書き手のねらいを問うものが中心となっている。他には、「08.①.1.」「08.①.2.」「13.①.1.」「16.③.1.」のように結果や行動に対する理由を推論する問題や、「14.③.2.」のように情報を統合して話者の意図を推論するような問題も、少数ながらあった。ただ、複数のテクストから間テクスト性を見出したり、テクストの背景を考えたりするといったバリエーションは見られず、多くが表現者の意図を考えることに終わっている。
　「評価する」に該当する設問は、中学校より率が低かった。また、内容もどちらかと言えば設問の条件に従って作文をするようなものが目立つ。例えば「10.④」は論理的思考によって正誤を見極め説明するものであり、厳密には「評価する」とは言いにくい。「14.③.3.」のように、自由に思ったことを書けばよく、必ずしもテクストと論理的に整合性をとらなくてもいい問題もある。そのほか、全体的に、「評価する」に該当する設問は「16.②.3」などごく一部を除いて記述式が多いが、「09.①.2.」「09.②.2.」「14.②.2.」などのように書くときの条件が多いものが見られた。

第7章 新しい教育状況と国語科CRの可能性

次に、フレームワーク（5つのねらい）について見てみたい。

中学校では「レトリック」「想定読者」の要素がある設問がいくつか見られたが、小学校においても同じような傾向が見られた。

「レトリック」に該当する設問は、テクストの工夫について考えるものであり、中学校の問題と同じような内容であった。

「想定読者」については、読み手や聞き手を意識してテクストを作るという「07.①.2」「09.②.2.」「14.①.2.」「15.③.2.」のほか、発言や書き方から書き手のねらいを考え、間接的に想定読者を意識させる「12.②.3.」「13.①.1.」「13.①.2.」「16.①.2.」があった。これらはいずれもテクストの行き先を考えて解答する設問であり、「想定読者」に該当すると判断した。

扱われるモチーフは、学級会での話し合いや、図書館だより、学級の旗など学校生活に関するもの、ゾウの鼻などの説明文、スーパーの店長へのインタビューなど社会生活に関する活動などのバリエーションがあるが、いずれも中学校と同じく社会的テクストを基本としている。

以上から考察すると、全国学力テストのB問題（小学校）は、全体の傾向として、中学校と同じく、テクスト全体の情報に学習者が主体的にアクセスし、情報の論理的な関連性をとらえる問題が中心となっていることがわかった。

また、読解プロセスの観点から見ると、「理解する」問題は中学校と同様多いものの、その一方で「推論する」に該当する問題は全体の19%と比較的多く見られた。これは、中学校にはない類型の問題（テクスト中の話者の意図を推論する）がいくつか見られたことによるものである。ただ、このような問題はテクストに明示されていないことを考えるという国語科CRの「推論する」とは本質的にやや異なる。推論は、適切な判断をするための基礎となる思考であり、その意味で、このことは「思考力・判断力・表現力等」の育成を実現するための今後の大きな課題となると考える。

扱われるモチーフは、学校生活に関するものなど、社会的テクストが多かった。ただ、「5つのねらい」のフレームワークに該当するような問題

は、表現の工夫を問う「レトリック」、テクストの行き先を意識する「想定読者」が若干見られる程度であり、社会的なテクストを扱いながらも、中学校と同様、社会的・文化的文脈にはアプローチしない問題づくりがなされていることが示唆された。

2.3.2.3. 全国学力テストB問題の傾向と課題

　全国学力テストの2007年度から2016年度までのB問題の調査では、おおむね次のような傾向があることが見てとれた。

【読解プロセスについて】

　国語科CRの読解プロセスの「理解する」「推論する」「評価する」の領域別に、各小問を類別したところ、全国学力テストB問題の中学校の問題では全体の該当率が「理解する」65％、「推論する」3％、「評価する」32％であった。また、小学校の問題では「理解する」62％、「推論する」19％、「評価する」19％であった。いずれも「理解する」の該当率がほぼ変わらず多いことが共通している。また、「推論する」に該当する問題の率が特に中学校で低い。

　領域ごとにまとめると次のようになる。

　まず「理解する」であるが、問題の性質として、テクスト内の複数の情報を統合して内容を把握することを求めるものが目立った。これらの問題は、テクストの一部分に着目して考えるのではなく、テクストを巨視的にとらえる読みの姿勢を求めるものであり、結果として学習者が自ら情報にアクセスすることを求める問題となっている。この問題傾向は、新学習指導要領の「情報の扱い方に関する事項」にも通底する読解に関する新しい学力観であると思われる。

　次に「推論する」であるが、特に中学校で該当する問題がほとんど見られず、小学校とあわせると、11％の該当率となった。また、一見推論のように見える問題でも、テクストの内部の情報から考えさせる傾向があり、テクストの外側の要素、つまり社会的・文化的コンテクストをリソースと

しない傾向があった。PISAの「読解力」でも「統合・解釈」が設定されたように、推論は的確な判断、表現のための土台となると考えるが、その点からもこの率の低さには改善するべき余地があると言える。

　最後に「評価する」であるが、該当すると考えられる問題の特徴として、設問の条件に合わせて「作文」をするような傾向の問題が比較的多かった。もとのテクストを別の観点からとらえ直すような視点の問題はほとんど見られず、クリティカルな思考を発揮させる必要性は希薄である。単に意見を書いたり条件に合わせて作文したりすることにとどまらない質的な改善が求められよう。

【フレームワークについて】
　国語科 CR のフレームワークの観点に該当する問題は非常に少なく、「レトリック」に該当する問題が20％程度、「想定読者」に該当する問題が10％程度見られたのみである。テクストを社会的・文化的産物と考えるような視点があれば、全体的な問題の設計も変わると思われる。

【モチーフに関して】
　新聞記事、雑誌記事、広告、たより、ポスターなどの社会的テクスト、また、説明文、小説などバリエーションが豊富である。特に学校関係や社会に関する社会的テクストが多く見られるが、これらは Wallace の Critical Reading の実践で用いられた教材（CMT）と近く、従来の国語科のテクスト概念を塗り替える素材の選択であるということができる。ただ、素材が実社会の生のテクストではないため、ややリアリティに欠ける。

　以上のように、全国学力テストのB問題は、知識を活用するという学力を測るテストとして、これまでになかった学力観を提案してきた。特に教材に関しては、従来の文字テクスト中心のものが国語だという概念を塗り替え、マルチテクストを持ちこむことによって、テクストを情報としてとらえることを学習者に求めるという価値転換を図っている。

読解プロセスで見ると、推論に関する問題は少ないものの、与えられたテクストの情報を統合して判断し、表現をするというプロセスは明確に示されている。これは、現行の教科書でも、先に示した「読み比べ」教材などでも示されていた。

　しかし、活用型の学力を測る目的で導入されたB問題だが、そこに、読むことを社会的実践とするような視座は、今回の分析から見る限り希薄であった。テクストのことばの論理を看破し、再構成していくような学力、テクストの生成過程を多角的に推し測りその背景を読もうとする学力等は見込まれていないのである。

　「生きる力」を「予測困難な」時代に適合したものにするには、まだまだ、国語科と社会にあるリアルとの距離を詰めていく必要があると考える。

2.3.3. 全国学力テストの改善の方向性と国語科CR

　次に、このような全国学力テストの傾向を踏まえた先行研究として日本生涯学習総合研究所（2017）の論考を取り上げる。

　同研究所（2017）では、読解のプロセスを「テキストの理解」「思考」「表現」の3領域に分類し、それに対応させる形で【表7-4】のように整理をしている。この読解のプロセスに関しては、表記こそ異なるが国語科CRの理論とほぼ同じ考え方に基づいている。また、先述のように、このプロセスはPISAの「読解力」ともリンクしている。

【表7-4】日本生涯学習総合研究所が示す読解プロセスと問題類型

問題類型	知識	理解1・理解2	推論	表現
読解のプロセス	（該当なし）	テキストの理解	思考	表現

（日本生涯学習総合研究所, 2017, p.5)

第7章　新しい教育状況と国語科CRの可能性

　論考では、国語入試問題（高校入試）の傾向分析と、新しい作問方略について提案を目的としているが、それに関わって全国学力テストとの関連性も論じられている。
　では、具体的にどのような問題が提案されているのか。
　次は、同研究所の、全国学力テストの素材文を用いたB問題の別案である。そこでは、「実生活に関わりのある題材を用いた問題」「文学的文章を用いた問題」「古典的題材を用いた問題」の三つが示されている（pp.15-22）。それらを順に取り上げる。
　取り上げ方としては、まず現行の調査問題と提案例の比較表を示し（ただし各小問は代替案として一対一対応はしておらず、全体を概観する目的での比較表である）、次に各小問について具体的に分析し、提案例のポイントとして整理した。各設問を整理した表の下枠には、国語科CRのどの読解プロセスとフレームワークに該当するかを記した。

2.3.3.1. 実社会に関わりのある題材を用いた問題

　2007年度（平成19年度）に実施された問題「広告カード」について取り上げる。
　次は、実施された問題（以下、調査問題）と日本生涯学習総合研究所の提案とを比較した表である。

【表7－5】現行の問題との比較《2007年度実施「広告カード」》

日本生涯学習総合研究所の提案	調査問題
（1）　中川さん、小林さん、山口さんは三人とも、お客様のことをどのようにとらえていますか。次の1から5のうち、最も適切なものを一つ選びなさい。 1　お客様は、作者を知らない。 2　お客様は、作者を知っているが、　　作品は知らない。	1.【A】の中で、店長さんが評価している①これ、②こっちのカード、③このカードは、それぞれだれの広告カードに当たりますか。次の1から4のうち、広告カードを書いた人の組み合わせとして最も適切なものを一つ選びなさい。 1①中川さん②山口さん③小林さん

3　お客様は、中学生の子どもを持つ母親か父親である。
4　お客様は、中学生である。
5　お客様は、どのような人たちなのかわからない。

（2）①　書店に来たお客様が、次のようなことを考えています。

お客様「中学生の甥っ子になにか本を買ってあげたいけど、どの本がいいかな。中学生が読むような本はよく知らないからなあ。広告カードを参考にしてみよう。」

このお客様に『都会のトム＆ソーヤ』を選んでもらうためには、中川さん、小林さん、山口さんの作った広告カードのうち、どのカードが効果的だと考えますか。カードを一つ選び、その理由を書きなさい。

（2）②　小林さんの広告カードは、どのようなお客様に対し、効果を発揮すると考えられますか。あなたの意見を、理由とともに書きなさい。

2①　中川さん　②　小林さん　③　山口さん
3①　小林さん　②　山口さん　③　中川さん
4①　小林さん　②　中川さん　③　山口さん

2．三人の作った広告カードには、「本の題名（書名）」のように共通して書かれている情報がいくつかあります。「本の題名（書名）」以外に共通して書かれている情報を二つ書きなさい。

3．【A】の中に、このカードと君たちのカードを比べてごらん。とありますが、四人の会話を踏まえ、三人の作った広告カードと店長さんが紹介してくれた広告カードを比較して、その違いを説明しなさい。

　調査問題は、テクストの文字情報やカードという図などの情報を論理的に関連づける問題となっている。一方、提案問題は、テクストの情報を読み取ったうえで推論をしたり、ほかのテクストに転移（適用）させたりする問題となっている。
　次に個々の提案について分析をする。

第 7 章　新しい教育状況と国語科 CR の可能性

【表7−6】《2007年度実施「広告カード」1》

問題類型	問題例
推論	（1）　中川さん、小林さん、山口さんは三人とも、お客様のことをどのようにとらえていますか。次の1から5のうち、最も適切なものを一つ選びなさい。 1　お客様は、作者を知らない。 2　お客様は、作者を知っているが、作品は知らない。 3　お客様は、中学生の子どもを持つ母親か父親である。 4　お客様は、中学生である。 5　お客様は、どのような人たちなのかわからない。 《正答》4
国語科 CR	読解プロセス…「推論する」・フレームワーク…A「コンテクスト／イデオロギー」

　3人の中学生のカードのつくりかたの共通点を見出し、このカードが3人のどのような意識の在り方によって生成されたのか（コンテクスト）に着目し、推論する問題である。論理的に共通性を考えると同時に中学生の3人をイメージしながら背景を考えていくという点で、社会的コンテクストに着目した問題であるといえる。

【表7−7】《2007年度実施「広告カード」2》

問題類型	問題例
表現	（2）①　書店に来たお客様が、次のようなことを考えています。 お客様「中学生の甥っ子になにか本を買ってあげたいけど、どの本がいいかな。中学生が読むような本はよく知らないからなあ。広告カードを参考にしてみよう。」 このお客様に『都会のトム&ソーヤ』を選んでもらうためには、中川さん、小林さん、山口さんの作った広告カードのうち、どのカードが効果的だと考えますか。カードを一つ選び、その理由を書きなさい。
国語科 CR	読解プロセス…「評価する」・フレームワーク…D「想定読者」

あらかじめ想定読者が限定される中で何が効果的なのかを考え説明する問題である。単にカードの特徴やうまさなどを考えるのではなく、「中学生の甥っ子を持つ成人」という読み手の社会的な位置をイメージしながら解答する必要がある。どの要素に着目するかによって選択するカードが変わるため、解答者はそれに応じて的確に自分の考えを論証する必要がある。「広告カード」1と同じく、社会的コンテクストに着目した問題であると言える。

【表7-8】《2007年度実施「広告カード」3》

問題類型	問題例
表現	（2）② 小林さんの広告カードは、どのようなお客様に対し、効果を発揮すると考えられますか。あなたの意見を、理由とともに書きなさい。
国語科CR	読解プロセス…「評価する」・フレームワーク…B「レトリック」、D「想定読者」

小林さんのカードに書かれている情報をもとに、どのような読み手に効果があるかを考え、判断したうえで、その理由を論理的に解答する問題である。この問題も想定読者を強く意識して考える問いであり、国語科CRのフレームワークの「想定読者」にあてはまる。また、効果的な表現を考えるという意味で「レトリック」にもあてはまる。小林さんのカードは、題名と作者名が大きく書かれていることや、「人気シリーズ」というキャッチコピーがあることがほかの二つと違う。このことから判断すれば、既に作者を熟知している層に効果を発揮するであろうと思われる。

2.3.3.2. 文学的文章を用いた問題

2015年度（平成27年度）に実施された問題「貉」（小泉八雲の小説）について取り上げる。

次は、調査問題と日本生涯学習総合研究所の提案とを比較した表である。

第7章　新しい教育状況と国語科CRの可能性

【表7−9】現行の問題との比較《2015年度実施「貉」》

日本生涯学習総合研究所の提案	調査問題
（1）「男」にとって、「お女中」と「蕎麦屋」は、その正体が明らかになる前はどのような存在でしたか。次の1から5のうち、最も適切なものをそれぞれ一つずつ選びなさい。 1　不気味な存在 2　親密な存在 3　助けとなる存在 4　助けたい存在 5　無意味な存在 （2）最後の一文「……そして、それと同時に、屋台の火も消えた。」は、この物語にどのような効果をあたえると考えられますか。次の1から4のうち、最も適切なものを一つ選びなさい。 1　怪談の終わりを告げる。 2　「男」の死を暗示する。 3　恐怖からの解放を告げる。 4　夢から覚めたことを表す。 （3）「貉」の物語と同じ構造の怪談を新たに考えることになりました。次の《語群》の言葉をすべて用いて、考えた怪談のあらすじを説明しなさい。 《語群》　化け猫　追う　交番	1．—線部「お泣きなさるな」は、原文では「Do not cry」(「泣いてはいけない」の意味)と書かれています。この部分を「お泣きなさるな」と翻訳したことで、どのようなことを伝える効果がありますか。次の1から4までのうち、最も適切なものを一つ選びなさい。 1　面倒なことに関わりたくないと思っている、男の冷淡な人柄を伝える効果。 2　寂しい場所で人に話しかけられたため、男がおびえている様子を伝える効果。 3　若い女の身勝手な要求に対して、男が腹を立てている様子を伝える効果。 4　若い女を助けてやりたいと思っている、男の優しい人柄を伝える効果。 2．本文中の☐で囲まれた部分の説明として最も適切なものを、次の1から4までの中から一つ選びなさい。 1　暗闇の中で見付けた光が小さくなっていく情景と、男の希望が失われていく様子を重ねて書いている。 2　暗闇の中で見付けた光が大きくなっていく情景と、男が懸命に救いを求める様子を重ねて書いている。 3　暗闇の中で見付けた光が小さくなっていく情景と、男の緊張感が徐々に高まる様子を重ねて書いている。 4　暗闇の中で見付けた光が大きくなっていく情景と、男が必死に相手に立ち向かう様子を重ねて書いている。

	3．中学生の山田さんは、以前に読んだ昔話「のっぺらぼう」の最後は、蕎麦屋がのっぺらぼうになったところで終わっていたことを思い出しました。あなたは、「貉」の「……そして、それと同時に、屋台の火も消えた。」という最後の一文は、あった方がよいと思いますか、ない方がよいと思いますか。あなたの考えとその理由を、次の条件1から条件3にしたがって書きなさい。なお、読み返して文章を直したいときは、二本線で消したり行間に書き加えたりしてもかまいません。 条件1 最後の一文があった方がよいか、ない方がよいかを明確にして書くこと。 条件2 話の展開を取り上げて、理由を書くこと。 条件3 50字以上、80字以内で書くこと。

　調査問題は、「理解する」「推論する」「評価する」がバランスよく布置されている。「1.」は、翻訳の仕方による効果を考える問題で、フレームワークは「レトリック」に該当する。「2.」は表現の内実を考える問題である。全体の話の流れから論理的に関連づけて最適解を求めるようになっている。「3.」は、結末を考える「評価する」の問題で、フレームワークは「定義／構成」に該当する。一方、提案例は、テクストの背景を更に深く読んだり、テクストの構造を模してほかのテクストに転移（適用）させたりすることを求めている。

　次に、個々の提案について分析する。

第 7 章　新しい教育状況と国語科 CR の可能性

【表 7−10】《2015 年度実施「狢」1》

問題類型	問題例
推論	（1）「男」にとって、「お女中」と「蕎麦屋」は、その正体が明らかになる前はどのような存在でしたか。次の1から5のうち、最も適切なものをそれぞれ一つずつ選びなさい。 1　不気味な存在 2　親密な存在 3　助けとなる存在 4　助けたい存在 5　無意味な存在 《正答》お女中―4　蕎麦屋―3
国語科 CR	読解プロセス…「推論する」・フレームワーク…A「コンテクスト／イデオロギー」

　正体が明らかになった後の反応から、男が、元々この二人をどのようにとらえていたのかを考える問題である。同研究所解説では「対比構造（「助けようとした相手が化け物だった」ということと「助けてもらうとした相手が化け物だった」ということ）を捉える」問題であるとしている（p.18）。物語の変化や流れではなく構造を読もうとさせることをねらう問いである。泣いているお女中や蕎麦屋がもともと持っているイメージをうまく利用した意外さがこの小説のおもしろさだとすれば、そこには書き手の何らかの隠れた前提が介在しているとも言え、単なる論理的な思考だけでは解けない問題でもある。その点で、国語科 CR における「コンテクスト／イデオロギー」にあてはまる問いと言える。

【表 7−11】《2015 年度実施「狢」2》

問題類型	問題例
表現	（2）最後の一文「……そして、それと同時に、屋台の火も消えた。」は、この物語にどのような効果をあたえると考えられますか。次の1から4のうち、最も適切なものを一つ選びなさい。

377

	1　怪談の終わりを告げる。 2　「男」の死を暗示する。 3　恐怖からの解放を告げる。 4　夢から覚めたことを表す。 《正答》1
国語科CR	読解プロセス…「評価する」・フレームワーク…B「レトリック」

　最後の一文の効果を考え、評価する問題である。解くためにはこの小説における「火」の登場場面を確認し、そこから火の役割を考える必要がある。火はこの怪談を投影する装置とすれば、その火が消えることが何を意味するのかが推論でき、そこから判断すれば最適解は選べる。単なる想像や感覚的な予測ではなく論証が可能な思考が求められている問題と言える。効果を考える問題なので類型は国語科CRの場合も「評価する」となる。

【表7－12】《2015年度実施「狢」3》

問題類型	問題例
表現	（3）「狢」の物語と同じ構造の怪談を新たに考えることになりました。次の《語群》の言葉をすべて用いて、考えた怪談のあらすじを説明しなさい。 《語群》　化け猫　追う　交番
国語科CR	読解プロセス…「評価する」・フレームワーク…C「定義・構成」

　「狢」の物語としての構造を理解したうえでそれを全く別の場面に置き換えていく問題である。もとのテクストをほかに転移（適用）させて表現することが求められる。記述の際の条件も、三つのことばをすべて使うという単純なもので、全国学力テストの問題分析で指摘した煩雑さもない。古典的な物語を現代の場面に置き換えて創作するこの問題は、国語科CRの「定義／構成」にあてはまる問題だと言える。

第 7 章　新しい教育状況と国語科 CR の可能性

2.3.3.3. 古典的題材を用いた問題

2014 年度（平成 26 年度）に実施された問題「目黒のさんま」について取り上げる。

次は、調査問題と日本生涯学習総合研究所の提案とを比較した表である。

【表 7 – 13】現行の問題との比較《2014 年度「目黒のさんま」》

日本生涯学習総合研究所の提案	調査問題
（1）【落語「目黒のさんま」のあらすじ】に「生れて初めてのさんま」とあります。殿さまが生まれて初めてさんまを食べるということから何が読み取れますか。次の 1 から 4 のうち、あてはまるものを全て選びなさい。 1　殿さまが、当時の社会でどのような存在だったか。 2　さんまが、当時の社会でどのような食べ物だったか。 3　殿さまが、当時の江戸のどのあたりに住んでいたか。 4　さんまが、当時の江戸のどのあたりで獲ることができたか。 （2）この落語を聞き終えた太郎さんと花子さんが次のような会話をしています。 太郎さん「要するに、さんまの名産地は目黒ということだよね。なんで家来たちは日本橋からとりよせたんだろう」 花子さん「いや、オチはそういうことではなくて……」 花子さんはこのあと、太郎さんにこの	1．―線部①「なに、これがさんまと申すか。」、―線部②「いいえ、さんまに相違ございません」とありますが、この部分を落語で演じる場合、演者はそれぞれ、顔をどちらの方向に向けて話しますか。【落語を紹介する本の一部】を参考にして、次の 1 から 4 までのうち、最も適切なものを一つ選びなさい。 1　①上手　②上手 2　①上手　②下手 3　①下手　②上手 4　①下手　②下手 2．―線部③「あっ、それはいかん。さんまは目黒にかぎる」とありますが、この部分が表す殿さまの姿として最も適切なものを、次の 1 から 4 までの中から一つ選びなさい。 1　おいしくないさんまでも家来のためを思っておいしいふりをする、優しい殿さまの姿。 2　目黒でおいしいさんまがとれることを知らない家来に比べ、賢い殿さまの姿。 3　ずっと食べたかったさんまをやっと食べることができて、喜んでいる

落語の面白さを説明しました。花子さんのセリフの続きを考えて書きなさい。	殿さまの姿。 4　目黒がおいしいさんまのとれるところだと思い込んでいる、世間知らずな殿さまの姿。 3．〜線部「これがさんまか？」とありますが、あなたならどのように演じますか。次の〈演じ方〉のA、Bから一つ選び（どちらの〈演じ方〉を選んでもかまいません。）、なぜそのように演じるのか、あなたの考えを、あとの条件1と条件2にしたがって書きなさい。なお、読み返して文章を直したいときは、二本線で消したり行間に書き加えたりしてもかまいません。 〈演じ方〉 A　家来を責めるように演じる。 B　家来に問いかけるように演じる。 条件1 このように言った殿さまの気持ちを想像して書くこと。なお、そのように想像した根拠を、【落語「目黒のさんま」のあらすじ】や【落語「目黒のさんま」の最後の部分】から引用したり要約したりして示すこと。 条件2 50字以上、80字以内で書くこと。

　調査問題は、「理解する」「推論する」「評価する」が2015年度の「狢」の問題と同じくバランスよく布置されている。「1.」は、本文の落語のきまりの解説と整合が取れる解を求める問題である。「2.」は全体の話の流れから登場人物の気持ちを推論する問題である。従来の小説のテスト問題における登場人物の心情を考えるような問題に近い。「3.」は、これまでのテクストの内容を論拠としながら演じ方を考える問題である。一方、提

案例は、テクストの社会的背景を読む問題や、他者への説得の表現を求める問題が提案されている。

次に、個々の提案について分析する。

【表7-14】《2014年度実施「目黒のさんま」1》

問題類型	問題例
推論	（1）【落語「目黒のさんま」のあらすじ】に「生れて初めてのさんま」とあります。殿さまが生まれて初めてさんまを食べるということから何が読み取れますか。次の1から4のうち、あてはまるものを全て選びなさい。 1　殿さまが、当時の社会でどのような存在だったか。 2　さんまが、当時の社会でどのような食べ物だったか。 3　殿さまが、当時の江戸のどのあたりに住んでいたか。 4　さんまが、当時の江戸のどのあたりで獲ることができたか。 《正答》1．2．
国語科CR	読解プロセス…「推論する」・フレームワーク…A「コンテクスト／イデオロギー」

「目黒のさんま」の殿さまは、その権力性ゆえに庶民の秋の味覚であるさんまのおいしさを知らない。この問題は、このような殿さまの当時の社会的な位置づけをテクストの表現から推論する問題である。設問では、何が推論できるかではなくどのようなことが推論できるかを問うており、正答の幅を限定する工夫が見られる。国語科CRのフレームワークから見ると、社会的背景を考えるという意味で「コンテクスト／イデオロギー」にあてはまると言える。

【表7-15】《2014年度実施「目黒のさんま」2》

問題類型	問題例
表現	（2）この落語を聞き終えた太郎さんと花子さんが次のような会話をしています。

	太郎さん「要するに、さんまの名産地は目黒ということだよね。なんで家来たちは日本橋からとりよせたんだろう」 花子さん「いや、オチはそういうことではなくて……」 花子さんはこのあと、太郎さんにこの落語の面白さを説明しました。花子さんのセリフの続きを考えて書きなさい。	
国語科CR	読解プロセス…「評価する」・フレームワーク…E「トピック」	

　太郎さんがどのように読み違えたのかを考え、それを訂正し説得する問題である。なぜ間違えたのかを推論し、訂正するのためのポイントを見極めたうえで効果的な表現をするという総合的な力が求められる。また、この問いに答えるには、この落語の何が面白いのかを的確に把握する必要があり、国語科CRの「トピック」を考える要素がある問題であると言える。

　以上が、提案問題の分析であるが、ほとんどの問題において国語科CRにおけるフレームワークの要素が見られた。また、提案された「推論する」の問題では、テクストの社会的・文化的コンテクストに着目する問題も見られ、読むことを社会的実践としていく国語科CRのねらいに共通する問題設計がなされていることが示唆された。

　日本生涯学習総合研究所の提案は、同じテクストを素材としながらも、問い方によって、国語科CRの読解プロセスとフレームワークに適合した問題づくりが可能であることを示すものである。

　次からは、このような効果をもう少し観察するために、ポスト全国学力テストをにらみつつ、高等学校に射程を広げ、そこに現れる学力観と国語科CRとの関連性を見ていきたい。

2.4. 大学入学共通テストに見られる新しい学力観

　文部科学省は、高大接続改革として、大学入学者選抜改革を進めている。2020年度からの実施を目指し現在も議論が進行中である。高等学校の新学習指導要領がテスト問題に反映されるのは、2024年度からになるため、開始当初にどれだけの改革要素が盛り込まれるかは不透明ではある

が、答申の内容を踏まえつつ、「思考力・判断力・表現力等」の育成を軸とした問題設計がなされるのではないかと思われる。

本節では、2017年に公表された記述式と選択式のモデル問題を例に、それらの問題が測定しようとしている学力を分析し、国語科 CR との関連性を考察する。

2.4.1. 記述式問題のモデル問題例の検討

2017年5月に公表された独立行政法人大学入試センター（2017a）のモデル問題例は二つある。一つは城見市の街並み保存に関する問題（モデル問題例1）、もう一つは駐車場の契約の問題（モデル問題例2）である。

独立行政法人大学入試センターは、二つの問題について、そのねらいを次のように記している。

《モデル問題例1》
　架空の行政機関が広報を目的として作成した資料等を題材として用い、題材について話し合う場面や異なる立場からの提案書などを検討する言語活動の場を設定することにより、テクストを場面の中で的確に読み取る力、及び設問中の条件として示された目的等に応じて表現する力を問うた。

《モデル問題例2》
　論理が明確な「契約書」という実社会とのかかわりが深い文章を題材とする言語活動の場を設定することにより、テクストを場面の中で的確に読み取る力、及び設問中の条件として示された目的等に応じて表現する力を問うた。

（独立行政法人大学入試センター, 2017a, p.4, p.16）

共通するのは、「的確に読み取る」ことと「表現する」ことが主なねらいとされていることである。複数の情報を関連づけながら問われているこ

とを的確に読み取り、判断して条件通りに書く力である。

　今回のモデル問題はいずれも実用的なテクストである。社会的テクストを扱うという点では国語科 CR で提案してきたことに重なる。Wallace や澤口（2017c）が授業で扱った CMT とは違いこれらは架空のテクストであり、リアリティはやや欠けるものの、かなり実態に即したテクストづくりがなされている。

　情報を統合して論理的に思考し判断することと、それを条件に合わせて書くことが求められているが、これまでの本研究の教科書の分析、全国学力テストの分析結果と同じように推論する要素は希薄であり、あったとしてもテクストの背景を読んでいくような力は求められていない。あくまでテクストのなかでの論理的な整合性や関連性の把握とそれを踏まえた考えの記述が中心である。

　次に個々の問題例について国語科 CR の観点から分析をする。なお、以後の分析について、各小問について文章中では「問1」「問2」のように表記する。

【表7−16】モデル問題例1（記）の国語科 CR の読解プロセスとフレームワークによる分類

モデル問題	読解プロセス			フレームワーク				
	理解	推論	評価	A	B	C	D	E
1．会話文中の傍線部「一石二鳥」とは、この場合街並み保存地区が何によってどうなることを指すか、「一石」と「二鳥」の内容がわかるように40字以内で答えよ（ただし、句読点を含む）。	○							
2．ある会社が、「街並み保存地区」の活性化に向けた提案書を城見市に提出した。次の文章はその【提案書の要旨】である。これに対して、城見市は、ガイドラインに従って計画		○						

の一部を修正するよう、その会社に求めた。どの部分をどのように修正することを求めたと考えられるか、35字以内で述べよ（ただし、句読点を含む）。

【提案書の要旨】複数の空き家が連続して並んでいる場所を再利用した商業施設を作りたい。古くて味わいのある民家を最大限活用したカフェ、洋服屋、本屋、雑貨屋、美容院などを総合的にプロデュースすることで、「一度は行ってみたい」まちづくりに貢献したい。初めて訪れる観光客にも親切なように、目につきやすい色の看板を数多く配置し、行きたい店をすぐに探せる配慮をする。また、住民にも利便性の高い店の誘致を進める。

3．会話文から読み取ることができる、父と姉の「景観保護ガイドライン」の導入についての議論の対立点を、「〜の是非。」という文末で終わるように20字以内で述べよ（ただし、読点を含む）。

4．父と姉の会話を聞いて、改めてガイドラインを読んだかおるさんは、姉に賛成する立場で姉の意見を補うことにした。かおるさんはどのような意見を述べたと考えられるか、次の条件に従って述べよ（ただし、句読点を含む）。

条件1　全体を二文でまとめ、合計80字以上、120字以内で述べること。なお、会話体にしなくてよい。
条件2　一文目に、「ガイドラインの基

| 本的な考え方」と、姉の意見が一致している点を簡潔に示すこと。
条件3 二文目に、「経済的負担」を軽減する方法について述べること。
条件4 条件2・条件3について、それぞれの根拠となる記述を【資料B】「城見市『街並み保存地区』景観保護ガイドラインのあらまし」から引用し、その部分を「」で示すこと。なお、文中では「ガイドライン」と省略してよい。						

[モデル問題例1（記）]

　複数の情報を統合しつつ、資料の読み手がどのような判断・行動をするかを読み取っていく問題設計になっている。

　問1は、四字熟語の、このテクストの内容との対応を問う問題である。情報と情報の論理的な対応関係を読む問題と言える。

　問2は、独立行政法人大学入試センター（2017a）の解説「出題のねらい」では「二つのテクスト（情報）を比較して、両者の内容の違いをとらえ、その違いについての評価内容の一部を書く問題である（p.10）」とあるが、違いをふまえて「城見市がどのような修正を求めたか」を考える問題なので、これは「推論する」問題と思われる。

　問3は、会話という連続テクストを構造化し問題の焦点を明らかにする問題である。

　問4は、姉の主張と市の主張の共通点を探して姉の意見の妥当性を考える問題である。解答する上で主要な思考は情報の統合による推論である。ただ、効果的な書き方を問題は求めているので類型としては「評価する」にあたるとも言える。独立行政法人大学入試センター（2017a）の解説「解答させる内容と資質・能力、出題形式との関係について（素案）」では、「③テクストの精査・解釈に基づく考えの形成」とあり、この素案からすれば、推論と評価の両方の要素が含まれているということになる。

第7章　新しい教育状況と国語科CRの可能性

　情報を統合して妥当な判断をし、効果的に表現するという問題設計は、問題解決のプロセスに学習者を参画させる意図が感じられ、社会参画する力を育むねらいがあるものと思われる。その意味でコンピテンシーの理にかなう思想を体言化したものだと言うことができる。ただ、国語科CRのフレームワークに関しては、会話のトピックを考える「問3」以外その要素は見られない。

【表7−17】 モデル問題例2（記）の国語科CRの読解プロセスとフレームワークによる分類

モデル問題	理解	推論	評価	A	B	C	D	E
1．駐車場使用契約を行った3か月後のある日、サユリさんのもとに、原パークの担当者から電話があった。「もしもし、原パークですが、サユリさんですか？　いつもご利用ありがとうございます。現在、サユリさんには駐車場料金を毎月21,600円払っていただいておりますが、このたび24,840円に値上げすることを決定いたしました。来月分より新料金でのお振り込みをよろしくお願いいたします。」サユリさんは、この突然の値上げに納得がいかないので、原パークに対して今回の値上げに関する質問をしたい。契約書に沿って、どの条文の、どのような点について質問したらよいと考えられるか。解答の文末が「〜について質問する。」となるようにして、40字以内で述べよ（句読点を含む）。	○					○		
2．平成29年の3月20日、サユリさんは会社から急な転勤を命じられ、翌月の4月1日以降は駐車場を借りる必要がなくなることがわかった。こ			○			○		

れを原パークに伝えたところ、「1か月以上前に解約のご連絡をいただけなかったので、4月分の駐車料金はお支払いいただきたいと思います」と言われた。あなたがサユリさんの友人ならば、原パークの主張に対して、サユリさんにどのようにアドバイスできると考えられるか。次の条件①～③に従って書きなさい。

条件① サユリさんの不利益にならないよう、原パークの主張に反論する内容にすること。
条件② 条文番号を明記しつつ、「原パークの主張の根拠とその誤っている点」と、「サユリさんの反論の根拠」の2点を明確に示すこと。
条件③ 120字以内で述べること。（句読点を含む。解答は会話調で書かなくてよい。）

3．転勤により引越をしたサユリさんは、改めて新居の近くに駐車場を借りることにした。ただし、前回の経験から、契約の期間や途中解約については、契約前に書面をよく確認したいと考えた。以下の資料は、新たな駐車場の管理会社（新町P）との契約書から、該当部分を抜粋したものである。契約の期間や途中解約について、他の条項では触れられていない。これを確認したサユリさんは、新町Pとの契約書には、原パークとの契約書と比較して明確にされていない点があり、これが不利に働いてトラブルに巻き込まれる可能性があることに気づいた。この問題を解決するためには、どのような内容を契約書に盛り込んでおくべきか、解答欄に合わせて50字以内で述べよ

（句読点を含む）。

第4条（契約期間）
契約期間は、平成29年4月1日から1年間とする。契約期間中、貸主が途中解約をする場合は、解約希望日の3カ月前まで借主にその旨を通知するものとする。なお、解約した月の賃料は解約日までの日割り計算とする。
第5条（契約の更新）
借主または貸主が本契約の更新を希望しない場合は、契約期間満了の1カ月前までに相手方にその旨通知することとし、通知がない場合には、本契約は更新されたものとする。
第6条（解除）
借主につき、次の場合の一つに該当する事由があったときは、貸主は、何ら通知催告を要することなく直ちに本契約を解除できるものとする。
1．賃料の支払いを2カ月分以上怠ったとき
2．貸主の承諾なく賃借権の譲渡、転貸、又はこれらに準ずる行為があったとき
3．本件駐車場における工作物の設置、現状の改造・破壊等の行為があったとき
4．別途定める管理規則や本契約に違反したとき

［モデル問題例2（記）］

　実態に即した契約書であり、設問の要件もかなり実際にあり得る場面を想定して設計されている。複数の情報を統合して問題を発見するという思考と、それを土台とした判断、表現が求められている。「思考力・表現力・判断力等」を強く意識した問題設計と言え、全国学力テストのB問

題より一歩踏み込んだものになっている。

　問1は、発生した問題解決のために必要な情報にアクセスしそれを適用しながら問題を解決する問題である。また、他者に質問をするという設定がなされており、ことばの宛先も想定しながらの解答が求められている。

　問2は、「問1」と同様、発生した問題を、状況を見極めながら適切な解決に導く問題である。また、これも「問1」と同様ことばの宛先が指定されている。

　問3は、別のテクストを提示し、問題を未然に防ぐため、それまでの思考をふまえてテクストの改良を提案させる問題である。論理的に問題を発見し新しい案を提示する力が求められている。

　国語科CRのフレームワークの観点から見ると、小問のすべてが、論理的な不整合を見抜き、慎重な検討によってテクスト（原パークの主張、新町Pの契約書）の再構成を図る問いとなっている。これらはフレームワークにおける「構成／定義」に該当する。ただ、テクストの誤謬を突くという論理的な思考は求められるが、テクストの背景を考えたり、テクストそのものの意味づけを検討したりする問題設計とはなっていない。

2.4.2. マークシート式問題のモデル問題例の検討

　次に、2017年7月に公開された独立行政法人大学入試センター（2017b）の選択式問題のモデル問題例の検討をする。マークシート式も、モデル問題は二つ公開されている。一つは短歌についての批評文（モデル問題例1）、もう一つは古文とその批評文（モデル問題例2）である。

　独立行政法人大学入試センターは、これらの二つの問題について、そのねらいを次のように記している。

　《モデル問題例1》
　　文学的な文章のみを題材として提示するのではなく、文学的な文章（短歌）について書かれた二つの評論を比較して読み、それぞれの筆者の短歌の解釈や論理の展開の仕方を理解する力を問うとともに、更

に二つの評論の内容を基に生徒が他の短歌を鑑賞する言語活動の場を設定し、テクストを的確に読み取る力、及び推論による内容の補足や精緻化によってテクストを構造化する力も問うた。

（独立行政法人大学入試センター、2017b, p.5）

《モデル問題例2》
　古文を題材として提示するだけではなく、その古文を読み、現代にも通じる表現の仕方や当時の文化を踏まえた古文の解釈などについて、二人で対談する文章も題材として、古文を理解する力を問うとともに、対談のそれぞれの立場における話し手の古文の内容に対する考え方を的確に理解する力を問うた。なお、他者の考え方を聞くことによって、題材の古文への理解が深まるような対談の場面を題材として取り上げた。　　　　　（独立行政法人大学入試センター、2017b, p.21）

　いずれの問題も、具体的な複数のテクストの情報を統合することによって書かれている内容を一般化し、テクストの構造を把握させるねらいがある。
　また、同センターは「マークシート式問題のモデル問題例の公表に当たって」で、「国語では、多様な文章をもとに、複数の情報を統合し構造化してとらえること」に留意して作問をしたとも記している。その作問意図を反映して、テストでは【文章1】、【文章2】と二つのテクストが示される。
　具体的には、「モデル問題例1」では、短歌をテーマとした文芸批評が示される。【文章1】では触覚に着目した評論が、そして【文章2】では聴覚に着目した評論が取り上げられる。このことによって、受験生が違う視点からの二つの短歌批評を読むという設定になっている。また「モデル問題例2」では、【文章1】において『平家物語』の「忠度都落」という古文が、【文章2】においてその作品の解釈をめぐる会話形式のテクストが取り上げられる。このことによって、受験生が古文という一次テクストとそ

の解釈という二次テクストの両方を読むという設定になっている。

【表7-18】 モデル問題例1（マ）の国語科CRの読解プロセスとフレームワークによる分類　　＊選択肢については割愛した。

モデル問題	読解プロセス			フレームワーク				
	理解	推論	評価	A	B	C	D	E
1．傍線部（ア）～（ウ）の本文中における意味として最も適当なものを、次の語群の①～⑤のうちから、それぞれ一つずつ選べ。								
（ア）琴線に触れる	＊知識							
（イ）時雨	＊知識							
（ウ）感嘆おくあたわざる	＊知識							
2．【文章Ⅰ】の空欄1、2、について、筆者がここに引用した短歌を次の①～⑥のうちから二つ選べ。ただし、解答の順序は問わない。			○					
3．【文章Ⅰ】で示された「触覚」の説明として最も適当なものを、次の①～⑤のうちから一つ選べ。	○							
4．【文章Ⅱ】の傍線部（エ）「右三首のうち白秋と牧水の歌は、作りが似ている」とあるが、これらの作品の説明として最も適当なものを、次の①～⑤のうちから一つ選べ。	○							
5．【文章Ⅰ】と【文章Ⅱ】を踏まえて、「国語総合」の授業で次の短歌を鑑賞することとした。【生徒たちの会話】を読んで、後の（ⅰ）～（ⅲ）の問いに答えよ。 　死に近き母に添い寝のしんしんと遠田のかはづ天に聞ゆる 　　　　　　　　斎藤茂吉『赤光』								

（ⅰ）生徒Cが紹介した歌の中で使われている「しんしんと」について、【文章Ⅱ】で取り上げていた内容に最もふさわしいものは何か。次の①〜⑤のうちから一つ選べ。		○				
（ⅱ）生徒Bの発言の空欄アに【文章Ⅰ】の中の一文を入れる場合、どのような表現が入るか。最も適当なものを、次の①〜⑤のうちから一つ選べ。	○					
（ⅲ）生徒たちの会話を踏まえて、生徒Aの発言の空欄イに入るものとして最も適当なものを、次の①〜⑤のうちから一つ選べ。	○					

　次に、二つのモデル問題例について、国語科CRの視点から検討してみたい。まず「モデル問題1」についてである。

［モデル問題例1（マ）］

　短歌をテーマにした文芸批評、またそれをめぐる生徒の会話が素材となっている。【文章Ⅱ】を設定して【文章Ⅰ】を相対化させている点、また、複数のテクストを情報として関連づけ、解釈していくプロセスは、独立行政法人大学入試センターが述べた「多様な文章をもとに、複数の情報を統合し構造化してとらえる」ことを目指したものと言える。

　問1は、語彙の知識の問題である。

　問2は、テクスト全体の内容、構成を踏まえながら全く別のテクストを関連づける問題である。推論の要素を働かせながら他のテクストを活用するという意味で「評価する」に該当する。

　問3は、テクスト中の「触覚」がどのように定義されているかを選択肢から選ぶ問題である。従来のテストでもよく見られた内容理解の問題である。

　問4は、「似ている」と筆者が考えるその理由を二つの短歌を読み比べ、情報を統合して考える問題である。複数のテクストの共通点を見極め

ることを求めている。

　問5は、生徒の会話を読んで問いに答える形式になっている。（ⅰ）は、別のテクストとの関連性を判断する問題で、「問2」と似たような趣旨による問題である。（ⅱ）（ⅲ）は本文中の空欄を埋める問題で、解釈をする生徒B、生徒Cの説明を補うことを求めている。

　国語科CRの読解プロセスで見ると、「推論する」に該当するものはなく、「理解する」に該当する設問が多い（「問1」を含めると70％）。「評価する」に該当するのは、「問2」と「5」（ⅰ）の二つあるが、いずれもほかのテクストへ転移（適用）させていく問題である。筆者はこれまで、読んだテクストの内容をほかのテクストに関連づけること（演繹的推論）を「適用読解」として（例えば、澤口, 2013a）、実践に取り入れてきた（例えば、澤口, 2013b）。そのような思考のプロセスが、今回、モデル問題例に組み込まれたことになる。ただ、本来、転移（適用）は、同じジャンルの事象から離れた分野へ踏み出して考えることだが、これらの問いはいずれも短歌から離れておらず、厳密には「評価する」類型に収まらない可能性がある。独立行政法人大学入試センター（2017b）の「推論による内容の補足や精緻化によってテクストを構造化する（p.5）」の説明からすると、これらの問題は推論として位置づけられているのかもしれない。

　国語科CRのフレームワークについては、該当するものが見られなかった。

【表7−19】モデル問題例2（マ）の国語科CRの読解プロセスとフレームワークによる分類　　　　　　　　　　　　　＊選択肢については割愛した。

モデル問題	読解プロセス			フレームワーク				
	理解	推論	評価	A	B	C	D	E
1.【文章Ⅰ】の傍線部（ア）〜（ウ）の解釈として最も適当なものを、次の語群の①〜⑤のうちから、それぞれ一つずつ選べ。								

設問						
（ア）おろかならぬ御事に思ひ参らせ候へども	＊知識					
（イ）ゆめゆめ疎略を存ずまじう候ふ	＊知識					
（ウ）子細におよばずといひながら	＊知識					
2．【文章Ⅰ】の波線部a〜dの「られ」を、意味・用法によって説明するとき、同じ説明になるものの組み合わせとして、最も適当なものを、次の①〜⑤のうちから一つ選べ。	＊知識					
3．【文章Ⅰ】の二重傍線部「千載集」の説明として最も適当なものを、次の①〜⑤のうちから一つ選べ。	＊知識					
4．【文章Ⅱ】の傍線部A「空の色は、何色というイメージですか」について、次の（ⅰ）（ⅱ）の問いに答えよ。						
（ⅰ）「空の色」をイメージさせる表現はどれだと言っているか。【文章Ⅰ】の中から抜き出した次の①〜⑧のうちから二つ選べ。ただし、解答の順序は問わない。	○					
（ⅱ）「空の色」のイメージからどのような忠度の姿が想起されると言っているか。最も適当なものを、次の①〜⑤のうちから一つ選べ。	○					
5．【文章Ⅱ】の傍線部B「文武両道に秀でた堂々たる人物」とあるが、【文章Ⅰ】において、俊成が忠度の人となりを語った一文として、本文に□で示した次の箇所が挙げられる。ここから読み取れる忠度の人物像として適当な内容を、【文章Ⅰ】に即して、後の選択肢①〜⑦のうちからすべて選べ。	○					
6．【文章Ⅱ】の表現と構成の特徴の説明として最も適当なものを、次の①〜⑤から一つ選べ。	○			○		

次に「モデル問題例2」について検討する。

[モデル問題例2（マ）]

　モデル問題例2もモデル問題例1と同様の形式、内容を持つ。情報を統合してまとめていくことに主眼が置かれた問題設計である。

　【文章Ⅰ】は古典作品という一次テクストであり、【文章Ⅱ】はそれを解説する二次テクストという位置づけである。

　問1、問2、問3はすべて、文法や文学史など「知識」に該当する問題である。以降は、「忠度都落」のテクストをめぐって解釈を交わらせている会話のテクスト【文章2】について問われている。

　問4（ⅰ）は、二人の会話の内容からそれに該当する本文（【文章1】）のことばを的確に選び出す問題である。また（ⅱ）は、話者「黒澤」の発言を読みその発言内容を的確にとらえる問題である。いずれも【文章Ⅱ】を読めば解答できる「理解する」に該当する問題である。

　問5は、本文（【文章1】）の一部を引用しそのうちの「情け」「あはれ」が何を意味するかその具体を選択肢から選ぶ問題である。【文章2】を引用する一見入り組んだ問い方だが基本的には【文章1】の内容の理解を問う問題である。

　問6は、二人の会話の形式的な特徴をまとめる問題である。

　国語科CRの読解プロセスで見ると、すべてが「理解する」に該当する問題である。

　また、国語科CRのフレームワークで見ると、「問5」にその要素が見られるにとどまる。

　以上、二つのモデル問題例を見てきたが、複数のテクストを並べて問うという形式は従来のセンター試験を超えた提案であると言うことができる。また、古典と現代文が融合している要素も新しい形式である。

　ただ、独立行政法人大学入試センターが述べた「多様な文章をもとに、複数の情報を統合し構造化してとらえる」ことを目指すために用意されたテクストではあるが、いずれも相互に補完し合うような関係であって、価

値対立するような要素は見られない。

2.4.3. 大学入学共通テストのモデル問題例からみた国語科 CR の可能性

モデル問題例で見られた共通する特徴は、複数のテクストなど多様な情報を統合し、そこからテクストの構造化を図ることであった。言い換えればこれは、テクストを巨視的かつ分析的に読むことということであって、その目指すところに慎重かつ多角的にテクストを読むという、第1章で整理したクリティカル・リーディングの要素があるということもできる。

たとえば、今回のモデル問題でこのような要素が強かったのは、記述式問題の「モデル問題2」である。素材は実際の契約書を彷彿とさせるものであり、自らが不利益を被らないように慎重に情報を読み取り、判断に活かしていく在り方は、学習指導要領が謳う「生きる力」を涵養するという意味で、一つのモデル問題となっていた。

国語科 CR の観点の分析では、読解プロセスにおいては、全国学力テストでの統計と同じように「推論する」の該当率が低かった（記述式28％、マーク式0％）。しかし、「推論する」ことの問題をつくるのは、日本生涯学習総合研究所の先行研究が示したとおり、不可能なことではない。この「推論する」ことの不在の再考と改善は、今後のテスト設計の大きなテーマとなるであろう。

一方、フレームワークにおいては、先の駐車場の契約問題に「定義／構成」の要素があったものの、ほかの問題では「モデル問題2」の「問6」に「レトリック」の要素があった以外、見ることはできなかった。だがこのことも、先に示した日本生涯学習総合研究所の提案例のように、テクストのジャンルを問わず問題のなかに組み入れていくことは可能であろう。

以上、大学入学共通テストのモデル問題は、テクストを情報としてとらえ、それを統合したり吟味したりすることを求めており、情報化時代の新しい資質・能力を育むものであることが示唆された。ただ、テクストを社会的・文化的産物として読み、そこに隠れたコンテクストを読もうとするような要素は弱く、「思考力・判断力・表現力等」を測るテストとして十

分なのかというと、改善の余地があると思われた。

　推論の方略やクリティカル・リテラシーからの読む方略を持つ国語科CRは、このような余地を埋める理論として寄与するのではないかと考える。

　次の節では、このようなテスト施策の転換をめぐって、現在、どのような研究・提案がなされているかを、先に取り上げた日本生涯学習総合研究所の事例に加える形で示し、国語科CRの目指す方向性との関連性を見ていく。

2.5. 国語科に関わる新しい学力測定の動向

　全国学力テスト（B問題）、大学入学共通テストの動向は、それまでの知識・理解中心の学力観から活用する学力へと舵を切ったものであった。

　この節では、それを予見する、あるいはそれに追随する形で取り組まれている次世代のテスト開発をリサーチし、そのことから教育界全体を巻き込んだ次の学力モデルをイメージし、国語科CRとの関連性を検討してみたい。

　なお、小学校・中学校・高等学校のすべてを視野には入れるが、一般的な公教育を想定し、多くの学習者が「受験」を通過する中学校・高等学校に特に照準を合わせ、分析をする。また、紙数の制限から本節での分析は個々の問題については掲載せず、全体像を示すことに留めた。

2.5.1. 民間による新しいテスト開発

　これからの学力を考えた新しいテスト開発のなかで、特に国語科との関係が深いものをリサーチしたところ、次のようなテストがあることがわかった【表7-20】。なお、検定、調査、などの呼称があるが、ここではまとめてそれらをテストとする。

【表7-20】民間による新しいテスト開発

	名称	主催	級別	概要
i	語彙・読解力検定	朝日新聞社／ベネッセコーポレーション	4級〜1級〈選択式〉	2011年〜現在。「辞書語彙」「新聞語彙」「読解」の3領域を設定し、社会の問題を読み解く力の育成を目指す。読解の領域のテストの素材文は新聞記事を利用。
ii	国語力検定	Z会	級認定（5級〜特級）〈選択式〉	2007年〜2017年。「知識分野」「理解分野（聞き取り）」「理解分野（読解）」の3領域を設定し、「読む力」「書くための力」「聞く力」「話すための力」「文化・教養的国語力」の5つの力を測定。
iii	日本語運用能力テスト	Z会（基礎学力総合研究所）	基礎レベル〜応用レベル〈選択式／記述式〉（CBT,PBT）	2017年〜現在。「学術文献に頻出する語彙を知っているか」、「理解した内容を実生活に応用できるか」から国語力を捉え直す。「聞き取り」「語彙」「読解」「記述」の順に出題。
iv	言語力検定	文字・活字文化推進機構	6級〜1級〈選択式／記述式〉	2009年〜2014年。OECDの国際成人リテラシー調査とPISAの測定内容に準拠したテスト。「読む力」「書く力」「考える力」「伝える力」を総合的に測定する。
v	総合学力調査	ベネッセコーポレーション	小学校〜中学校（高校版はモニター調査中）	2015年〜現在。内容の理解、分析・評価、筋道をつけた表現ができることを測定学力とする。「リスニング」「短文を用いた問題」「説明的文章／評論」「文学的文章／小説」の4大問で構成。

入手した問題を検討したところ、いずれのテストも、テクストを巨視的にとらえ、情報を統合することによって推論、評価をするという活用型の学力を測定することにシフトするものであった。また、目指す方向性も、大学入学共通テスト等の新しい入試概念や、これからの社会人に求められる今日的なことばの力に照準をあわせたものであった。しかし、それぞれのテストによって求める資質・能力が違う部分も見られた。
　それらを整理するとおおむね次のようになる。

【表7－21】民間によるテスト問題における国語科CRの要素
＊◎十分ある　○ある　△一部ある　×全くない

	名称	素材	P	FW	特徴
i	語彙・読解力検定	新聞記事	△	×	新聞を読める語彙力と情報を統合して理解する力を測る。
ii	国語力検定	文字テクスト	△	×	従来型のテストに準じた形式。内容を理解する力を測る。
iii	日本語運用能力テスト	文字テクスト マルチテクスト	○	△	情報を統合し整理し直したり判断したりする力を測定する。
iv	言語力検定	文字テクスト マルチテクスト	◎	△	PISAのマナーに則り、情報の統合、推論、評価の観点から読むことの力を測る。
v	総合学力調査	文字テクスト	◎	◎	PISAのマナーに則り、情報の統合、推論、評価の観点から読むことの力を測る。また、読むことに社会的な視点を添える。

表中「P」は読解プロセス、「FW」はフレームワークを指す

　これらのなかから国語科CRに近い位置にあるのは、言語力検定と総合学力調査である。言語力検定で提案された概念に社会的な視点を加味すること、また、総合学力調査にテクスト選択の柔軟性を持たせることをすれば、さらに国語科CRの提案した理論に近いテストとなるであろう。
　言語力検定については、現在は実施されておらず今後の改編は見込めな

いが、総合学力調査の提案するような流れが、今後、従来の模擬試験に代わる概念として学校現場に広まるようであれば、授業改善を促すような状況も生まれてこよう。

このような分析から、基本的な方向性として、国語科 CR は新たに開発されつつある全国的なテストの傾向と共通する部分が多く、またそこに足りない要素を補っていく可能性を持つものであることがわかった。この足りない要素とは、社会的・文化的コンテクストに立脚した推論、また評価、そして柔軟な教材観である。

2.5.2. 民間による新しい問題集開発

テストに加えて、次に、新しい学力観を育成するツールとして、学習者が手にする問題集などの副読本にどのような傾向があるのかを整理しておきたい。

予備校、塾など学校外の民間教育機関が、新学習指導要領や大学入学共通テストを見据えた新しいカリキュラムを組んでいる現状は、新聞のチラシやホームページを見る限りその数は多く、特に「思考力・判断力・表現力等」は次の能力を育成するキーワードとして前面に語られている観がある。しかし、このような民間教育機関の活動は、学校教育のなかで取り組まれるものではない。そこで本節では、学校で扱う問題集を取り上げることの方向性を予測していきたい。取り上げる問題集は、学校で使用する副教材であり、学校教育のなかで取り組まれる点で上記のテストに準じるものであると考えた。

高等学校の現状を例にとると、大学受験を目指す学校や進路多様校では、実態に応じて日常的に取り組む、あるいは長期休暇中に取り組む問題集を採用することが多い。それらは、定期テストの範囲に組み入れられたり、宿題テストの範囲に組み入れられたりしている。また、学校によっては授業で扱う場合もある。

問題集は、学習の定着や補助の役割もあるが、入試の対策としての位置づけがなされる場合も多い。したがって、2020 年の入試改革に向けて、

既存の商品のラインナップが大きく変わる可能性があると思われる。

　学校一括採用を前提とした問題集を発刊するおもな出版社には、いいずな書店、京都書房、桐原書店、尚文出版、数研出版、第一学習社等（五十音順）などがある。これらの出版する国語科「現代文」分野の問題集で、新学習指導要領や大学入学共通テストの方向性である「思考力・判断力・表現力等」をふまえた問題集を検索したところ、現時点（2017年12月）では、新刊として尚文出版が出版した問題集（『思考力を鍛え判断力を高め表現力を養う 現代文NEWアプローチ』（以下、現代文NEWアプローチ）のみであった。また、国語科現代文の括りとしてではないが、第一学習社から論理力を育む問題集（『論理力ワークノート』）が小論文対策として出されている。

　そのほかには、日本語教育の分野で、国語科教育に先んじてOECDのコンピテンシーをベースとした読解力を育む問題集が出されている。

　ここではこれらの三つの問題集について取り上げ、国語科CRとの関連性について検討をすることとする。

【表7－22】民間による新しい問題集開発

	名称	出版社	領域	概要
i	論理力ワークノート	第一学習社（2017）	小論文	論理的に読んだり書いたりする力を育むためのワークノート。「相手意識・目的意識」「言い換え・要約」などの11項目の基礎事項のトレーニングと、演習問題、新テストへの力試しの応用問題で構成される。
ii	現代文NEWアプローチ スタディ1、スタディ2』（全2冊）	尚文出版（2017）	現代文	知識を活用する力を育むことを目標とした問題集。従来の国語科で見られる文字テクストを用いつつ、新しく「論理的・批判的思考力」「問題解決・

第 7 章　新しい教育状況と国語科 CR の可能性

				発見・創造力」「人間関係形成力」「社会参画力」の 4 つの力（資質）の観点からの問題を設定している。
iii	読む力　中上級	くろしお出版（2013）	日本語教育	第二言語として日本語を学ぶ学習者向けの問題集。中級、中上級の 2 冊があり、中上級では CR のプログラムが組まれる。説明的文章／評論をテクストとして、3 種類のタスク（「全体把握」「言語タスク」「認知タスク」）および CR で問題が構成される。

これらの問題集を、先のテストと同様に一覧表にすると次のようになる。

【表 7-23】民間による新しい問題集開発における国語科 CR の要素
　　　　　*◎十分ある　○ある　△一部ある　×全くない

	名称	素材	P	FW	特徴
i	論理力ワークノート	マルチテクスト 文字テクスト	○	×	論理的にことばの関係性を捉える方略を示したワークノートが中心。後半にその知見を活かした情報を統合して考え、意見を書く演習問題が掲載されている。
ii	現代文 NEW アプローチ	文字テクスト	◎	◎	従来から読まれてきたような国語科の素材文はそのままに、問題の質を活用型の問題に転換し、「思考力・判断力・表現力」を育む問題集を目指している。
iii	読む力　中上級	文字テクスト	◎	◎	第二言語として日本語を学ぶ学習者を対象とした問題集。「全体把握」「言語タスク」「認知タスク」「クリティカル・リーディング」のプロセスで問題が構成される。

表中「P」は読解プロセス、「FW」はフレームワークを指す

論理・論証の研究的な知見から発刊された『論理力ワークノート』、また、PISA のマナーに則り、知識基盤社会におけるスキルを背景理論として発刊された『現代文 NEW アプローチ』は今後の方向性の先鞭をつける取り組みとして評価できるものである。また、日本語教育における読むことのとらえ方は、文章を鑑賞する対象としてではなく分析する対象としているところが、国語科 CR の目指す読むことの方略に近い。

　展開される問題設計は、情報の統合による問題の構造化や推論、また、ほかのテクストに関連づけながらもとのテクストを再定義／再構成する評価など、国語科 CR の読解プロセスとの共通性が見られ、今後の授業改善を目論むうえでの協働を図る可能性を示唆するものである。

　現段階ではこのような問題集の数は少なく、対象読者や目的に差もある。扱う教材も文字テクスト中心なのか、マルチテクストを積極的に取り入れたものなのか、まだ定まっていない感がある。しかし、国語科 CR のねらいとする要素は多く、今後の更なる開発が期待される。

3．新しい教育状況における国語科 CR の可能性

　本章では新しい教育状況において、それが具体的にどのような形で提示されているかを、小学生、中学生を対象とした全国学力テストの B 問題、高校生を対象とした大学入学共通テストのモデル問題、また、それらをめぐる民間のテスト、問題集の動向を分析し、国語科 CR との関連性を考察してきた。その結果、国語科 CR の指導理論が、新しい教育状況をめぐる資質・能力の育成を、実践のレベルで支援する可能性をもつことが示唆された。

　そこで本節では、本章での分析・考察、および第 4 章、第 5 章、第 6 章での分析・考察をふまえて、来たるべき国語科 CR の教材論、授業論について考察し、国語科 CR が国語科教育に寄与する可能性について展望してみたい。

　まずは教材論について考察する。

第7章　新しい教育状況と国語科 CR の可能性

　第 4 章から第 6 章では、国語科 CR の指導理論の観点から、既存の教科書の教材、手引きの分析をし、その改編を試みた。
　教科書の分析の結果、小学校、中学校、高等学校ともに社会の問題を取り上げるテクストが用意されていることがわかった。例えば東京書籍版の小学校、中学校教科書では「読み比べ」教材に社会的テクストとして CMT が取り上げられ、それらを比べて読む活動が提案されていた。また、中学校、高等学校と学年が上がるにつれて、より視野を広い社会に向けていくための教材が用意され、読むことを社会的実践としていく可能性を持つ教材がラインナップされていた。
　このように、おおむね既存の教科書教材は、第 5 章で述べたような書き下ろし教材が内包する問題等はあるものの、国語科 CR を展開するにおいては十分活用可能な素材が用意されていると思われた。
　しかし、学習の手引きなど、学習課題の設定にはいくつか問題が見られた。
　一つ目の問題は、読解プロセスにおける「推論する」ことの欠落である。
　国語科 CR では、読解プロセスを PISA の「読解力」が規定したプロセスなどをもとにして「理解する」「推論する」「評価する」の三つに類型化し、それらの過程を規定したが、その観点から教科書の手引きを分析したところ、「推論する」に該当する設問が極端に少なく、割合としてその多くが「理解する」設問で占められていた。たとえば、小学校、中学校の段階を経てさらなる読み深めが期待される高等学校の教科書（国語総合）においても「推論する」に該当する課題は全体の 1 ％程度しかなく、「理解する」に該当する課題が 71 ％と圧倒的に多かった。
　このような傾向は、本章で分析した全国学力テストの B 問題でも同様の傾向が見られ、「理解する」「推論する」「評価する」の問題に占める割合は、小学校で 62 ％、19 ％、19 ％、中学校で 65 ％、3 ％、32 ％と、「推論する」に該当する割合（下線部）が少なかった。この傾向は、最も新しい提案と思われる 2017 年に公開された全国大学共通テストのモデル問題に

おいても同様であり、記述式のモデル問題で28％、マーク式で0％と合算すれば14％程度しか「推論する」に該当する問題がなかった。

　結果として、「推論する」ことを充実させることが国語科CRの指導理論から見た場合の大きな課題として浮上してきた。

　この問題の解決には、国語科CRのカリキュラムにおける読解プロセスを援用して学習の課題を設定することが有効と考え、本研究では教科書教材と手引きの改編という形で示した。

　本章での分析からは、日本生涯学習総合研究所のテストづくり理論、文字・活字文化推進機構の「言語力検定」、ベネッセコーポレーションの「総合学力調査」など民間によるテスト開発や、問題集の提案に、国語科CRが主張してきた「推論する」ことを重視するねらいがあることがわかり、解決の方向性を共有していることが確認できた。

　もう一つの問題は、国語科CRの指導理論の「5つのねらい」によるフレームワークについて、既存の教科書の手引きからは、一部を除いてその要素がほとんど見いだせなかったことである。

　教科書教材の分析では、第4章から第6章で述べたように、「コンテクスト／イデオロギー」「レトリック」「構成／定義」「想定読者」「トピック」からなる「5つのねらい」の要素のうち、小学校の「読み比べ」教材において「レトリック」に該当する手引きが一定見られた程度で、そのほかは「想定読者」に該当するものが一部見られる程度であった。また、高等学校「国語総合」の評論・随想教材では、この要素が見られる課題は全83設問中3問（約4％）しかなかった。

　このことは、本章で分析した全国学力テストのB問題でも同様の傾向が見られ、「レトリック」に該当する問題が20％程度、「想定読者」に該当する問題が10％程度見られたのみである。また、大学入学共通テストにおいても、マーク式のモデル問題で「レトリック」に該当する設問が一例あるのみであった。

　ただ、「総合学力調査」のような民間によるテスト開発や『現代文NEWアプローチ』のような問題集には、これらの要素を含む積極的な提案もあ

第7章　新しい教育状況と国語科CRの可能性

り、国語科CRと今後の方向性を共有していることが確認できた。

　以上の二つの問題の根本的な解決には、教材の選定から編集、そして手引きの作成などを通した新しい教材づくりをすることが、理想的ではある。しかし、既存の教材であっても課題を変えることで国語科CRの実践を行うことは十分可能であるということが、第4章から第6章までの調査、また本章での分析からは示唆された。

　たとえば、調査において通常の授業形式に準じた形式で取り組まれたクラスがあるが、そこでのワークシート、および担当教諭のコメント（廿日市市立C小学校、津市立A中学校）からは、ほかのワークシート書き込みのみの調査とは違い、学習者が積極的に考え取り組む姿や今後の活用の可能性が報告されている。

　また、民間の開発したテストのなかで国語科CRの要素を最も満たしていた一例としてベネッセコーポレーションの「総合学力調査」の問題があるが、その素材文は、従来のテストで用いられていた教科書と同様の文字テクストであり、既存の教材であっても課題の設定の仕方次第で国語科CRの実践を行うことは可能であることを示すものである。

　これらは、既存のテクストを大きく変更することなく国語科CRの実践を展開する可能性を示唆すると言え、今後の教材論への足がかりを得ることができた。

　次に授業論について考察する。

　第3章でも述べたが、国語科CRの鍵概念は対話する学習集団の形成にある。この、対話に関する授業方略は、小中学校ではすでに言語活動の先行実践での提案も多く、高等学校でも今後そのような実践的な研究は増えると予想される。

　では、このような「主体的・対話的で深い学び」の時代において、実効性のある対話を教室にもたらすにはどのような要素が必要なのか。そのひとつは、国語科CRのカリキュラムによる「国語科CRの読解プロセスとフレームワーク」を授業に取り入れることだと考える。より焦点化して述べるなら、いかに「討議」を呼ぶテクスト、発問を用意するか、そしてま

たそこでの話し合いを授業者がいかにうまく捌き、方向づけていくかが重要になる。

　Wallace は多様な背景を持つ学習者がその多様性を活かしながら学び合うには間主観性に着目する必要があるとした。国語科 CR においても、そこへの着目は重要である。なぜなら目標論でも述べたように、国語科 CR は何が正しくて何が間違いかを決めることを目的とはせず、学習者それぞれの視点を活かして意見を交わし、その間主観性をもとに合意形成を図ることを目的としているからである。

　したがって、国語科 CR の授業論としては、ハーバーマスの言う「討議」を引き出すような教材の選定と発問の設定を重視する。そして、その設定を授業者が適切に施し、授業者自身もその「討議」に効果的に参加していくならば、形骸化された話し合い活動に陥ることを防ぐことができ、学習者をやる気にさせ（主体的）、他者の考えに耳を傾けつつ自説の正当性を言語化する態度と技能を育み（対話的）、テーマを深く掘り提げることを愉しむ（深い学び）ことが実現できると考える。

　このことの実現には、学習者自身が学習のテーマを問いとして立てられるように授業を構成し、その問いを解決する授業をデザインしていくことが重要と考える。なぜなら、実社会のテクストにはテスト問題のような「傍線部」はなく、自ら問題となる箇所を発見し問いかけていくことが将来にわたって必要となるからである。

　また、学習者からの主体性を引き出すには、「自分の意見や提案によって授業が動いた」という実感を多くの学習者が持たなければならないだろう。そのためには、電車の運行計画のような緻密な計画された授業から訣別しなければならない。それが、学習者と一体化したダイナミックな授業を作るからである。

　「討議」を引き出すような発問を学習者や授業者から教室の場に引き出し、学習者の思考を可視化する方略を使いながら、ディスカッションし、社会的かつ構造的問題へ着眼し、考察を深めていくようなダイナミックな授業、これが国語科 CR の考える実践の姿である。

以上、本章での分析等を経て国語科 CR の、教材論、授業論について考察した。ただ、授業論に関しては、教材と手引きの改編案の調査を実施したものの、現段階では授業を通しての単元としての実証的な研究はできていない。一部筆者による社会的テクストを使った高等学校における実践的研究（澤口，2017c）があるのみである。したがって、その成果を現段階では総合的に語ることはできず、今後は、国語科 CR によって構成された指導理論に基づいた授業をさらに行うことによってこれらのことを検証していく必要がある。このことについては、今後の課題としたい。

4．第 7 章のまとめ

　本章では、新学習指導要領の学力観を踏まえたうえで、公的なテストや、民間によるテスト開発、問題集開発の動向を調査し、そこに国語科 CR の理念や指導理論がどのように寄与しうるかを考察した。具体的には、全国学力テスト B 問題、日本生涯学習総合研究所のテストづくり理論、大学入学共通テストのモデル問題などのテスト、また、「総合学力調査」『現代文 NEW アプローチ』などの民間による新しいテスト／問題集の開発事例を対象として調査し、考察した。

　調査、考察の結果、国語科 CR が目指す「ことばに立ち止まりながら、読むことを社会的実践とする」という方向性と、これらのテスト概念に大きな隔たりはなく、目標論、教材論、そして授業論の観点からも十分その潮流に寄与する理論であることが示唆された。

　今回の分析はテストをめぐる分析であり、授業論そのものへの言及ではない。しかし、テストは学力観を代弁するものであり、また、現場は現実として受験に左右されながら実践を構想し、組み立てている。大学入学共通テストなどのテスト改革は、その意味で新学習指導要領を踏まえた形で、今後少しずつ現場の実践を変えていくと予想される。その時に、国語科 CR の指導理論は、テストの方向性と合致するという点でその流れを支える理論として機能することができると考える。

終章　研究の成果と課題・今後の展望

　本章では、本研究で得られた成果と課題についてまとめ、今後の国語科 CR を展望する。

1．研究の成果

　序章「研究の目的」で述べたように、本研究では 5 つの目的を達成することを目的としてきた。ここでは、本研究でそれぞれの目的がどのように達成されたかを総括する。

1.1．国語科教育における「クリティカルな読み」の先行研究の整理（目的①）

　第 1 章では、OECD が PISA に着手した 1997 年前後以降の文献に的を絞り、近年の国語科における「クリティカルな読み」の先行指導理論を調査、整理し、その成果と課題を明らかにした。具体的な方法としては、国語科における「クリティカルな読み」の指導理論を「言語論理教育」「評価読み」「メディア・リテラシー教育」「PISA 型『読解力』における熟考・評価」「批判的思考」の 5 つの類型に分け、それらの先行研究を整理することからその傾向を見出し、5 つの指導理論をマトリクスに布置した。
　その結果、ことばに着目することを中心としながら、読むことを社会的実践とする「言語×社会的」の象限に研究・実践の空白が見られることが示唆された。そして、この問題を解決するには既存の「クリティカルな読み」の指導理論に加えて、さらにことばに着目しながら読むことを社会的

実践に拡張していく理論が必要であることがわかった。

1.2. 内外の先行研究による国語科 CR の理論的な土台の構成（目的②）

第2章では、第1章で見出された問題の解決として、Wallace の Critical Reading 理論に着目し、国語科 CR の礎となる理論としての可能性を探った。

Wallace の研究については、文献調査のほかにインタビュー調査も実施し、問題意識、これまでの研究の経緯、目指す研究の方向性、また日本の国語科教育への援用の可能性等について総合的にその知見を獲得することを試みた。

その結果、Wallace の Critical Reading 理論はテクストを社会的産物として読む理論であることがわかった。フェアクラフ、フレイレ、ハリデー、ハーバーマスなどの研究を背景理論とした読むことを社会的実践とするその理論は、第1章で明らかになった「言語×社会的」の空白の問題を解決する理論として期待できるものであった。

教材論では、CMT を導入しながらも、Wallace はあくまで印刷された文字テクストから社会を読み解くという方略を大切にしていた。このような教材観は、文字を読んで考えるという日本の国語科の教材観と通底し、国語科教育への援用の可能性を確信できた。

また授業論では、ハーバーマスのコミュニケーション論を背景理論とし、国語科教育における言語活動や、新学習指導要領で提起された「主体的・対話的で深い学び」を実践するための参考となる理論であることがわかった。

1.3. 国語科 CR の指導理論の構築 （目的③）

第3章では、Wallace の Crtical Reading の理論に加え、新学習指導要領の方向性や OECD の読解方略の理論を参考とし、より実効性のある今日の国語科教育の状況に見合った国語科 CR の指導理論の構築を目指しカリキュラムとしてまとめた。

国語科 CR の指導理論には二つの軸を設定した。一つは読解プロセスであり、もう一つはフレームワークである。

　読解プロセスは、PISA の「読解力」の概念などを参考に「理解する」「推論する」「評価する」の三つの領域で構成した。この読解プロセスでは特に「推論する」ことを重視した。

　フレームワークは Wallace の理論にあった「5つの問い」を「5つのねらい」として構成し、その観点からテクストを分析することとした。テクストの生成過程としてのコンテクストや背景にあるイデオロギーに着目する「コンテクスト／イデオロギー」、テクストがどのように読み手を感化するように書いているかそのレトリックに着目する「レトリック」、複数の視点からテクストを読み直す場合それをどのように再定義、再構成することができるかに着目する「定義／構成」、テクストの出所と想定された読者を考える「想定読者」、そしてテクストが示す問題の構造を考える「トピック」の五つである。

　国語科 CR の指導理論では、これらの二つを「国語科 CR の読解プロセスとフレームワーク」としてまとめた。

　一方、学校での段階的な取り組みのことを考え、K-12 などの内外のカリキュラム論を参考としながら、小学校から高等学校までを「6つのステージ」に分けたカリキュラムを規定した。カリキュラムは、先の読解プロセス、フレームワークごとにまとめた。

　これらによって、読むことを社会的実践とする観点と、実際の授業で展開していくカリキュラムとしての観点の二つから実践に向けた素地を作ることができた。

1.4. 国語科 CR の指導理論の実践の場での検証（目的④）

　第4章、第5章、第6章では、国語科 CR の指導理論に基づいて、教科書教材の改編を試みた。

　第4章では小学校の教材を検討し、その改編を試みた。

　東京書籍版の「読み比べ」教材を取り上げ、第2学年から第6学年まで

のすべての教材を、国語科 CR のフレームワークの観点から分析し、その結果をもとに手引きの改編を行った。

分析では、「レトリック」の要素が一定見られ、「想定読者」の要素も一部見られたが、そのほかの「5つのねらい」の要素は見られなかった。

改編にあたっては国語科 CR のフレームワークの要素を満たすように努めた。改編案は、手引きのみを改編した A 案と教材にも手を加えた B 案の両方を用意し、それらを小学校に依頼して調査を行った。調査で得た学習者のワークシートと担当教諭のコメントから改編案を再修正し、それを「国語科 CR による教材・学習の手引きの改編―小学校」としてまとめた。

改編案は、慣れないこともあってか、難しいという反応も多々見られたが、授業形式での実践がなされた調査校では教諭の反応も含めて意欲的に取り組む姿勢が報告され、今後の可能性を予感させる結果を得ることができた。

第 5 章では中学校の教材を検討し、その改編を試みた。

小学校と同じく東京書籍版の「読み比べ」教材を対象とし、第 1 学年から第 3 学年までのすべての教材を国語科 CR のフレームワークの観点から分析し、その結果をもとに手引きの改編を行った。

国語科 CR のフレームワークの観点からの手引きの調査では、全 26 設問のうち、「レトリック」の要素があるものが 2 問、「定義／構成」の要素があるものが 1 問あるのみで、小学校教材と同じように国語科 CR の「5つのねらい」のフレームワークに該当するものは少なかった。

改編では、小学校と同じく国語科 CR のフレームワークの要素を満たすように努めた。改編した教材は中学校、高等学校に依頼して調査を行い、学習者の解答したワークシートと担当教諭のコメントをもとに再修正し、「国語科 CR による教材・学習の手引きの改編―中学校」としてまとめた。

改編案は学習者にとって難しい課題と映ったことが調査から窺えたが、授業形式で担当教諭が支援をしながら実施したクラスでは積極性や質的な向上が見られ、小学校同様、授業として実施をすれば相応の成果が得られる可能性を確認できた。

終章　研究の成果と課題・今後の展望

　第6章では高等学校の教材を検討し、その改編を試みた。
　高等学校の調査は、国語科教諭の研修会の機会を利用し、教材改編の可能性を探った。
　東京書籍版の高等学校「国語総合」の評論・随想教材の手引きでは、「理解する」に該当する設問が71%、「推論する」に該当する設問が1%、「評価する」に該当する設問が28%であった。また、「5つのねらい」の要素がある設問は全83設問中6設問にとどまった。
　以上の分析から「推論する」こと、「5つのねらい」のフレームワークをなるべく均等に布置することを目標に改編案を作成した。改編案は研修会で取り組んでもらい、その可能性を検討した。
　参加者からは、わかりにくいという反応が一部あったものの、既存の手引きへの不満を解消する要素があるとの評価もあり、その改善に寄与しうることが確認できた。
　これらの検討を経て改編案を修正し、「国語科CRによる教材・学習の手引き改編―高等学校」としてまとめた。
　小学校、中学校、高等学校の調査からは、既存の国語科教科書にはクリティカル・リテラシーの視点はなく、読むことを社会的実践とするには一定の見直しが必要であると思われた。一方、国語科CRの指導理論は、問い方や授業方法に配慮すれば十分学校現場に受け入れられる可能性があることが示唆された。

1.5. 新しい教育状況における国語科CRの可能性と展望（目的⑤）

　第7章では、国語科CRの指導理論を、新しい教育状況のなかでどのように活かせるかを、新学習指導要領の方向性や官民あわせたさまざまなテスト、問題集の分析から考察した。
　調査は、新学習指導要領の「思考力・判断力・表現力等」の概念や「主体的・対話的で深い学び」の提言、全国学力テストのB問題、大学入学共通テストのモデル問題などの官製テスト、および活用型の学力に照準を合わせた民間によるテストや、その育成を企図した問題集などを対象に

行った。テスト、問題集の調査は、第4章、第5章、第6章で行った調査と同様に、国語科CRの読解プロセスとフレームワークの観点から設問を類別し、その傾向を量的、質的に分析し考察した。

　その結果、全国学力テストのB問題は、読解プロセスでは教科書の手引きの分析と同様、「推論する」に該当する設問の割合が低かった。また、フレームワークでは「レトリック」と「想定読者」に該当するものが若干見られる程度であった。この傾向は2017年に公開された大学入学共通テストのモデル問題でもほぼ同じであった。

　この問題の解決としては、たとえば日本生涯学習総合研究所（2016, 2017）が示した別案があった。このテストづくり理論は、国語科CRの読解プロセスと共通する概念を持つものであり、国語科CRの指導理論がその解決に寄与する可能性が示唆された。

　官製テストは、積極的に図や表、会話などを取り入れたマルチテクストを用いていることで共通していたが、その一方、「総合学力調査」『現代文NEWアプローチ』などでは、従来国語科が扱ってきた説明的文章や評論文などの文字テクストを素材としながらも、国語科CRが求めている読解プロセスやフレームワークの要素を満たす問題設計がなされていた。素材が従来のような文字テクストであっても、国語科CRの理論を援用すれば、新しい教育状況に適応できることを示すものであった。

2．研究の課題

　本研究では、国語科CRの指導理論を構築し、新しい教育状況のなかでの活用の可能性を見出すことができた。

　しかしながら、解決されていないいくつかの問題が課題として残る。

　一つ目は実証的研究を取り入れることである。調査は実施したものの、本研究では時間をかけた授業実践による検証はできておらず、その実効性についてはまだまだ予測の段階でしかない。したがって、今後は実証的研究を行うことによってその可能性をさらに確かめていく必要がある。

二つ目は、国語科CRを体系的に具現化することである。本研究では、国語科CRの指導理論の検討は、既存の教科書教材等で実施してきた。しかし、国語科CRの指導理論による完全な実践を構築するには、教材の選定の段階から国語科CRの指導理論を体現する教材づくりを目指し、教材、手引き、指導書、テストという総合的な教材セットを開発することが必要になる。

　三つ目は、「書くこと」「話すこと・聞くこと」への研究の拡張の必要性である。本研究では基本的に「読むこと」を想定した提案しかできていない。しかし、新しい指導理論として国語科CRを総合的に提案するには、「読むこと」にとどまらず、「書くこと」「話すこと・聞くこと」に関する研究が求められる。

　以上三つが、国語科CR研究として今後の解決するべき主な課題である。

3．今後の展望

　本研究では国語科CRの指導理論を構築し、新しい教育状況のなかでの可能性について考察してきた。実証的な研究や、読むこと以外の研究への拡張はこれからの課題とはいえ、国語科として読むことを社会的実践としていく方略を示すことはできた。

　国語科CRの指導理論は、これまで国語科があまり着目してこなかった社会参画を意識し、その方略を示すものである。このことは、国語科を「社会を取り入れ社会へ返す」という意味での重要な教科として社会に再認識させることを実現させると考える。国語科を国語科という閉じられた世界から解放し、社会参画に必須な教科だという認識を社会から得るプロジェクトである。

　新学習指導要領は「主体的・対話的で深い学び」における「見方・考え方」を鍛えるには「国語科を要としつつ」取り組むべきであるとしている。テクストの情報をインプットし、咀嚼し、そしてアウトプットしてい

く過程、つまり「社会を取り入れ社会へ返す」ことの役割を果たす中心教科は、ことばを扱う国語科である。

　さまざまな言説が飛び交い情報の洪水にさらされている時代だからこそ、あえてことばに立ち止まり、ことばから社会を読み解き、そして社会へと自分のことばを返していく。このような学びを実現する一助として国語科 CR の指導理論をさらに研究し発展させていきたいと考える。

参考引用文献

青山之典(2013a)「Common Core State Standards for English Language Arts における Reading Standards for Informational Text(K・12)—スパイラル構造をもった説明的文章読解カリキュラムの実際」国語教育思想研究,第7号

青山之典(2013b)「説明的文章読解カリキュラムにおける Strand の構成に関する一考察 — Strand 相互の関係性に着目して」全国大学国語教育学会発表要旨集,第124号

浅貝祥輝(2011)「『新聞の投書を読み比べよう』(東京書籍・6年上)の授業プラン〈新教材について〉」『国語科授業論叢』第3号

浅野博・緒方孝文・牧野勤(2005)『フェイバリット英和辞典 第3版』東京書籍

朝日新聞×ベネッセ(2017)「ことばを,チカラに。語彙・読解力検定」H.P. http://www.goi-dokkai.jp(2017.11.2.確認)

阿部昇(1996)『授業づくりのための「説明的文章教材」の徹底批判』明治図書

阿里山森林鉄道(2017)「ループ型路線と螺旋型路線:建築方法」 https://www.railway.gov.tw/Alishan-jp/CP.aspx?sn=18125&n=20744(2017.11.11 確認)

有元秀文(2008)『必ず「PISA 型読解力」が育つ七つの授業改革—「読解表現力」と「クリティカル・リーディング」を育てる方法』明治図書

有元秀文(2010)『「PISA 型読解力」の弱点を克服する「ブッククラブ」入門』明治図書

犬塚美輪(2013)「読解方略の指導」『教育心理学年報』Vol.52

井上尚美(2007)『思考力育成への方略—メタ認知・自己学習・言語論理〈増補新版〉』明治図書

井上尚美・中村敦夫(2001)『メディア・リテラシーを育てる国語の授業』明治図書

井上尚美編集代表,芳野菊子編(2003)『国語科メディア教育への挑戦—第4巻 中学・高校編』明治図書

今井むつみ(2010)『ことばと思考』岩波書店

岩崎豪人(2002)「クリティカル・シンキングのめざすもの」『Prospectus』第5号

上杉嘉見(2008)『カナダのメディア・リテラシー教育』明石書店

上田祐二（2010）「批判的に読むことの授業づくりの視座―説明的文章指導における批判の基準の検討を通して」『旭川国文』第21，22合併号

上松恵理子（2007）「読むことにおけるリテラシー概念の変遷―新たなリテラシー論の構築に向けて」『人文科教育研究』第34巻

上松恵理子（2008）「メディア論の観点で文学を読むことの提案―新しい文学教育の概念を用いて」『人文科教育研究』第35巻

ヴォダック・ルート／マイヤー・ミヒャエル〈野呂香代子監訳〉（2010）『批判的談話分析入門クリティカル・デイスコース・アメリシスの問題』三元社

大河内祐子（2004）「批判的読みにおける文章の構造的側面の役割」『東京大学大学院教育学研究科紀要』第43号

大出敦（2015）『クリティカル・リーディング入門―人文系のための読書レッスン』慶應義塾大学出版会

奥泉香（2010）「映像テクストの学習を国語科で行うための基礎理論の整理―選択体系機能文法を援用した試み」『国語科教育』第68集

奥泉香（2012）「視覚化する書記テクストの学習―批判的談話分析とデザイン概念を援用して」『国語科教育』第72集

奥田純子〈監修〉（2013）『読む力―中上級』くろしお出版

小柳和喜雄（2003）「批判的思考と批判的教育学の『批判』概念の検討」『奈良教育大学教育実践総合センター研究紀要』第12号

小柳和喜雄（2005）「メディア・ディスコースの分析方法に関する予備的研究―Norman Faircloughのクリティカル・ディスコース分析を中心に」『教育実践センター研究紀要』第14号

小柳和喜雄（2012）「第2章「メディア」を対象とした教材開発・カリキュラム開発　第1節　国語科教育と学校外での子どもの言葉の利用・メディア接触を考える―教材・カリキュラム開発に向けて」『国語科教育』第72集

恩沢幸代（2008）「高校英語におけるクリティカル・リーディングの実践研究―キャサリン・ウォレスの理論を手がかりとして」東京大学大学院教育学研究科，修士論文

河野順子（2006）『〈対話〉による説明的文章の学習指導―メタ認知の内面化の理論提案を中心に』風間書房

基礎学力総合研究所・Z会（2017）「日本語運用能力テスト」H.P. https://www.21lri.co.jp/japanese/（2017.11.02. 確認）

北川達夫・中川一史・中橋雄（2016）『フィンランドの教育―教育システム・教師・

学校・授業・メディア教育から読み解く』フォーラム A
吉川芳則（2017）『論理的思考を育てる！批判的読み（クリティカル・リーディング）の授業づくり』明治図書
桑原隆編（2008）『新しい時代のリテラシー教育』東洋館出版社
楠見孝・子安増生・道田泰司編（2011）『批判的思考力を育む―学士力と社会人基礎力の基盤形成』有斐閣
楠見 孝・道田泰司（2015）『批判的思考―21世紀を生きぬくリテラシーの基盤―』新曜社
黒上晴夫（2016）「パフォーマンス評価としてのルーブリック」
http://ks-lab.net/161105ajg.pdf（2017.9.27 確認）
黒川悠輔（2011）「Critical Language Awareness の目的と課題」『早稲田教育学研究』第 3 号
黒川悠輔（2013）「国際理解教育における批判的言語意識（Critical Language Awareness）の意義」『国際理解教育』第 19 号，明石書店
黒川悠輔（2014a）「ことばの権力性批判としてのクリティカル・リーディング― C. ウォレスによる教育的アプローチの位置づけをめぐって」『早稲田教育学研究』第 6 号
黒川悠輔（2014b）「言葉をめぐる問題への教育的アプローチ―批判的言語意識の理論と実践に学ぶ」『早稲田大学大学院 文学研究科紀要：第 1 分冊，哲学 東洋哲学 心理学 社会学』第 59 号
経済協力開発機構（OECD）編著〈国立教育政策研究所監訳〉『PISA の問題できるかな？― OECD 生徒の学習到達度調査』明石書店
光野公司郎（2005）「論理的な文章における効果的な構成指導の方向性―論証の構造を基本とした新しい文章構成の在り方」『国語科教育』第 57 集
香西秀信（1995）『反論の技術―その意義と訓練方法』明治図書
国立教育政策研究所編（2013）『生きるための知識と技能 5― OECD 生徒の学習到達度調査（PISA）2012 年調査国際結果報告書』明石書店
小柳正司（2010）『リテラシーの地平―読み書き能力の教育哲学』大学教育出版
齋藤五百枝（2001）『新・講談社の絵本　桃太郎』講談社
酒井雅子（2017）『クリティカル・シンキング教育―探究型の思考力と態度を育む』早稲田大学出版部
佐藤卓己（2014）『大衆宣伝の神話―マルクスからヒトラーへのメディア史』筑摩書房

里見実（2010）『パウロ・フレイレ「被抑圧者の教育学」を読む』太朗次郎社エディタス

澤口哲弥（2012）「高等学校国語科における評論文教材のクリティカル・リーディングに関する実践的研究」三重大学大学院教育学研究科教科教育専攻国語教育専修，修士論文

澤口哲弥（2013a）「高等学校における評論文のクリティカル・リーディング―思考の過程を可視化する学習指導」『国語科教育』第74集

澤口哲弥（2013b）「クリティカル・リーディングとその評価に関する実践的研究―評論文指導におけるテストの開発と実際」全国大学国語教育学会発表要旨集，第125号

澤口哲弥（2014）「問いを立てる力を育むクリティカル・リーディング―高等学校における評論文指導」全国大学国語教育学会発表要旨集，第126号

澤口哲弥（2015）「国語科におけるクリティカル・リーディングについての考察―C.Wallaceの理論を中心に」広島大学大学院教育学研究科紀要，第一部，第64号

澤口哲弥（2016a）「国語科における『クリティカルな読み』の指導理論に関わる一考察」『国語教育思想研究』第12号

澤口哲弥（2016b）「C.Wallace "Critical Reading" 理論の研究」広島大学大学院教育学研究科紀要，第一部，第65号

澤口哲弥（2017a）「小学校における国語科クリティカル・リーディングの可能性―東京書籍版「くらべる」教材の分析から」第1回初等教育カリキュラム学会，発表資料

澤口哲弥（2017b）「国語科クリティカル・リーディング指導の研究（3）―中学校教材における「読み比べ」教材の検討」第132回全国大学国語教育学会，発表資料

澤口哲弥（2017c）「国語科クリティカル・リーディング指導の実践的研究―C.Wallace "Critical Reading" 理論を手がかりに」『国語教育思想研究』第14号

澤口哲弥（2017d）「『滞空時間の長い問い』で思考を深める古典学習―質の高い対話は質の高い問いから」『教育科学 国語教育』No.809，明治図書

三省堂（2016）『高等学校国語総合現代文編〈改訂版〉』

三省堂（2016）『精選国語総合〈改訂版〉』

児童言語研究会・中学部会（2006）『中学生と学ぶメディア・リテラシー―メディア社会を生きる力を育てる』一光社

篠崎祐介（2012）「『コミュニケーション的行為の理論』を援用した評論教材の研究―『水の東西』を例に」『広島大学大学院教育学研究科紀要』第一部，第61号

篠崎祐介（2014）「社会形成に資する読むことの教育に関する考察」『国語科教育思想研究』第8号

篠崎祐介（2014）「森田信義の説明的文章指導論の変遷」『国語科教育思想研究』第9号

島津真由子（2012）「小学校第4学年　国語科学習指導案―目的による表し方のちがいを考えよう」

　http://www.saga-ed.jp/tanken/kouza_jirei/h25/es/syoukoku1/24syoukokusidouann.pdf（2016.11.24 確認）

尚文出版編集部編（2017）『現代文ウィニングクリア2』尚文出版

尚文出版編集部編（2017）『現代文NEWアプローチ〈スタディ1〉』尚文出版

尚文出版編集部編（2017）『現代文NEWアプローチ〈スタディ2〉』尚文出版

白井恭弘（2013）『ことばの力学―応用言語学への招待』岩波書店

菅谷明子（2000）『メディア・リテラシー―世界の現場から』岩波書店

杉野幹人・内藤純（2009）『コンテキスト思考―論理を超える問題解決の技術』東洋経済出版社

杉原めぐみ（2011）「既習事項を活用した説明的文章の指導―小学2年国語科「ちがいをはっけん！！めざせ！くらべ名人『ふろしきはどんなぬの』」の実践を通して」

　http://www.apec.aichi-c.ed.jp/shoko/101syuu/101katsuyou/kokugo_syou1.pdf（2016.11.23 確認）

スコウラップ・ローレンス／コールドウェル・リチャード・T.（1991）『From Text to Context』くろしお出版

鈴木貴美子（2006）「日本語教育における『日本文化』についての理論的・実践的考察―クリティカルペダゴジーの視点から」『ICU日本語教育研究』第3号

鈴木みどり編（1997）『メディア・リテラシーを学ぶ人のために』世界思想社

鈴木みどり編（2001）『メディア・リテラシーの現在と未来』世界思想社

Z会（2017）「国語力検定」H.P.

　http://www.zkai.co.jp/kentei/kokugo/（2017.11.02 確認）

第一学習社編（2017）『論理力ワークシート』第一学習社

高泉範行（2013）「第3学年　国語科学習指導案―書き手の表現の意図による事

柄の取り上げ方や，説明の仕方の工夫を読み取る」
　http://www.sendai-c.ed.jp/matumori/H21/kenkyu/H25/sidoan3-1.pdf
　（2016.11.23 確認）
高階秀爾（2009）『増補　日本美術を見る眼―東と西の出会い』岩波書店
竹川慎哉（2010）『批判的リテラシーの教育―オーストラリア・アメリカにおける現実と課題』明石書店
舘岡洋子編（2015）『協働で学ぶクリティカル・リーディング』ひつじ書房
龍城正明編（2006）『ことばは生きている―選択体系機能言語学序説』くろしお出版
田中孝一監修・西辻正副・冨山哲也編（2007）『中学校・高等学校 PISA 型「読解力」―考え方と実践』明治書院
塚田泰彦（2003）「リテラシー教育における言語批評意識の形成」『教育學研究』第 4 号
東京書籍（2012）『新しい国語』小学校版（平成 23 年度〜）・中学校版（平成 24 年度〜）の「読み比べ（読むこと・説明文系統）」学習材一覧
　https://ten.tokyo-shoseki.co.jp/text/chu24/subject/kokugo/content/kokugo_file11.pdf
　（2016.12.2 確認）
東京書籍（2015）『新編 新しい国語 1〜3（平成 27 年版）』教科書および教師用指導書指導編
東京書籍（2016）『国語総合　現代文編』
東京書籍（2016）『精選国語総合』
東京都教職員組合荒川支部教研会議国語部会（1963）『批判読み』明治図書
徳井厚子（2005）「言語意識を問い直す― Critical Language Awareness の実践」『信州大学教育学部紀要』第 115 号
独立行政法人大学入試センター（2017a）「『大学入学共通テスト（仮称）』記述式問題のモデル問題例」
　http://www.dnc.ac.jp/albums/abm.php?f=abm00009385.pdf&n（2017.5.17 確認）
独立行政法人大学入試センター（2017b）「『大学入学共通テスト（仮称）』選択式問題のモデル問題例」
　http://www.dnc.ac.jp/albums/abm.php?f=abm00009923.pdf&n（2017.7.13 確認）
ドミニク・S・ライチェン／ローラ・H・サルガニク編著〈立田慶裕監訳〉（2006）『キー・コンピテンシー―国際標準の学力をめざして』明石書店
中岡成文（1996）『ハーバーマス―コミュニケーション行為』講談社

永田麻詠（2011）「エンパワメントとしての読解力に関する考察―キー・コンピテンシーの概念を手がかりに」『国語科教育』第 70 集
中西一彦（2012）「教科書新聞教材活用のための必要事項の一考察」『関西国際大学研究紀要』第 13 号
中村敦雄（2008）「読解リテラシーの現代的位相― PISA2000/2003/2006 の理論的根拠に関する一考察」『国語科教育』第 64 集
中村純子（2010）「母語教育カリキュラムにおけるメディア・リテラシー導入の方略―イングランド，オンタリオ州，西オーストラリア州のカリキュラム比較」『国語科教育』第 67 集
中村桃子（2001）『ことばとジェンダー』勁草書房
難波博孝（2008）『母語教育という思想―国語科解体／再構築に向けて』世界思想社
難波博孝（2009）「論理／論証／教育の思想（1）―「論理」と「論証」の定義および国語科との関連」『国語教育思想研究』第 1 号
難波博孝（2014）「日常の論理」の教育のための準備―論証／説明／感化の論理の区別とその内実」『初等教育カリキュラム研究（2）』
西山恵美（2011）「小学校第 6 学年　国語科学習指導案―書き手のくふうを考えながら新聞の投書を読もう」
　http://www.saga-ed.jp/tanken/kouza_jirei/h23/es/23syokokugo.pdf（2016.11.23 確認）
日本生涯学習総合研究所 編（2016）『これからの時代に求められる資質・能力をふまえたテストづくり―大学入試篇・国語』日本生涯学習総合研究所
日本生涯学習総合研究所 編（2017）『これからの時代に求められる資質・能力をふまえたテストづくり―高校入試篇・国語』日本生涯学習総合研究所
日本新聞協会編（2013）『学習指導要領に沿って 新聞活用の工夫 提案― NIE ガイドブック高等学校編』日本新聞協会
ハーバーマス・ユルゲン〈河上倫逸他訳〉（1981）『コミュニケイション的行為の理論』上・中・下巻，未来社
バッキンガム・デビッド〈鈴木みどり訳〉（2006）『メディア・リテラシー教育―学びと現代文化』世界思想社
羽田潤（2015）「メディアを活用した国語科教育の研究―単元『スターティング・ポイント』("Doing Ads"，EMC，2008）の考察を中心に」『国語教育研究』第 56 号
浜本純逸監修，奥泉香編（2015）『ことばの授業づくりハンドブック メディア・

リテラシーの教育―理論と実践の歩み』溪水社

林恭弘（2015）「第 5 学年　国語科学習指導案―新聞記事のひみつを探り，新聞記事の編集者になろう―」

http://www.kochinet.ed.jp/gudo-e/h27kounaikenn/H27sidouan/612sidouan.pdf
（2016.11.25 確認）

ハリデー M.A.K. / ハッサン R.〈筧 壽雄訳〉（1991）『機能文法のすすめ』大修館書店

樋口とみ子（2010）「リテラシー概念の展開―機能的リテラシーと批判的リテラシー」『〈新しい能力〉は教育を変えるか―学力・リテラシー・コンピテンシー』松下佳代編著，第 2 章，ミネルヴァ書房

樋口英夫（2008）「英国の移民問題―『過去』と『現在』」独立行政法人労働政策研究・研修機構 HP.
http://www.jil.go.jp/column/bn/colum098.html （2015.9.5 確認）

平柳行雄（2001）「ディベート指導のための多値的考え方」『大阪女学院大学・短期大学紀要』No.31

フィンリースン・ジェームズ・ゴードン〈村岡晋一訳〉（2007）『ハーバーマス』岩波書店

フェアクロー・ノーマン〈貫井孝典監修〉（2008）『言語とパワー』大阪教育図書出版

福澤一吉（2012）『文章を論理で読み解くためのクリティカル・リーディング』NHK 出版

福田浩子（2007）「複言語主義における言語意識教育―イギリスの言語意識運動の新たな可能性」『異文化コミュニケーション研究』第 19 号

藤井聡編（2015）『ブラック・デモクラシー――民主主義の罠』晶文社

舟橋秀晃（2009）「「論理的」に理解し表現する力を伸ばす指導のあり方―本校「情報科」での実践をふまえて考える，国語科で必要な指導法と教材」『国語科教育』第 66 集

フレイレ・パウロ〈小沢有作ほか訳〉（1979）『被抑圧者の教育学』亜紀書房

ベネッセコーポレーション（2015 ～ 2017）「中学・高校総合学力調査」各問題

ホッブス・ルネ〈森本洋介ほか訳〉（2015）『デジタル時代のメディア・リテラシー教育―中高生の日常のメディアと授業の融合』東京学芸大学出版会

堀素子（2006）「第 1 章ことばについて考える―選択体系機能言語学（SFL）への誘い」龍城正明編（2006）『ことばは生きている―選択体系機能言語学序説』

くろしお出版
間瀬茂夫（2011）「説明的文章の論証理解における推論―協同的な過程における仮説的推論を中心に」『国語科教育』第 70 集
間瀬茂夫（2017）『説明的文章の読みの学力形成論』溪水社
松下佳代 編著（2010）『〈新しい能力〉は教育を変えるか―学力・リテラシー・コンピテンシー』ミネルヴァ書房
松下佳代（2015）『ディープ・アクティブラーニング』勁草書房
松山雅子編著（2005）『自己認識としてのメディア・リテラシー―文化的アプローチによる国語科メディア学習プログラムの開発』教育出版
マスターマン・レン〈宮崎寿子訳〉（2010）『メディアを教える―クリティカルなアプローチへ』世界思想社
三重県教育文化研究所（2015）「探究型の読みを『協働』でめざす小中高カリキュラム」『所報教育三重 臨時号』
道田泰司（2000）「批判的思考研究からメディアリテラシーへの提言」『コンピュータ＆エデュケーション』第 9 号
道田泰司（2013）「批判的思考教育の展望」『教育心理学年報』第 52 号
道田泰司（2015）「近代知としての批判的思考」『批判的思考―21 世紀を生き抜くリテラシーの盤』第 1 部, 1－1, 楠見孝・道田泰司編, 新曜社
文字・活字文化推進機構編（2011）『改訂版　言語力検定 3・4 級公式テキスト』日本能率協会マネジメントセンター
文字・活字文化推進機構（2009 ～ 2014）「言語力検定」各級問題
森美智代（2012）「国語科の『話し合い』活動を支える理論の検討―ハーバーマスのコミュニケーション論を中心として」『国語科教育』第 72 集
森田信義（1984）『認識主体を育てる説明的文章の指導』溪水社
森田信義（1987）「筆者の工夫の質を問う説明的文章の指導」『国語科教育』第 34 集
森田信義（1988）『説明的文章の研究と実践―達成水準の検討』明治図書
森田信義（1989）『筆者の工夫を評価する説明的文章の指導』明治図書
森田信義（2010）「『評価読み』の研究（1）―読みの構造と学習指導過程」『比治山大学現代文化学部紀要』No.17
森田信義（2011）『「評価読み」による説明的文章の教育』溪水社
文部科学省（2005）「OECD における『キー・コンピテンシー』について」
　http://www.mext.go.jp/b_menu/shingi/chukyo/chukyo3/016/siryo/06092005/002/001.

htm（2017.11.2 確認）
文部科学省（2006）『読解力向上に関する指導資料― PISA 調査（読解力）の結果分析と改善の方向』東洋館出版社
文部科学省（2008a）『小学校学習指導要領解説―国語編』東洋館出版社
文部科学省（2008b）『中学校学習指導要領解説―国語編』東洋館出版社
文部科学省（2009）『高等学校学習指導要領解説―国語編』東洋館出版社
文部科学省（2015）「教育課程企画特別部会 論点整理」
http://www.mext.go.jp/b_menu/shingi/chukyo/chukyo3/053/sonota/1361117.htm（2016. 8.19 確認）
文部科学省（2016a）「幼稚園，小学校，中学校，高等学校及び特別支援学校の学習指導要領の改善及び必要な方策等について（答申）別添資料」
http://www.mext.go.jp/b_menu/shingi/chukyo/chukyo0/toushin/1380731.htm（2017.1.6 確認）
文部科学省（2016b）「学習評価に関する資料」
www.mext.go.jp/b_menu/shingi/.../1366444_6_2.pdf（2017.9.27 確認）
文部科学省（2016c）「総則，評価特別部会資料」
http://www.mext.go.jp/b_menu/shingi/chukyo/chukyo3/061/siryo/1374453.htm（2017.6.6 確認）
文部科学省（2017a）「次期学習指導要領等の改訂案［小学校・中学校］」
http://www.mext.go.jp/b_menu/activity/detail/2017/20170214.htm（2017.2.15 確認）
文部科学省（2017b）「新しい学習指導要領の考え方―中央教育審議会における議論から改訂そして実施へ」
http://www.mext.go.jp/a_menu/shotou/new-cs/__icsFiles/afieldfile/2017/09/28/1396716_1.pdf（2017.11.2 確認）
文部科学省（2017c）「学習指導要領（平成 29 年 3 月告示）」
http://www.mext.go.jp/a_menu/shotou/new-cs/1383986.htm （2017.4.1. 確認）
文部科学省（2017d）「小学校学習指導要領解説　国語編」
http://www.mext.go.jp/component/a.../12/.../1231931_02.pdf（2017.7.1. 確認）
文部科学省（2017e）「中学校学習指導要領解説　国語編」
http://www.mext.go.jp/component/a_menu/.../1387018_2.pdf（2017.7.1. 確認）
文部科学省（2017f）「全国学力・学習状況調査，調査問題調査結果」
http://www.mext.go.jp/component/a_menu/.../1387018_2.pdf（2017.10.2. 確認）
山田忠雄・柴田武・酒井憲二（2012）『新明解国語辞典　第 7 版』三省堂

参考引用文献

吉原幸子（1964）『夏の墓』思潮社
ライチェン・ドミニク・S／サルガニク・ローラ・H編著＜立田慶裕監訳＞（2006）『キー・コンピテンシー——国際標準の学力を目指して』明石書店
ルブール・オリヴィェ（2012）〈佐野泰雄訳〉『レトリック』白水社
渡辺弥生（2011）『子どもの「１０歳の壁」とは何か？—乗りこえるための発達心理学』光文社

Burmeister , Lou E.(1978) *Reading Strategies for Middle and Secondary School Teachers*. Addison-Wesley.
Fairclough, N. (1989) *Language and Power*. London and New York: Lonrman.
Fairclough, N. (1992) Introduction. *Critical Language Awareness* (pp.1-29). London and New York: Longman.
Grellett , F. (1981) *Developing Reading Skills*. Cambridge University Press.
Iser, W. (1978) *The Act of Reading: A Theory of Aethetic Pesponse* (London: Routledge & Kegan Paul)
Kress , G. (1985) *Linguistic Process Sociocultural Practice*. Oxford University Press.
Louisiana Student Standards (2016) *K-12 Student Standards for English Language Arts*. Department of Education. Louisiana Believes.
Macknish, C.J. (2011) *Understanding Critical Reading in a ESL Class in Singapore*. TESOL Journal.
Scholes, R. (1985) Textual power. New Haven, CT: Yale University Press
Spears, D. (2013) *Developing Critical Reading Skills* McGraw Hills.
Wallace, C. (1992a) *Reading*. Oxford : Oxford University Press.
Wallace, C. (1992b) Critical literacy awareness in the EFL classroom. In: Fairclough, N. (ed.), *Critical Language Awareness*. London: Longman.
Wallace, C. (1999) Critical Language Awareness: Key Principles for a Course in Critical Reading. *Language Awareness*, 8(2).
Wallace, C. (2001) Critical literacy in the second language classroom: Power and Control. In: Comber, B., & Simpson, A. (Eds.) *Negotiating critical literacies in classrooms*. Mahwah, NJ: London.
Wallace, C. (2002) Local literacies and global literacy. In: Block, D., & Cameron, D. (Eds.) *Globalization and language teaching* (pp. 101-114). London; New York: Routledge.

Wallace, C. (2003) *Critical Reading in Language Education*. New York: Palgrave Macmillan.

Wallace, C. (2012) Principles and Practices for Teaching English as an International Language: Teaching Critical Reading. In: Alsagoff, L., McKay, S. L., Hu, G., & Renandya, W. A. (Eds.) *Principles and Practices for Teaching English as an International Language*. New York and London : Routledge.

Wallace, C. (1988) *Learning to Read in a Multicultual Society: The Social Context of Second Language Literacy.* New York: Prentice Hall.

資　　料
第2章　資料—Wallaceへのインタビュー記録

　この資料は、2016年3月28日にWallace氏の自宅を訪問し、インタビューをしたときの原語記録、およびその日本語訳である。左隅の数字は開始からの経過時間を示す。

【原語記録】

1:50 **Question 1: What made you study critical reading?**
I've always been interested in politics and ideology and the way we are manipulated by words.
I suppose that my interest theoretically was triggered many years ago by the work of people in semantics really. There was a book called "Language the Loaded Weapon" by Bolinger. He was talking about words, just words that have very strong connotative meaning, things like the difference between freedom fighter and terrorists.
In the 70th, there was a lot interests in language and the way of women were described. There was a book called "Language and Woman's Place" by Robin Lakoff. This talked about how women are described in pejorative ways or dismissive ways. She talked about how in British English usage. You talked about girls or women or ladies. Some of these terms are dismissive, you don't carry weight really. I was always interested in vocabulary or the lexis that describes people, things and phenomena in discriminately precedential kinds of ways.
And then on more personal way, because I was always been quite political, politically committed, the socialist. I was always interested in how the press or the print media, or the newspapers, describe things in a biased way.
So with these influences is going back to the time when I did my diploma in applied linguistics in 1972 or 3. I wrote it in my very first book which is called "Learning to Read in a Multicultural Society". Even in that book which was about reading of bilingual and multi-learners or of second language learners. Even then I've got a section about the

language of the press. It was about women. There was a peace march against nuclear weapons. In the 1980's, some of us went to protest against the Americans placing nuclear weapons in this country. That was a big protest by women. I took the example of the way the popular press described women in very negative ways, the wild women, women at war, what women was doing was trying to protest against the war.

Theoretically interest in semantics is for my academic studies but there is also a strong personal interest in the language politics.

Particularly in Britain, we've always had a popular press which is not responsible frankly, in the way that it describes the political events. We have a good, serious press but we still, even today, have a very irresponsible popular press, but lot of people read this stuff or they did.

This was my personal interest in looking at popular media really, in particular the press.

I was already interested in the way of, the aspect of reading. The other very strong influence, I can't remember when I first came across his work, but anybody is interested in political literacy is indebted by Paulo Freire, the great Brazilian educator, he is dead now, but so, because of back a long way, I think I became familiar with the work in the 1970s. Freire as a political educator, of course, was interested in literacy, not literacy with more sophisticated leaners but with people who were illiterate really, completely.

Like many people in critical pedagogy generally, we are very influenced by Paulo Freire's work.

Just after I'd written my first book, I had seminar in the United States and I've got to know Elsa Auerbach who is probably one of the best known Americans who does critical literacy work in America.

Elsa and I over many years we never wrote anything together actually, but we talked about her work together many times. Elsa wrote some very good practical materials for teaching, critical literacy, critical reading taking Freirean perspective. These we've never had anything similar in this country unfortunately. We always talked about critical pedagogy and critical literacy.

I was also during the year in the United States in 1987, I've got to know the Goodmans (Kenneth S. Goodman) who are not particularly interested in critical reading but they've done a lot of working of reading. They are also interested in political and social aspects of literacy. I spent time in the University of Arizona that was very helpful for my thinking

That's long answer to your question. All these influence coming in, you know, both through the people I got to meet and through my own personal interests always in media, language of politics.

There was a very important influence, the crystallized all those in 1988, was Norman Fairclough's book. He wrote a book called "Language of Power." He brought in the linguistic aspect or the work of Michael Halliday. He used Halliday as a framework for analyzing texts in particular written texts. Norman Fairclough is still very much political committed. He was automatically influenced by Marls, Karl Marks and other political theories. Critical discourses analysis movement then became very important in my work because I, probably the article that has been most quoted, that I've ever wrote was the book agitated by Norman Fairclough on critical language awareness. The book I wrote very shortly, only took me a week to write really, is called "Critical Literacy Awareness," but it became a lot of interest in it because I tried to apply in the classroom some of the ideas of critical discourses analysis.

14:50 **What difference do you see in this field between U.S. and U.K.?**

It depends really who you talk to. I think in America they probably been more interested in critical reading perhaps, but also in this country. Critical thinking has more cognitive aspects than critical reading and less interested in more social political aspects of literacy, but of course there are exceptions, Elsa Auerbach as an American has been very interested in political aspects, so of the work.

To be honest, sadly, there's not much critical work gets done in the classroom because teachers do what the governments want and the governments, they don't want people critical citizen. They say, they make pronouncements "we want critical citizens," but I don't think they really do that, do want critical citizens.

If I'm being a bit cynical I would say that in both Britain and United States there has been a lot of interest by, I want say academics, but by more politically motivated teachers and lecturers, but the work hasn't made a big impact in the secondary school classroom.

In both countries in Britain and America, particularly here, but I think in America as well, where there has been an impact in the UK is in Adult ESOL. Adult ESOL is what

433

we used to call Teaching of English for immigrants, that there's been quite a lot of critical Freirean work going on in that field.

If you are asking about schools, there's really, never developed really critical literacy in schools. Where the only place, where that's happening at school level, is in Australia, New Zealand, I'm not sure now, (not only for immigrant children) for all children.

Australia developed some interesting critical literacy programs for children. I'm not sure how wide-spread it was, but there were people who've written about this in the work has been developed in primary or secondary classrooms much more in those countries, but in the US and Britain not really. The exception was Adult ESOL where that's been worked on Freirean influenced critical pedagogy.

19:47 **How about Canada?**

Canada? Yes. Canada has it in the past.

My problem is, to be honest, a bit out of date now, what's going on right now, because in my very recent work I did more on children as immigrants into London, so I've been working in slightly different ways last few years. So I'm not too sure really, but there was also a big interest in Finland and in Singapore and in Australia, places around the world, but to be honest I'm going back maybe 10, 20 years now.

My "against" feeling of these days, people are so obsessed around the world with standards, PISA, one of your questions was about, of being better, getting better results than the next country. People interested in critical literacy, I don't think is the top of the agenda these days anyway.

21:50 **How do you think we can make students interested in politics?**

I think you are right because, not everybody would agree with this, but my view is that if the students are not interested in politics in wide sense, they are not interested in political social life and cultural life, there's no point of doing critical reading as I understand it. Because you have to think what a critical means first and what you want to engage with, I mean, I find even with students in the institute of education, I mean, they've got quite high level of academic ability, I suppose, they pass the exam with high level of English but I don't think they are interested in the issues of the day, maybe in the environment little bit. So I feel rather depressed about that because it's not less important, more and

	more important to have a political awareness in the age of globalization. It's even more important and yet because of, you know, the very strong influence of popular culture, you know, consumerisms, capitalisms, you know, many of our students just want to, sort of things, ware fashionable cloths…
23:52	I'm now digressing really to talk about politics in this country at this moment. We have a new leader of labor party who is very left wing old campaigner; he is quite old, he is about my age. Most people think he is terrible, he can't be prime minister, probably true. But what is happened is that young people are inspired by him. He is galvanizing and created interests among a certain group of young people, so one of my nieces who is a Doctor, just qualified as a junior Doctor, at the Imperial College which is a very conservative university, her brother and sister are not interested in politics, but she has become politicized and interested in politics through partly her belief in national health service, her personal commitment. I think young people still have a potential to be mobilized, but you can't really force it.
26:00	It is absolutely crucial, I mean at the moment one thing, one issue, because critical literacy is around issue really, you can talk about anything really. It is important to address the issues of the day, political issues. One thing affects us very strongly is whether we can out of the European Union, and it will change our whole future. If majority of people vote to leave the European Union in June, our whole future will be changed. The press, I mean these days not so many people read newspapers, young people don't read newspapers, for instance, but daily most of the newspaper, we must come out, we hate Europe, we don't want immigrants, they are just presenting of, not only presenting of a good argument for leaving. It's scaremongering. Scaremongering is using tactics to make people afraid, to promote fear, not rationality. It's really important to investigate, to analyze these discourses, but I don't think anybody is doing this. I mean I don't think teachers in schools are taking in media reports from the press or internet or all the media stuff, I mean if I was working in school at the moment, I would want to be scrutinizing this very important issue through language.

28:11 **So, you think people don't analyze the language?**

I'm afraid they don't. In this country at least, sadly, there isn't a high enough level of popular general literacy. So this is why things like PISA coming, if you go to country like Finland, you have a very high level of literacy. I'm not saying people are more critical, I think they probably are, because educational level is higher, so you need to get that, generally, educational level's got to be reasonably high to have an environment in which you can conduct rational debate.

31:25 **Question 2: Why does your critical reading focus on written texts?**

In my case, I've got interested in literacy, in reading, in teaching reading. In 1970's, I was already interested in reading itself. At that point, this was before the age of internet. Now everybody talks about multimodality and other internet, other media, iPad, or sorts of media.

Print was already had. Why reading rather than talk. I was really influenced by Michael Halliday's work. I still quote him on this. If you want to dig deeper into the ideology of language, and I'm still using the term "ideology," hidden meanings, if you like, written text allows you to do that more readily than spoken language. I mean it's there. It's available for scrutiny print. The language is more visible. I mean now, of course, we've got very sophisticated recording equipment. You can equally, of course, do a critical analysis with spoken language in the sense, the use of lexis, the use of grammar, using Halliday's functional grammar or other kinds of tools. People like Norman Fairclough all from the beginning looked at spoken language. My particular cause of, got stayed with written language, because I'd already done some of work on reading general and text, working with text as a teacher so I always used to. Not just newspaper's text but whole range of different kinds of written text. I still think even today we are surrounded by written texts, we still, even though some people are saying writing is finished, books are finished, but people still want to read books.

34:58 I'm not saying you can't. You can do critical work on their own with all media, and these days some of my colleagues in the institute are looking at what we call multimodality, visual literacy, and Gunter Kress wrote a book many years ago on the visual literacy which became very influential, but I still think this work, you can do useful work on written text.

38:23　At the moment, because we are electing a mayor, so lots of political leaflets are going around. The interesting thing is "does anybody ever read them?", but political party will still send even in the age of the media, the internet, the political party will still send all materials around, in the post.

38:58　**Does your research focus on literary text?**

No, not so much. But lot of people has done critical literacy with literature text or historical text. I was doing some works looking at research with (Finland). This was just research proposal, Finnish proposal. They want to look at critical literacy in a content of history, looking at the subject of history. Of course it's very relevant, looking at historical text, critically using some of the tools of critical discourse analysis.

So of course you could look critically across all kinds of texts and including multimedia ones, but they are still including print texts and historical documents. The interest is still there, but I feel a bit sad, but at the moment it's not most fashionable. Academic, academic, always things going in fashions.

41:05　**Question 3: What difference is there between media literacy and critical reading?**

There are some of the people who are doing media literacy, because they are looking at very similar kinds of features. Newer Researches, still working on in the institute of education, are looking at multi-modality; they look more at the use of color, the use of design. This is all very important, of course. I still think that linear text offers more opportunity because it's more language dense. Some people disagree with, but I still think that. Reading linear text, and also, reading, I have to say difficult text, because, a lot of people disagree, but I think it's fine to do a lot of visual literacy, and to have very beautifully attractive books that children can read with not much print, but I still think the written text, that makes you work harder. We all know it's much harder to read Marks than to read a comic book. I think we need to have intellectual hard work, which linear print still offers better than other media. That's my perspective. That's why I still think the text, the written text, the old fashioned print text, is still important. It's the cognitive work. I had a young student that I was teaching just a few weeks ago. I was talking with them if they had read any books in English. He was a Chinese. He said "no," he never read a book, any book in English at all. Probably not in Chinese either, possibly. And he was doing in masters. I was really shocked.

45:54 **We have media literacy in Japan as well. Students learn how to present their works.**

It's more to do with design, can be very creative obviously, as you say, putting together, if you do, to do it you need critical sense. But I still think, I still want to come back to the written text, and keep that in the picture. That is my position, anyway.

46:30 **Question 4: What difference is there between critical reading approach and critical thinking approach?**

I see critical thinking movement has been more related, as I understand; it's related more to understanding the logical of texts, the coherence of arguments. I see it's more cognitive procedure. For me, critical literacy has more social political agenda.

A Canadian researcher: Cynthia Macknish did a very nice continuum. She did her doctor work in critical (reading). She devised a nice kind of diagram, where she saw critical thinking in one end of continuum which is taking sort of logical coherence, "is this well designed text?," "does it make sense?" The other end of continuum, what she called critical literacy position, which is around social justice issue, means who is discriminated in this text, who is in and who is out, how texts of all kinds work to disadvantage some social groups. Demonize the immigrants, the outsider···

The two can work together. But critical reading, in my sense, (critical literacy, I use this term more as it has more political association,) has the political social dimension, which is from Freire. Quite simply "In reading the word, you read the world." Whereas, critical thinking people are not interested in that. There is not necessarily any agenda of locating reading or literacy more widely in social life. It's cognitive exercise.

But you need both.

They are compatible. They focus on the different things.

When I did that work (teaching critical reading class), I do feel the students become much, they can become better critical thinkers as well, be more culturally, socially, political way.

52:14 **Question 5: About the Four Questions**

I devised these really as a teacher because I found this was a good way of getting into a text. And, this was years ago, when I was doing at a college of Ealing, because it seems to me, I probably got it from Kress, I thought it quite good opening question to ask (for example, text has its back) "why has this text been produced at all?," "why has somebody written this text?," taking trouble to put it through my door, and this sort of raises also questions already about social life, "why has this text come to me?," perhaps. You could vary the questions.

55:05 So anyway, question "why?" is also linked with "for whom?," "to whom?" as well, "who is the reader of this text?" I just took it from Kress originally, and I found it work very well in classroom, to the people don't take everything for granted, say, this is the text now reading, where does this text come from, all these stuff that we have to deal with in daily life, who's produced it. And most importantly, *Cuibono*（誰の利益になるのか　ラテン語より）, "whose interest?," "who benefits?," this is engaged with classics, political questions. But I think it is probably the most important to raise in critical pedagogy "who benefits?" So the critical students should be asking why we are doing this text anyway, why we are reading Shakespeare. OK Shakespeare may be wonderful, but let's discuss why we reading this. So I would like to see teachers doing more of those questions, asking more of those questions.

Before you go into the text, then you go deeply into the text. But you frame it. What it is. Why it is on my table. Where it has come from.

You make students interested in something they take for granted.

Exactly. You put it very well. You try to get the students to challenge what they take for granted. This is fundamental principle of education, isn't it? Because all of us, to one degree or another, say "of course." (There are lots of "of course" in the world) What you are trying to do is to take steps further back, and analyze situations as well as text. Otherwise, education has no value. So that's what I see as framing, what we are doing in education.

58:12	**Do you use these questions for a long text as well?**
	Yes of course. You could. I used to call on it in reading general text. People use it for pre-reading, as warm-up question. Reading starts, before you look at the page. If I were teaching, *Of Mice and Men*, the Steinbeck text, which children love, very popular in this country, you will ask, "why is this text written?" "Why was it written then?" You do a lot of sort of what we call pre-reading, locating the text. You do it as you read through, posing, say, "now what do you think?" "have you re-visited your initial judgements?" I mean this isn't particularly critical, but it's about reflective, reflective reading. It's different, when we are talking about criticality. I've wanted to do, looking at, digging deeper into the language, Halliday's way. But you can do it quite a general level.
01:00:59	When I taught critical classes, which is described in my book, I would talk a lot about the model reader, with more sophisticated students, who is the model reader? What is the genre? I've introduced this kind of meta-language. Initially, to get them thinking about… Which also come from literature, but I'm not exclusive to literature.
	This is why, who is the model reader of this text? Probably somebody older like me. But actually the reason I get this is because I've already donated to this charity.
	(Talking about the difference of donation system.) How interesting! I get piles of this kinds of… Do people not contribute in Japan? You don't get through the post? Advertisements, yes, but you never get this leaflet, leafleting?
01:03:04	You see, this is already interesting, because this is the cultural difference. Is it significant? Is it no? We don't know. When I have done critical reading courses, I spent a lot of time in talking about cross-cultural practices. Where do you find? What kind of text? Most of all, I've been interested in reading in the public domain. People would read on buses, on the tube. Because when I talked with my students in London, they said "in London everybody reads in the tube, but where I come from people don't read." And if you go to some country where even today people wouldn't read newspaper so much, you see a lot of people still reading a newspaper, they would be sitting over coffee, talking, they would be sitting in coffee bars, reading, reading papers. In some parts of Africa, that may be just one paper, everybody is reading it. So I think a part of critical literacy is also literacy practices. Literacy is a part of cultural practices.

:04:53 **Question 7: Which does critical reading aim at, a personal change in a learner or a social change?**

That's very good question, yes. That's very good question because a lot of, one criticism, people would attack critical "pedagogy," let's say, generally, and they say teacher shouldn't be trying to manipulate students to change them. But I think education is always about change. Otherwise, why bother with education. So I think, I would say both, personal and social. And really if you can't engage students at personal level, you can't really do this in social way, because they would just resist. If you got student think "oh, she is just talking about politics. I'm not interested." Then… So personal engagement's got of a part of social engagement.

:06:11 **Question 8: How do you evaluate the reading literacy understood by PISA?**

I don't really know much about PISA, to be honest. I mean politicians are very interested in PISA, of course. Certain people in education, who are policy people. But, to be honest, the people working on critical literacy are not interested in PISA because… My view would be, all I, what I know about PISA is that in this country, I believe that some children do very well in reading test, which is a big range, and children of the other range do badly. I would see this is a part of our social class structure. I would see this because Britain is a very socially stratified society still unfortunately. And our education system doesn't help that. So PISA is not answering, interesting questions for me because, of course, if you've got middle class parents who can read with their children, do a lot of work with them, and send them to, maybe, private schools, of course they are going to do well. But we still have classes where actually a lot of white parents sadly are not very interested in education. And so I think PISA isn't the answer, isn't the issue, for us. In this country we need to change our society.

1:08:20 **PISA evaluates just the ability of students.**

Yes. I don't think it… It doesn't tell me anything. I mean, always it tells me that in very divided society through social class and poverty like Britain and America. America doesn't do well in PISA. You got these poor results. This is no surprise to me. And the governments say "oh, we've got to," really drives me crazy, governments would say "oh, we've got to have, you know, the children working much harder. So we gonna make school day longer like in Korea." And because people in Korea would say "our kids all having nerve break down. So we don't want them to work so hard." It's to do with politics.

01:10:13 **How do you think we can apply the way of teaching L2 students to L1 students class?**

How many students are there in a class? (Answer: "40") It's a lot of, big class, yes.

It's difficult, of course, it's difficult. But, I would, you do, I think, a lot of group-work, you would get people working in groups around a text. So, I mean. Your students are probably well-behaved, are they? (Yes.) That helps. That's important. Of course it would be hard in a big group. But I think you can still get students, you could get them walking around, which I describe, you could, take it text, any who get different groups working on different aspects of the text. So some could be looking at modality, some could be looking at use of vocabulary, some could looking at text organization. And so I think you can still do some analysis. Dividing your 40 students up into groups of 5. I think that could work. And then you have a spokesperson for the group who reports back. And you share.

01:11:49 Or you may have, if you don't want to do deep analysis of text, you could have a number of texts on the same topic and then do get them to compare the texts. As long as you've got well-behave class, that's important, and you thinking doing in Japan. You still get them interested in talking. But it's not impossible even in a class of 40 with, with groups. You have to do it with groups. Get them groups, and then changing groups, you know, sometimes you can get⋯ groups can swap around, and can share what they found, sharing. You can even do critical literacy with stories, you know, if you take a traditional story of *Red Riding Hood*, take deviant story, where it's the woman who saves⋯ Woman is the hero rather than man being the hero. You know all those kind of things. So I think it is possible to do that.

:13:26 ***Have you ever taught L1 learners?***
No, I haven't. All L2 learners, but all levels, from beginners to advanced, but all L2. Yes, children to Adults. But also adults of beginners.

【日本語訳】
1:50 **質問1：クリティカル・リーディングに興味を持った理由はなんですか。**

　政治、イデオロギー、それから私たちがどのようにことばによって操作されるのかに、ずっと興味がありました。

　理論について言えば、何年も前になりますが、実際には意味論に興味を引かれたのだと思います。Bolingerによる『言語　準備の整った武器』という本がありました。彼は、ことばについて語っているのですが、それははっきりと区別できる意味を持ったことばのことで、例えば自由を求める活動家とテロリストの違いです。

　70年代には言語と女性の描かれ方に大変興味がありました。Robin Lakoffによる『言語と女性の場所』という本がありました。この本は女性がどのように軽蔑的に、もしくは冷淡に描かれているかについて語っていました。イギリス英語の用法においてどのように、といったところを。女の子、女性、それともレディーか。これらのことばは（女性に対する）軽視で、重要視していない。私はずっと、人々や物事を描く際の、これまでの差別的な描き方にある語彙に興味がありました。

　それからもっと個人的には、私はずっと政治的で、政治的な活動に関わっていて、社会派だったことも理由です。出版界や紙媒体のメディア、もしくは新聞がどのように物事を偏った視点を持って描くかに興味がありました。

　こういった影響は1972年だか3年だかに応用言語学での学位論文を書いていたころまでさかのぼります。このことは私が初めて書いた『多文化社会において読むことを学ぶ』という本の中で書きました。その本はバイリンガルと多（文化）学習者もしくは第二言語学習者の読みについてのもので、その本の中でも、私は出版界（報道業界）の言語についての章を設けています。核兵器に反対する平和行進がありました。それは女性による大規模な抗議でした。大衆向け出版社がどのように女性をとても否定的に描いているかを例としてあげました。手に負えない女たち、戦う女たち、（実際に）彼女たちがやっていることは戦争に抗議することなのに。

学問的研究分野として意味論には、その理論に興味がありましたが、個人的には政治的な言語にも興味がありました。

　特に、イギリスでは、いつも、政治的出来事の描き方がはっきり言って無責任な大衆向け出版社があります。よい、真面目な出版社もあるけれど、今日でもまだ、非常に無責任な大衆向け出版社があって、多くの人びとがそういったものを読んでいるし、これまでも読んでいました。

　これが、大衆向けメディア、特に出版物を見る際の私の個人的な興味です。

　すでに読み方、読むという面に興味がありました。もう一つの強い影響ですが、彼の業績（論文）に初めて出会ったのはいつだったか覚えていませんが、政治リテラシーに興味のある人だったら誰でも、もう亡くなっていますが、偉大なブラジル人教育者、Paulo Freire（以下、フレイレ）に感化されています。ずいぶんさかのぼって、1970年代に彼の業績（論文）を知ったのだと思います。フレイレは政治教育者として、もちろん、リテラシーに興味がありましたが、リテラシーと言ってもより高い教育を受けた学習者のためのものではなく、まったく文字が読めない人々のためのものです。

　クリティカル教育全般にかかわる多くの人々と同様に、私たちはフレイレの業績（論文）に影響を受けています。

　私が最初の本を書いたすぐあと、アメリカでのセミナーに出席し、Elsa Auerbach（以下、エルサ）と知り合いました。彼女はおそらく、アメリカでクリティカル・リテラシーの研究をする、一番よく知られたアメリカ人の一人でしょう。

　エルサと私は、長年、実際には一緒に何も書いていませんが、彼女の論文について何度も一緒に話し合いました。エルサは、いくつかとてもよい実用的な、クリティカル・リテラシー、クリティカル・リーディングの教材を、フレイレ的視点を取り入れて書きました。残念ながら、この国（イギリス）にはそのようなもの（教材）はありません。私たちはいつもクリティカル教育論やクリティカル・リテラシーについて話し合いました。

　また、1987年にアメリカにいた際には、Goodmanと知り合いになりました。彼は、クリティカル・リーディングに特に興味があったわけではないけれど、彼らは読むことについて多くの研究をしていました。彼らはリテラシーの政治的、社会的側面についても関心を持っていました。アリゾナ大学で過ごしたことは、考える際に、大いに役立ちました。

資　料

　これが長くなりましたが、質問への答えです。どの影響も、これまでに出会った人びとや、私自身のメディア、政治言語に対して常にあった個人的な興味から来ています。

　とても重要な影響は、1988年に具体化したもので、Norman Fairclough（以下、フェアクラフ）の本です。彼は『言語とパワー』という本を書きました。彼は言語的側面、つまりMichael Halliday（以下、ハリデー）の研究を取り入れました。彼はハリデーを、テキスト、特に書かれたテキストを分析するための枠組み（フレームワーク）として用いました。フェアクラフは今でも政治活動によく関わっています。彼は当然カール・マルクスやそのほかの政治理論に影響を受けていました。そのころ、クリティカル・ディスコース分析の運動は私の研究においてとても重要になっていました。というのも、おそらく一番よく引用されている記事（論文）だと思うけれど、Critical Language Awareness についてフェアクラフに影響を受けて書いた本があります。1週間ほどの本当に短い期間で書き上げた本で、『クリティカル・リテラシー・アウェアネス』というものですが、クリティカル・ディスコース分析の考え方のいくつかを教室で活用してみようとしたので、大いに興味深いものとなりました。

14:50　**この分野において、アメリカとイギリスではどんなちがいがあると思いますか。**

　たずねる相手によって答えはちがうでしょう。アメリカではおそらくもっとクリティカル・リーディングに関心があるかもしれない、と思うけれど、この国（イギリス）でもそうですね。クリティカル・シンキングはクリティカル・リーディングよりも、より認知的側面を持っていて、リテラシーのより社会政治的な面には関心は薄いでしょう。ただもちろん例外はあって、エルサはアメリカ人ですが、政治的側面にとても興味を持っていて、研究もそうです。

　正直なところ、悲しいかな、教室においてあまり多くのクリティカル活動（研究）はなされていません。というのは、教師らは政府が求めることをするからで、政府は国民がクリティカルな市民になることを望んでいません。彼らは「クリティカルな市民を求める」と宣言はしますが、本当にそう望んでいる、クリティカルな市民を求めているとは私は思いません。

　ちょっと皮肉っぽく言うなら、イギリスでもアメリカでも、関心を持ったのは学問の世界や政治的意識のより高い教師や大学の教員たちで、この研究は中

等教育の教室では大したインパクトは与えていません。

イギリスとアメリカどちらの国でも、特にここ（イギリス）では、でもアメリカも同様かもしれませんが、成人向け英語教育機関（ESOL）ではインパクトとなりました。成人向けESOLというのは移民のための英語教育とかつて呼んでいたもので、フレイレの理論がかなりよく実践されていた分野です。

学校はと言えば、クリティカル・リテラシーは全く展開されていない。学校レベルでそれが行われているのは、今はどうでしょう、オーストラリアとニュージーランドで、（移民の子どもたちだけでなく）すべての子どもたちに対して行われています。

オーストラリアは子ども向けの興味深いクリティカル・リテラシー・プログラムを開発しました。それがどれほど広く広まっているのか、はっきりとはわかりませんが、これについて書いている人がいて、これらの国では初等・中等教育の教室でこの活動（研究）が展開されているそうです。アメリカやイギリスではそうではないですね。例外は成人向けESOLで、そこではフレイレに影響を受けたクリティカル教育が取り組まれています。

19:47 **カナダはどうですか。**

カナダですか。そうですね、カナダも過去にはやっていました。

困ったことに、正直なところ、私は今は、今展開していることからは、少し時代遅れなんです。というのも、私の最近の研究は、ロンドンに移民として来た子どもたちについて行っています。だから、私の研究は、ここ何年か、少し違うやり方なんです。あまりはっきりとは言えませんが、フィンランドやシンガポール、オーストラリアでも、世界のあちこちで、大いに関心がもたれているはずです。でも、10年、20年前のことかもしれません。

このごろ"抵抗"を感じるのは、世界中で、人々が基準（スタンダード）ばかりにとらわれていることです。あなたの質問にもあった、PISA。隣の国よりももっとよい結果をだすことにとらわれて。クリティカル・リテラシーに関心がある人なら、いずれにしても、（スタンダードやPISAの結果といったことは）上位の議題にはならないと思います。

21:50 **どうすれば生徒たちは政治に興味を持つようになると思いますか？**

その通りですね、誰もがこれに賛成するわけではありませんが、私は、学生

たちが広い意味で政治に興味がなければ、政治的、社会的、それから文化的生活に興味がなければ、私の理解するところでは、クリティカル・リーディングをする意味はないと思っています。まず"クリティカル"が意味するところと、何と関係を持たせたいかを考えるべきです。つまり、教育機関（大学）にいる学生であっても、かなり高いレベルの学力を持っていても、おそらく彼らは英語では高得点で試験に合格するでしょうけど、日常の出来事に興味があるとは思えません。環境問題なら多少はあるのでしょうか。だから、私は残念に思っています。というのは、このグローバル化の時代において政治的意識を持つことは、あまり重要でないどころか、ますます重要になってきているのです。例えば消費拡大主義、資本主義といった大衆文化の強い影響があるのだから、さらに重要です。学生の多くはただ、おしゃれな服を着たいといったようなことしか考えていないですね。

23:52　話はそれますが、現在のこの国の政治のことを話します。私たちの労働党には新しい党首が出ました。彼は左派の古くからの活動家です。かなり年を取っていて、私の年齢ぐらいです。ほとんどの人は彼ではだめだ、彼は首相にはなれないと考えています。おそらくそうでしょう。でも、何が起きているかというと、若い人たちが彼に感化されているんです。彼は、ある若い人たちのグループを刺激して、彼らの間に興味関心を引き起こしたのです。私の姪の一人は、とても保守的な大学のインペリアル大学で博士課程にいて、彼女の兄弟は政治に興味がないけれど、彼女は国家健康事業を支持していること、そういった彼女の個人的な関わりもあって、政治化されて、政治に興味を持つようになりました。

若い人たちはまだ結集する可能性を持っていると思っていますが、それを強要することはできませんね。

26:00　（社会とのつながりが）非常に大事なことなんです。つまり、クリティカル・リーディングは問題（社会的話題）について行うものです。どんなことでも話し合ってよいのです。今日の話題、政治的話題について話すことが大切です。今私たちに大きな影響を持っている話題は、（イギリスが）EUから外れることが可能かどうか、私たち全員の将来を変えてしまうのか、ということです。もし6月に大多数の人々がEUから抜けると投票すれば、私たちの将来は

全く変わってしまうでしょう。出版物、でもこのごろは新聞を読む人も減ってきているし、若い人たちは新聞を読まないけれど、例えば、新聞の多くは、私たちは（EUから）抜けるべきだ、ヨーロッパが嫌いだ、移民はいらない、というように、脱退に賛成する正当な議論だけを紹介しているわけではないのです。これは、デマ（脅し）です。デマ（脅し）というのは戦術的に人々を怖がらせること、恐怖を掻き立てることです。理性的なことではありません。本当に大切なのは、これらのディスコースを調査、分析することですが、誰もがそうしているとは思いません。学校の先生たちが、出版物やインターネットといったあらゆるメディア類から、メディアによる報告を（授業に）取り入れているとは思いません。もし私が今学校で働いていれば、この重要な話題を言語を通して細かく分析しているでしょう。

28:11 **分析しない、ということですか。**

残念ながら、そうです。少なくともこの国（イギリス）では、悲しいかな、国民全般のリテラシーレベルは十分高いものとは言えません。だから、PISAのようなものが入ってきたのです。フィンランドのような国に行けば、リテラシーレベルがとても高いとわかります。人びとがよりクリティカルだと言っているのではありませんが、おそらくそうでしょう、教育レベルがもっと高いのですから。だから一般的にその必要があるのです。教育レベルが適度に高くなければ、理性的なディベートが行える環境は整わないのです。

31:25 **質問２：なぜ書かれたテキストに注目するのですか。**

私の場合、リテラシー、読むことにずっと興味があります。1970年代にすでに読むこと自体に興味がありました。まだインターネット時代の前のことですから。今は誰もが、マルチモダリティーやインターネットやら、メディアやら、iPadとか、そういったメディアのことを言います。

プリント（印刷物）は、（当時）すでにありました。なぜ話しことばよりも読むことか。私はハリデーの研究に影響を受けています。このことについて、私は今でも彼（の論文）を引用します。より深く言語のイデオロギー、私はやはりこの「イデオロギー」ということばを使うのですが、隠された意味と言ってもよいでしょう、これを掘り下げたいなら、テキストの方が話しことばよりもうまくいくでしょう。印刷物は詳しく見るのにちょうど良いのです。ことばが

より目に見えるのです。もちろん、今はとても性能のいい録音機器があります。(書かれたものと)同じように話しことばでも、語感、語彙の使い方、文法の使い方について、ハリデーの機能文法や他の分析方法（道具）を使って、クリティカル分析することができます。フェアクラフのような人たちは、初めからずっと話しことばを対象としています。私が書かれた言葉の研究を続けているのは、すでにいくつかの研究を読むこと全般やテキストについてやっていますし、教師としてずっとテキストに取り組んできたからです。新聞テキストだけでなく、様々な書かれたテキストすべてです。私たちは今日でもやはり書かれたテキストに囲まれていると思います。「書くこと（writing）は終わった」、「本は終わった」という人もいますが、それでも人はまだ本を読みたがっています。

34:58　できないと言っているのではありませんよ。それぞれのやり方で、すべてのメディアについて、クリティカルな取り組み（研究）をすることはできます。最近、大学の私の同僚の中には、私たちがマルチ・モダリティーと呼ぶもの、視覚的リテラシーについてやっている人もいます。そして、Gunter Kress（以下、クレス）が何年も前に視覚的リテラシーについて本を書いて、大きい影響力も持つようになりましたが、私は書かれたテキストを対象に、有意義な取り組みができるとまだ思っています。

38:23　今ちょうど、市長選が近いので、とてもたくさんの政治的リーフレットが出回っています。面白いのは、読んでいる人がいるのかどうかわからなくても、政党はこのメディアやインターネットの時代になっても、それでもこういったものを送り続けるだろうということです。郵便受けにです。

38:58　**先生の研究は文学テキストを対象としますか。**
　　　いいえ、あまり対象とはしていません。でも、多くの人が文学テキストや歴史テキストでクリティカル・リテラシーを行ってきました。フィンランドでの研究について調べたことがあります。この研究はフィンランドの提案的なものでした。彼らは歴史的内容にクリティカル・リテラシーを適用しようとしていました。歴史をテーマとしてです。もっともなやり方です。歴史的テキストを対象として、クリティカル・ディスコース分析という道具を批判的に使うのです。

もちろん、あらゆる種類のテキストを批判的に見ることができるでしょう。マルチメディアの類も含みますが、私たちは印刷物テキストや歴史的資料もまだ対象としています。まだ関心はそこにあるのですが、少し私が残念に思うのは、今ではそれほど流行のやり方ではないということです。学問の世界って、何でも流行で進んでいきますからね。

41:05 **質問3：メディア・リテラシーとクリティカル・リーディングにはどんなちがいがありますか。**

　メディア・リテラシーをやっている人もいますが、それはとてもよく似た特徴を持っているからです。新しい研究者たち、まだ大学などで働いている人たちですが、彼らはマルチ・モダリティーを対象としています。もっと色の使い方、デザインの使い方についてです。もちろん、これらはどれもとても大切なことですよ。ただ私はやはり、文字テキストの方がもっと多くの機会を与えてくれると思うのです。言語的により多くのことが詰まっていますから。賛同しない人もいますが、私はそう思っています。文字テキストを読むこと、しかも難しいテキストがいいと思います。多くの人が反対しますが、視覚的リテラシーをいろいろやるのも、それから、美しく魅力的で、文章（ことば）が少なく子どもたちが読めるような本もいいとは思いますが、それでも私は書かれたテキストの方がより厳しく（読む人の頭を）働かせると思うのです。マンガ本を読むより、マルクスを読むほうがずっと大変だってみんなわかっているでしょ。私たちには知的に大変な（知的負荷の高い）作業が必要だと思います。そして、印刷された文字テキストはほかのメディアよりもそれをよりよく提供してくれるのです。これが私の見方です。だから、書かれたテキスト、流行おくれの印刷物テキストがまだ大切だと思うのです。認知的作業（取り組み）ですね。2, 3週間前に教えていたある若い学生のことですが、英語で本を読んだことがあるかという話をしていたんです。彼は中国人でした。彼は「いいえ」と。1冊も読んだことがない、英語で本を読んだことは全くないと言うのです。おそらく中国語でも読んだことはないでしょうね。ところが彼は修士課程の学生なんですよ。本当にショックでした。

45:54 **日本にもメディア・リテラシーはあります。（プレゼンテーションの）作り方を学びます。**

資　　料

　　それはもっとデザインに関することですね。確かにクリエイティブ（創造的）ではあります。どんなふうに組み立てるかとか、それをするにはクリティカルな（批判的）感覚が必要です。でも、やはり私は書かれたテキストに戻って来たいですね。そういった（デザイン的な）ことは絵（挿絵）に残しておいて。ともかく、これが私の立ち位置です。

46:30　**質問4：クリティカル・リーディング・アプローチとクリティカル・シンキング・アプローチにはどんなちがいがありますか。**

　　クリティカル・シンキングの動きは、私の理解するところでは、もっとテキストの論理的な面、主張（論拠）のつじつま（筋が通っているか）を理解することに関係していると見ています。もっと認知的手順のことでしょう。私にとって、クリティカル・リテラシーはもっと社会的政治的議題が含まれるのです。

　　カナダ人研究者のCynthia Macknishが、とてもよくできた関連図を作りました。彼女はクリティカル（リーディング）についての博士論文を書きました。彼女はわかりやすい図を作りました。その図の中で、彼女はクリティカル・シンキングを、論理的つじつまを軸とした連続の一番端に置いています。論理的つじつまとは「これはうまく構成されたテキストか？」とか「意味を成しているか？」といったものです。連続のもう一方の端は、彼女がクリティカル・リテラシーの位置と呼んでいるものですが、社会的平等の問題にまつわる、つまり誰がこのテキストの中では差別されているか、誰が入っていて誰が入っていないか、テキストはどのようにある社会グループを不利な立場に置く働きをしているか、といったことです。移民や部外者を悪者扱いしたり…。

　　どちらも一緒に機能することは可能です。しかし、クリティカル・リーディングは、私の思うところでは、[より政治的関連があると思うので、私はクリティカル・リテラシーということばの方をよく使いますが、]政治的社会的側面を持っています。これはフレイレから来ていることですが。要するに、「ことばを読みながら、世界を読む」です。一方で、クリティカル・シンキングの（研究をする）人々はそこに興味はありません。読むこと、またはリテラシーをより広く社会生活の中に位置づけることは、必ずしも重要な議題ではないのです。認知訓練なのです。ですが、両方必要です。

　　（クリティカル・リーディングとクリティカル・シンキングは）両立します。

別々の点に注目しているだけです。

　クラスでクリティカル・リーディングをやっていましたが、学生たちはクリティカル・シンキングもよくできるようになっていったと確かに感じます。より文化的、社会的、政治的な面で。

52:14 **質問5：『4つの質問』について**
　私はこれらを教師として考え出しました。というのも、テキストに入っていくのに良い方法だと思ったからです。何年も前にイーリング大学で教えていた時のことです。確かクレスからの着想です。テキストに取り組む前に聞く（オープニング・クエスチョン）のにとても良いと思ったのです。（リーフレットを手にして）「なぜこのテキストは作られたのか？」、「このテキストは、なぜ誰によって書かれたのか？」、わざわざうちのドアの隙間から差し込んで。そして、こういった質問はまた、すでに社会生活についての質問も立てています。「なぜこのテキストは私のところに来たのか？」とか。これらの質問をいろいろな形に変えることができるでしょう。

55:05 　ともかく、「なぜ？」という質問は、「誰のため？」、「誰に向けて？」にもつながっています。「このテキストの読み手は誰か？」ということです。（この考えは）もとはクレスから得ました。（これらの質問が）教室でとてもうまく機能することに気づいたのです。あらゆることを当たり前としなくなります。例えば、このテキストをいま私たちは読んでいます。このテキストはどこから来たのでしょう。こういったことはどれも私たちが日常生活の中で対処しなければならないことです。誰がこれを作ったのでしょう。そして、一番大切なことは、Cui bono（『だれの利益になるのか』ラテン語より）、「誰の利益になるのか？」、「誰が得をするのか？」、これは古典、政治的質問につながります。おそらく一番重要なのは、クリティカル教育においては、「誰が利益を得るのか？」という質問を立てることだと私は思います。だから、クリティカルな（考え方ができる）学生は、なぜこのテキストを私たちは読んでいるのだろう、なぜ私たちはシェークスピアを読んでいるのだろう、といつも考えているはずです。そうね、シェークスピアは素晴らしいでしょう、でも、なぜこれを読むのかを話し合いましょう。だから私としては、先生方にもっとこういった質問をしていただきたいです。

テキストに入っていく前に（こういった質問をして）、それからテキストにより深く入っていくのです。枠を決める（frame）のです。これは何か、なぜ私のテーブルの上にあるのか。どこから来たのか。

学生たちが当たり前だと思っていることに興味を持たせるのですね。
　その通りです。いい表現ですね。学生たちに、彼らが当たり前と思っていることに異議を唱えさせるのです。これが教育の基本理念です。そうでしょ？程度の差こそあれ、私たちはみんな、「もちろん（当然）」と言います。［世の中にはたくさんの「もちろん（当然）」があります。］やろうとしていることは、何歩か後ろに下がって、テキストと同じように状況を分析するということです。そうでなければ、教育に価値はありません。これが私がフレーミング（framing）と考えているものです。教育において私たちがやっていることです。

58:12　**これらの質問を、長いテキストを読むときにも使いますか。**
　はい、もちろん、使えます。私はテキスト全般を読むのに使ってきました。プレ・リーディング用に、ウォーミング・アップの質問として使われています。読み始める前の、ページに目を通す前に、です。スタインベックのテキスト、『二十日鼠と人間』は、子どもたちの好む、この国ではとても人気のある作品ですが、もしこれを私が教えるとしたら、「なぜこのテキストは書かれたのか？」、「なぜその時代に書かれたのか？」と尋ねるでしょう。いろいろな、いわゆるプレ・リーディングというものができます。テキストの位置づけですね。読み進めながらもそれはできます。例えば、「今はどう思いますか？」とか「あなたの最初の判断をもう一度確認（再訪問）してみましたか？」といった質問をしながら。これは特にクリティカルというわけではありませんが、熟考読み（reflective reading）です。これは、クリティカルかどうかについていうなら、別のものです。言語を観察して、深く掘り下げて、つまりハリデーの方法を私はやりたかったのです。ですが、それはかなり一般的なレベルでもできます。

1:00:59　クリティカル（リーディングの）クラスで扱ったときのことですが、私の本にも書きましたが、私は対象となる読み手（model reader）についてよく話しました。言語力のある学生たちが相手ですが、「だれが対象となる読み手です

か？」とか「ジャンルは何ですか？」といった、メタ言語を紹介したのです。最初に、彼らに考えさせて… これも文学から始まったことですが、私は文学に限るつもりはありません。

　だから、(寄付を求めるリーフレットを手にして)「このテキストの対象とする読み手は誰か？」おそらく私のような高齢の人でしょうね。でも、私がこれを受け取った実際の理由は、このチャリティーにすでに寄付したことがあるということね。

　[寄付システムのちがいを話す。] 面白いわね！　私なんてこういったものが山積みよ。日本の人は寄付はしないの？　郵便で届いたりしないの？　広告ね、そうね、でもこのようなリーフレットは送られてこないのね。

01:03:04　　ほら、こんなことも面白いでしょ。これが文化の違いだから。重要なことでしょうか？　そうでないのでしょうか？　わからないですよね。クリティカル・リーディング・コースをやっていたとき、異文化間実践を考えるのに時間をかけました。「どこで見つけたのか？」「どういう種類のテキストか？」特に、公共の場での読みに興味がありました。人はバスに乗っていても、地下鉄の中でも読みます。ロンドンで私の学生と話していたときのことですが、「ロンドンでは地下鉄の中で、みんな読んでいる。でも、私の出身地では人々は読まない」というのです。とはいえ、もし今日でも人々がそれほど新聞を読まないどこかの国に行ったとしても、多くの人が新聞を読んでいるのを目にするでしょう。コーヒーを片手に、おしゃべりしながら、コーヒーショップにでも座っているのでしょう。新聞を読みながら。アフリカのある地域では、(読んでいるのは) 1セットの新聞かもしれません。みんなでそれを読んでいるのです。だから、私はクリティカル・リテラシーはある部分、リテラシーの実践でもあると思います。リテラシーは文化的実践の一部分です。

01:04:53　　**質問7：クリティカル・リーディングが目指すのは、読み手個人の変容ですか。それとも社会変革ですか。**

　いい質問ですね。いい質問だというのは、一つの批判として、多くの人がクリティカル「教育法」、そう言いましょう、この点を攻撃します。一般的に、彼らが言うのは、教師は生徒たちを変えようと操作するべきではない、と。しかし、私は教育とはどんな時も変化を考えることだと思うのです。そうでなけれ

ば、何のために教育があるの？　だから、私としては、両方、個人的にも社会的にも、と答えます。それに、生徒たちを個人レベルで関わらせることができなければ、実際、社会的にそうすることはできません。ただ抵抗するだけでしょうから。「ああ、彼女は政治の話をしてるだけだ。興味ないね」と生徒に思わせてしまうだけです。だから、個人的な関わりは、社会的関わりの一部を担っています。

:06:11　**質問8：PISAによるリーディング・リテラシーをどう評価しますか。**

　正直なところ、PISAについて、私は実際にはよくわかっていません。もちろん、政治家たちはPISAにとても興味があるようですけど。教育分野の人でも、政治的な（政治家的な）人たちなら。ですが、正直言って、クリティカル・リテラシーについて研究している人はPISAに興味はないですね。私の見方としては、PISAについて私が知っていることは、この国では、読解テストでとてもよくできる子どもたちがいて、大きな層です。そして一方でできない子どもたちもいます。私はこれは私たちの社会階級構造の一面だと考えています。これはイギリスがまだ不幸にも社会的に階層化された社会だからです。それに私たちの教育システムはそれをどうすることもできません。だからPISAは答えにはなりません。私にとって興味深い質問ではありません。もし、子どもたちと一緒に読み、彼らとたくさんの勉強をして、もしかしたら私立学校に通わせるような中流階級の親のもとなら、当然、子どもたちはうまくやるでしょう（よい成績をとるでしょう）。しかし、現実には悲しいかな教育にはそれほど興味のない親の多い階層もまだあるのです。だから私はPISAは答えではないと思うのです。私たちにとっての問題ではないのです。この国では社会を変える必要があるのです。

1:08:20　**PISAは能力的なものを評価するだけということですね。**

　そうですね。私にはあまり重要だとは思えません。つまり、ここから私が理解するのは、いつも、社会階級や貧困によってはっきりと分けられた社会にいるのだということです。イギリスやアメリカのようにです。アメリカは、PISAでうまくいっていません。あんなしょぼい結果です。この結果に私は驚きません。でも政府は言うのです。「ああ、やらなければ」と。本当に頭に来ます。政府はきっと言うでしょう。「ああ、子どもたちにもっと勉強をさせなければいけ

455

ない。だから、韓国のように、学校の日数を増やそう」と。ところが、韓国の人々は言うでしょう。「うちの子どもたちは神経をすり減らしている。だから、そんなに厳しく勉強させたくない」と。政治の問題です。

01:10:13　**どのように第二言語学習者へのやり方を第一言語学習者の授業に適用することができると思いますか。**

　一クラス何人の生徒がいるのですか？［「40人」と答える］多いわね、大きなクラスですね。

　難しいですね、確かに。でも、いろいろなグループワークができると思います。テキストについて、グループにして取り組ませるのです。あなたの生徒たちはおそらくよくしつけられていますよね。［はい。］それが役に立ちます。それが大事です。もちろん大きなグループでは難しいでしょう。生徒たちを歩き回らせるというのもできるでしょう。つまり、テキストについて言えば、グループごとにテキストの別々の面を考えさせるのです。モダリティーを見る生徒たちもいれば、語彙やテキスト構成をそれぞれ見る生徒がいたり、と。だから、それでもある程度の分析ができると思います。多くても5人のグループに40人の生徒を分けて。上手くいくはずです。それから、報告を担当するスポークスパーソンを各グループに作るといいでしょう。そうやって共有するのです。

01:11:49

　もしくは、テキストを深く分析したいというのでなければ、同じ題材でたくさんのテキストを用意して、それらを比較させることもできるでしょう。よく言うことを聞くクラスであるというのが大事な条件ですけど、日本で授業するのですから。話し合うことに興味を持たせたいですね。グループを作れば、40人のクラスであっても不可能ではありません。グループにして、ときどきグループを変えたり、それから、わかったことを共有しあったり。物語でもクリティカル・リーディングができます。たとえば昔話の『赤ずきんちゃん』を取り上げるのはどうでしょう。普通から外れている物語を取り上げるのです。この物語の中では、男性よりもむしろ女性がヒーローです。こういった種類の物語です。クリティカル・リーディングをするのは可能だと思います。

01:13:26　**第一言語学習者を教えたことはありますか。**

　ありません。みんな第二言語学習者です。初級者から上級者まで、あらゆる

資　料

レベルですが、みな第二言語学習者です。子どもから大人まで。大人の初級者も。

あとがき

　「炎上」ということばが聞かれて久しい。
　何らかの問題に対してネット上で寄って集って執拗に懲らしめる行為、と自分では解釈しているが、このことばを耳にすると心が落ち着かない。匿名による暴力性、一方的な正義によってほかの論理を駆逐する排他性を強く感じてしまうからだ。
　かつて、日本が戦争を始めて国中が困窮していた時代に「不謹慎狩り」という社会現象があった。ある正義を後ろ盾にして、それに背く行為に対し「不謹慎だ」という攻撃を国民が国民に仕掛けたのである。戦時中なので単純には比較できないが、些細な発言が「炎上」し晒されることが、今と同じく巷で数々起きていたのだろう。
　注視すべきは、「炎上」が、思想的弾圧として為政者が人びとに対して仕掛けた現象ではなく、いずれも市民が市民に対して仕掛けたものという点にある。もちろん、為政者側の思想がそれを暗に牽引している可能性はあるにせよ、実動しているのは「普通の」市民である。自然に醸し出された空気、あるいはプロパガンダの影響によって、ある市民がその現象を無批判に容認し、ほかの人びとが追加承認し、やがてうねりとなって攻撃性を帯び拡散していく。こういった大衆の現象は、ナチズムの台頭したドイツや、文化大革命時代の中国でも認められたことであるし、公の場でなんとなく批判がしにくいオリンピック万歳モードの今の日本も、程度の差こそあれ空気はすこぶる似ていると思う。
　「炎上」の原動力は何かと言えば、それは集団で駆動され何となくできあがった正義なのではないか。当たり前、という必ずしも立証されていない一部で共有された概念を根拠に、その枠組みから外れたものを攻撃する心のありようである。
　昨年、ある作家の話を間近で聞く機会があった。彼によれば、今の日本

社会、特に若い人びとの間では、王道をいく強者が脇道にいる弱者を非難する空気が蔓延し、外れたことをやりにくくなっているという。大学で教鞭も執る彼の目には、近年の大学生は、矩を踰えないように細心の注意を払っているように見えるらしい。既存の体制を批判的に見つめ、崩し、揺さぶり、茶化し、意図的に無視し、別のものに置き換えるといったアクションを起こすのが大学生と思ってきた自身にとっては、衝撃的な現実だった。

　彼が指摘するように、見えない正しさがあたかも世の中に存在するかのように思い、その正しさの側から正しくないとされるものを、熟慮することなく攻撃したり排斥したりする現象は、身近な場面でたくさん起こっているように思う。そして、その空気に怯え、窮屈さを覚えている人びとも多いのではないか。具体的な事例はここでは挙げないが、往々にして「普通」とか「中立性」とか「大義」などということばを理由に意見する人びとには要注意だと個人的には思っている。

　本研究が目指してきたのは、テクストの誤謬を突いたり、現象を二値的にとらえて正誤を判断したり、論理的な正しさを追求したりということではなく、テクストに垣間見られるさまざまな解釈の可能性をとらえ、なぜそのようなテクストが今そこにそのような形で存在するのかを考える指導理論の構築であった。このような学びが、対象への短絡的、教条的な批判を和らげ、多様なものが緩く結びつく社会を創造していくことになると考えたからである。テクストに隠れた恣意性をあぶり出すクリティカル・リテラシーを育むことを第一義的な課題としつつ、同時にまたそこに隠れているさまざまな事情も察知しようとする懐の深さを私は求めたい。

　クリティカルに日々の生活を送るのは、実はあまり楽しくない。なぜならその思考は、国中が、町中が、学校中が「いいねえ」と盛り上がっている空気に水を差すことにもなるからだ。ときには「もっと素直になれば？」という批判さえ受ける。しかし、世の中全体を安心で楽しいものにしていくには、そして社会としての間違いを未然に防いでいくには、まず一人ひとりがクリティカルである必要があるだろう。

あとがき

　次の目標は？と問われたら、一人でもこの考えに賛同してくれる人を増やすこと、と答えるだろうか。幸い、たくさんの生徒を前に、誰にも忖度することなく毎日自由に授業をする権利は、今のところ保障されている。

＊　＊　＊

　本書は、筆者が広島大学大学院教育学研究科に提出し、2018年3月に博士（教育学）を授与された学位請求論文「国語科クリティカル・リーディングの研究」に加筆・修正を加えたものである。刊行にあたっては、日本学術振興会 平成31年度（2019年度）研究成果公開促進費（学術図書）〈課題番号：19HP5216〉による助成を受けた。

　論文執筆においては、主査の難波博孝先生はじめ、副査の間瀬茂夫先生、松本仁志先生、田中宏幸先生から様々なご指導ご助言をいただいた。特に難波先生には論文の構想から構成に至るまで、3年間に渡り多くの示唆に富むご指導をいただいた。厚く御礼申し上げる。

　また、ロンドンの自宅でインタビューに応じてくださったC.Wallace先生、お忙しいなか調査にご協力いただいた広島県・三重県の小中高の先生方、そのほか貴重な資料をご提供くださった東京書籍、Z会（基礎学力総合研究所）、ベネッセコーポレーション、日本生涯学習総合研究所、文字・活字文化推進機構の方々、Wallaceの文献渉猟への足がかりをつけてくださった黒川悠輔先生、野村（恩沢）幸代先生、海外の教育の動向を折に触れて情報提供してくださった北川達夫先生、そして英語のサポートをしてくださった同僚の鬼頭さやか先生など多くの方々のご助言、ご協力をいただいた。厚く御礼申し上げる。

　出版にあたっては、溪水社の木村逸司様、木村斉子様よりご助力をいただいた。両氏の支えなくして本書は日の目を見ることはなかった。

　表紙絵は、よしむらめぐさんに描いてもらった。奥伊勢の小さな高等学校で駆け出し教師であった頃の大切な教え子に、今こうして美しいデザ

インで本を包んでもらえたことは、至上の喜びである。

2019 年 11 月

澤口 哲弥

索　引

【あ】

アクティブ・ラーニング　131, 352
浅い読み　91
当たり前　48, 60, 107
アニメーターとしての役割　129, 130
アパルトヘイト　74
安定したメディア　52, 140
暗黙の哲学　59
生き抜く力　133
意見文　210
意見を形成　253
意識化　54, 72, 74
異質な他者　46
一次テクスト　391, 396
5つのクリティカルな問い　23
5つの問い　83, 114, 134, 148, 157
5つのねらい　158, 169, 185-188, 211, 248, 324, 362, 367, 406
一般意味論　14
一般化　391
イデオロギー　43, 55, 59, 87, 95, 120, 129, 148, 168, 192, 249, 273
異文化理解　138
意味づけ　3, 4, 120, 159, 165, 180, 390
違和感　208, 212
引用の意図　331
Wallace　43-46, 431-456
鵜呑み　47
裏づけレトリック　210, 265
LA（言語意識）　57
演繹的推論　394
エンパワーメント　24, 26, 71, 77
応用言語学　54, 136

【か】

外国につながる児童・生徒　46, 273
解釈共同体　77, 103, 108
解読者としての役割　48
書き下ろし教材　193, 248, 303, 314, 405
書き手の意図に反して読む　50, 85
書き手のコンテクスト　50
隠された構成要素　98, 140
学習者の違和感　170
「学習の手引き」利用度　308
隠れた価値観　331
隠れた前提　141, 158, 273, 303, 324, 377
可視化　64
可視化されていない結論　161
可視化されている結論　161
仮説的推論　15
課題提起教育　67, 70, 71, 197
語りかける主体　67
価値観　94
活動領域　88, 92, 93.94, 119
活発な質問者　43, 170
活用型の学力　370
可動性　361
カリキュラム　5, 181, 190
カリキュラム・マネジメント　353
観念構成的質問　120
感化の論理　16
間主観性　104, 194, 408
間テクスト性　85, 86, 250, 366
観念構成的言語　120
観念的意味　65
観念的構成機能　98, 99
関連づけ　256, 295

463

関連づけと活用　163
気づき　212
機能的リテラシー　63, 68, 71
逆の考え方　346
既有知識　30, 253, 287, 327, 346
教科等横断的な視点　162
教科融合　10
共通性　75, 77
協働（協同）　199
巨視的　295
銀行型教育　67, 69, 71, 197
クリティカル　4, 39, 199
Critical　41
クリティカル・シンキング　4, 51, 64, 133, 143, 145, 160, 247
クリティカル・リーディング　3, 6, 11, 29, 198
Critical Reading　42
クリティカル・リーディングのプロセス　166
クリティカル・リテラシー　6, 8, 11, 32, 39, 145, 160, 164, 168, 208, 249, 398
クリティカルな読み　5, 6, 7, 11, 12
グレード　276
形式的な構成　259
形式の熟考・評価　20, 204
K-12　171, 174
系統性　181
系統立て　180
権威あるテクスト　201
言外の意味を読みとる　45
言語×社会的　39, 168
言語活動　3
言語使用域　90, 91
言語選択　86, 140
言語力検定　399
言語論理教育　7, 14

検証的批判　20
現代文NEWアプローチ　402
語彙・読解力検定　399
語彙結束性　102
合意形成　105, 408
公共向けの文章　52
構成環境　61
構造的問題　25, 28
国語科CR　5, 6, 8, 9, 158-160, 167-169, 181-190
国語力検定　399
個対個　50
誇大表現　272
ことばに着目　209, 211, 254, 273
ことばの宛先　390
ことばの権力性　63
ことばのしっぽをつかむ　120, 208, 304
ことばの政治的な力　137
ことばへの敏感な気づき　242
コミュニケーション的行為　104, 105, 106
コミュニティ・テクスト（CMT）　78, 79, 138, 405
語用論　103
コンテクスト　17, 23, 43, 129, 168, 192
コンテクスト／イデオロギー　158, 373, 377, 381
コンピテンシー　8, 11, 161, 162, 352, 353, 387
吟味読み　15

【さ】
再構成　36, 28, 53, 159, 160, 194, 390
再生産　62
再定義　159, 160, 194
再定義・再構成　108, 129, 157, 165, 168, 194, 256, 361, 327, 404
参加者としての役割　48

索引

CLA（批判的言語意識） 42, 55, 63, 64, 159
CDA（批判的談話分析） 42, 55, 127
ジェンダー教育 63
軸となる概念 160
思考力・判断力・表現力等 352, 354, 401
思考を可視化 408
自己省察 164
自己同一性 49, 50
資質・能力 9, 352
事実確認的発話行為 106
思想体系 158
実質的な発問 107
実社会 28
実生活から遠い話題 193
質の高い読み取り 283
指導理論 5, 6, 7, 8
支配的ディスコース 62
自分の問題 197
社会（的）構造 57, 58
社会改革 65, 77
社会形成 107, 108, 111, 194, 196
社会参画 7, 65, 387
社会対社会 50
社会的・文化的 32, 48, 49, 82, 85, 86, 159, 194
社会的・文化的コンテクスト 46, 249, 254, 255, 368, 373, 382
社会的・文化的産物 157, 168, 369, 397
社会的コンテクスト 18, 32, 39, 149, 373
社会的実践 4, 6, 10, 58, 254, 313, 370, 382, 405
社会的条件 58
社会的属性 294
社会的テクスト 9, 11, 134, 138, 141, 192, 203, 205, 212, 362, 367, 405
社会的な位置 256, 374, 381

社会的な関係性 295
社会的な産物 369, 397
社会的役割 53
捨象されている情報 269
授業が動いた 408
授業者の思想 127
授業を運営する発問 107
所属する共同体 48
主体的で対話的な深い学び 163, 194-196, 349, 407
熟考・評価 7, 29, 207, 356
主導者としての役割 129, 130
商業的意図 133
状況のコンテクスト 58, 90, 91, 94
常識 59
使用者としての役割 49
小中高カリキュラム 174
小中高の学びの接続 174
情報の扱い方に関する事項 368
情報へのアクセス・取り出し 356
情報ユニット 166
情報を統合 165, 272, 282, 366, 387
所属する社会 158
新学習指導要領 6, 8, 9, 161-164
真理性要求 105
随想 313
推論 165, 204, 209, 212, 253, 258, 261, 268, 272, 282, 356
推論する 167, 168, 169, 185, 204, 255-256, 264-265, 272-273, 323, 331-332, 360, 366, 373, 377, 381, 397, 405
スキーマ 97, 108
ステレオタイプ 62, 85
スパイラル・ルート 182
スパイラル構造 181, 182
刷り込み 50
正確な理解 253

465

生活世界　108, 109, 110
性向　49, 50
制作環境　61
誠実性要求　106
政治的意図　133
正当性要求　106
説得力　265
説明しすぎ　303
説明的文章　3, 94, 191, 192
説明の論理　16
説明文　191, 192
全国学力テスト　9, 354
選択体系機能文法　27, 52, 87, 88
戦略的行為　104, 105
総合学力調査　399
相対化　350
想定外の読者　82, 160, 256, 313
想定読者　117, 158, 160, 207, 256, 361, 374, 373, 374

【た】
第一言語学習者　44, 76, 149
大学入学共通テスト　9
滞空時間の長い問い　170
対象化　332, 361
対人的構成機能　98, 99
第二言語学習者　44, 77, 97, 108, 138, 149
対立　75
対論的批判　20
対話　7, 20, 70, 168, 407
立ち聞き読者　138
立ち止まる力　133
脱社会化　193
多文化社会　138
探究型の読み　174
探究的な発問　107
力関係　58, 60, 64, 88

知材　175
知識・技能　352
知識基盤社会　404
知的に負荷の高い作業　142
抽象化、一般化　337
著者としての役割　130
ツッコミを入れる　343
定義／構成　158, 361, 378, 390
抵抗　75, 77
ディスコース　47, 58, 59, 60, 62
ディスコース分析　61, 159, 304
適用読解　394
テクスト外　165, 281, 294
テクスト形成的構成機能　98, 100
テクストと読み手の乖離　193
テクストの構造　391
テクストの誤謬　15
テクストの出所　160
テクストの背景　206, 207, 366, 376, 390
転移（適用）　197, 208, 256, 323, 337, 376, 394
伝達様式　88, 92, 93, 94, 119
討議（論議）　105, 106, 107, 194, 408
統合・解釈　356
同質社会　45
道徳の授業　127
トゥルミンモデル　15
匿名性　51
読解プロセス　8, 9, 168, 169, 184, 204, 357, 360
読解方略　34
読解力　3, 29
トピック　83, 158, 160, 255, 382

【な】
内容の熟考・評価　20, 204
内容を理解　165

二次テクスト　396
二値化　86
二人称　273
日本語運用能力テスト　399
人間化　70
認識主体　18
認知訓練　145
認知心理学　51
抜き書き　278

【は】
ハーバーマス　44, 103, 135, 137, 194
背景知識　3, 129
バフチン　85
ハリデー　27, 52, 87, 135, 137
B問題　355, 356, 368, 389
非言語的環境　96
PISA　3, 7, 8, 39, 133, 146
PISA型「読解力」　7, 29, 31
PISAショック　353
PISAの読解リテラシー　30, 32, 146, 170
PISAの「読解力」　11, 31, 164, 165, 353
歪み　87, 88
筆者の立ち位置　331
批判　41
批判的教育学　42, 66, 67
批判的思考　7, 33, 70, 87, 143
批判的な読み　4, 11, 249
批判的言語意識　43, 67
批判的読み　6, 249
批判的リテラシー　63, 71
批判読み　6, 11
批評　41
評価する　167, 169, 185, 255-256, 264-265, 272-273, 323, 331-332, 360, 366, 373, 374, 378, 382
評価読み　6, 7, 18

表現と言語活動　315, 326
表現の工夫　18, 209, 361
評論　313
評論文　191, 192
フェアクラフ　43, 55, 135, 137
深い読み　91, 350
複眼的思考　77
複数の情報　253, 255, 331, 360
複数のテクスト　35, 85, 204, 282, 366, 393, 396
フレイレ　32, 43, 67, 135, 137, 197
フレーミング　139, 149
フレーム　148
フレームワーク　8, 9, 97, 169, 170, 189-190, 255, 357, 361, 367, 406
文化侵略のパラダイム　69
文化的イデオロギー　138
文化的背景　77, 95, 108
文化のコンテクスト　58, 90, 91, 94, 103
文章の役割　51
文章の様式　51
分析者としての役割　49
分析する対象　404
傍線部　408
ほかのテクスト　346, 376, 404

【ま】
マイノリティ　45
マクロに統合　253, 264
マクロにとらえる　170, 256, 368
マジョリティ　45
学びに向かう力・人間性等　352
マルチ・モダリティ　142
マルチ・リテラシー　208
マルチテクスト　9, 10, 369
見方・考え方　7
見せかけの目的　129

三つの重点目標　29
三つの柱　162, 194, 352
耳を傾ける客体　67
民間のテスト　10
民間の問題集　10
6つのステージ　8, 183
無力な態度　47
明示されない構造　259
メタ化　332
メタ言語　97, 139
メタ認知　35
メディア・リテラシー教育　7, 21, 39, 63
目的効果分析　207
文字テクスト　10, 27, 39, 52, 133, 140, 142, 369
モデルリーダー　60
民主社会の形成　137, 351
問題意識　272
問題解決　387, 390
問題の構造化　404
問題発見力　133

【や】
役割関係　88, 92, 93, 94, 119

要約　366
抑圧と被抑圧　75
抑圧の構造　68, 69
横並びの授業　311
読み比べ　201, 202, 245, 405
読み手のコンテクスト　50
読み手を読む　64
読みの輪　172
読むこと　3, 161, 249
読む力　中上級　403

【ら】
理解する　167, 169, 185, 255-256, 264-265, 272-273, 323, 331-332, 360, 366
領域専門性　192, 257, 265, 281
ルーブリック　276
レトリック　158, 159, 192, 273, 360, 361, 374, 378
レトリック戦略　159, 255
レトリック分析　210
論争　107
論理・論証　4, 14, 404
論理の構造　250, 251, 257, 259, 266
論理力ワークノート　402

索引（教科書教材）

【小学校】

（第2学年）	ふろしきは、どんなぬの	203, 205-206, 213-214, 233-235
（第3学年）	「ほけんだより」を読みくらべよう	203, 206-207, 214-215, 235-236
（第4学年）	広告と説明書を読みくらべよう	203, 207-209, 215-216, 236-237
（第5学年）	新聞記事を読みくらべよう	203, 209-210, 216-218, 223-231, 237-239
（第6学年）	新聞の投書を読み比べよう	203, 210-211, 219-221, 239-242

【中学校】

（第1学年）	オオカミを見る目	247, 257-265, 275-289, 297-299
（第1学年）	「常識」は変化する	247, 257-265, 275-289, 297-299
（第2学年）	鰹節—世界に誇る伝統食	247, 265-273, 300-301, 303-304
（第2学年）	白川郷—受け継がれる合掌造り	247, 265-273, 300-301
（第3学年）	黄金の扇風機	247, 250-256, 290-296, 302
（第3学年）	サハラ砂漠の茶会	247, 250-256, 290-296, 302

【高等学校】

（第1学年）	暇と退屈の倫理学	327-338
（第1学年）	生物の多様性とは何か	339-346

【著 者】

澤口　哲弥（さわぐち　てつや）

1962年、三重県津市生まれ。広島大学大学院教育学研究科博士課程後期修了。博士（教育学）。三重県立飯野高等学校教諭。主な論文に、「高等学校における評論文のクリティカル・リーディング─思考の過程を可視化する学習指導」（『国語科教育』第74集、2013年）、「国語科におけるクリティカル・リーディングについての考察─C.Wallaceの理論を中心に」（『広島大学大学院教育学研究科紀要』第64号、2015年）、「『思考力・判断力・表現力』時代の小学校国語科教材論─国語科クリティカル・リーディングの理論から」（『初等教育カリキュラム研究』第6号、2018年）などがある。

【表紙デザイン】

よしむらめぐ

2018年、白泉社 第7回MOE創作絵本グランプリ グランプリ受賞〈『まめざらちゃん』（あさのますみ／作　よしむらめぐ／絵）〉。東京都在住。

国語科クリティカル・リーディングの研究

2019（令和元）年12月15日　発行

著　者　澤口　哲弥
発行所　株式会社　溪水社
　　　　広島市中区小町1-4（〒730-0041）
　　　　電話 082-246-7909　FAX082-246-7876
　　　　e-mail: info@keisui.co.jp
　　　　URL: www.keisui.co.jp

ISBN978-4-86327-493-8 C3081

科研費 KAKENHI　日本学術振興会　平成31年度（2019年度）科学研究費補助金研究成果公開促進費（学術図書）助成出版（課題番号 19HP5216）